北大版普通高等教育"十三五"规划教材

21世纪教师教育系列教材

外国高等教育史

黄福涛 / 主编

北京大学出版社

图书在版编目（CIP）数据

外国高等教育史 / 黄福涛主编. — 北京：北京大学出版社，2021.12
21世纪教师教育系列教材
ISBN 978-7-301-32664-0

Ⅰ.①外⋯　Ⅱ.①黄⋯　Ⅲ.①高等教育—教育史—国外—师范大学—教材　Ⅳ.① G649.1

中国版本图书馆CIP数据核字（2021）第211772号

书　　　名	外国高等教育史 WAIGUO GAODENG JIAOYUSHI
著作责任者	黄福涛　主编
责任编辑	刘清愔
标准书号	ISBN 978-7-301-32664-0
出版发行	北京大学出版社
地　　　址	北京市海淀区成府路205号　100871
网　　　址	http://www.pup.cn　新浪微博：@北京大学出版社
微信公众号	通识书苑（微信号：sartspku）
电子信箱	zyl@pup.pku.edu.cn
电　　　话	邮购部 010-62752015　发行部 010-62750672　编辑部 010-62750539
印　刷　者	三河市博文印刷有限公司
经　销　者	新华书店
	787毫米×1092毫米　16开本　23.75印张　507千字 2021年12月第1版　2021年12月第1次印刷
定　　　价	69.00元

未经许可，不得以任何方式复制或抄袭本书之部分或全部内容。
版权所有，侵权必究
举报电话：010-62752024　电子信箱：fd@pup.pku.edu.cn
图书如有印装质量问题，请与出版部联系，电话：010-62756370

编者简介

黄福涛 教育学博士,主要从事高等教育国际化、大学课程开发和比较高等教育研究。现任日本广岛大学高等教育研究开发中心终身教授。

李兴业 主要从事比较教育研究。曾任武汉大学教育学院教授。

陈学飞 主要从事比较高等教育、高等教育政策研究。曾任北京大学教育学院常务副院长、教授。

朱镜人 教育学硕士,主要从事外国教育史和比较教育学研究。曾任合肥师范学院教育系主任、教授。

张晓鹏 教育学硕士,主要从事比较高等教育和企业大学研究。现任复旦大学企业教育研究中心主任。

施晓光 教育学博士,主要从事比较高等教育和外国高等教育史研究。现任北京大学教育学院教授。

张男星 教育学博士,主要从事高校发展与评价研究。现任中国教育科学研究院高等教育研究所所长、教授。

叶　林 教育学博士,主要从事教师教育和比较高等教育研究。现任杭州师范大学经亨颐教育学院副教授。

蒋　凯 教育学博士,主要从事高等教育原理和比较教育研究。现任北京大学教育学院教授。

前 言

经过两年多的努力，《外国高等教育史》第二次修订版在北京大学出版社付梓。

本书最初于 2003 年 11 月在上海教育出版社公开发行，是当时国内第一部外国高等教育史。此后，《外国高等教育史》一书成为许多高校高等教育学等专业使用的教材或参考资料。2006 年教育部将本书的修订版列入国家"十一五"规划教材，2008 年上海教育出版社推出了第二版。

本书的特点大致可以归纳为以下几个方面。

第一，本书力求全面描绘外国高等教育历史演变的基本脉络，使读者对外国高等教育的起源与发展有一个较为清晰和完整的把握。在现有史料的基础上，本书认为，我们今天的大学（university）机构最初产生于欧洲中世纪，尤其是源于法国巴黎大学的办学模式。巴黎大学不仅影响了英国和德国大学的形成，到 19 世纪初期，还与英国和德国的大学构成了外国高等教育发展历史上最基本的三大模式，进而推动了欧洲、北美洲、大洋洲、亚洲、非洲和拉丁美洲等众多国家和地区近代高等教育机构的出现。从 19 世纪后期开始，美国、苏联和日本在参照法国、英国、德国或其中某一国家的高等教育模式的基础上，创办了各具特色的近代大学，建立了近代高等教育制度，进而又影响了其他国家和地区近代高等教育的形成和发展。

第二，本书力求避免"西方中心论"，在第一章、第二章和第三章中，勾勒了古代"高等教育"的起源，对古埃及、古代两河流域、古代印度传授高深学问的机构，希腊化时期的亚历山大里亚博物馆，以及伊斯兰文明对欧洲中世纪大学产生的影响都做了较为详细的介绍。

第三，在考察某一时期或特定国家高等教育历史的发展变化之前，本书尽可能地把某一时期或特定国家高等教育的变化发展置于更为广阔的社会背景之中，从政治、经济和文化等多方面探讨社会发展背景与高等教育变化之间的内在联系，尤其是高等教育政策与高等教育现实发展之间的相互关联。

第四，本书同样重视探讨高等教育历史变化与高等教育现实改革之间的关系问题。实际上，从一开始所有执笔者就从未单纯地罗列史料，而是始终将各国高等教育的历史与其高等教育的现实紧密结合起来考察，力求发现历史与现实的连接，尽可能地分析和讨论各国高等教育的历史是如何影响其当前高等教育的特征形成以及变化的。因此，在某种意义上，本书不是仅仅根据史料描述历史，也通过各位执笔者的视角和主观理解阐述外国高等教育的历史及其赋予今天的意义。

第五，除了宏观地描述特定时期或某一国家高等教育的基本特征之外，本书还深入高等教育机构内部，尽可能从高等教育机构和管理体制，尤其是从课程设置和教学内容等方面入手，揭示某一时期或特定国家高等教育变化的内在本质。此外，本书还对著名高等教育思想家和高等教育流派等进行了梳理和研究，力求使读者对外国高等教育的历史发展有一个更为全面的了解。例如，本书第五章的部分内容介绍了纽曼（John Henry Newman）的大学教育理念，分析了其理念与今天的博雅教育理念之间的关系。第六章相关内容阐述了福泽谕吉和森有礼的高等教育思想，及其如何影响了日本近代高等教育理念的形成。在有关美国的部分，本书不仅介绍了美国高等教育历史发展过程中某些著名的高等教育思想家的理论和学说，还分析了美国不同历史阶段中形成的主要高等教育思想流派，以及其特征、变化和对美国乃至世界高等教育发展产生的影响。

第六，尽管某些章节缺乏必要的数据，难以保证全书都依照统一的口径进行比较分析，但在整理和运用史料的基础上，对不同历史时期和不同国家高等教育的历史发展变化进行量化分析是本书的又一特点。

第七，从一开始，全体执笔者就约定，在参考和借鉴国内现有研究成果的基础上，尽可能利用第一手资料，描述高等教育历史的真实面目。同时，我们始终关注国内外的最新研究成果和研究动向，尽可能地将这些成果和动向反映在这一版的内容中，力求本书能够保持较高的学术性和科学性。

总之，避免主观和空洞的议论，从研究者的角度，尽可能客观、清晰、全面和科学地描述和分析外国高等教育的历史演变，是我们全体执笔者自始至终追求的目标。尽管由于水平有限，本书许多地方还不尽如人意，笔者相信，全体执笔者都做了最大的努力。

黄福涛

2021年8月于日本广岛大学

目 录
contents

前　言 1

第一章　**古代东方的"高等教育"** 1
　　第一节　古埃及和古代两河流域的"高等教育" 1
　　第二节　古代印度的"高等教育" 3

第二章　**古代西方的"高等教育"** 7
　　第一节　希腊古典时期的"高等教育" 7
　　第二节　希腊化时代的"高等教育" 15
　　第三节　古罗马的"高等教育" 22
　　第四节　古代东西方"高等教育"的基本特征 32

第三章　**欧洲中世纪大学的产生与基本类型** 35
　　第一节　大学产生的历史背景 35
　　第二节　大学的起源与产生途径 37
　　第三节　大学的内部组织与管理 42
　　第四节　大学的课程设置、教学活动与学位 44
　　第五节　中世纪大学初期的基本类型 47
　　第六节　大学产生初期的基本特征 53

第四章　**中世纪后期欧洲大学的变化与发展** 55
　　第一节　大学变化和发展的社会背景 55
　　第二节　高等教育机构类型多样化 56
　　第三节　高等教育机构的数量与地域分布 60
　　第四节　高等教育机构组织形式与管理 64
　　第五节　高等教育机构的课程设置与教学活动 68
　　第六节　中世纪后期欧洲高等教育的基本特征 80
　　第七节　中世纪欧洲大学的历史地位和意义 81

第五章　**法国、英国和德国近代高等教育的形成与发展** 82
　　第一节　法　国 82
　　第二节　英　国 92
　　第三节　德　国 110

| 第六章 | 沙皇俄国、美国和日本近代高等教育的形成与发展 ... 123
  第一节　沙皇俄国 ... 123
  第二节　美　国 ... 126
  第三节　日　本 ... 138

| 第七章 | 两次世界大战期间的高等教育 ... 151
  第一节　法　国 ... 151
  第二节　英　国 ... 156
  第三节　德　国 ... 164
  第四节　苏　联 ... 168
  第五节　美　国 ... 175
  第六节　日　本 ... 182

| 第八章 | 战后法国、英国和德国高等教育的发展与改革（1945年至20世纪70年代）... 189
  第一节　法　国 ... 189
  第二节　英　国 ... 212
  第三节　德　国 ... 226

| 第九章 | 战后苏联、美国和日本高等教育的发展与改革（1945年至20世纪70年代）... 235
  第一节　苏　联 ... 235
  第二节　美　国 ... 248
  第三节　日　本 ... 264

| 第十章 | 法国、英国与德国高等教育的发展与改革（20世纪80年代至今）... 279
  第一节　法　国 ... 279
  第二节　英　国 ... 296
  第三节　德　国 ... 311

| 第十一章 | 俄罗斯、美国与日本高等教育的发展与改革（20世纪80年代至今）... 323
  第一节　俄罗斯 ... 323
  第二节　美　国 ... 339
  第三节　日　本 ... 351

后　记 ... 371

第一章　古代东方的"高等教育"

一般认为,"大学"(university)最早诞生于12世纪欧洲的法国和意大利,中世纪后期通过各种途径逐渐传播到欧洲的其他地区。不过,早在西方中世纪大学出现之前,古代东方许多地区,特别是在今天伊拉克一带的底格里斯河和幼发拉底河两河流域、非洲北部的埃及和南亚的印度等地,都先后出现了各种形式的高等教育机构。这些机构或设施虽然很难称之为严格意义上的"大学",与近现代高等教育机构存在着极大差别,很难说与这些地区或国家近代以后出现的各种高等教育机构有多少直接的传承关系,但是,从现有的史料来看,这些古代的学术机构或学术中心大多传授着代表当时最高水平的知识与学问,培养当时最高层次的人才,有些机构甚至属于当时最高层次的学术研究中心。此外,随着东西方文明交流的深入,古代东方的许多"高等教育"机构还在教育思想、办学形式、课程设置和教学论等许多方面,对欧洲中世纪,乃至于世界近现代大学和高等教育的发展产生了深远的影响。

由于年代久远,资料奇缺,本章不可能全面详细地阐述古代东方上述地区"高等教育"的发展,只能有选择地介绍一些当时影响较大、具有代表性的高等教育机构和学术机构。

第一节　古埃及和古代两河流域的"高等教育"

随着农业的发达和城市文明的逐渐繁荣,古埃及尼罗河流域出现了传授高级学问的机构。根据人类学家的最近研究,早在公元前6000年以前,在古埃及的尼罗河流域便出现了由一定的组织和机构进行的学校教育活动。[①] 在公元前3787年和公元前1580年之间,尼罗河流域已经形成了比较有计划、有系统的教育制度。最高层次的教育是在寺庙中进行的"高等教育"。只有成功地接受过"初等教育"和"中等教育"的人方可接受"高等教育"。由于古埃及的神权政治,僧侣阶层垄断了一切文化教育活动,因此著名的神庙或寺庙,如赫利奥波利斯、卡拉克和孟菲斯等,自然成为著名的高等学府。除了宗教、道德和文学教育之外,这些依附于神庙的中心或学府还传授数学、天文、物理、医学、

---

① David Thenuwara Gamage, *Evaluation of Universities and Changing Patterns of Governance and Administration* (Homagama: Karunaratne & Sons Ltd., 1996), p.13.

农业、雕刻和防腐术等方面的知识。

公元前 3000 年左右，在底格里斯河和幼发拉底河冲积而成的美索不达米亚地区，形成了人类历史上的最早文明——美索不达米亚文明。据史书记载，苏美尔人是美索不达米亚文明的创建者。到公元前 3000 年前后，在这一地区已出现了 12 个独立的城邦。有些城邦不仅规模庞大、人口稠密，而且孕育了高度的文明。如其中的乌鲁克（Uruk）在当时就非常著名。据记载，该城市国家占地 1100 英亩，人口达 5 万，是当时这一地区经济、文化和教育中心。① 由于地理环境优越，土地肥沃，城市繁荣，各民族为了争夺这块土地，连年征战不休，先后建立了许多帝国，其中约前 1704—前 1662 建立的巴比伦帝国在历史上最为著名。

随着农业、手工业和商业文明的发达，交换日益频繁，加之寺庙各种祭祀等宗教活动以及国家管理政务的需要，该地区出现了人类历史上最早的文字——楔形文字。楔形文字是用削成三角尖头的芦苇秆刻写在泥版上的一种文字，最初由图形符号组成，很像中国远古时期的象形文字。由于楔形文字书写困难，非经长年训练难以掌握，因此，能够熟练掌握书写艺术的书吏自然受人尊敬，享有很高的社会地位。随着楔形文字的广泛应用，书吏的作用越发重要，他们逐渐成为社会的一个特权阶层。在这一过程中，培养掌握这种文字人才的活动应运而生，这便是该地区最初正式的教育活动。

根据位于乌鲁克的伊安娜（E-anna）寺庙发掘出的文献记载，在公元前 3000 年中期，该城市已经出现了书吏阶层，并可能在寺庙进行有组织的培养书吏的正规教育活动。②

除了寺庙外，宫廷和当时的国家机关也需要培养大批书吏，处理诸如与其他国家或管辖地区的文牍往来、发布国家文告、征税等事务。另外，某些发掘出的文献还表明，在公元前 2000 年以前，两河流域已经出现学校，并建立了比较正规的教育系统。③ 用今天的话语来说，当时教育的基本目的是培养专业的"精英"人才。由于当时的教育主要由僧侣把持并主要培养僧侣阶层，因此，教育又带有浓厚的宗教色彩。

培养书吏的学校称为"泥版屋"（tablet house）。到公元前 3000 年中期，两河流域几乎所有的中心城市都有泥版屋存在，如乌鲁克、乌尔、舒鲁帕克、伊辛、拉尔萨、尼普尔、巴比伦等。根据近年来该地区发掘出的文献和许多刻有楔形文字的泥版等文物，泥版屋不但配备有专职教学人员，开设固定的课程，而且教学人员分工明确，开设的科目也较为系统。④ 与今天教育不同的是，进入书吏学校接受教育的学生入学年龄很早，并需要花费很长时间才能完成学业，整个教育阶段往往持续到青年甚至是中年时期才结束。

---

① 斯塔夫里阿诺斯：《全球通史：1500 年以前的世界》，吴象婴、梁赤民译，上海社会科学院出版社，1988，第 119 页。
② Christopher J. Lucas, *American Higher Education: A History* (New York: St. Martin's Press, 1994), p.5.
③ David Thenuwara Gamage, *Evaluation of Universities and Changing Patterns of Governance and Administration* (Homagama: Karunaratne & Sons Ltd., 1996), p.13.
④ Ibid., p.6.

根据不同的年龄阶段和学习内容，我们可以大致将当时这一地区的学校教育分为"基础教育"和"高等教育"两大阶段。从发掘的文献和近年来的研究成果来看，苏美尔人建立的书吏学校，无论是依附于寺庙、宫廷还是由私人举办，在"基础教育"阶段，学生主要是通过在泥版上临摹、抄写古文或互译两种不同的语言等方法，掌握楔形文字的书写和表达。由于抄写的内容涉及记账、几何、音律、法律、文法、历史和宫廷礼仪等方面的知识，加上教师有意识地进行讲解，在"基础教育"阶段，学生们就接受了多方面的知识教育。

资料的缺乏使我们很难精确地描述和分析当时两河流域地区"高等教育"的真实情况，从仅有的发掘出的文物来看，尽管确切的年龄层次也难以判断，但当时第二阶段的教育活动，即类似于今天的高等教育层次的教育，主要是将经过选拔的少数学生，送到寺庙或宫廷，依照他们将来准备从事的职业，采取师徒制或实习制的形式，进行较高层次的职业训练。研究表明，当时"天文学、建筑学、医学和工程是主要传授的科目"。另外，还有的学者认为，除了数学和文学方面的教育外，可能还有法律、医学和神学等方面的教学内容。①

第二节 古代印度的"高等教育"

根据印度上古文献《吠陀经》（印度上古文献总集，"吠陀"是梵文 Veda 的音译）记载，从公元前 16 世纪开始，印度便形成了传授高级学问的中心。在公元前 4 世纪的希腊化时代，当希腊文明随着马其顿国王亚历山大的东征开始传入印度时，印度的本土文化已基本形成。尽管印度文明在历史上先后受到波斯文明、希腊文明、伊斯兰文明以及近代英国殖民主义文化等影响，但源于古代的本民族文明并没有因外族的入侵或外来文明的影响趋于完全毁灭或断绝。在与多种文明相互交融的过程中，恒河流域一带的印度文明不断发展，日益丰富，一直延续至今。

根据目前的研究成果，到公元 12 世纪穆斯林征服印度之前，古代印度比较有代表性的"高等教育"中心有两个，一个是塔克西拉（Takshasila，前 1000—500），另一个为那烂陀（Nalanda，425—1205）。

一、塔克西拉

根据有关史料记载，早在公元前 1000 年左右，塔克西拉就已经成为当时印度的学术中心。最初，塔克西拉以传播婆罗门教教义为主，公元前 6 世纪以后，随着佛教的兴起，

---

① David Thenuwara Gamage, *Evaluation of Universities and Changing Patterns of Governance and Administration* (Homagama: Karunaratne & Sons Ltd., 1996), p.13.

塔克西拉发展成为著名的传授和研究佛教教义的学术中心。公元前4世纪，亚历山大的东征使古印度文明与古希腊文明相互接触和交流成为可能。希腊化时代，不仅希腊哲学家的学说传播到了印度，印度塔克西拉某些著名哲学家的学说，特别是哲学和数学也同时影响了西方文明。例如，毕达哥拉斯（Pythagoras）和柏拉图（Plato）的某些学说、他们各自创立的宗教团体和"学园"中的某些戒律、重视数学在学习哲学中的作用等，都可以看到当时印度塔克西拉某些哲学家的影响。[①]

据史料记载，公元前8世纪前后，印度已初步形成三级教育机构，儿童8岁之前进入初等教育机构，8岁至15岁进入中等教育机构，16岁至20岁进入高等教育机构。[②]

公元前7世纪开始，由于越来越多的著名学者来到塔克西拉从事教学或研究，塔克西拉不仅在印度，而且在整个南亚地区都名闻遐迩，吸引了来自印度各地以及邻近的斯里兰卡等国家的大批学生和学者前来就学或从事研究。有关资料表明，在塔克西拉，教师、学者和学生既不像后来欧洲中世纪大学那样，由教师或学生组成"行会"，实行集体管理和教学；也没有来自外界的，如世俗王权或宗教势力的直接干涉，使得教学或研究不得不遵循某种既定的教义或学说。塔克西拉的授课教师一般都是某一学科或某一领域的知名专家或学者。学者们各自招收本门弟子，设坛讲学，因此，在塔克西拉，围绕着著名的学者和教师，实际上形成了许多学习或研究某一特定领域的学术中心。在教学过程中，授课教师享有绝对的权威和自治权，例如，他可以选择学生，规定修业年限、学习内容和结业标准。从公元前7世纪至公元5世纪，塔克西拉堪称当时印度的文化首都，学者们传授的各种知识也代表了当时印度文化和教育的最高水平，影响了印度其他地区文化教育的发展。

执教于塔克西拉的学者们依据各自的专长，开设了广泛多样的学习内容。就高等教育层次而言，当时讲授的主要内容大致可分为文学和技术两大类，前者主要是通过传授《吠陀经》进行道德和文学教育，后者包括学习古代印度的各种科学技术知识，特别是与各种职业教育有关的内容。

学习《吠陀经》主要采取口诵背诵方式。由于内容晦涩，难于理解，学生还要学习大量有关《吠陀经》注解的内容。此外，为了帮助学生深入理解和掌握《吠陀经》，还开设了诸如语音学、文法、语源学、韵律学等基础性科目。

除了以《吠陀经》为代表的宗教和文学内容外，塔克西拉传授的另一类主要内容是各种实用技艺和职业性课程。根据有关资料记载，这类学习内容包括：传统习俗与世俗法、逻辑、星云学、算术、音乐、医学、军事、记账、农业、商业、养牛、魔术、冶金

---

① David Thenuwara Gamage, *Evaluation of Universities and Changing Patterns of Governance and Administration* (Homagama: Karunaratne & Sons Ltd., 1996), pp. 17, 19.

② D.G.Apte, *Universities in Ancient India* (Baroda: Maharaja Sayajirao University of Baroda, 1956), p. 11.

术、养蛇术，以及绘画和舞蹈等。①

到公元5世纪中期塔克西拉遭外族毁灭之前，该学术中心一直受到多种外来和印度本土其他地区文化教育的影响，如公元前6世纪，波斯人占领了塔克西拉后，随之带来了波斯文化。此后不久，由于佛教在印度逐渐兴盛，塔克西拉的教学和研究内容转而以佛教文化与教育为中心。与此同时，婆罗门教的影响逐渐衰微。公元前4世纪开始，随着马其顿国王亚历山大的东征，希腊的语言和文化逐步传播到塔克西拉。不过，这些外来文化的影响并没有改变塔克西拉的基本教学内容。

由于当时印度社会实行种姓制度，不同社会阶层被划分为不同等级，实际上只有属于上层的婆罗门、刹帝利和中层的吠舍才能接受"高等教育"。在这三个阶层中，唯有婆罗门阶层的人才有权利学习《吠陀经》。从这个意义上而言，婆罗门阶层实际上完全垄断了"高等教育"中的道德和文学教育，社会地位低于婆罗门的其他两个阶层只能学习实用的职业性内容，以便将来成为从事专门行业或职业的艺人或工匠。

二、那烂陀

公元5世纪中期之后，印度古代的高等教育活动中心转移到了那烂陀。实际上，早在公元前6世纪之前，那烂陀已经作为传播佛教的文化和教育中心享有盛名。据传说，公元前522年至前477年，佛祖释迦牟尼及其门徒曾在此传授和研习佛经。公元5世纪初，铄迦罗阿迭多（Sakraditya）在那烂陀建立了第一所传授当时属于最高学术内容的伽蓝殿（Sangharama），后来其子又在附近陆续建立了许多更为宏伟的校舍。此后，中印度国王也在此建立了一所高等学府，与以往的建筑连为一体。到公元11世纪，印度教徒和佛教徒相继在那烂陀建立了大批校舍，那烂陀逐渐发展为南亚乃至整个亚洲著名的高等学术中心。据记载，唐代的玄奘自印度取经返回后，曾撰文专门提及那烂陀校舍的宏伟和壮观。②公元6世纪初开始，印度教、婆罗门教和其他教派的学者纷纷聚集于此，设坛讲道，招纳门徒，那烂陀成为当时传授高级学问的著名学府。

那烂陀设有专门机构管理类似于今天的附属初等和中等教育机构。学生可以免费进入附属学校学习。完成中等教育的学生通过入学考试后，进入那烂陀，继续学习更加深奥的知识。据玄奘记载，考生年龄不得低于20岁。由于考试严格，一般只有20%的考生能通过考试进入那烂陀学习。③入学后，那烂陀免费为学生提供住宿和学习用品，免收学费，但学生必须参加教师安排的劳动，并需外出化缘，以加深自我了解，加深对自我与他人、自我与社会关系等的认识，目的在于通过这些课堂外的广义教育涵养学生的品

---

① D.G.Apte, *Universities in Ancient India* (Baroda: Maharaja Sayajirao University of Baroda, 1956), p.13.
② Ibid., pp.25, 27.
③ Ibid.

行和德行。可见，当时的知识教育是与个人修行或是道德教育紧密联系在一起的。

那烂陀的最高管理者称为"比丘"（Bhikkhu），一般由德高望重、学识渊博的人担任。比丘通过其任命的两个委员会管理那烂陀的所有行政、学术及其他有关事务。一个委员会主要负责招生，安排各种课程、教师的教学、考试、保存、抄写并为学生提供讲稿等，其职能有点类似于今天大学中的教务处；另一个委员会则负责财务、校舍建设与维修、师生的伙食及住宿安排、医疗保健，尤其是负责管理和经营那烂陀所有的地产，如负责将那烂陀的土地出租给农民，换取粮食和其他农作物。不过，具体的教学活动仍由有关教师负责。各领域的学者、教师招收自己的弟子，在传授专门知识的同时，通过言传身教，培养学生的德行，同时照顾学生的生活，传播其他各种知识。

初期的那烂陀主要传播佛教教义，是培养佛学人才的"高等教育"学府，但是除了大乘教及有关的18门必修课程外，当时各教派的经典和教义均可在此传授。由于教师和学者之间基本能够做到摒弃门户之见，相互尊重，彼此切磋学习，因而当时几乎所有的高级学问和知识均可在此讲授。

由于逻辑学和辩证法是解释和论证各派学说的基础，因此非常受重视，成为教学的基本科目。此外，《吠陀经》以及相关文献、医学、文法、语文学、法律、哲学和绘画、音乐等，也是当时各派传授的主要内容。这些科目不仅仅为传播佛经经义、培养佛教徒服务，讲授的内容不只来自佛教经典，也来自婆罗门教、印度教等的教义；不仅着眼于宗教目的，也面向世俗，具有实用性，与日常生活息息相关。

如前所述，那烂陀不仅在当时的印度享有盛名，而且还吸引了来自蒙古、中国及中亚等国家和地区的大批留学生和学者，其盛况一直持续到公元12世纪穆斯林入侵印度，在战火中毁于一炬。

第二章 古代西方的"高等教育"

今天的西方高等教育实际上源于古希腊诗人和自然哲学家向弟子们传授自己的学说和理论。毕达哥拉斯成立的集研究和教育活动于一体的宗教团体,可以说是古希腊甚至整个西方高等教育的萌芽。公元前 5 世纪开始,智者学派在某种程度上从事"高等教育"活动,在当时产生了较大的影响;同时,把哲学从天上拉回到人间的苏格拉底也到处传授有关美德、正义、勇敢等当时被视为高级知识的学问。不过,上述这些教育活动虽然都对古希腊的教育发展产生了极大的影响,但是都不能算作是正规的高等教育。

第一节 希腊古典时期的"高等教育"

教育史上的希腊古典时期一般是指公元前 6 世纪中叶至公元前 4 世纪初期这一历史阶段。以雅典为代表,古典时期的希腊由专制转向民主,此后学术达到空前的繁荣,最终臣服于马其顿。伴随着社会政治、经济、文化的变化,不同阶段的"高等教育"发展呈现出不同的特征。

一、毕达哥拉斯学派

一般认为,希腊哲学史始于泰勒斯(Thales)的学说,而最早进行哲学研究和教学活动的组织则是公元前 6 世纪由毕达哥拉斯在希腊殖民地 —— 意大利南部的克劳顿(Croton)创办的毕达哥拉斯学派。

毕达哥拉斯学派组织严密,制定有各种清规戒律。例如,毕达哥拉斯的弟子分为两个等级:较高等级的弟子称为"核心弟子"(mathematicians,来自希腊语,意为"我学习"),可以掌握毕达哥拉斯的全部学说,接受深奥的科学教育;低一等级的弟子称为"外围学生"(acousmaticians,意为"坐着旁听"),只能学到基础、浅显、未加释义的哲学结论,而且不能从事高深的学术研究。另外,成为毕达哥拉斯的弟子之前需保持 5 年的沉默,忌肉类和大豆,禁葡萄酒,着亚麻衣。该学派崇尚每日进行自我反省,力求在任何场合保持缄默,以免本门学说外传。

在教育上,毕达哥拉斯尤其强调数学教育的重要性,因为他认为宇宙本身就是内在的数学的结构,万物的本质是数字。在西方教育史上,毕达哥拉斯首次谈到了算术、几何、天文和音乐之间的关系，后来这四门学科在希腊成为学习哲学和修辞学的基础学科，在欧洲中世纪大学构成接受神学、法学和医学等专业教育的预备科目。毕达哥拉斯认为，数学"能够使我们清晰地掌握有关星辰的速度、运动、上升和下降的知识，以及几何、天文，当然还有音乐方面的知识，因为这些学问都是相互关联的"①。例如，音调由数学原理决定，音律本身即数与数之间的关系，数的恰当比例形成和谐，音乐本身即体现这种和谐。②根据毕达哥拉斯的学说，瑞典学者将这四门学科之间的关系做了梳理（如表1-1所示）。

表1-1　四门学科的关系

	抽象的	自然界中的表现
个别数字	算术	音乐
延续的空间	几何	天文

资料来源：根据 Olaf Pedersen, *The First Universities*, trans. Richard North (Cambridge: Cambridge University Press, 1997), p.8 有关内容制成。

由此，数学及其分支学科构成了毕达哥拉斯学派中教育的核心内容。该学派相信，通过数学学习，特别是最能体现数学原理的音乐教育，可以慰藉心灵的创伤，解除烦忧，息怒抑欲。

毕达哥拉斯及其门徒们过着平静而神秘的生活。根据记载，该学派弟子一天的生活始于在寂静的神庙外边散步边思索。此后，大家聚集在神庙开始学习，接着是稍稍娱乐和活动的时间。中餐是简单的面包和蜂蜜。中餐之后，大家继续学习。傍晚，弟子们三三两两地再次外出散步，接着是晚餐时间。就寝前，由最年长的弟子指导，最年轻的门徒为大家读书。其后，伴随着净化心灵、安抚一天烦恼的音乐，大家进入了梦乡。③

不难看出，毕达哥拉斯学派带有浓厚的宗教色彩，远不是今天意义上的"大学"机构，但它毕竟开创了西方哲学家个人有组织、有系统地进行哲学和科学教育的先河。组织严密的团体、相对固定的教育研究场所、较为系统的教学内容，特别是对数学和音乐教育作用的强调，在极大程度上影响了此后柏拉图的"学园"（Academy）、亚里士多德（Aristotle）的"吕克昂"（Lyceum）、伊壁鸠鲁（Epikouros）的哲学学校，以及其他哲学和修辞学学校的办学模式。④

---

① Olaf Pedersen, *The First Universities*, trans. Richard North (Cambridge: Cambridge University Press, 1997), p.8.
② 顾明远：《教育大辞典增订合编本（上）》，上海教育出版社，1998，第88页。
③ M. L. Clarke, *Higher Education in the Ancient World* (London: Routledge & Kegan Paul, 1971), p.55.
④ H. I. Marrou, *A History of Education in Antiquity* (London: Sheed & Ward Ltd, 1956), p.47.

二、智者阶层

（一）智者的出现

公元前6世纪之后，希腊大部分城邦，特别是雅典取消了专制政体，建立了比较自由民主的政体。在民主政体下，发挥自己的能力、参与城邦的管理，并在政治生活中充分施展自己的抱负，既是每一个希腊公民最为关切的事务，也是他们为之奋斗的最崇高的人生目标。由于公民越来越多地参与城邦管理事务，以往主要通过体育和音乐教育达到个人身心和谐的传统教育显然已经不能适应新形势的需要。为城邦造就未来的领导者，即民主政治政体下的政治家，以及培养能够参与各种政治生活的公民，成为当时教育的首要目标。

严格意义的智者（sophists）并不像许多学者所认为的那样，属于或代表某一哲学学派，并自成体系。理由在于，智者既无自己鲜明的哲学观点，也不像其他哲学学派那样，能够超越某一门具体学科或已有学问，揭示自然、人类和社会的奥秘。智者实际上相当于今天的教师阶层，不同的是，当时绝大多数智者并不是在固定的教育场所（如学校等）传教授业，这也是智者区别于毕达哥拉斯等古代哲学团体或学派的另一个较明显的特征。智者们从一个城邦流动到另一个城邦，没有特定的教育对象，面向一切社会阶层，收取授课费，传授成为雄辩家或政治家所需要的知识，特别是有关辩论的学问。

据记载，智者阶层的最早代表人物普罗泰戈拉（Protagoras）出生于公元前485年前后，另一位代表人物高尔吉亚（Gorgias）几乎与其同年，约出生于公元前480年。[①] 根据这一推测，公元前5世纪后半叶可能是智者最活跃的时期。尽管智者阶层的许多代表人物都不是出生在希腊的雅典，并且由于职业的需要经常在不同地方奔波，但他们基本上都是以雅典为中心，传授有关雄辩的艺术。

（二）智者的教育活动

智者的教育目的主要是培养参与政治生活、能够成功实现自己抱负的政治家或雄辩家。按照普罗泰戈拉的说法，他希望自己培养的学生既能恰当地料理自己的家庭事务，又能最有效地管理城邦事务。其教育目的主要是传授一种"政治的艺术"。[②]

在此指导思想下，智者阶层自然强调教育的功利和实用。对于自然发展规律和社会准则，普罗泰戈拉声称："我不知道它们是否存在，这是一个难题，而生命是短暂的。"[③] 重要的是生活，在生活，特别是在政治生活中，通过各种雄辩手段说服任何听众接受自己的主张或任何假设，远比掌握真理知识更为重要。由此，他提出了著名的"人是万物

---

① H. I. Marrou, *A History of Education in Antiquity* (London: Sheed & Ward Ltd, 1956), p.48.
② Ibid., p.50.
③ Ibid., pp.51, 56.

的尺度"的观点。到了后期,由于智者们一味强调知识和真理的相对性、主观性,单纯追求辩论的技巧和形式,趋于诡辩,因此又被称为"诡辩学派"。

智者传授的知识主要包括辩证法、修辞学和文法。这三类知识与算术、几何、天文和音乐构成了古希腊哲学和雄辩术的基础科目,在古罗马时代被统称为"自由科目",在12世纪以后的欧洲中世纪大学中被称为"七门自由艺术"(seven liberal arts),简称"七艺",构成神学、法学和医学等专业教育的预备和基础课程。

智者阶层对上述三门学科的贡献具体表现如下。

第一,辩证法。在芝诺(Zeno)哲学学说的基础上,普罗泰戈拉发展了反论法和辩证法。

第二,修辞学。在运用辩证法反驳对方并劝说对方接受自己观点的同时,智者特别重视演讲艺术。高尔吉亚是传授修辞学的大师。他将产生于意大利西西里的修辞学发展为一门系统的学科,形成了自己的辩论方法、原则和风格。智者们根据高尔吉亚的方法总结发展的对照法(antithesis)、句子的对称(balance of clause)、结尾母音韵(final assonance)等修辞手法,影响了整个古希腊、古罗马,甚至中世纪大学中修辞与辩论术的教学。

第三,文法。古代的文法不仅指今天意义上的对语言本身的研究,如语言的结构、句子与句子之间的关系等,还包括对经典作品,特别是诗歌的读解或解释。普罗泰戈拉曾专门撰写《论正确的语法》(On Correctness of Diction)一文。智者阶层其他的代表人物中,普罗狄克斯(Prodicus)曾研究语源学、同义语和如何正确使用语言,希庇亚斯(Hippias)对发音、音节、节奏和韵律等颇有研究。[①] 此外,在对上述内容进行研究的同时,智者阶层还特别强调理解和掌握古代经典诗人作品的重要性,并将《荷马史诗》作为文法学习的重要内容。[②]

在教学方法上,与早期哲学学校中个别辅导、师徒传承、口授耳记的方式不同,智者们虽然没有建立属于自己的固定教育机构,但是在教学中已经使用较为系统的教材,采取集体指导和师生共同讨论的教学方式。此外,智者的教学一般都是由理论学习和实际练习两大部分组成。在教学中,不仅注重教师系统讲授理论知识和雄辩技巧,而且还通过让学生大量模拟经典作品或实际参加演讲和辩论等各种形式,培养他们对雄辩术的实际运用能力。就这一点而言,智者阶层已经初步注意到了教学过程中知识传授与学生能力发展之间的关系。

---

① H. I. Marrou, *A History of Education in Antiquity* (London: Sheed & Ward Ltd, 1956), pp.51, 56.
② M. L. Clarke, *Higher Education in the Ancient World* (London: Routledge & Kegan Paul, 1971), p.12.

（三）智者阶层出现的教育意义

智者阶层的兴起以及他们的教育活动在古希腊和世界教育史上有着重要的意义。

首先，智者从事的教学活动表明，有关文法、修辞学和辩证法以及其他有关的辩论知识不仅是可以传授的，而且知识传授者完全可以作为一个独立的社会阶层存在。

其次，智者从事的活动适应了希腊教育变化的需要，即由重视体育和音乐教育转向重视知识教育，特别是修辞学的教育。如前所述，智者奠定了西方文法、辩证法和修辞学三门学科的基础。此外，智者的教育活动更强调传授技巧与形式，即如何使学生掌握一定的方法和原则。苏格拉底的教学方式，尤其是其著名的"产婆术"，就深受智者教学的影响。

最后，智者开创的收取学费、面向所有阶层的"开放式"教育，打破了只有贵族才能成为统治者和政治家的神话。智者的教育活动表明，通过教育完全可以培养和造就未来的领导者。就这一点而言，智者阶层在历史上的影响绝不仅局限于传授雄辩技巧和知识范围之内。

三、柏拉图的教育思想与实践

大多数学者认为，古希腊的教育，特别是高等教育，主要是进行哲学教育。实际上，随着公元前5世纪后半叶智者教育活动的出现，希腊高等教育已不仅表现为哲学教育，修辞学教育——具体表现为传授辩论艺术的教育越来越受到重视。公元前387年柏拉图创办的"学园"和公元前393年伊索克拉底（Isocrates）开办的修辞学校分别代表了当时两种不同类型的高等教育机构。正如马卢（Marrou）所述："古代的文化理念是双重的。一种是哲学的，其代表人物是柏拉图；另一种是辩论的，其代表人物是伊索克拉底。"[①]

学园是柏拉图及其弟子共同进行哲学研究、学习和集体生活的场所。在某种程度上，它与毕达哥拉斯学派建立的团体有相似之处，带有某种程度的宗教色彩，如崇拜缪斯，虔诚学习柏拉图的学说，排斥其他哲学学说，视其他学派的理论和思想为异端邪说，在学园内制定和举行自己的宗教仪式等。不过，与以往哲学家创办的学术或宗教组织不同的是，柏拉图在学园长达近四十年的教学活动中，始终将教育活动与自己的政治主张密切相连，即通过培养政治家和哲学王，实现自己的理想国。此外，从柏拉图的《对话集》中可以看出，柏拉图的教学已不局限于向弟子灌输既有的知识，而是采用苏格拉底的"产婆术"，引导学生通过分析、推理和综合等方法，自己去发现和解决问题。从这个意义上而言，学园既是当时哲学研究的中心，同时也是柏拉图通过系统的教学手段传授自己学说、培养未来城邦领导者的高等教育机构。从世界高等教育发展的历史来看，学园不仅可以说是希腊正规高等教育的滥觞，也是西方高等教育发展的真正源头。

---

① H. I. Marrou, *A History of Education in Antiquity* (London: Sheed & Ward Ltd, 1956), p.61.

（一）教育目的

柏拉图在《理想国》和《法律篇》两部著作中系统阐述了自己的教育思想、理想中的教育制度以及教育内容等。

根据《理想国》中的记载，学园的办学目的主要在于培养政治家、为治理国家出谋划策的哲学王或最高统治者，因此，柏拉图的教育活动并不像早期的自然哲学家，他们或专注于纯学术研究，如毕达哥拉斯学派；或面向大众，传播和普及高深知识，开启民智，如苏格拉底。另外，与智者强调教育的实用和功利目的不同，柏拉图主张教育的最终目的在于掌握绝对真理，因此，学园的一切教育活动都是围绕如何通过有效的方法学习理性的知识，最终获得真理而开展的。柏拉图还认为，评判知识是否有价值、教育活动是否成功，并不是看这些知识能否保证个人在政治生活中取得成功，而在于受教育者是否获得了真理，即《理想国》中提到的"善的知识"（the science of good）。

（二）不同教育阶段及其教育内容

柏拉图将培养未来哲学王的教育过程划分为不同的阶段，3岁至6岁是幼儿教育阶段，6岁至10岁属初等教育阶段，10岁至17岁是中等教育阶段，在17或18岁前后，受教育者必须暂时中断学校教育，为所在城邦履行两年至三年的"强制性军事义务"。例如，在雅典，青年要遵守埃菲比亚制度（Ephebia）接受两年军事训练。在掌握军事技艺、锻炼意志、增强体魄的同时，接受道德和社会教育。20岁以后是高等教育阶段，在这一阶段，受教育者边学习高深的文化知识，边参与管理城邦的政治事务。直到50岁，培养哲学王的教育才结束。

柏拉图还为上述不同阶段的教育设计了系统而广泛的课程。具体来看，初等教育阶段的主要学习内容包括算术、几何和天文。这些内容虽然是从简单具体的数字和初步的长度和空间概念开始，但学习这些科目的目的绝非为了实用。柏拉图认为，即使在初等教育阶段，数学的学习也是为了训练思维，特别是发展思维的速度、反应以及记忆能力。在中等教育阶段，柏拉图继承了毕达哥拉斯学派的某些教学内容，比如传授算术、几何、天文和音乐的"四艺"等科目。此外，柏拉图还为这些科目引进了当时最新的研究成果，如立体几何等。按照柏拉图的理解，所有这些内容都应该是数学的分支学科，如天文学应该作为数学的分支学科，而不是作为一门观察星相的课程开设。传授"四艺"的目的不是教学生掌握具体实用的知识，而是对他们进行思维训练，为将来学习更高深的哲学打下基础。在"高等教育"阶段，柏拉图在《理想国》一书中建议，学生首先需要用10年左右的时间学习当时存在的各种高级学问，以扩大视野。只有在学生通过学习各种学科，思维器官逐渐发达，能够发现不同学科和知识之间的内在联系之后，才可以学习更高深的数学。其后，经过选拔，只有极少数非常优秀的学生才能够接受最高层次的哲学教育——辩证法的学习，获得最高的"善的知识"。

（三）教育特征与意义

柏拉图的教育理念在当时并没有完全实现。不过，与以往哲学学派或学术组织相比，柏拉图设计的理想课程体系有两个基本特点：首先，数学已经基本脱离哲学，作为一门独立的学科进行传授，贯穿了整个教育过程，并成为理性训练的重要手段；其次，按照不同的年龄阶段，教学内容有着严格的区分，其中，哲学和辩证法是最高层次的学习内容。不难看出，柏拉图的课程体系已经初步呈现出预备基础教育和高深的专门教育两级构造。此外，必须强调的是，初等和中等教育阶段的数学及其分支学科——算术、几何、天文和音乐的学习，不是为了掌握具体和实用的知识，而是作为学习最高层次的学问——哲学或辩证法的预备课程，使心灵中的知识的工具和器官更加纯净，更加明亮，能逐步接近真理，实现人的心灵从感性世界向精神世界的转向。

柏拉图不仅在理念上为西方高等教育的发展设计了系统的办学模式，在教学实践中归纳并进一步完善了构成欧洲中世纪大学"七艺"中的"四艺"内容，他还四处奔波，竭力说服当时城邦的统治者实现自己的理想教育。到了希腊化时代及罗马时代，在其弟子的努力下，柏拉图在《理想国》和《法律篇》等著作中倡导的某些教育思想，如主张国家办教育，建立层次不同的、系统的初等、中等和高等三级学校教育制度等，得到了某种程度的实现。

四、伊索克拉底的修辞学校

如前所述，公元前5世纪后半叶开始，随着智者阶层的出现，培养人们掌握辩论艺术的修辞学教育在雅典悄然兴起。公元前4世纪中叶之后，修辞学教育不仅与希腊自古以来视为高级学问的哲学教育并驾齐驱，共同构成高等教育的重要内容，而且不断扩大影响。希腊化时代，修辞学教育的影响甚至超过了哲学教育，逐渐取代后者，成为当时高等教育的最主要的内容。从公元前4世纪中叶至希腊化时代，修辞学教育的代表人物是伊索克拉底。

伊索克拉底曾师从于智者的代表人物高尔吉亚，同时也潜心研究过苏格拉底的教学方法。因此，也曾有人将伊索克拉底视为智者阶层的后期代表人物。公元前393年，伊索克拉底在雅典亚里士多德创办的吕克昂附近开办了一所修辞学校。

伊索克拉底的学校不像以往和当时的一些哲学学校，如柏拉图的学园，其没有浓厚的宗教神秘色彩和明显的阶级性。他的学校基本上对所有社会阶层开放，招收十六七岁的学生入学，学生缴纳学费后一般可以学习三至四年。

（一）培养目标和课程内容

伊索克拉底的学校主要教授有关辩论的艺术，教育培养目标着眼于社会生活需要。

从实际教学来看，他创办的学校主要培养知识渊博、能够传道授业的教师、专业雄辩家，以及具备良好教养、明锐判断力、在任何场合都能够从容参加辩论的公民。与柏拉图的哲学学校相比，伊索克拉底的学校更注重培养具备文化素养的一般雅典公民。

为了实现上述教育目标，伊索克拉底主张，在掌握辩论的艺术和雄辩能力，具备良好教养之前，学生需要学习广泛多样的课程。在这一点上，他与柏拉图的主张有共同之处。不过，伊索克拉底十分推崇雅典传统的、集身心训练为一体的和谐教育。在伊索克拉底的修辞学校，教学内容主要包括两大部分：文学教育和数学教育。文学教育包括：早期阶段的体操教育，目的在于强壮体魄，训练意志；音乐教育，使受教育者举止和谐优雅；文法教育，培养学生阅读和欣赏古典作品的能力。此外，诗歌和历史作品的学习也是文学教育的重要内容之一。与柏拉图一样，伊索克拉底也强调数学学习的重要性，并把数学作为训练思维的重要工具。由于深受智者教学方法的影响，辩证法同样是伊索克拉底教学中的重要内容。不过，与柏拉图不同的是，辩证法不是仅供极少数"精英"学习的课程，也不是教学的最高阶段。所有上述内容，包括有关哲学课程，都属于基础课程，面向一切学生，不仅是培养专业雄辩家，同时也培养具备良好教养的一般公民。

（二）教学方法

伊索克拉底的教学分为理论和实践两大部分。理论学习包括系统的讲解，即通过讲解和分析经典作品，归纳出一般写作和辩论原则。在这一点上，伊索克拉底继承了古希腊荷马时代以来的经典教学方法，即通过背诵、揣摩和模仿优秀文学作品，掌握写作和辩论技巧。不过，伊索克拉底更强调教学过程中对范文的分析和批判。在理论学习之后，教学很快转入学生实际练习阶段。教学实践阶段主要指学生按照一定的题目，根据学习的原则和范文，进行讲演和辩论。与智者和当时其他哲学学校不同，伊索克拉底强调受教育者本人的实践。他认为，教师只是通过一定的方法，引导发掘学生的内在天赋和能力。教学过程中重要的是唤起学生自身的感悟，具体来说，学生通过学习大量历史、文学与哲学等经典作品，逐步发现作品中蕴藏的思想和表现手法，从而掌握辩论的艺术，获得敏锐的判断力和良好的文化素养。总之，伊索克拉底的教学方法非常注重教学内容的实用性以及学生学习的主动性。

（三）教学特征与影响

不难看出，尽管伊索克拉底深受智者教育的影响，如重视教学内容的实用性等，但在实际教学过程中，伊索克拉底的修辞学教育已经不限于培养专业雄辩家，而且其课程内容也异常丰富，强调通过学习大量文学作品掌握辩论技巧，这与智者学派一味强调辩论技巧和艺术，重形式方法，轻内容实质，形成了强烈对比。此外，与当时的哲学教育，特别是柏拉图的学园相比，伊索克拉底的修辞学教育不仅培养目标更为广泛和实用，更贴近当时城邦的现实生活，面向更广泛的社会阶层开放，而且更注重人文主义，特别是一般公民的教育。在某种程度上，西方人文主义教育的源头甚至可以追溯到伊索克拉底的公民教育，古代罗马的修辞学教育以及欧洲中世纪大学对学生进行的讲演或辩论训练等，实际上也可以看到伊索克拉底的影响。总之，自伊索克拉底之后，修辞学教育越发受到社会各阶层的欢迎，在西方教育系统中影响越来越大。无怪乎有学者这样高度评价伊索克拉底在历史上的影响："整体来看，是伊索克拉底而不是柏拉图，教育了公元前4世纪的希腊、其后的希腊化世界以及罗马世界；从伊索克拉底那里，'好像出于特洛伊木马'，涌现出了所有这些教师和文化人、高贵的理想家、素朴的道德家、优秀作品的爱好者，以及口若悬河的演说家。古典时期主要文化传统的优与劣都与伊索克拉底分不开。"①

第二节　希腊化时代的"高等教育"

希腊化时代（前323—前30）是古希腊文明发展史上的最后阶段，也是古希腊文明发展史上的集大成时期。由于马其顿国王亚历山大建立的横跨亚、非、欧的庞大帝国客观上促进了东西方文化的交流，与希腊古典时期相比，希腊化时代的雅典已出现了上下衔接、比较正规、近似于当前初等、中等和高等的三级学校教育体系。各级学校按照特定的教育目的，系统传授相对稳定的课程。这一时期，西方高等教育在教学内容和组织机构方面初具雏形，其突出表现为"雅典大学"的形成。

希腊化时代，学习哲学和雄辩术成为高等教育的核心内容。与以往相比，高等教育不仅在教学内容方面日益丰富，而且还出现了正规和固定的高等教育机构。从公元前4世纪起，由柏拉图和伊索克拉底分别创建的学园和修辞学校、亚里士多德的吕克昂、伊壁鸠鲁和芝诺的哲学学校等，共同构成了西方历史上的"雅典大学"。尽管当时尚未出现"雅典大学"的名称，但是直到古罗马后期，上述四所高等教育机构一直作为古代西方世界传授哲学和修辞学的高等学府培养了大批人才。

一、两大哲学学派及其教育内容与方法

古希腊的哲学在伯利克里时代发展到了鼎盛期，主要表现为苏格拉底、柏拉图和亚里士多德哲学思想的形成。公元前4世纪中叶之后，随着民主城邦政治体制的崩溃，希腊化时代的哲人们不再孜孜不倦地研究自然，探寻万物的奥秘，揭示客观世界发展的规律；高等教育活动和学术研究不再有所发现，更谈不上创新。柏拉图创办的学园以及亚里士多德的吕克昂虽然在初期颇负盛名，但随着两所高等教育学府传至弟子之手，尤其是到了希腊化时代中、晚期，两所机构的影响日益衰弱，甚至在学术上出现食古不化、

---

① H. I. Marrou, *A History of Education in Antiquity* (London: Sheed & Ward Ltd, 1956), p.79.

陈陈相因的趋势。希腊化时代后期,上述两所机构和这一时期出现的伊壁鸠鲁学派和斯多葛学派的哲学学校等,由于缺乏创造性和学术探求的活力,都没有在学术和教育上取得堪与希腊古典时期相媲美的辉煌成就。

(一)伊壁鸠鲁学派

伊壁鸠鲁是希腊化时代杰出的唯物主义哲学家,伊壁鸠鲁学派的创始人。公元前311年,伊壁鸠鲁移居雅典,建立了一所哲学学校。因学校设在花园中,他的学校又被称作"伊壁鸠鲁的花园",他的学生则被称为"来自花园中的哲学家"。

伊壁鸠鲁的学校是个特殊的学术团体,伊壁鸠鲁本人及其弟子不仅教授有关哲学的内容,而且还率领弟子们躬行实践,力图通过学习哲学,按照自己的理想,获得安宁幸福的生活。虽然伊壁鸠鲁学校传授的学问在当时属于高级学问,而且他的伦理学思想是希腊化时代具有代表性的学说,其学校却是面向社会所有阶层开放的,而且对弟子是否接受过严格的中等教育并没有严格要求,因此,平民百姓(包括妇女),甚至奴隶、妓女等,都可以在他的学校接受有关哲学的教育。

像当时其他哲学学校一样,伊壁鸠鲁的学校主要也是传授有关伦理学的学问。其中,快乐和幸福等范畴在伊壁鸠鲁伦理学体系中居于核心地位。伊壁鸠鲁以快乐为核心,把古希腊传统的四美德——爱智、公正、节制和勇敢,纳入其伦理学说,使之成为人们道德生活的准则。伊壁鸠鲁认为:"各种美德都与愉快的生活共存,愉快的生活是不能与各种美德分开的。"[①] 既然快乐是道德生活的目标,美德也就成了实现快乐的手段,四种美德也就是有道德的人的行为准则。

这样,伊壁鸠鲁就把伦理学说与人们具备的道德修养和掌握知识的程度联系起来。伊壁鸠鲁认为,人的道德修养高低和接受文化知识的多少与快乐程度呈正比:越有知识、越富有理性的人就越能趋乐避悲,就越能"摆脱一切使人极度不安的意见,如关于神灵,神灵的惩罚特别是关于死亡的意见"[②]。因而掌握科学知识,如研究自然事物、物理学知识等,尤为重要。要想实现身心快乐,摆脱恐惧和非分欲望,达到精神的自持和平静,教育就显得特别重要。

(二)斯多葛学派

芝诺生于塞浦路斯岛上的西提乌姆城。大约在公元前300年,芝诺来到雅典,创立了自己的哲学学派和学校。芝诺讲学的地方是一个用绘画装饰起来、一侧为墙、一侧为柱列、带有屋顶的柱廊,希腊人称这种建筑为Stoa,因此其学派被称为"斯多葛学派"

---

① 周辅成:《西方伦理学名著选辑(上卷)》,商务印书馆,1987,第105页。
② 黑格尔:《哲学史讲演录(第三卷)》,商务印书馆,1959,第74页。

(the Stoics），也有译作"斯多亚学派"。

芝诺创立的斯多葛学派的基本学说是"人必须依照本性而生活"。①斯多葛学派认为，要达到道德的准则，必须杜绝激情和欲望，超然于事物之外，进入一种"不动心"的境界。伦理的生活是一种理性的生活，即个人以理性衡量一切，分析和评价一切。人的观念的获取并非完全来自直接经验，许多事物的认识来自个人的理性思索和判断，间接来源于通过书本和听课等形式学习的文法、辩证法、修辞、诗歌和音乐等有关知识。原因在于，通过学习和研究这些高级学问能够增长见识，加深对事物的理解，增长德性，丰富理性生活，最终获得完满和有道德的生活。

此外，斯多葛学派的宇宙论中还包含了众人平等的思想。该学派认为，个人的本性都是普遍本性的一部分，因而从理论上而言，人人都蕴藏有美德的潜能，人人都可能通过学习道德知识和道德实践，达到道德标准，从而获得美满的生活。从这一理论出发，斯多葛学派主张，任何人，不管是出身显赫的王公贵族，还是家境贫寒的奴仆百姓，都有平等接受教育的权利，都可以通过自身的学习，获取有关道德与伦理的知识，达到一定的道德标准。

本着一切顺应自然、顺应本性的原则，斯多葛学派认为，不应对受教育者实施体罚，而要循循善诱，发掘他们的潜能；理论的学习应与自身道德实践结合起来，通过两者的相辅相成，实现道德的生活。

伊壁鸠鲁学派和斯多葛学派是希腊化时代影响最大的两个哲学学派。从以上分析可以看出，与以往的哲学研究和教育相比，两大学派更重视哲学中伦理学知识的传播和研究，教育的目的已不像柏拉图时代时，主要通过思维训练，培养学生如何探求未知真理，追求最高的"善的知识"。希腊化时代，特别是希腊化时代后期，伦理学几乎成为各哲学学派传授和研究的核心内容，当时几乎所有的哲学学校都非常重视教授人们道德和伦理方面的知识，教人们如何在现实生活中获得安宁、幸福和有道德的生活，伦理学教育成为教育的重点内容。

上述两大学派的教学和研究不仅反映了希腊化时代哲学教育和研究的一般特征，它们的部分思想和学说还一直保存并传播到古罗马时期，成为古罗马哲学中的重要内容，影响了古罗马哲学教育和研究的发展。以下对希腊化时代哲学和修辞学教育的一般特征进行考察。

二、希腊化时代的哲学教育

从理论上说，希腊化时代不同的哲学学校一般主要研究和讲授三方面的内容：逻辑、物理学和伦理学。根据学校的规模和教育对象等的不同，学习内容的侧重点可能不完全

---

① 黑格尔：《哲学史讲演录（第三卷）》，商务印书馆，1959，第30页。

相同，不过，如上所述，伦理学是这一时期教育的重点和最高层次的学习内容，这是毫无疑问的。

由于希腊化时代已经形成了较为完整的三级学校教育体系，因此，除了个别学校以外，大部分哲学学校都要求只有完成中等教育的人方可进行哲学学习。

根据法国教育史专家马卢的研究，当时，各哲学学校的教学大致依照以下阶段进行。

首先，简明扼要地学习哲学史，了解古希腊哲学家泰勒斯、阿那克西美尼（Anaximenes）、赫拉克利特（Herakleitos）等人的学说，掌握希腊哲学发展的基本历史线索。

其次，了解本校或本学派的基本哲学思想及其发展历史。授课人或是本学派的创始人，或是其弟子。

再次，在学习掌握本学派经典著作的基础上，教师阐述自己的观点，然后与弟子们一起对有关问题进行探讨和研究。这是哲学教育的最核心环节，也是培养学生多方面能力的重要手段。讨论或是采取师生在一起座谈的形式，或是与广大听众在一起，采取演讲的形式。这些座谈或演讲，谈吐自由，气氛活泼。话题或由某一争论不休的论点引起，或受某一日常小事启示而发，或由瞬间掠过脑海的问题而生，形形色色，无所不及。

最后，最重要的学习形式是教师和学生进行个别或集体谈话，通过交谈，教师传授自己的学说和思想，培养学生多方面的能力。这时的哲学教师称为"指导教师、哲学家或朋友"更为恰当。

三、希腊化时代的修辞学教育

如前所述，雄辩术和修辞学兴盛于公元前5世纪雅典民主气氛最为浓厚之时。当时，一个人步入仕途，在政治上立于不败之地，在法庭、公民大会及其他一切权力机构和公共场所，能够周密地阐发自己的主张并驳倒对方，没有一套过硬的雄辩本领是不行的。希腊化时代，独立和自由的城邦不复存在，取而代之的是庞大的君主专制制度。这种制度虽然比之波斯帝国的统治相对开放和民主，但远不及伯利克里时代，加之城邦政治生活已是名存实亡，基本流于形式，因而这一时期的雄辩术不再是人们抨击时弊、倡导革新、各抒己见，以及在城邦政治生活中取得成功的手段。从伊索克拉底开始，雄辩术或修辞学教育的影响已经超过了哲学教育，到了希腊化时代，雄辩术教育更是成为希腊的高等教育，甚至是希腊文化的主流。按照马卢的说法："希腊化文化实际上就是修辞文化（rhetorical culture），其典型的形式就是在公共场合发表演讲。"[①]

在继承伊索克拉底教学思想和理论的基础上，希腊化时代的雄辩术教育仍然教授以下内容：如根据不同场合，运用各种修辞手段和演讲形式，恰如其分地表达自己的思想和感情。不过，学习雄辩术的意义已不像以往那样，主要着眼于其在政治生活中的功利

---

① H. I. Marrou, *A History of Education in Antiquity* (London: Sheed & Ward Ltd, 1956), p.195.

和工具价值。"正确地表达意味着正确地思考,甚至还意味着正确地生活:在希腊人看来,雄辩(eloquence)具有一种真正的人文价值,已经超越了实际运用价值。"① 对于希腊化时代的学者而言,雄辩术和修辞学变成了华而不实、空洞无物、单纯追求技巧的一门学问。人们学习雄辩术的重点也与以往不同,比较追求辞藻的华丽、结构的严密和雄辩的技巧等。当然,从另一方面来看,由于特别讲究雄辩技巧和形式,学者们有关文法,包括如何遣词造句、音乐、韵律和古今诗歌等方面的研究水平有了较大提高。

修辞学的教学一般分为三个步骤:首先掌握修辞学理论,其后学习经典范文,最后是学生按照理论和范文进行实际练习。

(一)理论学习

对于接受过中等教育、已经通过学习文法接触了一些修辞学知识的学生而言,高等教育阶段的理论学习主要是熟知大量专业术语,掌握各种演讲文体的写作规则和方法。学习涉及许多内容,大致可归纳为五个方面,即想象力的培养(invention)、演说步骤(arrangement)、修辞表达术(elocution)、情景想象或即席演讲术(memorizing)和实际运用(action)。由于不同题材的演讲都规定有不同的演说定式或模式,而且上述五个方面的内容各有详尽的规则和学习要求,因此,为了做到在任何场合都能够轻松自如地发表演讲,学生首先须熟记各种风格、不同题材的演说步骤及相应的表达方法。在学习掌握多种多样、烦琐细致的演说技巧和手法时,学生的思维同时也得到了训练。

根据实际情况,演说时还需要添加一些更为生动和详细的相关材料,在此基础上,演说者还要学习如何精心遣词造句,运用得体的修辞手法,考虑语音语调、面部表情,并伴以各种身体语言等。希腊化时代中后期,在教授上述基本理论的基础上,雄辩术教师越来越重视指导学生通过学习范文和自己练习掌握演说术。

(二)学习范文

学生应通过背诵、模仿和揣摩雄辩大师的演说词和经典文学名著等范文,熟记各种场合下可能使用的演说文体和名言警句,不断提高自己的雄辩技巧。著名诗人、散文家和哲学家等的作品,如荷马诗史中的某些片段、苏格拉底、德摩斯梯尼(Demosthenes)以及伊索克拉底的作品等是学习的主要范文。某些修辞学校的教师还将自己的演讲词作为范文供学生学习参考。

(三)实际练习

在掌握上述知识之后,教师设计各种场景,为学生规定各种演说题目,例如模仿法

---

① H. I. Marrou, *A History of Education in Antiquity* (London: Sheed & Ward Ltd, 1956), p.196.

庭中的辩论和公民集会上的发言等，要求学生严格按照所学的理论与演说规则，训练演讲能力。

希腊化时代后期，修辞学的学习越来越趋向于模仿古人的作品，而且非常注重学习语法结构和各种修辞技巧，前人作品中蕴含的思想内容反而不受重视。修辞学的教学越来越墨守成规，拘泥于古人文章的词汇和句法，甚至古典名著中未出现的词汇或表达方法就不得使用。同时，实际演讲练习也越来越趋于形式化和概念化，仅注重语言的华丽和结构的完美，学生所做的演讲练习越来越与现实生活格格不入。到了希腊化时代后期和罗马时期，学生甚至整天只做一些无聊的演讲练习，如"苍蝇赞"和"秃头颂"等十分低级趣味的题目。因此，马卢认为："希腊化时代修辞学教育的最明显的特征是逐渐远离了其最初的目标。这个目标就是通过教授在各种正规场合真正运用的演讲知识和能力，培养着眼于现实生活的未来演说家。"①

四、亚历山大里亚博物馆与高等学术研究和教育

希腊化时代，与以雅典为中心发展起来的修辞学和哲学教育相呼应，古埃及的亚历山大里亚博物馆（也称作"亚历山大里亚大学"）的科学（尤其是医学）和语文学研究与教学也获得了长足的发展。在公元前3世纪至1世纪之间，亚历山大里亚博物馆取得的学术成就之高、影响之远，堪与雅典相媲美。无怪乎有人又把这一时期称为"亚历山大里亚时期"。

（一）亚历山大里亚博物馆的科学研究与教学

亚历山大在征战途中，建立了七十多座希腊城市，其中以他在埃及建立的、以自己名字命名的亚历山大里亚最为著名。亚历山大死后，在其后继者古埃及法老托勒密一世等君主的努力下，亚历山大里亚一跃成为希腊化世界高等学术的另一中心，东西方人才精英荟萃之地。

亚历山大里亚博物馆于公元前308年由法勒鲁姆的德米特里（Demetrius of Phalerum）提倡兴建。该博物馆几乎完全是模仿柏拉图的学园，以及亚里士多德的吕克昂而建。

亚历山大里亚博物馆中聚集了来自东西方许多国家和地区的精英，不仅有诗人、文学家、历史学家、语法学家和哲学家，还有几何学家、天文学家、物理学家等研究自然科学的专家与学者。像毕达哥拉斯学派和柏拉图的学园等高等教育机构一样，这些学者们共同生活在一起，无须纳税，无须服兵役，专心致志地进行学术传播和研究。此外，亚历山大里亚博物馆建有附属的植物园、动物园、解剖室、天文观测台，以及其他可供科学研究的仪器设备。

---

① H. I. Marrou, *A History of Education in Antiquity* (London: Sheed & Ward Ltd, 1956), p.202.

古埃及托勒密王朝早期，亚历山大里亚博物馆主要是进行科学研究的中心，还没有成为从事教学，特别是高等教育活动的高等教育中心。后来由于前来就学的人不断增加，学者和研究人员开始选择某些自己认为有前途的弟子，采用个别辅导的形式传授高深学问，因此，最初并没有开设系统的课程内容。公元3世纪末开始，由国家出资，亚历山大里亚设置了哲学中许多主要学科的讲座职位，如公元279年设置了亚里士多德哲学讲座职位[①]；其后，各种学科讲座职位相继出现。公元4世纪时，亚历山大里亚逐渐发展成为著名的大学城，尤其以医学教学和研究闻名，吸引了东西方大批学生前来就学。直到罗马帝国时代，亚历山大里亚仍然是著名的高等教育中心。

希腊化时代，亚历山大里亚的学者们在自然科学方面取得的成就远远超过了希腊古典时期，在几何学、天文学、地理学以及医学等领域取得的成果尤为突出，可以说古代希腊自然科学的最后成果是在亚历山大里亚得到系统的总结和完成的。例如，影响西方教育达几个世纪的《几何原本》的作者欧几里得（Euclid）曾在亚历山大里亚进行研究，招纳弟子；曾在亚历山大里亚接受过教育的阿基米德（Archimedes）是希腊化时代最伟大的科学家，他在数学方面的成就被认为是古希腊数学发展的顶峰。这一时期，在亚历山大里亚博物馆中，天文学的研究也取得了惊人的成就：阿利斯塔克斯（Aristarchus）证明了太阳与地球的直径之比为7∶1；希帕克斯（Hipparchus）根据前人的有关学说提出以地球为宇宙中心的系统理论，其理论又为在此进行研究的托勒密所接受，并加以阐发，至此，地球中心论成为天文学中的权威学说，其影响一直持续到16世纪哥白尼的太阳中心论出现。

希腊化时代，医学研究和教育在亚历山大里亚也取得了辉煌的成就。早在公元前3世纪，亚历山大里亚就有两所医学学校存在。[②]一所为赫罗菲拉斯（Herophilus），于公元前4世纪创立；另一所为埃拉西斯特拉图斯（Erasistratas），也于公元前4世纪创立。这两所学校历经几个世纪，培养了大批医学人才。当时，盖伦（Galenus）的著作是医学教育的主要教科书。根据有关资料记载，盖伦的二十篇论文是亚历山大里亚医学教育的固定教材。按照内容难易程度不同，这些论文分阶段进行讲授。[③]

希腊化时代后期，语文学的研究和教育逐渐在亚历山大里亚占据重要位置。广义的语文学包括逻辑、修辞和文法三大类，类似于希腊古典时期哲学学校和修辞学校传授的"三艺"。不过，在亚历山大里亚，上述教学内容并不是培养哲学家或雄辩家的预备课程。亚历山大里亚的学者们在整理和研究古希腊文学文献、勘订、翻译和注解各种文稿的过程中，词法、句法和修辞学方面的知识必不可少，希腊古典时期的所谓"三艺"内

---

① H. I. Marrou, *A History of Education in Antiquity* (London: Sheed & Ward Ltd, 1956), p.190.
② James Bowen, *A History of Western Education. Vol. I* (York: Methuen, 1981), p.147.
③ M. L. Clarke, *Higher Education in the Ancient World* (London: Routledge & Kegan Paul, 1971), p.112.

容在此得到系统的整理。特别值得一提的是，亚历山大里亚的学者阿利斯塔克斯通过研究建立了西方比较系统和科学的文法体系。

（二）亚历山大里亚博物馆的历史地位和影响

从以上简短的分析来看，古代埃及亚历山大里亚博物馆虽然不完全是从事高等教育的机构，但是由于它聚集了当时东西方许多学者，成为东西方文明交流的中心。这些学者在整理和研究古代文化的同时，的确也传授着某种程度的高等教育知识。它在世界高等教育和科学史上的影响大致可以归纳为以下三个方面。

首先，亚历山大里亚博物馆在后期为东西方许多国家和地区培养了大批学者，为"众多岛屿、大陆培养了语法学家、哲学家、几何学家、音乐家、画家、物理学家及其他专业人才，这些人继而又运用自己学到的知识培养了大批著名的学生"[①]。

其次，亚历山大里亚博物馆的学者们在前人研究成果的基础上，不仅使许多学科更加系统化和科学化，还创立了某些新兴学科，尤其是在自然科学研究方面，不仅重视感性认识，而且运用严密的逻辑推理，使某些自然学科的研究成果达到了古代自然科学发展的最高形态。"在公元 17 世纪以前，科学史上最光辉的时代是希腊化文明时代。实际上假如没有亚历山大里亚的叙拉古、帕加蒙和希腊化世界其他大城市的科学家的发现，现代的许多成就也将是不可能的。"[②]

最后，值得指出的是，亚历山大里亚博物馆如此辉煌的成就是东西方各民族学者共同智慧的结晶。源于东方的自然科学，如古埃及和两河流域的数学、天文学和医学的研究，在希腊化时代达到了极高境界。希腊文明和东方文明在人类历史上第一次真正地在这座学术中心融和起来，两种文化取长补短，发展成为人类共同享有的文明。

第三节　古罗马的"高等教育"

希腊化时代后期，随着罗马帝国的兴起，西方高等教育的中心逐渐转移到罗马。从公元前 8 世纪至公元 13 世纪东罗马帝国（也称拜占庭帝国或君士坦丁帝国）灭亡，古罗马的高等教育实际上经历了传统教育、引进外来文化教育，以及独具特色的古罗马"高等教育"等几个阶段。

根据古罗马历史学家普鲁塔克（Plutarch）的记载，早在公元前 8 世纪左右，古罗马就已存在集家庭、学校与社会为一体的教育体系。同时，临近希腊边境的某些罗马地区

---

① Frederick Eby and Charles Flinn Arrowood, *The History and Philosophy of Education: Ancient and Medieval. Vol.I* (New Jersey: Prentice Hall, 1940), p.474.
② 爱德华等：《世界文明史（第一卷）》，罗经国等译，商务印书馆，1987，第 289 页。

自古就一直受到希腊的影响。从希腊化时代中期，即公元前 3 世纪开始，罗马帝国在东征西伐，特别是在征服古希腊雅典之后，传统的教育体系逐渐消失；古希腊兴盛于雅典的哲学，尤其是修辞学教育被介绍和传播到罗马，并逐渐为罗马人所接受。不过，罗马人对希腊文化教育并非全盘接受，而是根据本民族的实际，有选择地吸收，并在继承和发展古希腊教育的基础上，创造了具有本民族特色的古罗马"高等教育"。其影响一直持续到东罗马－拜占庭帝国时期。古罗马时期的部分课程内容甚至在一定程度上为中世纪欧洲大学所吸收，成为大学文学院（faculty of arts）、医学院和法学院课程的重要组成部分。

一、传统的罗马教育

传统的罗马教育主要是在家庭内部进行，家庭教育和社会教育是教育的主要形式。由于罗马自古以来十分注重道德教育，家庭中父母的言传身教在道德教育中一直扮演重要的作用。尽管在罗马帝国时期，正规的学校教育系统已经十分发达，学校已经成为青年人接受正规教育的主要机构，昆体良（Quintilianus）等人仍然十分强调传统的家庭教育的作用和意义，批评学校教育的弊端。以下先简单介绍一下古希腊早期教育的某些特征。

根据记载，在古希腊的雅典和斯巴达等城邦，儿童早期的教育主要由奴隶充当的"教仆"负责。教仆接送儿童往返于学校、体操馆和其他公共教育场所，传授有关历史知识和城邦道德准则。在罗马，儿童从出生至 7 岁则完全由母亲负责进行教育，内容主要是道德教育。母亲通过讲述自古流传下来的神话、传说，与儿童在一起做游戏，特别是通过自己的言行举止等，教儿童领悟有关忠诚、诚实、勇敢和爱国等的抽象概念，训练儿童高贵的举止和优雅的谈吐。从 7 岁至 16 岁，男孩的教育由父亲负责，女儿则留在家中，跟随母亲学习纺织、织补等有关家政事务。贵族家庭的教育是由父亲带领儿子参加各种公共活动，如城邦公民集会、法庭的诉讼辩论、长老院召开的会议等，学习罗马的历史传统、道德文化；普通家庭的教育除了通过参加公共活动学习历史传统和道德伦理习俗之外，主要是由父亲口授言传，带领儿子参加劳动，学习有关农业、养殖等实用知识。16 岁之后家庭教育结束，举行一定的仪式之后，儿童就成了一名正式公民。在此后大约一年时间内，他还要接受公民道德教育，这种教育往往是由家族或父亲的朋友中德高望重、阅历丰富、通晓政治的长者负责。教育除了采取言传身教的形式外，最主要的形式是年轻人跟随长者参加各种社交活动，耳濡目染，学习有关政治和道德知识，并学会在不同场合如何举手投足，酬宾待客。此后，所有罗马的青年男子进入军队，而且某些贵族子弟仍然像以往一样，师从军队中的某一著名将领或政治家，除了学习军事知识和技能外，继续学习有关政治、伦理等方面的知识。

传统的罗马教育主要形式为家庭教育和社会教育,由于没有出现系统的学校教育制度,父亲和长者的言传身教,在儿童的成长过程中发挥着相当重要的作用。教育的内容则主要集中于传授道德文化习俗、城邦政治、农业生产技术以及军事知识与技能等。这种传统的教育一直延续到公元前3世纪初,直到希腊文化教育大规模地传入罗马才发生根本变化。

二、希腊文化教育对罗马"高等教育"的影响

因为地理位置的原因,罗马与希腊诸城邦之间的经济贸易往来和文化教育交流早已有之。根据现有资料判断,这一过程大致可分为两个阶段。

第一阶段,自希腊在罗马周围建立殖民地城邦(约始于公元前8世纪)至公元前272年希腊殖民地塔伦特姆(Tarentum)为罗马人收回为止。这一时期,罗马与希腊之间的文化教育交流只是表面和局部的,还未能导致罗马整个教育传统发生革命性的变化。

第二阶段,从塔伦特姆为罗马人收回至公元前146年雅典为罗马人所征服。这一时期,由于雅典的陷落,大批受过希腊式教育、具有较高文化修养并掌握熟练技艺的希腊战俘或奴隶被虏往罗马。加之罗马统治者有意追求和引进希腊文化教育,因此,希腊文化特别是学校教育理论和教育制度,几乎完全为罗马人所接受。公元1世纪初期,希腊文化教育对罗马传统的教育产生了巨大的冲击,使整个罗马文化和教育几乎完全"希腊化"。以下进行详细论述。

公元前8世纪至公元前6世纪,希腊人从希腊半岛向西部地中海发展,先占据西西里岛的东海岸和南海岸,后又入侵意大利半岛那不勒斯湾,建立了塔伦特姆等希腊殖民地。

希腊人入侵意大利半岛后,引入了东部地中海的希腊文化,包括字母、文学、哲学、美术、宗教以及政治和军事制度等。这些后来均为罗马人所吸收,并发扬光大,形成罗马人自己的拉丁文化。据资料记载,在公元前5世纪中期,罗马人就曾为制定《十二铜表法》,专程出访希腊,请教有关法律方面的问题。[①]后来,《十二铜表法》成为早期罗马人道德和法律教育的主要教科书。

公元前4世纪下半叶开始,希腊从古典时期进入希腊化时代。如前所述,这一时期,希腊文化教育广泛传播到地中海东岸和北非广大地区。希腊的诗歌、戏剧、艺术、语言、教育制度等,成为当时这些地区人们普遍追求的目标。希腊化时代,随着罗马在军事和政治上最终征服希腊,后者在文化教育和艺术哲学领域对征服者的"征服"几乎也达到了顶峰。特别是希腊的语言、教师、学校制度、课程被罗马人奉为至宝。简言之,除哲学教育外,希腊的教育差不多完全被罗马人继承了下来。

---

① James Bowen, *A History of Western Education. Vol. I* (York: Methuen, 1981), p.138.

值得指出的是，当时云集罗马的希腊人形形色色，包括文法教师、修辞学教师、哲学教师以及各种从事艺术和自然科学研究的学者和专家，但在传播希腊文化教育的过程中，希腊奴隶也做出了不可磨灭的贡献。被掳往罗马的奴隶中，大多数曾生活在希腊城邦或希腊殖民地，对高度发达的希腊文化耳濡目染，其中一部分奴隶还曾担任过教仆，对希腊的文化教育十分熟悉。随着罗马人逐渐接受和引入希腊文化教育，这些奴隶成为罗马贵族家庭中的私人教师，与在希腊时几乎一样，作为教仆教授贵族子弟。其中有些奴隶因学识出众，甚至获得了人身自由，得以在罗马开办学校、著书立说。最著名的是希腊奴隶安德洛尼克斯（Andronicus）。他曾任罗马一贵族家庭教师，后获得自由。约在公元前250年，他将《荷马史诗》中的《奥德赛》翻译成拉丁文。该译本影响极大，一直作为罗马"中等教育"的教科书，使用了三四百年。随后，他又陆续将一些希腊诗歌、戏剧、史诗等片段翻译成拉丁文。其译著对罗马拉丁学校教育以及拉丁文学、诗歌、散文的发展起了巨大的推动作用。有学者评价道，在安德洛尼克斯以后，"拉丁文学（或是译自希腊文，或是模仿希腊模式）已经成长起来。而且到公元前2世纪中期，在上层阶级中普遍存在着一种对文学的欣赏……从此时起，拉丁文学和修辞以及希腊文的教学开始了，并且日益成为重要的学科"[①]。

从公元前1世纪开始，西塞罗（Cicero）声称，罗马旧有的素朴、实用的，并通过家庭和社会生活实践培养农夫、军人和政治家的教育体制完全消失，取而代之的是一种崭新的，建立在追求、模仿、吸收和发展希腊学校教育基础之上的教育体制。这种教育体制既以希腊文化教育为核心内容，又包含罗马本民族的特色，是一种建立在有的放矢地吸收希腊教育基础、根据罗马的社会经济状况发展起来的新型教育。

三、罗马共和国与帝国时期的"高等教育"

在希腊教育文化的影响下，从公元前2世纪起，罗马逐步摆脱了王政时期的传统教育模式。从公元前1世纪开始，逐渐形成了以传授辩论术为主要内容的"高等教育"机构。不过，这一过程并非一帆风顺。公元前173年，两位希腊伊壁鸠鲁学派教师被驱逐出境，理由是他们传播的学说败坏了罗马的道德准则。公元前170年，斯多葛学派的哲学和文法学家克拉特斯（Crates）在罗马讲学，遭到贵族保守派的反对。不久，罗马元老院通过法令，不允许希腊哲学家在罗马居留。公元93年，第一所模仿希腊修辞学校、培养罗马雄辩家的修辞学校出现，但次年就因其教学内容与罗马传统的道德风俗相悖，被元老院关闭。但是，"希腊文化还是像滚滚的洪流一样涌入罗马"[②]。这股洪流影响了罗马传统的教育模式，使罗马共和国早期的"高等教育"带有浓厚的希腊色彩。

[①] 博伊德、金著：《西方教育史》，任宝祥、吴元训主译，人民教育出版社，1985，第66页。

[②] Christopher J. Lucas, *American Higher Education: A History* (New York: St. Martin's Press, 1994), p.24.

罗马"高等教育"的发展大致可以分为两个阶段。第一阶段大致是从公元前1世纪至公元3世纪末罗马帝国晚期。在这一时期，罗马的"高等教育"不仅完全模仿希腊教育，而且几乎所有的学校都是由希腊人创办并执教，无论教育的形式还是内容，几乎都是希腊教育的翻版。第二阶段是从公元4世纪至公元13世纪拜占庭帝国灭亡，在吸收、消化、改造和发展希腊教育的基础上，带有拉丁特色的古罗马高等教育逐步形成，特别是在拜占庭帝国"高等教育"中，医学和法学等专门教育（professional education）正式成为高等教育的重要内容，直接构成了中世纪大学医学和法学教学内容。

如前所述，早期的罗马高等教育机构几乎完全是由希腊化时代的修辞学校直接移植而来。自公元前3世纪至公元1世纪左右，希腊的文法学校和修辞学校开始大量在罗马建立。这些学校的教师起初完全由希腊人担任，教学语言是希腊语，课程内容几乎完全照搬希腊原有教学内容，因此被称为希腊文法学校。公元1世纪之后，使用拉丁语进行教学的拉丁文法学校和修辞学校相继出现，但直到公元3世纪末，罗马几乎所有文法和修辞学校中的教学内容都深受希腊影响，特别是希腊古典时期以及希腊化时代修辞学校中的修辞、辩证法、数学、天文、几何、历史、伦理和音乐理论等教学内容，几乎完全为罗马人所接受。

培养雄辩家是早期罗马高等教育的主要内容。西塞罗和昆体良是罗马修辞学教育的著名代表人物。在西塞罗看来，一位有教养的公民与他人最大的区别在于，有教养的公民谈吐得体，具有驾驭语言的能力，并且发言具有强烈的说服力。他指出："掌握得体说话的艺术比人们想象中的要伟大，并需要学习更多的知识和学问……在我看来，除非一个人掌握了所有主要的学科，否则他不可能成为一名名副其实的演说家。"[①] 由此，西塞罗指出，掌握广博知识和学习辩论技巧同样重要。与希腊修辞学教育相比，西塞罗更强调在修辞学教育中传授哲学、历史、诗歌、法律等古典人文知识的重要性。他认为，培养雄辩家或演说家的教育过程同样也应该是传授广博知识和进行道德教育的过程。西塞罗的许多观点后来在昆体良所著的《雄辩术原理》一书中得到进一步发扬光大。西塞罗和昆体良提倡的雄辩家教育影响了中世纪，特别是文艺复兴时期西欧高等教育的发展。

不过，在培养雄辩家的教学方法方面，罗马与希腊化时代并无本质差别。直到昆体良时代，罗马的修辞学教育基本上仍然模仿希腊化时代雅典修辞学校的教学模式。教学分为基础理论学习和辩论练习两大阶段，学生在学习理论等基础知识之后，由教师出题，设定各种辩论场景，根据所学的理论和规则，进行辩论练习。辩论练习的题目大致围绕政治、历史和法律或法庭辩论等进行。在罗马时代，似乎更重视让学生自己进行辩论练习，而且学生往往到法庭、元老院等公共场所，与对手进行真正的实景辩论。此外，随

---

① Olaf Pedersen, *The First Universities: Studiam Generale and the Origins of University Education in Europe* (Cambridge: Cambridge University Press, 1997), pp.20-21.

着罗马法律制度的不断完善，修辞学教育与现实生活联系得更密切，更强调教育的实用性和功利性。从某种程度上说，罗马的修辞学教育更强调培养在法庭上能言善辩的律师。例如，从昆体良有关修辞学教育的论述中不难看出，昆体良主张学生在学习雄辩理论和技巧的同时，还应该掌握有关法律知识。① 他培养的雄辩家实际上就是今天的律师——一种为人出庭辩护、办理诉讼的高级专门职业从业者。

除了修辞学教育之外，源于希腊的医学教育在罗马同样得到了系统的发展。

最初，医学是哲学的一个组成部分。希腊的毕达哥拉斯等哲学家同时也精通医学，有关医学的知识是作为哲学的一部分进行传授的。首先将医学从哲学中分离出来的是希腊学者希波克拉底（Hippocrates）。从公元前5世纪晚期起，医学逐渐成为一门独立、正式为人们承认的专门学科（profession）。不过，这一时期的医学教育主要还是采取师徒制，还没有发展到通过系统正规的学校传授医学知识。公元前4世纪之后，亚历山大里亚博物馆成为最重要的医学研究和教学中心，从此医学教育逐步正规化。从公元前3世纪开始，希腊的医学教育传入罗马。公元前219年，希腊人在罗马开办了第一所外科学校，尽管当时遭到某些人的反对，但还是有越来越多的希腊医学学校出现在罗马。罗马时期，医学教育已经基本摆脱了师徒传授的形式。学生约在16岁之后进入医学学校，学习长达8至10年。在此之前，须学习文法、修辞学、几何和天文等一般预备课程，此外，学习医学还要求天资聪颖、富有忍耐精神和高尚道德。②

与其他传入罗马的高等学问不同的是，罗马人并没有创办自己的拉丁医学学校，即使到了罗马帝国后期，医学教育仍然基本上是用希腊语进行教学，内容完全来自希腊的医学教育课程，而且教师几乎全部由希腊人担任。罗马时代，迪奥斯科里德斯（Dioscorides）和盖伦是两位最著名的医师，他们两人是古代西方医学研究和教育的集大成者，其研究成果标志着西方古代医学发展的最高水平。据记载，迪奥斯科里德斯曾任罗马军队中的军医。通过多年的观察和实验，他著书系统地描述了近六百种草药的药性和功能，留下了约一千种配方。在药理学方面，他的研究水平远远超过了前人，其医学论文成为中世纪医学教育的经典著作。③ 盖伦的主要贡献是在解剖学和生理学的研究方面。他给后世留下了大量医学论文，奠定了中世纪阿拉伯和西欧医学发展的基础，被称为中世纪医学领域中的亚里士多德。

罗马帝国时期，公共教育设施得到进一步完善。在对希腊诸城邦的多次战争中，罗马人掠夺了大批希腊图书。罗马皇帝奥古斯都执政时，建立了两座公共图书馆，作为学者研究和教学的场所。韦帕芗（Vespasian）继位后，又建罗马和平之庙（Temple of

---

① H. I. Marrou, *A History of Education in Antiquity* (London: Sheed & Ward Ltd, 1956), pp.288-289.
② M. L. Clarke, *Higher Education in the Ancient World* (London: Routledge & Kegan Paul, 1971), p.111.
③ Olaf Pedersen, *The First Universities: Studiam Generale and the Origins of University Education in Europe* (Cambridge: Cambridge University Press, 1997), pp.23-24.

Peace）。到哈德良（Hadrian）时代，和平之庙发展成为雅典大学模式的高等教育教学和研究中心，后人称之为"罗马大学"。

总之，至少在公元4世纪之前，罗马的高等教育完全是建立在继承和接受希腊，特别是希腊化时代的学校教育基础之上的。"所谓罗马教育，就整体而言，实际上就是把希腊式教育移植到拉丁或西方说拉丁语的土壤上的教育。"[①]

四、罗马对希腊教育的发展

尽管罗马教育是以模仿和继承希腊教育为基础，并深深地打上了"希腊化"的烙印，但这种继承并非是机械的模仿和盲目的崇拜，而是在有意识地保留罗马本民族教育特点和长处的前提下，对外来先进文化进行吸收和融合，不断丰富古代"高等教育"内容，推动了世界古代"高等教育"的发展。

从教育目的和教学内容来看，无论是在初等教育阶段、中等教育阶段，还是高等教育阶段，罗马人都有针对性、有选择性地采纳希腊教育中适应本民族文化传统、政治社会状况和客观现实需要的课程。罗马的文法学校和修辞学校开设了许多希腊同类学校的课程，但这些课程并非像在希腊古典时期或希腊化时代那样，作为学习哲学或修辞学的基础课程开设。针对这种现象，昆体良曾建议，在学习修辞学和雄辩术之前应该先学习几何学（包括某些算术和天文学知识）和音乐，但不应占用学习修辞学的时间，因为这些易分散学生的注意力。盖伦也遗憾地指出，罗马人在学习哲学和雄辩术之前不再学习一些预备和基础课程。[②]

与古希腊不同的是，罗马文法学校和修辞学校开设的"七艺"课程几乎毫无例外地带有浓厚的拉丁色彩——注重实用性。例如，算术用来训练人们在商业和贸易中精于计算；几何用于丈量土地和规划建筑设施；天文用于制定日历；音乐用于培养学生的节奏感，以便在讲演时更好地掌握语调。希腊的传统科目——体操和舞蹈，则完全被罗马人拒绝。即使某些文法学校开设体操课，也是以军事训练为目的，与希腊通过体操培养优雅的举止和高尚的风度截然不同。当时罗马著名的政治家和雄辩家西塞罗认为，跳舞的人不是疯子，就是醉汉。更令人惊讶的是，希腊人引为自豪的哲学学校从未在罗马建立过，希腊哲学，特别是古典时期以柏拉图为代表的、通过学习哲学追求纯粹理念的哲学教育根本无法为罗马人所接受。其原因包括以下两方面。

首先，罗马的历史是一部战争史。罗马乃至后来横跨三大洲的罗马帝国的建立，无不是通过战争和其他军事手段实现的，而维持和统治庞大的帝国又必须建立强大和有效的政治体制，需要大批极富政治和军事才能的管理者，这就决定了罗马人不得不把精力

[①] H. I. Marrou, *A History of Education in Antiquity* (London: Sheed & Ward Ltd., 1956), p.254.
[②] M. L. Clarke, *Higher Education in the Ancient World* (London: Routledge & Kegan Paul, 1971), p.5.

和时间贯注在政治和军事问题上，不得不钻研法律、政治学和军事策略，无暇探讨大自然的奥秘。"他们没有为索列无穷无尽的知识而耗费自己的神圣激情。他们对自己所生活的世界缺乏火热的求知的好奇。简言之，他们不是哲学家。"①

其次，公元前3世纪以后，随着希腊奴隶制的崩溃，希腊哲学的发展逐步进入暮年期。当时大多数哲学学派不再像古典时期一样，寻求客观世界和人类社会的奥秘和规律，而是游离于现实社会之外，把追求心灵的平静、摆脱尘世的烦恼作为哲学研究的最终目的，把寻求个人幸福和快乐置于头等重要的位置。这种哲学对于视国家、民族利益和家庭、宗族荣誉高于生命的罗马人而言，无疑是难以接受的。

在希腊化时代众多的哲学学派中，可能只有斯多葛学派的主张才能勉强为罗马人所接受，因为该学派质朴的道德品质和对于世界秩序的信念与罗马人的人生观比较接近。罗马共和国和帝国时期一些著名的雄辩家和道德家，如塞涅卡（Seneca）、西塞罗、昆体良等，虽然没有举办正规的哲学学校、传授自己的哲学学说，但他们有关"高等教育"，特别是有关道德教育的某些主张深受斯多葛学派理论的影响。

在学习先进的希腊教育的同时，罗马一直以来就很重视保持和弘扬自己的文化教育。通过直接接受希腊式或希腊化教育，或间接吸取希腊文学、诗歌、戏剧中的养料，拉丁文化教育蓬勃发展。在罗马出现诸如西塞罗、维吉尔（Vergil）、贺拉斯（Horace）和昆体良等著名学者和教育大师后，希腊式文法学校和修辞学校逐渐受到了冷落，更适于保持、传播和发展罗马文化教育的拉丁文法学校、修辞学校，特别是法律学校纷纷涌现。

在"高等教育"中系统地开设法律方面的课程是罗马人的首创。罗马自古便有进行法律教育的传统。初期罗马法律教育的基本内容是《十二铜表法》。西塞罗时代，法律教育开始成为"高等教育"的一部分。罗马共和国时期成立了两所法律学校，国家专门拨款设立讲授法律课程的教师职位，主要传授民法，培养法官。这两所学校一直持续了几个世纪，培养了大批法律人才，并在罗马帝国后期传播到了东方许多国家和地区。

此外，罗马人还系统地归纳了希腊培养哲学家和雄辩家的科目，首次提出了培养雄辩家的预备性"自由艺术"（liberal arts）概念，并开设了"自由科目"，为中世纪大学文学院的课程设置奠定了基础。如前所述，自毕达哥拉斯学派以来，希腊哲学学校就开始教授算术、几何、音乐和天文等科目；柏拉图在《理想国》中也强调学习上述课程的重要性，并把它们视为学习哲学的基础科目；同时，亚里士多德在有关著作中也谈到相关问题，伊索克拉底更是将文法、辩证法和修辞学等作为修辞学校的核心课程。但是，首次提出"自由科目"概念的却是罗马时代的学者瓦罗（Varro）。在《学科要义九书》（*Disciplinarum Libri IX*）中，瓦罗将自由艺术课程划分为以下三类。

---

① 爱德华等：《世界文明史（第一卷）》，罗经国等译，商务印书馆，1987，第319页。

Ⅰ	Ⅱ	Ⅲ
文法	几何	医学
修辞	算术	建筑学
辩证法	天文	
	音乐	

资料来源：根据 Olaf Pedersen. *The First Universities: Studiam Generale and the Origins of University Education in Europe,trans Richard North* (Cambridge: Cambridge University Press，1997) 中有关内容整理。

其中，第一类是希腊和罗马时期培养雄辩家的基础课程；第二类内容源于毕达哥拉斯学派的教学，后为柏拉图所接受，成为学园中哲学学习的预备课程；第三类课程带有明显的实用性。

如前所述，医学虽然源于古希腊，但直到罗马时期才成为正规的"高等教育"内容。建筑学理论和方法是罗马人的首创。罗马人对建筑学的贡献反映在维特鲁威（Vitruvius Pollio）所著的《建筑十书》（*De Architectura*）中。该书内容丰富，从城镇规划、建筑设计到土地丈量和建筑布局等，只要是建筑学理论或建筑工程上可能涉及的问题，该书都有详尽的论述。维特鲁威的著作不仅代表了当时罗马建筑学研究的最高水平，而且是欧洲中世纪和文艺复兴时期建筑学领域最有影响的经典著作之一。

注重实用的罗马人虽然将医学和建筑学也纳入"自由科目"之中，作为学习更高层次学问的基础和预备课程，但是，这难以为后来深受希腊传统文化和教育影响的学者们所接受。公元5世纪前半叶，在卡佩拉（Capella）主编百科全书中，有关"自由科目"的论述仅收入上述第一类和第二类中的七种科目，属于第三类的医学和建筑学并没有包括在内。自卡佩拉的百科全书问世后，文法、修辞、辩证法、算术、几何、天文和音乐正式被称为"自由科目"。

罗马人对古代高等教育发展做出的另一大贡献是对教学论进行了系统的研究。尽管希腊古典时期某些哲学家或教育家已经初步注意到了教学论的重要性，但对教学论进行系统研究还是到了罗马时期才完成。博伊德和金（Boyd and King）指出："细心考虑因年龄和个性差异造成的学生心理差异是教育上的新提法。希腊人在学校实践中可能认识到了这些差异。但是，关于这些事情，希腊学校似乎还未认识到有制定特别训令的必要。""至少在一个方面，罗马教育是比希腊优越的。按照罗马精神制定的制度，那些被认为值得学习的各科教学法，在技巧上已达到完善的地步。"[①] 在这方面做出卓越成就的是罗马修辞学教师昆体良。他在所著的《雄辩术原理》一书中，系统地总结了罗马共和国时期最后一百年和帝国时期第一个百年的教育观点和教育经验。昆体良强调，在教学中

[①] 博伊德、金：《西方教育史》，任宝祥、吴元训主译，人民教育出版社，1985，第63、69页。

须"善于精细地观察学生能力的差异,弄清每个学生的天性的特殊倾向"①,根据学生的不同特点给予适当赞扬和批评,禁止体罚。除此之外,他还精辟地提出了因材施教的思想,认为对受教育者的统一要求必须与照顾他们的个性差异相结合。这些思想比希腊古典时期某些教育家的观点大大向前迈进了一步。

五、东罗马帝国的"高等教育"

公元395年,罗马帝国分裂为西罗马帝国和东罗马帝国。在西罗马帝国,随着基督教的兴起,世俗的学校教育,特别是建立在希腊文化传统基础上的罗马"高等教育"受到极大冲击。公元5世纪之后,罗马共和国和帝国时期兴盛的世俗"高等教育"日益衰落。在体制上,附属于教堂或教区的基督教神学逐渐取代了以往的世俗三级学校教育;在教学内容上,由于初期基督教的教义和信仰与源于希腊的世俗人文教育内容格格不入,因此,除了极少部分的古代希腊、罗马哲学或伦理学学说能为基督教哲学所用,古代希腊罗马的世俗教育几乎全部被排斥在基督教教育之外。从公元4世纪开始,罗马"高等教育"的中心转移到了东罗马帝国,即今天的土耳其城市伊斯坦布尔。

根据有关资料记载,公元425年创立的君士坦丁堡大学设有20个文法、10个希腊语、10个拉丁语、8个修辞学、1个哲学和2个法律教职。除了医学和辩证法外,古代西方主要的学科都在该大学传授。与古代西方其他哲学或修辞学校不同的是,君士坦丁堡大学首次实现了在单一学术机构同时传授多种高级学科。从这个意义上来说,该大学可以被视为欧洲中世纪初期的第一所大学机构。②

公元6世纪时,东罗马帝国的教育出现衰落。公元7世纪,由于东罗马帝国皇帝希拉克略(Heraclius)的大力支持,许多学者从埃及的亚历山大里亚来到君士坦丁堡大学执教。根据史料记载,公元9世纪时,源于古希腊的数学、几何、天文和文法等科目仍在东罗马帝国被传授。③公元11世纪初期开始,东罗马帝国皇帝又在君士坦丁堡大学新设置了哲学、法学等教授职位。由于东罗马帝国的皇帝对大学慷慨支持,在此执教的教师多为欧洲和东方的著名学者,因此君士坦丁堡大学吸引了大批欧洲、北非和阿拉伯世界的学生,直到11世纪末,其都是远近闻名的世俗文化教育的中心。

东罗马帝国时期,三级学校教育系统初步形成。虽然各个阶段情况不同,但总的来说,初等教育阶段主要教授儿童基本的读写和计算等。其后,儿童接受中等教育,主要学习文法、修辞和数学。从公元8世纪开始,古希腊的"四艺",即算术、几何、天文和音乐,以及逻辑科目,也成为中等学校的基本教学内容。中等教育阶段之后,学生可根

---

① 昆体良:《雄辩术原理》,任钟印译,华中师范大学出版社,1982,第39页。
② M. L. Clarke, *Higher Education in the Ancient World* (London: Routledge & Kegan Paul, 1971), p.130.
③ Ibid., p.131.

据自己的兴趣和能力，师从不同的学者或教师，学习哲学、法律、医学或神学等更加专业化的高级科目。

12世纪以后，君士坦丁堡大学的学术地位逐渐衰落。在西欧，教堂或教会学校（the Patriarchal School）以及后来出现的大学成为传播高等学术的中心。13世纪之后，由于阿拉伯人占领了君士坦丁堡，部分古希腊的文化教育以及学术成果为阿拉伯人所接受，特别是古希腊晚期的哲学、医学、数学等成就，逐步成为伊斯兰文明的一部分。君士坦丁堡成为东西方文化教育融合的中心。随着阿拉伯帝国逐步向西欧扩张，古希腊、罗马文化教育以及东方的伊斯兰文明也随之传播到欧洲广大地区，对欧洲中世纪大学，以及其教学内容产生了极大的影响。

第四节　古代东西方"高等教育"的基本特征

从以上简单的历史考察中，我们可以看到，古代东西方高等教育具有以下几方面的特点。

第一，在欧洲中世纪大学产生之前，古代世界就已经存在着传授高级学问、培养高级人才的高等教育机构。从时间顺序上来看，古代东方，特别是古代印度的高等教育机构的出现时间早于西方类似机构，且系统开设了内容广泛的科目，这些机构对西方世界的影响达几百年之久。这些教育机构尽管在不同国家、不同历史时期，有着不同的名称，并没有冠之以"大学"之名，但是从传授与研究当时最高层次的知识、培养最高层次的人才、对此后大学产生重要影响的意义上看，这些机构的确可以称之为当时的"高等教育"机构。此外，这些机构不仅是教育的组织，同时也是当时的学术研究中心。无论是在西方的雅典，还是东方的印度等，高等教育机构所在地往往是当时重要的学术文化中心。

第二，与近现代高等教育一样，古代高等教育的中心也是不断变化与发展的，西方高等教育的发展变化线索尤为清晰。如果简单地进行概括，古代西方高等教育源于柏拉图的学园，兴盛于希腊化时代的雅典大学，其后，学术中心转移到古埃及的亚历山大里亚博物馆。公元1世纪开始，古罗马逐步成为西方高等教育中心。公元4世纪以后，随着罗马帝国一分为二，东罗马-拜占庭帝国成为高等教育和研究中心，源于西方希腊的高等学术在此与阿拉伯帝国的伊斯兰文明相互交融，直接促进了欧洲中世纪大学的产生与发展。

不同时期、不同国家和地区的"高等教育"机构在教育内容和研究活动等方面也不同。就西方"高等教育"的变化而言，早期希腊自然哲学家的主要研究对象为自然奥秘，如毕达哥拉斯强调数学的重要；从智者开始传授有关参与政治生活、实用的知识，内容为"三艺"，更注重形式和方法；苏格拉底把哲学从天上拉回到人间，提出"认识你自己"，重视道德教育，发展了智者的教学方法和产婆术；伊索克拉底继承了智者的教育活动；柏拉图通过哲学培养治理国家的统治者，内容为"四艺"；亚里士多德则强调教学中实验和观察的重要性，这一点具体表现在亚历山大里亚博物馆的研究与教学上。以观察与实验为基础的教学与研究奠定了西方近代科学的基础。不过，到了希腊化时代，修辞学越发受重视，哲学相对衰微。公元1世纪以后的罗马，源于希腊的修辞学教育尤其受到推崇，同时医学、法学和建筑学等专业教育也成为"高等教育"的重要内容。

第三，古代"高等教育"机构基本上都是单科性的专门机构，往往只教授一门课程。例如，文法学家开办文法学校教授文法，雄辩学家主要从事培养雄辩家的活动，数学家在自己创办的数学学校传授数学，哲学家在自己创办的哲学学校中讲授哲学。而且，这些机构开始都是由私人创办，直到罗马帝国后期才得到国家的某些资助。在雅典，城邦出资兴建开办体操馆和"埃菲比亚"，主要负责体育和军事教育。雅典的哲学学校主要是依靠创办人的地产维持。

第四，从西方教育机构的课程结构来看，早在希腊古典时期，特别是希腊化时代，教学内容主要由基础、预备性的课程和专业或高级阶段课程两大类课程构成。在雅典，前者一般包括"七艺"中的主要内容，后者主要指哲学。关于"七艺"等基础或预备课程的作用，伊索克拉底最早指出："对于那些依靠这些学问谋生的人来说，完全掌握这些内容有价值，但对其他人而言，他们是在学习这些内容的过程中受益。致力于学习这些内容，强迫大脑思考深奥的难题，集中注意力，通过这类科目的学习和陶冶，他们能够更容易、更迅速地掌握和学习更重要、更有价值的科目。"① 例如，直到公元3世纪早期，亚历山大里亚的奥利金（Origen）仍把辩证法、几何、算术和天文作为学习哲学和神学的预备课程。不过，在不同时期和不同机构中，预备性课程的内容以及不同科目的受重视程度不同。例如，根据《理想国》和《法律篇》的记载，柏拉图的学园虽然要求学生掌握"七艺"中的基本内容，但更强调数学的重要性，不重视文法和修辞的学习。在罗马共和国和帝国时期，许多修辞学校并没有像希腊古典或希腊化时代那样开设严格和系统的预备性基础课程。

第五，古代东西方"高等教育"表现出一定的共性。

（1）教育带有严格的等级性。在古希腊时期，只有享有公民权利的"自由人"才能接受"高等教育"。因此，亚里士多德将这种发展心智、培养社会精英的教育称为"自由教育"（liberal education）。而在古代印度、埃及等东方国家，不仅普通百姓无权享受"高等教育"，就连处于中层的工商业、手工业者也难以进入高等学府学习。王室、大臣和僧侣阶层几乎完全垄断了一切文化教育活动。

（2）注重道德与伦理教育。虽然这方面的教育主要是通过哲学和宗教等课程实现的，但在东西方"高等教育"机构中，传授道德伦理知识的同时，道德实践，尤其是教师的

---

① M. L. Clarke, *Higher Education in the Ancient World* (London: Routledge & Kegan Paul, 1971), p.7.

言传身教、以身作则更是受到重视。

（3）古代东西方高等教育已初步形成多重教育价值观，特别是形成了旨在训练心智、净化心灵的"自由教育"以及面向现实生活、强调功利的"专门教育"两大教育价值观。从东西方"高等教育"的一般特点来看，前者主要通过开设哲学、神学、历史、语言、诗歌等科目达到目的；后者则是通过开设计算、商业、会计、建筑、法律、农业等科目实现目标。如果进行东西方比较的话，古代印度等东方国家的高等教育更注重教育的功利性和实用性，与现实生活联系得更为紧密，在更大的程度上依赖于统治阶层，并为之服务；以古希腊为典型代表的西方高等教育则强调学问的传授与学术的探究，高等教育的学术性特征更为明显。

（4）如前所述，除了早期柏拉图等人创设的机构以外，古代东西方绝大多数高等教育机构都受到官方的资助与支持。古代印度的塔克希拉、希腊化时代的亚历山大里亚博物馆、罗马帝国时期的高等学府、拜占庭帝国的君士坦丁堡大学等，都在很大程度上得到了官方的大力支持，有些机构甚至就是今天意义上的国立高等教育机构或研究机构，由官方直接设置、拨款资助，并由皇帝亲自任命教学与研究人员等。

第三章 欧洲中世纪大学的产生与基本类型

西欧中世纪常被史家称为"黑暗时代",然而正是在这一封闭落后的时期萌发了它的对立物,人类文明史上的娇艳之花——大学。在教育理念和课程内容等许多方面,中世纪大学继承了古代东西方,特别是古代希腊、罗马以及阿拉伯世界的教育遗产,形成了世界近现代大学和高等教育机构的基本原型。本章重点探讨12世纪至15世纪欧洲大学产生的背景、途径,以及这一时期欧洲大学的基本类型、组织形式以及课程与教学活动等。

第一节 大学产生的历史背景

西欧中世纪初期,由于北欧所谓蛮族的入侵,西欧各地战乱频发,社会生产遭到极大破坏,世俗文化几乎荡然无存。由于基督教会在当时处于"万物归宗的地位"[①],不仅拥有强大的经济实力,而且在上层建筑领域也拥有巨大影响,成为封建统治的最大堡垒和精神支柱。可以说,这一时期仅存的教堂、寺院及其附属学校等,无一不带有浓厚的宗教神学色彩,为基督教会所把持。

公元11世纪开始,西欧社会在经济、政治和文化等方面得到初步的恢复与发展。在农业发展的基础上,纺织、采矿、冶炼、金属制造和建筑行业开始兴起。与此同时,为中世纪大学提供适宜土壤的"自治城市"也逐渐在手工业和商人聚集、商品交换活跃的市集附近出现。自治城市的出现至少在两方面为大学的出现提供了前提条件:首先,在自治城市中,商人和手工业者逐渐构成了城市人口中的绝大部分,由其组成的市民阶层逐步形成。经过与僧侣和世俗贵族长期不断的斗争,市民阶层通过各种方式,如赎买土地或农产品交换等,整体或部分地获得了城市的管理权。市民阶层的形成以及城市中直接以交换为目的的商品生产和商业活动的发达,自然对教育提出了新的、更高的要求。其次,大多数自治城市坐落在交通要道或商业水陆要冲,交换与贸易的扩大和繁荣,使城市积聚了大量的财富,特别是当时意大利的佛罗伦萨、威尼斯、米兰等城市,都以巨富闻名遐迩。富裕的城市为大学的出现以及大批学者的游学奠定了厚实的经济基础。

随着封建制度在西欧的广泛建立,西欧社会的政治格局发生了重大变化。原先处于

---

① 恩格斯:《德国农民战争》,载《马克思恩格斯全集(第七卷)》,人民出版社,1959,第400页。

社会底层的市民、手工业者、商人与城市贵族等世俗势力成为一支不可忽视的政治力量，登上了历史舞台。这些新兴社会力量不仅要求享有经济和政治上的权利，而且迫切要求接受教育的权利，希望能够在教育领域占据一席之地，培养符合自己利益的各种人才。随着世俗势力不断扩大，中世纪初期基督教神学一统天下、垄断文化教育的局面受到挑战。从公元10世纪开始，作为世俗封建势力集中代表的王权与教皇之间的摩擦和斗争此起彼伏。到公元12世纪前后，双方矛盾尖锐到几乎难以和解的地步，西欧某些国家和地区甚至出现了世俗政权与教会分庭抗礼、相互牵制的局面。一方面，社会发展迫切需要某种机构整理、研究和传授高深世俗学问、培养高级专门人才；另一方面，王权与教会、世俗与神学、市民与城市贵族等多重矛盾和冲突，也为大学的兴起提供了空间。正是在上述诸多矛盾夹缝中，中世纪大学才得以找到立足之地，逐步取得了一系列自治权。

导致中世纪大学产生的另一个重要因素是欧洲经院哲学的发展。经院哲学是基督教神学家或哲学家试图通过理性思考和抽象推论证明上帝存在和基督教永恒合理性的学问。生产力的发展、生产关系的日益复杂以及社会经济结构和政治格局的不断分解和变化，导致罗马帝国后期和中世纪初期朴素的基督教教会内部发生了变化，由于对于《圣经》解释和理解不同，代表不同阶层和不同利益的神职人员、哲学家等，也对所谓的"教父哲学"和原始的基督教基本教义产生了疑问，一时间西欧神学界和哲学界论战不休。10世纪以后，席卷西欧的"名"与"实"，或称"唯名论"与"唯实论"大辩论突出地反映了这一变化。一般来说，以教会为代表的教权派拥护唯实论，认为越是普遍的东西就越实在，上帝作为最普遍的存在，具有最完全的实在性，因此，一切都应以上帝作为出发点和归宿。教育的主要目的就在于弘扬神性，培养神职人员，研究和论证上帝真实存在。以国王为代表的王权派则拥护唯名论。这派观点认为，"个别"是唯一的实在，"一般"或"共相"只是名称而已，因而教育应该完全为现实生活做准备，完全置于世俗政权管理之下。

持续几个世纪的"名"与"实"大辩论的积极意义在于，首先，它进一步动摇了基督教神学不可侵犯的理论基础，开拓了人们的视野，启发和促使当时的学者以一种较为理智的眼光和较为科学的思维方式对自然和神学做进一步的思考和探索。其次，正是在一些哲学问题辩论的中心，汇集了西欧及来自其他地区的学者，其中一些著名学者还设坛讲学，招纳弟子，传播自己的学术思想和观点。中世纪不少大学都是在这些学术研究和学术辩论中心逐步发展形成的。例如，巴黎大学所在地就是欧洲各地学者们聚集、参与神学和哲学辩论最著名的中心之一。

除了生产力发展、社会政治格局以及经院哲学的发展，我们也不能不提及当时东方文化对欧洲中世纪大学出现的积极影响。

公元6世纪前后，正当西欧遭受北方蛮族人铁蹄践踏，仅存有一些失掉文明的古代城市废墟时，位于东方的拜占庭帝国和阿拉伯帝国却在继承古代希腊罗马文明的基础上，形成了灿烂的拜占庭文明和阿拉伯文明。特别是阿拉伯帝国创造的文明，不仅影响了当时欧洲中世纪大学的课程设置和教学风格，甚至可以说推动了欧洲文明的历史进程。公元6世纪之后，随着阿拉伯帝国向西扩张，希腊化时代传播到东方的古希腊文明以及阿拉伯文明也随之在西欧广为传播。到10世纪，在欧洲逐步形成了许多翻译和介绍亚里士多德学说以及阿拉伯世界的哲学和科学著作的中心，它们主要集中在西班牙和意大利南部，尤其是蒙特卡西诺（Monte Cassino）、萨勒诺（Salerno）和西西里等地。一般来说，西班牙主要引进阿拉伯和君士坦丁堡的学术和文明；意大利半岛翻译古希腊的课本，而西西里既介绍阿拉伯文化又翻译古希腊的学术著作。到12世纪初，亚里士多德有关形而上学、逻辑学、自然哲学和伦理学等方面的著作逐渐被介绍到西欧，与此同时，古代西方和东方各国的科学知识，如阿拉伯文明研究亚里士多德的权威阿威罗伊（Averroes）的著作，哲学家阿维森纳（Avicenna）的思想，东方的几何、天文，古希腊欧几里得的几何学，阿拉伯世界的算术、代数、几何、三角、医学、天文学等著作，也几乎全部被译成拉丁文，介绍到西欧。在东西方文化传播与交流中，西欧形成了许多学术研究中心。英国的牛津大学、剑桥大学和法国的图卢兹大学等，前身几乎都是当时西欧著名的学术著作翻译和研究中心。在某种程度上可以说，正是借助于阿拉伯人，欧洲的学者才得以较为完整地继承亚里士多德的学说，并使中世纪大学在13世纪中期之后不仅增添了许多新的课程内容，而且实现了学习和研究方法的转变。翻译和介绍亚里士多德的著作不仅在某种程度上改变了中世纪大学课程（其中最为明显的是文学院的教学内容的变化），而且开拓了欧洲学者的视野，促使欧洲学术界以一种更加理智的思维方式看待神、人和自然等方面的问题。简言之，在方法论的更新和世界观的转变过程中，欧洲学术界从阿拉伯文明中获益匪浅。

第二节　大学的起源与产生途径

一、大学——词源学的研究

现代意义上的 university 一词来源于拉丁语的 *universitas*。*universitas* 原义为"整体""全部"等，指代一部分或某一集团。12世纪末之后，该词开始含有社团、共同体或法人团体（corporation）、行会、协同组织、兄弟会等意义，但并不限于大学或学者行会。因此，从这一时期开始，为了与其他社团和组织机构进行区别，在称呼学者们组成的行会时，往往明确称作"学者行会"（*universitas magistrorum et scholarium*）等，而不是像今天这样明确使用 university 一词特指大学。自13世纪之后，university 开始专门指代学者们或师生们组成的行会，但是，直到1800年，university 都还是泛指从事知识传授或研究的各种学术团体和组织，或某一特定集团，并不像今天一样特指由教师或学者传授高级学术或进行研究活动的学术机构。当时，学者们进行教学和研究活动的场所或组织，即今天意义上的大学，用的是另一个拉丁短语 *studium generale*，该短语指接受来自世界任何地域学生的学习场所或机构。

根据英国学者拉什代尔（Hastings Rashdall）的研究，*studium generale* 出现于 13 世纪初，包括三个方面的意义：①吸引或至少邀请来自所有国家和地区，而不是某一特定国家或地区学生前来学习的学校；②高等教育场所，至少设有神学院、法学院或医学院中的某一学院，开设相应的课程；③这些课程不是由个别学者，而是由许多教师集体开设。① 从这个意义上来看，13 世纪初期出现的巴黎大学、博洛尼亚大学等，实际上都属于 *studium generale*。简单而言，*universitas* 先于 *studium generale* 出现。由于最初学者们并没有固定的学习和研究场所，总是在四处迁徙或云游四方过程中传播知识，与其他从事制鞋、铁匠等手工业者组成的行会并无本质上的区别，因此，*universitas* 一词同样也可指代学者或师生组成的行会。在巴黎大学和博洛尼亚大学等出现后，学者们逐渐拥有了较为固定的教学和研究场所，并以此接纳来自各地的学者和学生前来执教和就学，*studium generale* 一词应运而生，特指学者或师生行会进行传道授业的机构。13 世纪后期开始，国王和教皇相继建立大学，大学逐步成为教会或国王的附属机构，*studium generale* 的原有特征逐渐消失，*studium generale* 不再用于指代大学机构。中世纪后期，*universitas* 与 *studium generale* 意义逐渐统一，意指由教师传授高级学术的场所，即今天意义上的"大学"。

二、大学的起源

由于史料的缺乏和划分标准的不同，到目前为止，中世纪大学的起源问题尚无定论。如果以独立的学术团体或独立法人（corporate body）作为衡量大学出现的标准，那么意大利的博洛尼亚大学可能是欧洲最早出现的高等教育机构。因为在 12 世纪之前，来自意大利以外的国家和地区、学习法律的学生已经在博洛尼亚大学成立了各种"民族团"（nation），聘请教师授课。也正是依据这一标准，博洛尼亚大学曾在 1988 年举行校庆活动，纪念该校成立 900 周年。如果把不同学科的教师和学生结成的自治团体作为大学的起源，那么欧洲最古老的大学可能是巴黎大学。除上述两种标准之外，还有的学者认为，大学的起源应以学术团体获得教学证书（*ius ubique docendi*，也有人将此译为"特许状"）为标准。本书倾向于第二种观点，理由在于：首先，正是来自不同学术领域和学科的教师和学生自治团体的形成，标志着区别于其他行业、以传授和研究当时高级学问为职业并构成大学主体的知识分子阶层的出现。其次，巴黎大学不仅在当时欧洲影响极大，成为许多大学的原型，其模式今天仍可被视为世界高等教育机构的基本模式。相比之下，博洛尼亚大学虽然在当时极具影响力，但是以博洛尼亚大学为代表的学生型大学并没有

---

① 参见 Hastings Rashdall, *The University of Europe in the Middle Ages* (Oxford: Oxford University Press, 1936), pp.5–7.

影响到近代和当时高等教育的发展。最后，如果以大学是否获得教学证书作为判断大学是否出现的标准，那么当时最著名的巴黎大学、博洛尼亚大学和帕多瓦大学等，获得教皇颁发的教学证书都晚于那不勒斯大学和帕伦西亚大学，但在后二者出现之前，巴黎大学等早已闻名遐迩，吸引了大批师生前来就学或进行学术研究，成为欧洲当时知识传播和研究的中心。此外，某些欧洲大学，例如英国的牛津大学等，历史上根本就没有获得过正式的教学证书。因此，基于以上的分析，我们认为，出现于1208年的巴黎大学不仅是欧洲最古老的大学之一①，而且在很大程度上还是整个北欧和部分中欧中世纪大学的原型（archetype）。

三、大学的产生途径

大学究竟是如何形成或产生的，这也是学者们非常关心的研究课题。根据有关资料，参考目前的研究成果，可以将中世纪大学的形成和产生归纳为三种基本途径：①自然形成型：学者或师生自发聚集在某一场所研习学问，传道授业，后逐渐发展成为大学。②国家/教会创立型：由皇帝、国王或教皇等通过颁发教学证书直接创办大学。③繁殖/衍生型：由于各种原因，学者或师生离开原来所在大学，在迁徙过程中基本按照原有大学模式在异国或异地创立大学。②以下，我们重点考察第一种类型的大学，并对后两种类型的大学的产生过程做简单的介绍。

（一）自然形成型

巴黎大学和博洛尼亚大学是自然形成型大学的典型代表。巴黎大学的前身是巴黎圣母院附属的一所天主教学校。11世纪中期，法国各地有不少这样的学校，其中以巴黎的圣雨果寺院附属的天主教学校、圣吉纳维芙教堂附属学校以及圣母院附属学校最为著名。当时不少学者在这些学校中传授古代希腊流传下来的有关"七艺"和《圣经》的学问。当时的学者中最著名的是阿伯拉尔（Pierre Abélard）。据史料记载，大约在1100年至1140年间，他在巴黎塞纳河左岸的一些学校，主要是巴黎圣母院的附属天主教学校里讲授逻辑学和神学。由于他学识渊博，教授有方，加之巴黎地处欧洲中心位置，从12世纪开始，以巴黎圣母院附属天主教学校为中心，逐渐聚集了大批来自欧洲各地的学者和学生。他们为了维护自己的切身利益，获得追求学问的尊严和自由，特别是为了获得颁发学位或教学许可证的权力，与代表巴黎大主教的学校校长（chancellor）和地方当局展开了各种形式的斗争。他们首先于1208年获得了教皇英诺森三世的认可，获得"师生型

---

① Hilde De Ridder-Symoens, *A History of the University in Europe. Vol. I. Universities in the Middle Ages* (Cambridge: Cambridge University Press, 1992), p.6.
② 参见横尾壮英:『大学の誕生と変貌 —ヨーロッパ大学史断章—』，東信堂，1999，第13頁。

行会"的资格,获得合法的地位和相应的权利,现代大学的最初原型逐步出现。在获得基本的资格以后,巴黎大学的师生们在1229年通过迁校和罢课等手段,使得教皇格里高利九世于1231年4月13日颁布一系列章程,史称中世纪的《大宪章》(*Magna Charta*)。这个宪章限制了巴黎主教的许多权力,承认大学拥有独立的审判权和罢课权,并在许多方面给予大学种种优惠。由于大学越来越受到教皇、国王或是地方官员的支持,与欧洲当时其他行会相比,由学者们组成的行会显然享受更多的特权和自由。

博洛尼亚大学的前身是一所法律学校。[①] 由于博洛尼亚偏居一隅,在公元4世纪前后基本上没有受到北方所谓蛮族的入侵,加之远离欧洲基督教文明的中心巴黎等地,相对而言,古代罗马帝国的社会文化和政治制度得到较好的保存。因此即使在基督教完全控制了欧洲,全面禁止世俗文明和教育的最黑暗的时期,古代罗马时代遗留下的法律和医学学校仍然存在。另外,与巴黎大学一样,博洛尼亚、萨勒诺等意大利城市也地处欧亚商业贸易要道,在地理位置上便于学者和师生进行交往。7世纪以后,由于城市工商业的发达,古代对于商业贸易、法庭诉讼等内容有所规定的罗马法逐渐受到人们重视。优越的地理位置、优越的古代教育传统、商业发达提出的要求等各种因素交织在一起,使博洛尼亚大学在12世纪以后逐步形成欧洲另一个著名的大学中心。

(二)国家/教会创立型

大学的社会功能很快为世俗王权和教会所认识。例如,德国皇帝腓特烈二世认为,为了维护帝国的统治,保持帝国的强大与繁荣,需要大批接受过高等教育的专门人才,而这类人才应该由本国进行培养,为本国发展服务。因此1224年他在意大利的那不勒斯创立了中世纪第一所由国家控制的大学——那不勒斯大学。

继腓特烈二世之后,以罗马教皇为代表的基督教教会为了培养能够在理论上批判异端邪教的神学家以及为教会服务的人才,也纷纷创立为教会服务的大学。1229年,教皇英诺森四世在法国南部的图卢兹创立了教皇控制下的图卢兹大学。1244年前后在意大利北部地区创立了罗马教廷大学。14世纪以后,随着教皇与世俗王权之间矛盾日益尖锐,经过较长的时期,大学逐渐发展为学者行会,而最初那样的大学越来越少,由教皇和世俗王权创立或实际控制的"创立型"大学逐渐增多。

除了有目的地创建大学外,随着大学作用和影响的不断扩大,国王或教皇还颁发教学证书,承认大学的合法地位,力图将某些自然形成的大学改造为符合自己利益的机构。例如,到12世纪,在古代医学学校基础上,萨勒诺大学不仅初具规模,而且是欧洲著名的医学高等教育中心。1231年,腓特烈二世授予该大学正式资格,力图将萨勒诺大学改

[①] Hilde De Ridder-Symoens, *A History of the University in Europe. Vol. I. Universities in the Middle Ages* (Cambridge: Cambridge University Press, 1992), p.48.

造为帝国领域内的大学。①

（三）繁殖/衍生型

与现代大学不同，中世纪时期，绝大多数大学没有属于自己的校园、教室、庞大的图书馆或实验室等固定资产。如上所述，初期的大学只是以知识为媒介，学者们进行讲学和共同研究的一种行会组织。因而，学者们在感觉到自身利益受到损害，无法继续进行知识传播和研究时，最简单的方式便是移居他处，重新建立一所大学。当然，并非所有在迁徙过程中建立的大学都能维持长久，如许多在巴黎大学学习的英国学者由于受到当地官员的迫害，曾多次返回本国，力图建立自己的大学，但都未能成功。只有原巴黎大学的部分师生在英国偏僻的小镇牛津，以及其后再从牛津分离出去的师生在剑桥建立的这两所大学获得成功。值得指出的是，虽然衍生型的大学在很大程度上受到原有大学的影响，但是由于地理、文化、政治制度和传统等各方面的原因，这些衍生型的大学在组织结构、课程教学和院校内部管理等许多方面，往往会根据实际情况形成自己的特点，成为一种新型的大学。例如，按照巴黎大学模式建立的牛津大学和剑桥大学虽然同属于教师型大学，但是在大学内部组织方面，还是与巴黎大学不同，最明显的表现为：英国的两所大学是以"学寮"（college，现通常译为"学院"）为基本教学和管理单位，而巴黎大学是由多个民族团和四个"学院"（faculty）构成的。

四、16世纪以前欧洲大学的发展与分布

14世纪以前，除了个别大学是由国王和教皇创建外，绝大多数大学或是在原有学校基础上，适应新的社会需求，在知识传播和研究过程中自发产生，或是由学者们在迁移过程中形成，即多属自然形成型和衍生型大学。自14世纪以后，由于大学在社会，特别是在世俗王权与教会势力的相互冲突中发挥的作用越来越大，由国家或教会建立的大学迅速增加。从1300年至1378年，欧洲新建的大学中，大部分为国家或教会创建。② 可以说，14世纪以后，由学者们自发组织、自然形成的大学很少出现。不过，由于大学多由国家或基督教教会有目的、有步骤地创建，大学越来越受到王权或教会的控制。

随着国家和教会积极参与创建大学，自14世纪以后，欧洲大学的数量急剧增加。从图3-1可以看出，13世纪至15世纪，欧洲大学数量急速增长，到15世纪末，欧洲大学数量增长了2倍以上。

---

① Hilde De Ridder-Symoens, *A History of the University in Europe. Vol. I. Universities in the Middle Ages* (Cambridge: Cambridge University Press, 1992), p.64.
② Ibid., p.56.

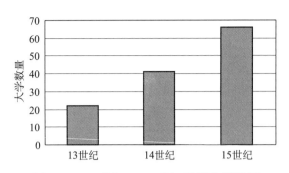

图 3-1　13 世纪至 15 世纪欧洲大学数量

资料来源：根据 Hilde de Ridder-Symoens, *A History of the Universities in Europe. Vol. I. University in the Middle Ages* (Cambridge: Cambridge University Press, 1992), pp.62-65 有关内容整理制成。

不仅大学的数量增长迅速，大学在地域上的分布也发生了很大变化。14 世纪末之前，虽然欧洲形成了以法国巴黎大学和意大利博洛尼亚大学为典型代表的两大模式，中欧、东欧和北欧，特别是法国巴黎周围的大学数量极少，50% 以上的大学都分布在地中海沿岸的欧洲南部，特别是意大利和伊比利亚半岛的西班牙一带，其中绝大多数大学是按照博洛尼亚大学模式建立的，主要开设法律课程。可以说，14 世纪末之前，意大利大学对欧洲大学的办学模式影响较大。从 14 世纪末开始，欧洲大学在地域分布上开始发生变化。由于教会的积极参与，德国、奥地利等中欧国家和地区也相继出现了许多大学，而且这些大学基本上是以巴黎大学模式作为基本办学模式，重视神学教育。因此，就欧洲大学机构在地域分布上的变化而言，从 12 世纪至 15 世纪，欧洲大学呈现出由意大利南部逐渐向西南欧、中欧及东欧其他地区扩张的过程。根据拉什代尔的研究，意大利的大学数量基本上呈减低趋势，而法国和德国的大学机构则保持持续增长，特别是 14 世纪之后，德国大学数量急速增长。①

第三节　大学的内部组织与管理

从前面几章的分析可以看出，古代东西方高等教育的特点之一在于，教育机构主要由个人创办，并由创办者招纳门徒，传授本门学派观点学说，基本采取个人管理、师徒传授的教学方式。与此相比，中世纪大学的基本特点则是大学师生通过建立自己的行会以及各级各类组织机构，在拥有较大自治权（autonomy）的基础上，按照一定的专业或职业传授知识，颁发统一的学位证书。其中，教师或学生行会拥有大学自治权是欧洲中世纪大学的一项突出特征。这些自治权包括：招收学生或邀请学者的权利；自主制定教学内容和授课的权利；颁发教学证书或学位的权利；不受外来干涉，自主管理大学教学、

---

① Hastings Rashdall, *The Universities of Europe in the Middle Ages, Vol. I* (Oxford: Oxford University Press, 1936), p.xxvi.

行政等一切事务的权利。

无疑，大学内部的各种组织机构并非伴随着大学的产生自然而然地出现，而是根据现实需要，在历史发展过程中逐步形成的。随着历史的发展，中世纪大学的某些组织形式早已消失，也有些管理和教学组织至今保留在现代大学和高等教育机构中。当时大学中最重要的组织包括学院、民族团和学寮。

一、学院

中世纪拉丁语中的 *facultas* 原指某一学科或学科领域，从 13 世纪中期开始，这个词的外延扩大，指的是某一学科领域的专家、大师聚集在一起实施教学的机构，即学院。学院构成大学的基本教学机构，成员包括教师和学生。尽管各大学的学院负责人称呼不同，权限范围也有差异，但都是由大学的民族团选举产生，与大学评议会或类似机构一起，负责整个大学的行政、教学甚至司法事宜等。经过几个世纪的变迁，*facultas* 的含义虽然发生了某些变化，但是至今仍在现代大学中广泛使用，如日本大学中的基本教学组织便是 faculty，指的是大学中实施专业教育的教学组织单位。

二、民族团

学院之下的组织是民族团，民族团同样是当时大学内部另一种重要的组织，在意大利南部的某些大学中，民族团的实际作用甚至超过了学院。

由于中世纪大学的最大特点之一是接受来自世界各地的学生和学者，而且初期的大学往往处于不断迁移和流动的状态，同一所大学中，来自同一地区的学生和学者为了避免受到当地居民或来自其他地区的学生的迫害，自发地按照不同的地区组成了民族团。在一些比较著名的大学中，民族团不仅按照大地区或国别划分，而且在各个大民族团之下，还有按照更小的地域组成的众多小民族团。大学产生初期，民族团似乎是大学的最基本和最重要的组织。各个民族团不仅拥有自己的标志、印章、规则和经费来源等，还推选本民族团的首领参与大学的管理。因而各民族团的首领不仅在本民族团内拥有行政管理权、财务支配权和司法审判权等，还是整个大学管理委员会的重要成员。在某些大学中，由各民族团首领选举大学的学院长，组成大学评议会，代表各民族团的利益，直接参与大学的行政管理活动。但是，在中世纪后期，随着大学的日益地方化和民族化，不同国家和地区的大学彼此间交流减少，民族团逐渐失去了存在的基础，学院和将要谈到的学寮或学院成为大学中最重要的教学和行政管理机构。

三、学寮

大学产生初期，学寮是大学为了接待或帮助来自其他国家和地区的贫穷学生而提供的住宿场所。最早的学寮产生于1180年的巴黎大学，称为"十八人学寮"（the College of Dix-huit）。①顾名思义，它是为当时18名来自法国以外的贫穷学生免费提供食宿的场所。后来，由于来自国外的学生不断增多，巴黎大学的学寮也随之扩大。13世纪以后，由于大学间国际交流的频繁，欧洲其他一些著名的大学也相继建立了学寮，而且随着大学规模的扩大，同一所大学中，来自同一地区或学习同一学科的学生或学者聚集在一起，形成了不同的学寮。在12世纪和13世纪，学寮多集中于文学院和神学院。在14世纪和15世纪，法学院和医学院中的学寮也逐渐增加。中世纪后期，随着大学中民族团势力的衰落，学寮不再仅仅为贫穷学生提供住宿，它逐渐成为同一学科的师生共同生活和学习的场所，逐渐发展成为自治或半自治的学术团体，在某些国家，如英国和德国等，学寮甚至构成大学或学院的最基本的教学和行政单位。

值得指出的是，由于在意大利大学求学的外国学生通常在大学外租借民居，与大学所在地的居民生活在一起，因而意大利大学中几乎没有类似的学寮。

就学寮的管理而言，巴黎大学往往指派专人管理学寮事务，学寮仅仅是学生生活的场所，而不是作为大学中的基本教学或行政机构存在。在英国，情况则完全不同。在诸如牛津和剑桥等英国著名大学中，大学无权过问各个学寮的管理事务，大学只为学寮提供教学资源，颁发学位。各个学寮选举自己的学寮长，制定各自的章程，设法筹集学寮的资金。在中世纪后期，学寮成为英国大学中最基本和最重要的教学和行政组织。从这一点来看，英国大学的内部组织不仅与意大利大学不同，而且与欧洲大陆的巴黎大学也有差别。

第四节　大学的课程设置、教学活动与学位

一、课程设置

如前所述，学院是大学进行教学的主要机构。由于各大学的规模、传统和培养目标等不同，大学中的学院构成也不同。巴黎大学的学院最为齐全，设有文学、医学、法律和神学四个学院。意大利南部的大学多受博洛尼亚大学或帕多瓦大学的影响，大学中仅成立文学院、法学院或医学院，类似于今天的单科大学。实际上，到15世纪末，欧洲大学中能够像巴黎大学那样设置四个学院的大学数量很少，大部分大学仅包括一两个学院。

从11世纪至12世纪中期，欧洲大学的课程内容主要是沿袭古希腊，特别是希腊化时代后期及古罗马的教育内容。12世纪末期开始，通过翻译和介绍阿拉伯世界的文明，古典时期的希腊教育内容以及阿拉伯世界的哲学和科学内容逐渐进入欧洲大学课程。这

---

① Hilde De Ridder-Symoens, *A History of the University in Europe. Vol. I. Universities in the Middle Ages* (Cambridge: Cambridge University Press, 1992), p.116.

在巴黎大学表现得特别明显。例如，从 13 世纪末 14 世纪初开始，法国各大学文学院已普遍开设了有关亚里士多德的逻辑学、哲学、伦理学，欧几里得的几何学、托勒密的天文学以及包括阿拉伯的哲学和科学在内的多种课程。更为重要的是，从 14 世纪初开始，中世纪大学初期的文学院课程从以文法为核心，逐渐转变为以逻辑学和辩证法为核心。高级的神学院不再仅仅学习《圣经》和《格言集》等，而是逐渐纳入亚里士多德的形而上学和道德哲学等方面的内容。当然，并非所有的欧洲大学都是遵循统一的课程模式，例如，我们至少可以根据大学内部的组织、管理方式以及课程设置等因素，将 15 世纪的欧洲大学划分为三大类型。我们将在下一节中对这三种不同类型的大学做详细的分析。

二、教学活动

中世纪大学没有入学考试，从理论上来说，只要达到基本的入学年龄和入学水平，任何人都可以进入大学学习。例如，13 世纪的巴黎大学文学院规定，年满 14 岁、掌握基本拉丁语者皆可入学。[①] 学生入学后，一般在文学院学习 6 年左右，然后升入法学院、医学院或神学院，其中神学院的学习时间最长，要取得神学博士学位，获得正式教学资格证书，一般需要 10 年。由于需要花费大量时间、精力和金钱，因此，只有少数学生升入高级的专业学院继续学习，大部分学生都是完成文学院的课程后直接进入社会就职。

当然，大学的修业年限一般是根据各大学的具体情况而定，例如，在博洛尼亚大学，学生不但不需要以接受文学院的预备教育为前提，而且法律学院的学习时间也较短，一般来说，学习市民法的学生经过 7~8 年，教会法的学生经过 6 年的学习，通过考试，即可获得博士学位。

这一时期，大学中最常用的教学方式是讲授和讨论。其中，讲授又分为正式讲授（*ordinaria*）和特殊讲授（*extraordinaria*）。[②] 所谓正式讲授，是指由大学中已经取得正式教学证书的教师，如获得博士或硕士学位的教师，在规定的授课时间和规定的场所进行教学。特殊讲授是指在休息日，没有固定的场所，由已经取得学士学位、尚未取得正式教学资格证书的实习教师担任。另外，负责正式讲授的教师可以领取讲课报酬，负责特殊讲授的实习教师则完全是无偿授课。讨论分为正式讨论和自由讨论两种类型。前者经常举行，事先规定讨论题目、讨论地点和时间，主要针对获得学士学位，或即将获得学士学位准备进入神学院学习的学生，目的在于传授辩论技巧，提高他们的雄辩能力。自由讨论往往在课堂教学中穿插进行。大学产生初期，由于书籍缺乏，教学多采取讨论形式。特别是在神学院以及仿照博洛尼亚大学模式建立的法律学院中，讨论是最重要的教学手段。

---

① 参见横尾壮英：『大学の誕生と変貌―ヨーロッパ大学史断章―』，東信堂，1999，第 21 页。
② 同上书，第 42 页。

教会对中世纪大学的教学风格产生了极大的影响，尤其是在巴黎大学，阿伯拉尔的《是与非》一书是大学授课的蓝本。比较典型的课堂教学多由教师口述，学生记录，大致采取如下步骤：提出论点，列出正反两方面的论据，通过演绎推理和逻辑分析排除错误，得出结论。考试则以辩论为主，旨在考察学生的判断、分析和辩论的能力。

这一时期还出现了"导师制"（tutorial education）这一新的教学形式。tutor原意为监护人或保护者。中世纪以后多用于指教师或教育者。1400年，导师制首次被威廉·威克姆（William of Wykeham）引入牛津大学，后为剑桥大学采用。导师制的主要特点是，师生主要以学院为单位，每一名本科生由一名或数名导师指导。导师负责指导学生如何选修课程、辅导和讲解各学院传授的各种课程、准备考试等。与巴黎大学不同，由于牛津大学和剑桥大学实行导师制，并且主要是以学院为单位，因此各学院教师的课堂讲授逐渐不受重视。16世纪之后，伴随着欧洲高等教育的民族化趋势，师生间的个别交谈和辅导等非正式的教学方式成为英国传统大学的主要教学特征。17世纪之后，导师制又被介绍到美洲大陆，成为殖民地时期美国学院的主要教学方式。[1]

三、学位的起源

现代各国高等教育中的学位制度虽然存在着差别，但都直接源于中世纪大学。中世纪社会的等级性和大学的行会性质是大学学位产生的根本原因。

首先，等级性是欧洲封建社会的突出特征之一。当时的欧洲社会基本划分为三大阶层：居于社会最高地位的是服务于教会的神职人员；其下是世俗的封建领主及其骑士阶层；处于社会最底层的是从事农业和手工劳动的工商业阶层等。

其次，大学产生初期模仿其他行会组织建立学者行会和师生型行会，行会中的师徒制以及其他区别不同工种、技艺和能力的做法也被引入大学中，学者们通过颁发不同层次或种类的学位评定学习者掌握知识的深度或广度。

如果从词源学角度进行研究，现代意义的学士（bachelor）一词来源于法语的bacheler，包括以下几种含义：①领主的家臣，或尚未获得册封的骑士；②没有自己的土地、在地主家居住的成人农奴；③为成为神职人员而处于实习阶段的年轻僧侣。根据当时该词的定义，在大学中获得学士称号者乃是介于学生与教师身份之间、一边在大学学习一边辅助教师进行教学的人。以13世纪后期的巴黎大学为例，一般在文学院学习5年之后通过两次考试的学生才能获得学士学位。[2] 在时间要求上，博洛尼亚大学法律学院学习市民法的学生至少需5年时间，教会法的学生需4年时间，才有资格获得学士学位。

现代意义的硕士（master）一词来源于拉丁语 *magister*，意为教师、校长和尊师；而

---

[1] Paul Monroe, *An Encyclopedia of Education, Vol. V* (New York: The Macmillan Company, 1913), p.644.
[2] 参见横尾壮英：『大学の誕生と変貌―ヨーロッパ大学史断章―』，東信堂，1999，第40—41頁。

现代意义的博士（doctor）一词在古代罗马指传授学问的教师，因此，从词源学来看，现在使用的硕士学位和博士学位对应的中世纪拉丁语，基本上是在同一意义上使用，都是指传道、授业和解惑的教师阶层，只是在不同大学或不同学院中使用不同的称呼。例如在博洛尼亚大学的法律学院，教师被称为 doctor，而不是 master。在德国大学中，虽然 master 和 doctor 也是在同一意义上使用，但是神学院、法学院和医学院的教师往往被称作 doctor，文学院的教师则被称为 master。

特别值得指出的是，现代意义上的三级学位制度（学士、硕士和博士）直接起源于英国大学。虽然英国的大学深受巴黎大学的影响，引入了学位概念，但是现代形式上的三级学位制度是在英国的大学中基本形成的。在英国的大学中，bachelor 是独立的、低于 master 和 doctor 的学位称号的，而后两者的区别取决于学院之间的地位差别，文学院的教师称为 master，而大学高级学习阶段的神学院、法学院和医学院的教师称为 doctor。英国的学位后来被移植到美国，19 世纪之后，随着美国研究生教育的出现及其对世界高等教育影响的扩大，大部分国家和地区依照美国模式建立了现代意义上的学位制度。

第五节　中世纪大学初期的基本类型

根据大学内部的管理权限分配方式、内部组织机构、学科构成和课程设置等因素，初期的大学大致可划分为三大类型：以巴黎大学为代表的教师型大学；以博洛尼亚大学为代表的学生型大学；以法国南部及中欧部分大学为代表的混合型大学。以下主要考察前两种类型大学的特点。

一、教师型大学

巴黎大学可以说是教师型大学的典型代表。如前所述，巴黎大学最初是学者们在巴黎圣母院的附属天主教学校讨论哲学和神学问题而逐渐发展形成了教师行会。从一开始，教师就构成行会的主体，支配着行会的教学和管理活动。尽管巴黎大学最高管理者是由教会任命的校长，但是由于教师行会不懈的努力，教师们获得了颁发教学证书或学位的权利。正是基于这一点，巴黎大学区别于意大利大学而成为教师型大学的原型。"一方面是受到校长的控制，另一方面是有能力的教师有权颁发教学证书，构成了法国大学教育制度的基础。"[①] 此外，自 13 世纪以后，经过同教会和巴黎地方当局的多次斗争，以教师为主体管理大学的教师型大学模式逐步形成。以下，从大学的组织机构、管理以及教学活动等方面进行分析。

---

① Hastings Rashdall, *The University of Europe in the Middle Ages* (Oxford: Oxford University Press, 1936), p.282.

（一）巴黎大学的组织机构与管理

从大学内部组织来看，巴黎大学由学院和民族团两大层次的机构组成。与以意大利博洛尼亚大学为代表的学生型大学相比，巴黎大学和按照巴黎大学模式建立的大学中，一般设有文学、法律、医学和神学四个学院，其中文学院是进入其他三个高级学院的预备教育机构。在这类大学中，学院的数量比较齐全，神学院居于各个学院之首，大学的行政和教学事务等基本上是由学院长负责。如前所述，由于巴黎大学的学生首先必须在文学院学习并通过考试获得学位，才能进入法学院、医学院和神学院学习，加上并非文学院中的所有毕业生都能进入高级学院学习，因此文学院中学生人数最多，有条件成立各种民族团。与学生型大学相比，巴黎大学中的学院占有比较重要的地位。不仅学院比较齐全，更重要的是，大学内部管理机构的负责人均由教师选举并由教师担任。

与学生型大学不同，巴黎大学文学院中的民族团是教师和学生组织。首先按照大地域，分为法兰西、皮卡第、诺曼底和英格兰四大民族团；其次，各大民族团再按照地区划分为不同的同乡会。各民族团推举本民族团的"首领"（proctor，在近代美国大学中这个词主要指大学的监考官，而在近代英国大学中主要指管理和负责学生事务的年长教师，即学生监），在巴黎大学，学生监往往由德高望重的教师担任，拥有管理本民族团的财务、财产，特别是司法事务的权力。

各民族团首领的权力不仅体现在对本民族团成员拥有司法裁判权，而且还有权选举一名教师担任大学"校长"（rector），管理整个大学的教学和行政事务。此外，民族团首领还是大学评议会成员，主要作为校长的咨询顾问，协同校长共同处理大学事务。值得强调的是，与其他类型的大学相比，学院是巴黎大学最基本的单位，同时也是最重要的管理机构。大学的教学和管理活动基本上是在学院这一层次进行的。

（二）巴黎大学的课程与教学活动

巴黎大学拥有四个学院，其中，文学院和神学院的课程最受重视。

从当时文学院课程内容来看，初期的课程基本是古代希腊罗马的"七艺"中的内容，神学课程则主要是学习《圣经》、宗教格言以及历代著名神学家编撰的有关《圣经》的注释和评论等。随着亚里士多德的著作陆续经过拜占庭、西班牙和阿拉伯帝国被介绍到欧洲以后，巴黎大学的课程内容发生了较大的变化。一开始，教会禁止巴黎大学讲授亚里士多德的学说以及一些来自阿拉伯世界的哲学和科学思想，因为这些学说或观点与基督教神学奉为正统的柏拉图理念学说存在矛盾，尤其是亚里士多德的学说中关于世界永恒的观点与基督教宣扬的上帝创造世界、主宰世界的教义形成直接的对立。12世纪以后，经过经院哲学家们的调和和改造，亚里士多德和东方一些哲学家的学说才得以在巴黎大学占有一席之地。到13世纪，几乎所有的亚里士多德著作都可以在巴黎大学讲授，当然，在那里所讲授的已远不是真正意义上的亚里士多德哲学，而是渗透了大量基督教神学的思想和观点，成为基督教教会调和理性与神性、现实与上帝之间矛盾的工具。

巴黎大学的课程，特别是文学院的学习科目，几乎完全是继承古罗马时代遗留下来的由文法、修辞、逻辑构成的"三艺"和极小部分由算术、几何、天文、音乐组成的"四艺"。众所周知，古罗马教育的最高目标在于培养能言善辩的演说家。因此，在继承古希腊教育的同时，古罗马人还创造和形成了独特的、注重实用的高等教育，即除了将法律作为主要科目之外，还将"三艺"纳入课程体系之中，并将修辞作为中心课程，而以文法和逻辑作为辅助。"四艺"则几乎被排斥在学习内容之外。因此，中世纪基督教世界从古罗马继承的主要是"三艺"的内容。此外，由于巴黎大学是从直接由教会控制的教堂学校发展而来，教皇控制严格，因此初期巴黎大学的课程主要强调"三艺"的学习，至于"四艺"不受重视，其中的天文和音乐等内容更是被教皇明文规定禁止研究和传授。

与古罗马的修辞学校不同，中世纪的巴黎大学将文法作为学习其他学科的基础，并认为文法实际上已经包含了许多逻辑和修辞学方面的内容。因此它与后二者之间存在着内在联系，并非是孤立、自成体系的学科。

在巴黎大学，文学院的课程属于预科阶段，是为将来学习法律、医学，特别是神学做准备。据史料记载，准备进入神学院的学生须花五六年的时间学习文学院的有关课程，经过考试，取得硕士学位后，方可进入最高阶段的神学院学习。[①] 预科阶段的学习不仅是为学生提供基本知识，为今后高级阶段的专业学习奠定知识基础，更重要的是通过烦琐的哲学论证或辩论训练，发展学生的理性思维、判断和推理能力。由于经院哲学凌驾于一切学科之上，出于论证和辩论的需要，"三艺"中的逻辑是学习的重点。神学院的学习步骤为：一般用4年时间学习《圣经》，2年时间学习有关的箴言，通过考试，成为神学或圣经学学士。此后，2年时间独立讲授《圣经》。在通过考试和公开隆重的认可仪式后，成为神学博士，领取教学证书，便可正式独立开设讲座，自己创办学校。

法律课程在巴黎大学不受重视，而且所有教材须受教皇审定，内容仅限于教会法。法律教育的主要目的是培养教会需要的高级人才，从法律和理论上解决不同宗派、教皇与世俗当局的纷争和矛盾，因此又称之为"一门关于实践神学的学问"。[②]

此外，巴黎大学也设有医学院，讲授生理、病理等方面的知识。医学院的课程仍以罗马传统医学教材为主，经阿拉伯人传播介绍而来的东方医学也可在学校讲授。在完成预科阶段的学习后，可进入医学院，成为医学学士后，经过认可仪式取得资格证书，便可进入医学行会，独立开业。由于巴黎大学医学院规模最小，在大学中的影响不及其他三个学院。拉什代尔认为："巴黎大学的医学院从来没有像蒙彼利埃大学和萨勒诺大学那

---

① 吴式颖：《外国教育史简史》，教育科学出版社，1988，第65页。
② James Bowen, *A History of Western Education, Vol. II* (York: Methuen, 1981), p.123.

样在欧洲闻名遐迩，也没能吸引远方的学生前来学习。其法律学院的水平总是低于奥尔良大学、安吉尔斯大学和图卢兹大学。由于教皇洪诺留三世（Honorius Ⅲ）规定学生只能学习教会法，因此，不但市民法被禁止传授，教会法也无法得到科学的研究。"①

二、学生型大学

博洛尼亚大学是学生型大学，其形成的原因可以归结如下：第一，如前所述，古代罗马帝国的政治制度，特别是各项罗马法的传统从古代起就一直延续下来，即使在中世纪初期欧洲基督教几乎垄断所有教育的时期，仍然有世俗法律学校存在。第二，11世纪意大利南部城市工商业活动的发展需要高级专业法律人才，因此，从7世纪初在欧洲大部分地区开始逐渐被遗忘的罗马法在11世纪下半叶重新受到重视，这是博洛尼亚大学在教学内容方面区别于巴黎大学的重要原因。第三，也是最重要的一点，意大利南部城市沿袭了古代罗马的传统，直到中世纪也依然保留公民权或市民权的概念。像古代一样，城市公民的市民权都是世袭的，拥有市民权的公民接受城市制定的各项法律保护。对于前来意大利南部城市经商、求学的外国人，各城市不但不予以同等对待，而且往往制定各种更加严厉的法令对外国学生或学者进行监督和约束。因此，为了获得与博洛尼亚城市公民同样的权利，前来就学的外国学生只好组成行会，取得形式上的市民权，保护自身的利益。

（一）博洛尼亚大学的组织机构与管理

从大学的内部组织机构来看，直到14世纪后半叶，博洛尼亚大学只有两个学院，即法律学院和医学·文学院。两个学院之下按照地域分别设有两大民族团，一个民族团 *citramontanorum* 成员来自意大利半岛，另一个民族团 *ultramontanoru* 成员来自阿尔卑斯山以北地区。特别值得指出的是，与巴黎大学不同，博洛尼亚大学是教师和学生分别成立各自的民族团。由于大部分教师由学生雇佣本地人担任，教师的民族团来自意大利以外的国家和地区的人很少，因此，博洛尼亚大学中教师民族团的势力与影响远不及学生民族团。在两个学院分别成立的两大学生民族团之下，按照不同地区还成立多个分民族团。例如，在14世纪末，阿尔卑斯山以北地区的民族团下属16个分民族团，来自意大利半岛的民族团包括3个地区民族团。②

各分民族团选举1~2名首领，称作 *consiliarii*，我们可以译为学督。两大民族团成员选举各自的学生首领，称为 *rector*（即现代欧洲大陆部分大学中的校长）。两位学生首

---

① Hastings Rashdall, *The University of Europe in the Middle Ages, Vol. I* (Oxford: Oxford University Press, 1936), pp.435-437.

② David Thenuwara Gamage, *Evaluation of Universities and Changing Patterns of Governance and Administration* (Homagama: Karunaratne & Sons Ltd. 1996), p.99.

领是大学的最高管理者以及大学制定的各项法律和规定的执行者。他们轮流管理大学的行政、司法和教学等事务，其中最重要的权力是司法权。学生首领不但其行为不受所在城市法律的约束，其对本民族团以及整个大学的行政事务还拥有管理权，特别是司法裁定权，而且有权雇佣教师、规定教师的报酬。有关资料表明，到14世纪末，学生几乎完全控制了博洛尼亚大学的管理，例如，受学生民族团雇佣的教师必须在民族团首领面前宣誓，表示绝对服从学生民族团的管理。[①] 各分民族团的学督和两位学生首领组成大学委员会（council of university），对校长进行监督并对大学管理活动提出咨询意见。不过大学的最高管理机构是由全体学生参加的大学全体会议（congregation），负责制定有关大学的重大的规章制度等。

（二）博洛尼亚大学的课程与教学活动

在课程设置和教学活动方面，如上所述，博洛尼亚大学只有两个学院，其中，法律学院学生人数最多，其教育也最受重视，在欧洲南部乃至整个欧洲影响都很大。自13世纪以后，很多大学中的法律教育都是以博洛尼亚大学为蓝本，开设相应的课程设置，培养法律人才。无论从大学课程结构还是从具体教学内容来看，博洛尼亚大学都与巴黎大学存在很大差别。首先，博洛尼亚大学中的文学院并不像巴黎大学那样属于大学教育的基础或预科阶段，尽管法律学院的学生可能学习文学院的某些课程，但是博洛尼亚大学文学院开设的课程与法律和医学的课程之间没有上下衔接关系。其次，由于古代罗马教育的影响以及培养法律人才为目的，文学院开设的课程主要是古代"三艺"内容，其中又最重视修辞学。另外，无论是文学院的课程还是法律和医学方面的课程都十分强调实用性，而且除了教会法之外，有关宗教神学的教学内容很少。

《查士丁尼法典》和《查士丁尼学说汇纂》是学习法律课程的主要教材。经过五年的专业学习后，学生可向校长申请，先试讲法律教材中的某一章节，一年之后再讲授全书，不经过任何特别考试便可获得学士学位。两年之后，可申请博士学位，经过考试后，可获得教学证书，独立开业。

虽然学生型大学中最典型的代表是位于意大利南部的博洛尼亚大学和帕都亚大学，但是并非所有的意大利大学都是学生型大学。

三、混合型大学

在法国南部、伊比利亚半岛和东欧一带，同一所大学中，有的以意大利的博洛尼亚大学为样板，由学生管理大学；有的学习巴黎大学模式，大学管理权由教师控制；或学

[①] David Thenuwara Gamage, *Evaluation of Universities and Changing Patterns of Governance and Administration* (Homagama: Karunaratne & Sons Ltd. 1996), p.98.

生和教师共同管理大学，大学的管理呈混合型。例如，在法国南部的蒙彼利埃大学，古老的医学院、法学院和文学院基本上各自独立，完全实行不同的管理方式，三个学院实际上是三个不同的单科大学。另外，在布拉格大学，1372年至1415年，法律学院与其他依照巴黎大学模式进行管理的学院分隔开来，成立独立的法律大学，采取博洛尼亚大学的管理方式，由学生首领管理大学。[①]

如上所述，尽管上述各种机构或组织在不同大学中的作用及地位不同，在15世纪之前，还是可以将大学的内部机构划分为两大类：一类是以巴黎大学和博洛尼亚大学为代表的欧洲大陆型，大学由学院和民族团构成。另一类是以牛津大学和剑桥大学为代表的英国型大学，大学中最基本的教学和行政组织单位为学寮，即今天所称的学院。

直到16世纪，英国大学的管理还是通过全校教授会（regent）进行。不像巴黎大学，各学院之间没有严格的地位上的差别。与巴黎大学、博洛尼亚大学和欧洲大陆其他大学相比，由于牛津大学和剑桥大学的国外学生不多，因而无论在管理或学术方面，民族团的作用和影响都有限。到15世纪，构成英国大学的基本组织是学寮或学院，在牛津大学中，神学院是最大的学院，神学课程是最重要的课程。在当时约10个学院中，90%的学生学习神学课程，其余的学习法律。而且，直到15世纪，大学所有的学院都只招收神职人员。[②]

亚里士多德的著作是课程的中心内容，尤其是在巴黎大学为教皇所禁止的自然哲学，以及法律系中的市民法，在牛津大学可以不受约束地进行传授和研究。相比于教皇控制严格和宗教神学色彩浓厚的巴黎大学，牛津大学在一定程度上能够摆脱教皇的直接控制，享受某种学术自由。在那里，几乎完全为巴黎大学所摒弃的"四艺"，即属于自然科学的算术、几何、天文和音乐，仍在极大程度上继承了古代的传统并继续保留在大学课程之中。

简言之，由于牛津偏居一隅，非教皇势力直接能及，而且较早地通过阿拉伯人翻译和接受了亚里士多德及古代其他自然哲学家的学说和理论，因而能够在大学中传授和研究包括自然学科在内的世俗性内容。

拉什代尔认为，尽管德国早期大学基本上都仿照巴黎大学，建立了文学、神学、法律和医学四个学院，但是法律学院的学生享有极大的自主权，在这一点上，他们受到意大利博洛尼亚大学和帕都亚大学等的影响。[③]

最后必须指出的是，大学产生和发展的历史始终贯穿着大学与基督教教会以及世俗王权的冲突与摩擦。简单地说，从大学出现初期到13世纪中期，大学能否取得自治权在

[①] Hilde De Ridder-Symoens, *A History of the University in Europe, Vol. I. Universities in the Middle Ages* (Cambridge: Cambridge University Press, 1992), p.39.

[②] Alan B. Cobban, *The Medieval English Universities: Oxford and Cambridge to c. 1500* (Los Angeles: The University of California Press, 1998), pp.402-404.

[③] Hastings Rashdall, *The Universities of Europe in the Middle Ages, Vol. II* (Oxford: Oxford University Press, 1936), p.218.

相当程度上取决于教皇是否恩准，教会对大学的影响较大。除了意大利南部部分大学之外，直到13世纪末，中欧和北欧大部分地区的大学几乎同巴黎大学一样，其生存和发展几乎完全受教皇的控制，这也正解释了为何格里高利九世颁布的章程很快为其他大学所效仿，并使当时不少大学获得了相当程度的自治和独立。

但是从13世纪末开始，以法国国王为代表的世俗势力日益强大，并逐渐控制了大学的管理权，尤其是在教皇博尼费斯八世（Boniface Ⅷ）和国王腓力四世（Philippe Ⅳ）执政时期，由于世俗王权与教会两派对立愈演愈烈，大学不得不经常在两者之间做出艰难的选择。随着国王和教皇相对实力的强弱变化，大学或成为世俗势力御用工具，作为国王攻击教会的理论代言者，或成为教会为抗议和报复来自世俗势力各种压力的牺牲品，丧失许多已获得的特权。从14世纪开始，由于教会势力衰弱，巴黎大学逐渐丧失往日作为欧洲基督教世界学术中心的地位，旷日持久的百年战争使欧洲其他国家的学生不愿到巴黎大学求学。始于1378年并持续了340年的天主教会大分裂，更使摇摇欲坠的统一基督教世界处于四分五裂的状态。随着国王势力的不断扩大，巴黎大学精神上的独立和行政上的自治逐渐丧失。1449年，巴黎大学的司法特权被取消，直接隶属于巴黎最高法院。尽管15世纪以后，巴黎大学还保留了某些传统的特权，但它实质上已沦为法国国王的统治工具，已失去昔日的国际性特征而日趋地域化和法国化。与此同时，意大利南部的大学也逐步失去了以往的国际色彩，渐渐趋于为地方工商业发展服务。因而，从大学与外部关系的角度来看，这一时期的大学历史可以归纳为：由师生自治行会走向为教会控制，继而趋于国家化，为地区发展服务。

中世纪的西欧缺乏古罗马那样的公众生活，所有争执的裁决都基于《圣经》的准则和教会的意志，因此，辩论术除了应用于书信的写作、教徒们的祈祷外，几乎失去赖以存在和发展的土壤，无怪乎直到15世纪欧洲文艺复兴之时，巴黎大学中有关修辞的内容依然沿袭古罗马西塞罗《论雄辩家》一书的主要观点和方法技巧。与文法、逻辑相比，即使是到中世纪末期，修辞在大学中仍不受重视，在课程中处于无足轻重的位置。

第六节　大学产生初期的基本特征

到15世纪末期之前，欧洲大学的基本特征表现为以下几方面。

首先，大学拥有自治权。初期的大学是学者和学生的行会组织，从理论上说，这一时期的大学也可以视为拥有独立法人资格的学术团体，因为当时大部分大学拥有国王或教皇颁发的教学证书，允许大学自己开设课程、聘请教师、制定学术标准等。当时大学的自治权具体表现在：大学可以自己设置学术讲座，控制人员编制，有权审查和发放各种证书和学位。此外，大学享有司法权，自行对违背法律的学者和学生进行处理，不受所在地司法当局的干涉。大学还有迁移的权利，如果大学受到本地当局、其他行会或市民的勒索或遭受迫害，大学有权停止讲座，甚至可以迁移到其他城市。

其次，中世纪的大学堪称"国际性"的学术机构。虽然这一时期的大学还没有达到19世纪以后的国际化程度，但是，至少在欧洲区域范围内，学者和学生们可以自由流动，选择自己向往的大学学习和研究，并可以获得各地大学都相互承认的资格证书。从某种意义上，中世纪早期西欧各地的大学基本都接受来自所有地区的成员。由于当时西欧暂时的和平环境和基督教复兴运动，各地区学者之间相互访学和交流成为可能。在巴黎大学、博洛尼亚大学或其他任何一所大学中，来自不同地区的学者使用一种超越地区或种族的共同语——拉丁语，采取开放的态度，进行知识的探索和追求。在中世纪的大学中，求学不再像古代那样纯粹是学者个人的努力，但也不仅仅完全成为基督教神学施行教义的宗教机构。12世纪以后，大学逐步成为各地区学者集体努力，增进对知识的了解和对真理的探究，不断追求学术价值的中心。

最后，中世纪大学奠定了现代大学的某些办学基础。例如，早期的大学就形成了初步的学科划分和学位制度。如前所述，规模较大的大学，如巴黎大学等，一般都设有提供预备和基础教学的文学院和专业教学的法学、医学和神学院等四个学院。这种基本按照职业划分的教学和组织形式直到近代一直影响西方大学的办学。此外，根据学生学习程度的不同，授予他们相应的证书等做法，实际上是西方大学学位制度的最初起源。

第四章　中世纪后期欧洲大学的变化与发展

从1500年开始，欧洲历史进入了一个新的发展阶段，不少西方历史学家将16世纪至18世纪称为"近代"（中文也可译为"现代"，即modern）前期或近代早期（early modern time）。西方不少大学教育史专家也同样将1500年至1800年这一时期作为独立的历史阶段进行研究。国内也有学者认为，世界的"现代"从1500年开始。① 笔者认为，从世界高等教育历史，特别是欧洲高等教育历史来看，这一时期是中世纪大学向近代高等教育过渡，即高等教育近代化的早期或起步阶段。② 在席卷欧洲的文艺复兴运动、宗教改革运动以及近代科学革命等各种因素影响之下，欧洲大学开始进入近代高等教育阶段。

第一节　大学变化和发展的社会背景

这一时期，欧洲社会政治、经济和文化等方面发生了以下变化。

第一，地理大发现不仅开拓了欧洲人的视野，而且加速了西欧社会迈向近代化的步伐，特别是15世纪末哥伦布发现美洲大陆后，欧洲通向世界其他地区的新航线不断拓展，商业资本主义开始逐步取代西欧的封建庄园经济。商业资本主义精神是欧洲近现代资本主义经济体系的重要支柱。此外，世界资本主义经济体系的逐步建立也对高等教育发展提出了新要求。

第二，西欧封建庄园经济的逐步崩溃促使西欧政治结构发生了变化。伴随着封建庄园经济制度的变化，以城堡骑士为基础的领地分封时代逐步结束，出现了强大的世俗王朝，建立在各个国家和民族基础上的世俗政治体制逐步形成。这种以国家或民族为单位的强大世俗中央集权政治体制不断与教会发生冲突。18世纪后期，世俗政权逐步在思想意识形态和文化教育等领域处于主导地位，高等教育的民族性和地域性特点日益明显。

第三，随着欧洲南部工商业资本主义的不断发展，14世纪源于意大利等地的文艺复兴运动逐步扩张到欧洲其他地区。从16世纪开始，在教育等各个领域，人本主义、人道主义或人文主义等逐步确立，理性逐步取代神性，神学和教会不再是影响和主宰欧洲文化教育发展的唯一因素。中世纪初期建立的神学至上的学说受到怀疑和挑战，

---

① 钱乘旦、陈意新：《西方政治现代化道路比较》，《南京大学学报》1986年第4期。
② 参见黄福涛：《欧洲高等教育近代化：法、英、德近代高等教育制度的形式》，厦门大学出版社，1998。

把人培养成为有理性、能自由决定自己命运的人，逐渐成为教育的基本理念和主导思想。正如德国学者鲍尔生（Friedrich Paulsen）所指出的那样："首先，没有文艺复兴运动就不会有宗教改革运动的产生，更不会有后来的思想与学术发展；因为哲学与自然科学，以及史学和人文科学，无一不是在文艺复兴运动的雨露滋润下成长起来的。从以封建制度为基础的中世纪国家，过渡到以民族文化和民族教育的利益为基础的现代国家，如果没有文艺复兴运动，也同样是不可想象的事。"[①]文艺复兴运动与随后掀起的欧洲宗教改革运动一起，共同促使欧洲传统大学在指导思想、组织结构、课程与教学内容等各个方面向多样化、民族化和人文化等方向发展，欧洲传统大学逐步过渡发展为近代高等教育机构。"从中世纪末到现代历史时期的开始，这150年间，文化与科学在广度方面的迅速发展，学术与教育在推行的范围方面的不断扩大，都毫无疑义地归功于宗教改革运动。"此外，"大学以往所具有的世界性和国际性已不存在，却普遍地带有地区的性质。凡较大的地区和较大的城市都企图成立独立的宗教组织和教会组织，并企图把培养教会和政府工作人员的教育工作控制在自己所设的大学内。因此，在16世纪和17世纪，无论是天主教地区还是新教地区，都建立了大量的大学。"[②]

第四，与文艺复兴和宗教改革运动相比，17世纪的欧洲科学革命虽然没有对传统大学产生根本性的影响，却在一定程度上促使欧洲产生了各类新型的高等教育机构。由于中世纪初期形成的许多传统大学未能及时回应科学革命的呼唤，专门学院、技术学院等新型高等教育机构不断涌现，同时，有关近代科学的部分内容也开始逐步进入传统大学的课程之中。

第二节　高等教育机构类型多样化

从16世纪开始，除传统大学（university或studium generale）之外，欧洲还出现了其他类型和层次的高等教育机构，如传授某一特定技能或知识的学院（academy）和涉及宗教和文学等领域教育的独立学院（college）等。因而，仅仅使用"大学"这一概念已经很难全面描述这一时期欧洲各种类型和层次的教育机构或教育组织的发展。虽然"高等教育"（higher education）这一概念的具体出现时间尚不清楚，但是，在描述16世纪以后欧洲高等教育变化和发展时，使用"高等教育机构"一词可能要比"大学"更能准确地概括这一时期欧洲最高层次的教育发展与变化。从本章开始，"高等教育机构"既包括传统的大学，也包括其他各类与大学层次一致的各种教育机构。

这一时期，促使欧洲高等教育机构类型多样化的两大途径为：传统大学组织结构和职能的变化，新型高等教育机构的产生。

[①] 鲍尔生：《德国教育史》，滕大春、滕大生译，人民教育出版社，1986，第61页。
[②] 同上书，第41页。

一、传统大学组织结构和职能的变化

传统大学的变化主要表现在两方面：一是以巴黎大学为代表的教师型大学衍生分化出不同类型的高等教育机构；二是以博洛尼亚大学为代表的学生型大学在结构和功能方面发生变化。以下分别进行论述。

（一）教师型大学的变化

教师型大学模式出现多样化趋势。伴随着民族国家的崛起和王权的不断扩大，在巴黎大学这一基本办学模式下衍生出多种类型的高等教育机构，欧洲各地带有明显民族特点的高等教育机构开始出现。从这一时期高等教育发展的总趋势来看，巴黎大学的办学模式逐渐取代了博洛尼亚大学的办学模式，成为欧洲，特别是北欧、中欧和东欧大部分地区的主要办学模式；在这一过程中，巴黎大学办学模式本身也随着历史的发展，在不同国家和地区衍生变化出多种办学形态，其中较有代表性的办学模式有以下三种。[①]

第一，教师型大学，以巴黎大学作为典型代表。学院（faculty）是大学的主要教学和管理机构，教师按照不同学科被划分到不同学院，并于所在学院严格按照学科内容组织教学、颁发相应学位。这种类型的大学主要是培养专门人才或专家。

第二，学院型大学，以牛津大学为典型代表。教学由教师个人组织。大学由多个师生共同生活的学院（college）组成。大学虽然设有学院组织，但是教学主要是在学院一级，通过教师对学生进行个别或集体指导的形式进行。这类大学更适合于传授"一般"知识（generalist knowledge），培养我们今天所谓的"通才"。

第三，混合型大学（college-university），以苏格兰、爱尔兰、西班牙、德国和东欧的大学为典型代表，结合上述两种大学办学模式的长处，实行教师型大学的集中管理方式，但同时又吸收牛津大学的学院制特点。另外，由于这类大学规模较小，所有人员和教学设备往往集中在一群类似寺院的建筑物中，便于有效管理学生，成本较低。16世纪之后，这种模式以不同形式传播到欧洲各处，是大学校长对整个大学进行全面有效管理的理想大学模式。

值得强调的是，16世纪以后，虽然有些按照巴黎大学模式建立的大学在内部组织形式等方面并没有发生重大变化，但在发挥的功能等方面却与巴黎大学不同，特别是在西班牙、葡萄牙等一些不断向海外扩张、建立大量殖民地的国家，大学逐步为国家所控制，成为迎合民族国家的利益、培养国家官僚的国家机构。

另外，伴随着各民族国家纷纷建立自己的大学，欧洲各地大学间交流和流动的减少，大学中来自外国的学生和学者人数不断减少；而随着通往世界的新航线的不断开辟，资本主义工商业的蓬勃发展，意大利、西班牙等欧洲南部国家和地区的学生型大学也开始

[①] Hilde De Ridder-Symoens, *A History of the University in Europe, Vol. II* (Cambridge: Cambridge University Press, 1996), p.65.

发生变化。这些变化最明显地表现在大学的内部组织结构和功能两方面。

（二）学生型大学的变化

外国留学生的减少影响了学生型大学内部组织结构，其中最直接的结果莫过于大学中民族团的减少以及民族团在大学中势力的削弱。大学中学生民族团影响的衰微不仅使学生型大学失去了最重要的基础，导致大学中的教学和行政管理方式发生改变，更重要的是使学生型大学失去了最初存在的基本特征。

从17世纪初开始，在欧洲启蒙运动浪潮的冲击下，随着学生型大学内部结构组织的变化，大学的功能随之改变，原先由学生行会掌握的大学管理权逐渐过渡到大学教师和地方当局手中。到18世纪，欧洲南部的意大利、西班牙等地的绝大多数学生型大学的功能也发生变化，逐渐成为为国家培养高级官僚或为地方政治、经济发展服务的高等教育机构。例如，18世纪西班牙国王明确要求西班牙内的萨拉曼卡大学等传统的学生型大学必须提供公共服务，为国家培养良好的官员。

二、新型高等教育机构的产生

在文艺复兴、宗教改革特别是近代科学革命的影响下，从17世纪开始，欧洲出现了各种不同于中世纪大学的新型高等教育机构，有些新型教育机构实际上就是直接从传统大学中分化和演变而来的。根据教学内容的不同，这一时期出现的新型高等教育机构大致可分为两大类型，即独立学院和专门学院。

（一）独立学院

文艺复兴运动的兴起使西欧人重新发现了古代西方文明。"回归古代"，特别是追求古代希腊和罗马时期的教育理想，成为欧洲文艺复兴时期教育改革的重要内容。为了准确了解和掌握古代希腊罗马文明精髓，恢复古代希腊罗马文化的教育传统，学习古代希腊语和古典拉丁语成为教育的重要内容之一。此外，在古典语言学习中，古代西方的历史、诗歌和哲学等，也成为文艺复兴时期大学教育的基本学习内容。受16世纪中期宗教改革的直接影响，天主教垄断神学教育的局面受到挑战，这一时期，各种教派，特别是新教加尔文宗和天主教耶稣会等也纷纷创办自己的神学院，培养本教派的教师和神职人员。因此，到16世纪，在传统大学之外，欧洲各地出现了两种新型学院，一种是主要传授古典人文教育的人文学院，另一种是神学院。

1. 人文学院

像英国牛津大学和剑桥大学一样，这一时期，在欧洲大陆部分地区，由于外国留学生的减少，原先主要为贫穷学生提供住宿的学院逐步成为主要从事教学的机构。某些国家和地区的学院与大学中的文学院合并，成为大学中的独立学院；有的大学则演变为中等教育层次的文法学校（grammar school），通过传授古代语言、历史、诗歌以及传统大学文学院中的部分课程等，为准备进入大学学习的学生提供预备教育，成为大学专业教育的预科；有的则完全脱离大学，成为高等教育层次的独立人文学院，专门从事古代希腊语、拉丁语以及古典人文主义教育。这些人文学院开设的课程主要是以"自由艺术科目"为核心，排斥实用和功利教育内容，目的在于培养人格完善的社会精英。

2. 神学院

神学院大致分为两类：一类是面向大众开设、为社会培养一般神学教师或神职人员的神学院；另一类是由各教派创办、强调特定教义学习、专门培养本教派神职人员的神学院。课程内容主要分为哲学和神学两大类。17世纪初之后，这类学院在瑞士、荷兰、德国等中欧和北欧国家急速增加，促使欧洲高等教育中的神学教育呈多样化特征。

（二）专门学院

专门学院与上述独立人文学院或神学院不同，它基本上不从事学术研究，不提供素养教育课程，而是主要以某一特定学科领域或按照某一职业要求开设相关课程，实施专业和职业教育，特别强调教育的实用性和实践型，主要是培养专家型人才。17世纪中期至18世纪，根据不同学科或职业要求设立的专门学院有外科学院、军事学院、炮兵学院、兽医学院、行政学院、矿业学院、农业学院、语言学院和商业学院等。① 例如，这一时期，法国就出现了桥梁道路学院和矿业学院等。这些专门学院开设当时科学方面的实用课程，是欧洲近代高等教育机构的前身，如1755年成立的莫斯科国立大学就是在当时俄国几所专门学院的基础上发展形成的，1794年创立的巴黎综合理工学院也是通过合并和改造当时的几所专门学院实现的。

三、高等教育设置形态的变化

这一时期高等教育的多样化还表现在设置形态方面。由世俗王权创办或控制的高等教育机构数量不断增加，伴随着宗教改革运动的兴起，教会型高等教育机构又可再划分为三大类型，即天主教创办型、新教创办型和面向所有教派开放的宽容型。16世纪以后，欧洲高等教育机构设置形态呈多样化的特点（如图4-1所示）。

图4-1　16世纪至18世纪末欧洲高等教育机构设置形态

---

① Hilde De Ridder-Symoens, *A History of the University in Europe, Vol. II* (Cambridge: Cambridge University Press, 1996), p.58.

16世纪之后，天主教和新教创办的高等教育机构虽然设置主体不同，但是教育目标基本相同，都是着眼于培养为本教派服务的神学人员，因而只招收信仰本教派教义的学生入学，传授本教派教义。值得指出的是，这一时期，天主教耶稣会设立的神学院影响较大。与传统的早期天主教大学不同的是，耶稣会新设立的神学院在组织形式、教学内容，特别是教学方法等方面进行了重大改革。新教创办的机构中，路德宗创办的高等教育机构在中欧和东欧一带影响较大。除了上述两类机构外，还有一类高等教育机构虽然也为教会创办，其中大多属于天主教教会，如奥尔良大学、蒙特利尔大学、帕都亚大学等，但是这类机构却面向所有教派的入学者开放，允许各教派教义在机构中传授，对不同教派教义持宽容态度。图4-2反映了1500年至1800年欧洲天主教和新教高等教育机构的发展历程。

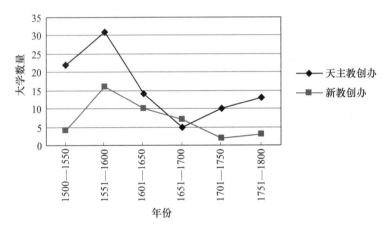

图4-2　1500年至1800年欧洲天主教和新教创办的大学数量

资料来源：根据 Hilde De Ridder-Symoens, *A History of the University in Europe, Vol. II* (Cambridge: Cambridge University Press, 1996), p.71 有关数据制成。

第三节　高等教育机构的数量与地域分布

一、高等教育机构数量的变化

与前一时期相比，16世纪开始，欧洲高等教育机构的变化主要表现出两个特点。

首先，就大学的数量变化来看，16世纪初至17世纪中期，按照巴黎大学或博洛尼亚大学模式新建的传统大学机构增加较多；从17世纪末开始，新建的大学不但数量逐步减少，而且通过解散、与其他机构合并或改造等各种形式消失的大学数几乎与新建的大学数相等，这反映了17世纪末期开始欧洲大学实质上处于停滞发展的状态（如图4-3所示）。

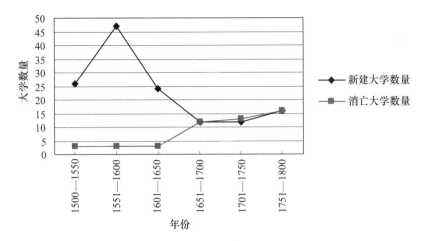

图 4-3　1500 年至 1800 年欧洲新建大学数量与消亡大学数量的变化

资料来源：根据 Hilde De Ridder-Symoens, *A History of the University in Europe, Vol. II* (Cambridge: Cambridge University Press, 1996), p.71 有关数据制成。

其次，与传统大学机构发展停滞不同，这一时期的非传统大学机构，如各种独立学院和神学院等纷纷出现。从 16 世纪后期开始，受宗教改革的影响，在北欧和中欧，由新教创立的高等教育机构大量出现。以 1501 年至 1800 年神圣罗马帝国和东欧地区为例，到 1800 年，神圣罗马帝国和东欧地区新建的 187 所高等教育机构中，大学仅有 52 所，其他绝大多数都是非传统大学机构。（如图 4-4 和表 4-1 所示）。

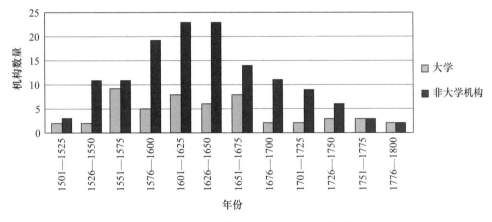

图 4-4　1501 年至 1800 年神圣罗马帝国（包括瑞士和荷兰）和东欧地区建立的大学和非大学机构数量变化

资料来源：同上图。

表 4-1　1501 年至 1800 年神圣罗马帝国（包括瑞士和荷兰）和
东欧地区各教派建立的各类高等教育机构数量

	天主教创立		路德宗创立		加尔文宗创立		合计	
	大学	非大学机构	大学	非大学机构	大学	非大学机构	大学	非大学机构
1501—1525	2	2	—	1	—	—	2	3
1526—1550	—	1	2	7	—	3	2	11
1551—1575	6	6	1	4	2	1	9	11
1576—1600	3	5	1	8	1	6	5	19
1601—1625	3	8	4	7	1	8	8	23
1626—1650	2	4	1	8	3	11	6	23
1651—1675	3	6	3	6	2	2	8	14
1676—1700	—	3	2	5	—	3	2	11
1701—1725	2	4	—	4	—	1	2	9
1726—1750	1	3	2	3	—	—	3	6
1751—1775	2	1	1	2	—	—	3	3
1776—1800	1	1	1	1	—	—	2	2
合计	25	44	18	56	9	35	52	135

资料来源：根据 Hilde De Ridder-Symoens, *A History of the University in Europe. Vol. II* (Cambridge: Cambridge University Press, 1996), p.73 有关数据修改制成。

二、高等教育机构在地域分布上的变化

伴随着高等教育数量的增长和机构类型多样化，高等教育机构在地域分布上也与前一历史时期不同。从欧洲大学产生初期至 14 世纪、15 世纪，欧洲大学主要集中在意大利、法国和伊比利亚半岛，主要集中在地中海文化圈的欧洲部分，而且这些大学基本上是按照巴黎大学或博洛尼亚大学模式建立的。16 世纪之后，由于各民族国家、各种教派相继建立自己的高等教育机构，各类形式的高等教育机构逐步扩展到地中海文化圈以外的欧洲其他地区。受宗教改革运动的影响，欧洲中部和北部地区高等教育机构数量增加较快。到 18 世纪末期，德国集中了当时欧洲最多的高等教育机构。就规模而言，16 世纪之后，欧洲高等教育的中心逐渐向欧洲中部地区转移。（表 4-2）

表 4-2　18 世纪末欧洲各国家和地区高等教育机构数量

国家和地区	大学数
苏格兰	6
爱尔兰	1
英格兰和威尔士	2
今荷兰周边国家和地区	6
奥属尼德兰	1

（续表）

国家和地区	大学数
斯堪的纳维亚国家	4
俄罗斯（欧洲地区）	2
德国	34
瑞士	2
奥匈帝国	12
意大利及其境内诸国	26
法国	26
西班牙	23
葡萄牙	1
合计	146

资料来源：根据 Hilde De Ridder-Symoens, *A History of the University in Europe. Vol. II* (Cambridge: Cambridge University Press, 1996), p.78 有关数据修改制成。

值得强调的是，16世纪之后欧洲高等教育机构数量的增长主要归功于非传统大学机构的发展，其中特别是耶稣会和路德宗、加尔文宗等新教教派建立的各种非传统大学机构直接导致了这一时期欧洲高等教育机构数量的发展。

此外，伴随着上述变化，各地区高等教育机构名称也趋于多样化。如前所述，16世纪以后，university 或 studium generale 等难以涵盖大学以外的其他高等教育机构。16世纪、17世纪，除了地中海沿岸国家和地区的大学仍然保留传统的 studium generale 或 university 名称外，德国周边以及斯堪的纳维亚地区国家的大多数高等教育机构都称作 academy；在日内瓦、法国和荷兰等地，大部分耶稣会建立的神学院则称作 seminary；而在东欧一些国家和地区，高等教育机构的名称则更为复杂，特别是在波兰和俄罗斯一带，16世纪以后建立的高等教育机构既有称作 academy 的，也有称为 college 的。例如，1724年彼得大帝建立的俄罗斯科学院（Pussian Academy of Sciences）虽然几乎完全模仿西欧大学模式，却不称作 university 或 studium generale。

总之，在人文主义运动和宗教改革运动推动下，民族化和地区化趋势是这一时期高等教育发展变化的突出特征之一。正如鲍尔生指出的那样，欧洲"大学以往所具有的世界性和国际性已不存在，却普遍地带有地区的性质了。凡较大的地区和较大的城市都企图成立独立的宗教组织和教会组织，并企图把培养教会和政府工作人员的教育工作控制在自己所设的大学内。因此，在16世纪、17世纪，无论天主教地区或新教地区都建立了大量的大学"[①]。

---

① Hilde De Ridder-Symoens, *A History of the University in Europe, Vol. II* (Cambridge: Cambridge University Press, 1996), p.41.

第四节　高等教育机构组织形式与管理

16世纪以后，由于民族国家崛起、大学间国际交流的减少以及人文主义运动、宗教改革运动等的影响，以巴黎大学为代表的教师型大学和以博洛尼亚大学为代表的学生型大学不再是高等教育办学的全部模式。不仅如此，自17世纪以后，按博洛尼亚大学模式建立的学生型大学逐渐减少，以巴黎大学为代表的教师型大学管理体制在欧洲影响越来越大。此外，伴随着大学与教会、世俗王权之间关系的变化，特别是高等教育机构本身的多样化，高等教育机构的内部组织形式和管理方式也发生了重大变化。

一、世俗王权对大学影响的加深

从大学与外部关系来看，随着欧洲民族国家的不断崛起和宗教改革运动的掀起，大学原有的各种特权开始受到外界，特别是世俗王权的限制和干涉。原则上，直到15世纪、16世纪，许多大学仍然保留早期获得的各种特权，如司法裁判权、行政权，还可免除各种税收和兵役等。但是从16世纪开始，大学拥有的许多特权实际上逐渐被所在国的君主剥夺。其中最直接的手段往往是君主或地方当局按照自己的意志，向国内某一所大学或所有大学重新颁发教学证书或法人资格，制定各种法律法规，改革大学内部的组织形式，限制大学的某些特权等。例如，16世纪以后，许多欧洲大陆国家都明确制定各种保护本国大学的法令或条例，如禁止本国学生到别国留学、某些职位须由特定大学的毕业生担任等。[①] 此外，不少国家还常常以各种理由，派驻国家官吏对大学进行视察，根据发现的问题，制定相应的大学管理条例或法规，如法国国王亨利四世于1598年至1600年曾试图为巴黎大学制定新的章程，实行教育改革，推行世俗化教育；由国家管理学校；规定大学的任务是使培养的人"适合公职需要，并能胜任其职责"。虽然亨利四世的改革最后未获成功，但至少反映了世俗王权竭力控制大学的意图。[②]

除了对现有大学加强控制之外，许多国家的君主还根据自己的意志创办世俗的国立大学或其他类型的高等教育机构。如法国国王弗朗索瓦一世于1530年创办皇家学院，即后来的法兰西学院。该学院的教师与巴黎大学的不同，属于非神职人员，并领取国家薪金；在教学内容上，该学院也深受当时人文主义思潮影响，重点开设拉丁语、希伯来语、古希腊语和数学，并以此与巴黎大学分庭抗礼。[③]

---

① Hilde De Ridder-Symoens, *A History of the University in Europe, Vol. II* (Cambridge: Cambridge University Press, 1996), p.165.
② 李兴业：《巴黎大学》，湖南教育出版社，1988，第32页。
③ 同上书，第29页。

二、教师型大学管理模式的逐步确立

16世纪至17世纪初,以巴黎大学为代表的教师型大学、以博洛尼亚大学为代表的学生型大学以及介于两者之间的混合型大学这三种大学管理模式仍然存在,如在意大利的博洛尼亚大学、帕都亚大学和法国的蒙彼利埃大学,由学生组成的民族团和学生首领仍在大学中享受至高无上的管理权。不过,随着各国世俗王权势力的加强、欧洲宗教改革运动的兴起以及大学间交往的减少等原因,不仅新型高等教育机构基本上采取巴黎大学的管理方式,由教师负责大学的教学和其他行政事务,意大利南部的学生型大学以及大部分混合型大学也逐渐发生了变化,特别是在意大利、奥地利和西班牙等国家,以国王为代表的世俗势力逐渐加强对大学的控制,例如,世俗王权通过派遣国家官吏视察大学、颁发大学特许状或承认大学的合法地位,甚至通过在大学设置钦定教学职位和财政拨款等手段,逐步控制大学。例如,从16世纪至18世纪,西班牙和奥地利等国就对境内的所有大学和高等教育机构进行全面改革,力求将原先由学生民族团控制的大学改造为符合国家利益的教育机构。16世纪之后,这些国家纷纷对学生型大学和混合型大学进行改革,不仅按照巴黎大学的办学模式,建立了较为完备的四个学院,而且竭力削弱大学中学生民族团的势力,由世俗王权代表和大学教师管理大学内部的教学与行政事务。因此,从17世纪中期以后,在内部组织形式和管理方面,地中海沿岸的学生型大学几乎与西欧和北欧的大学没有本质上的区别,巴黎大学模式的教师型大学逐渐取代了学生型大学和其他类型的大学。

三、大学中文学院的变化

中世纪欧洲大学产生初期,意大利南部、西班牙以及英国的大学中,大部分教学和行政事务主要是在民族团或学寮层次,由学生或由教师个人为中心实施管理。在这些大学中,学院并没有发挥十分重要的作用。16世纪后,特别是在宗教改革运动之后,不仅传统的学生型大学和混合型大学按照巴黎大学的学院建制对大学进行改革,欧洲大陆出现的新型高等教育机构基本上也都是按照文学、医学、法学和神学等领域划分学院,学院成为大学的基本组织。例如,大部分由耶稣会创立的大学中虽然没有医学和法学院,但是文学和神学两个学院却是基本组织,由不同学院而不是民族团构成大学或高等教育机构的基本组织是这一时期欧洲,特别是欧洲大陆高等教育的基本特征之一。

如前所述,在14世纪、15世纪,欧洲以巴黎大学为模式的大学中,文学院主要是为学生进入医学院、法学院和神学院提供基础或预备教育。文学院的课程内容一般包括"七艺"和亚里士多德的哲学等。15世纪末开始,在人文主义思潮、宗教改革运动和科学革命冲击下,在欧洲某些国家和地区,文学院开始脱离大学成为中等教育层次的文法学校,主要教授古希腊语、拉丁语和古代西方的历史、诗歌以及部分"自由艺术科目",

为学生进入大学提供预备教育。大学则完全由医学、法学和神学等专业学院构成，主要实施专业教育，培养医师、律师、教师、教会人员和国家官员等专业人才。在某些国家，18世纪之后，文学院逐渐向专业学院转化，有的甚至改变学院名称，如称为哲学院等。总之，由于文学院的分化，在某些国家和地区，教师型大学的教学活动分化为两部分，原先由文学院承担的基础和预备教育逐渐由独立于大学之外的中等教育机构负责，大学成为纯粹的专业教育机构。

四、学寮和民族团

如上一章所述，学寮最初起源于巴黎大学，最初是为贫苦学生免费提供食宿的场所，而非教学机构。伴随着文艺复兴运动和宗教改革浪潮，欧洲大陆大学中的部分学寮或从大学中独立出来，成为专门学院，教授古典人文学或神学；或与大学中的文学院合并，成为大学中的教学机构；或成为大学所在地区的文法学校，向准备进入大学的学生传授古典拉丁语、古希腊语及相关基础知识。

由于英国的牛津大学和剑桥大学最初是仿照巴黎大学模式而建，这两所大学中也建立了许多学院，不过，与法国及欧洲大陆其他许多国家的大学不同的是，在英国，进入大学的新生最初是生活在大学堂（hall）或大学周边的居民家中，直到15世纪末，只有学习医学、法学和神学等专业学科的学生或教授相应课程的教师才生活在学院中。由于大学中能够接受医学、法学或神学等专业教育的学生人数较少，大学中的学院数量很少，而且规模很小。从16世纪开始，英国大学的学院开始接纳新生，学院逐渐发展成为大学中基本的教育和管理机构。在这一过程中，学寮逐渐减小，大部分学生开始生活在学院中。据统计，1500年前后，牛津大学中存有8个学寮，每个学寮平均只有27名学生，而学院发展到13个，每个学院平均有34名学生。① 从伊丽莎白一世（Elizabeth I）在位时开始，学院成为集教育和师生共同生活为一体的场所，大学中所有的教学都是以学院为单位进行。美国教育史专家门罗（Paul Monroe）认为：“到1548年，除了个别例外，牛津大学的13所学院、剑桥大学的14所学院完全成为教育设施。”②

16世纪之后，随着意大利和西班牙等地大部分学生型大学逐步变化为教师型大学，大学中由学生控制的民族团也逐渐为教师所把持的学院所取代。在英国，由于学院逐渐成为学生接受教育和生活的场所，民族团在大学中的影响也日趋衰落。在16世纪前期，除了博洛尼亚大学和意大利北部的少数大学外，欧洲大部分大学中的民族团数目都大为减少，而且它们已经不能像以前那样影响大学的教学或行政。

大学中民族团地位和影响的衰弱是与大学的国家化和民族化过程紧密相连的。例如，直到17世纪，巴黎大学文学院中仍然设有民族团，但是从15世纪末开始，这些民族团

---

① Hilde De Ridder-Symoens, *A History of the University in Europe, Vol. II* (Cambridge: Cambridge University Press, 1996), p.158.
② Paul Monroe, *A Encyclopedia of Education, Vol. II* (New York: The Macmillan Company, 1991), p.56.

逐渐被剥夺了在大学中的管理权。1619年法国国王路易十三（Louis XIII）取消了法国大学中由民族团组成的大学评议会（general assembly）。1538年，奥尔良大学中的10个民族团也被勒令减少至4个。此外，14世纪、15世纪以来，苏格兰、神圣罗马帝国也逐渐通过限制外国学生、取消大学中民族团组织、由国家或地方官员任命校长等手段，加紧对大学的控制。到19世纪，除了苏格兰的圣安德鲁大学、德国的莱比锡大学、今天比利时的鲁汶大学等极个别大学外，绝大多数大学的民族团都基本上失去了以往选举学院长、聘请教师或拥有司法裁判等权力。

除了有关国家对大学民族团采取的各种控制政策，外国留学生的减少也极大地影响了民族团在大学中的地位和管理权限。16世纪之后，以博洛尼亚大学为代表的学生型大学影响逐渐衰微、大学中民族团地位逐渐下降，直至完全失去参与大学的教学和行政管理的权利，这标志着欧洲大学丧失了其最初的国际性特征。

五、大学内部组织结构与职能的变化

与大学产生初期相比，16世纪之后，大学的最高立法和行政管理机构——大学评议会的结构和职能也发生了变化。

16世纪之前，除了文学院中的新生，大学中所有专业学院的学生和全体教师都是大学评议会成员，都有参与大学管理的发言权和投票权。16世纪之后，文学院中的年轻教师和讲师逐渐被排除在大学评议会之外。例如，法国、德国和瑞典等许多国家的大学评议会只允许专任教授参加；在牛津大学和剑桥大学，只有获得硕士和博士学位的人才能成为大学评议会成员（英文中，牛津大学的大学评议会称为 Convocation 或 Great Congregation；剑桥大学的大学评议会称为 Senate）。

16世纪之后，虽然大学评议会原则上仍是大学掌握立法、行政和教学等一切重大事务的机构，但是随着大学规模的扩大等，大学评议会不再像以往那样对大学内部所有事务实行直接管理，而是逐渐趋向于在评议会之下成立各种专门委员会或任命相关负责人，分别负责有关事务或实施评议会做出的有关决议。16世纪之后，欧洲大部分大学中的决策机构与执行机构逐渐形成，而且大学的管理权，特别是有关招生、聘用教师、课程设置、颁发学位和各种资格证书的权利逐渐集中在学院一级，基本上由学院教授会讨论决定。17世纪之后，欧洲大陆绝大多数大学的学院教授会实际上成为管理大学的权力机构。

16世纪之后，大学评议会的结构与职能也发生了较大变化。例如，大学评议会成员不再包括所有学院中所有执教的教师，而是仅由专任教授组成。另外，大学评议会不仅负责相关学院的教学事务，而且还参与大学与所在地区的法律诉讼、咨询事务，参与解决宗教纠纷，负责审定和颁发所在地区医师行医执照。总之，与16世纪以前相比，学院评议会的职权范围有所扩大，职能也大大加强。

第五节　高等教育机构的课程设置与教学活动

这一时期法国、英国以及德国大学的课程设置和教学活动较有代表性,不仅具有浓厚的民族色彩,而且能够反映这一时期欧洲高等教育发展的一般特征。以下以法国、英国和德国为例,探讨这一时期欧洲高等教育课程的变化。

一、法国

(一)文学院

由于巴黎大学宗教势力强大,欧洲文艺复兴运动并没有给大学课程带来根本变化。实际上,人文主义引起了当时巴黎大学的反对。根据史料记载,巴黎大学与人文主义的第一次交锋是由"罗伊希林事件"引起的,结果是巴黎大学神学院站在反人文主义的立场,对德国人文主义者罗伊希林定罪。约翰内斯·罗伊希林(Johannes Reuchlin)是德国哲学家,人文主义者,因支持犹太教法典而遭到德国科隆大学神学院反对,甚至被宣布有罪。罗伊希林写信给法国哲学家亨利·列菲弗尔(Henri Lefevre),列菲弗尔在法兰西学院公开为罗伊希林辩护,而巴黎大学神学院却站在科隆大学一边,同意给罗伊希林定罪。①

虽然人文主义思想难以改变巴黎大学的教学内容,但是16世纪之后,亚里士多德的自然哲学逐渐趋于主导地位,取代了亚里士多德学说中的逻辑学和辩证法内容。

自然哲学方面的课程通常包括四个部分,即逻辑学、伦理学、物理学和形而上学。逻辑学是有关正确思考的学问,伦理学研究人类行为,物理学探讨自然界,而形而上学则是一门关于存在本质的学问。这些学科与医学、法学和神学课程之间的关系可简单归纳为:伦理学是学习法学的台阶,形而上学的学习为进入神学院做准备,物理学则是学习医学必不可少的知识。

(二)医学院

直到17世纪初,医学院的课程设置仍同以往一样包括生理学、病理学和治疗学,并且都是以课本讲解为主。所使用的教材主要是盖伦和希波克拉底的著作,偶尔也讲解部分阿维森纳的医学。17世纪中期之后医学课程逐渐拓宽,某些为教会禁止的课程可以在大学中传授。首先,注重实际操作的解剖学和植物学开始进入课程,各大学也设立了专职教授;其次,外科学和药物学也开始成为大学课程的一部分。不过,直到18世纪末,医学院的课程设置也没有建立在近代科学知识基础上。例如,作为核心课程的生理学理论仍然深受亚里士多德学说的影响。

---

① 参见李兴业:《巴黎大学》,湖南教育出版社,1988,第29页。

（三）法学院

17世纪80年代以后，由于王权的强大，法国法开始进入大学法学院课程之中。另外，民法的研究格外受重视，在大学中的地位甚至超过教会法。

17和18世纪，法学院课程中还引进了某些近代政治学的概念和学说，例如政治权威、私有财产、政府职能等。不仅如此，许多思想较为激进的教授试图用近代法学和政治学理论解释和论证教会与国家的关系，反映了世俗势力迫切需要从法律的角度为自己的合理存在寻找理论上的依据。如果说16世纪之前，教会的权威高于世俗势力，那么这一时期，至少在大学法学院课程中，绝大多数学者都接受了如下的学说：教会和王权彼此独立，但相互呼应和支持；就地位而言，因教会负有神圣的使命，因此高于王权，但这并不意味着教会可以染指世俗事务；相应地国家也无权过问宗教事务。

（四）神学院

直到18世纪，巴黎大学中神学依然被视为众学科之冠。这一时期，由于对《圣经》的解释和评注不同，巴黎大学神学院的教授们形成了截然对立的两种学派：一方以清教徒为主，主张忠实于《圣经》原文、运用本国语言翻译，可以有个人领悟和解释——这实际上反映了路德宗教改革的思想；另一方代表为天主教徒，他们强调使用教会钦定的拉丁文《圣经》并竭力推崇教会的权威，代表了传统罗马天主教会的正统观念。尽管前者在某些有关《圣经》译本或注释的问题上敢于与后者针锋相对，但由于后者势力强大，代表清教徒观点的学者始终未能在巴黎大学取得权威地位。除此之外，天主教徒内部也逐渐产生了分化和决裂，从而形成了若干观点各异、见解不同的宗派。比如，由于对教会法看法的不同，天主教内部分化形成两大派别，即主张限制教皇权力的教徒（Gallicans）和鼓吹教皇极权主义的教徒（Utramontanes），从17世纪末期以后，主张限制教皇权力的一派在大学中占据上风，因而神学课程也随之逐渐服从于王权和世俗势力的意志和压力。

从以上分析不难看出，这一时期，法国大学课程的设置依旧建立在亚里士多德、托马斯·阿奎那等人的学说思想基础上。简而言之，属于人文和社会科学范畴的课程基本上呈僵化和停滞状态。相比之下，物理学和医学课程却发生了较大的改观，尽管这两门课程直到18世纪晚期都还深深地受亚里士多德形而上学的影响，但是从17世纪开始，教授们就已经在大学课程中介绍、引进笛卡儿的二元论、先验论，牛顿的机械论等近代科学思想和学说，并试图运用它们考察和研究自然问题。与此同时，在物理学和医学课程中，还不断摒弃不适应时代潮流的古老科目，设置诸如动力学、光学、数学、化学等新兴科目。

二、英国

（一）绅士教育理论与课程的形成

1. 托马斯·埃利奥特和劳伦斯·汉弗莱的课程理论

16世纪下半叶，托马斯·克伦威尔的改革促使英国大学的课程发生较大转变。这次改革的结果首先是禁止在大学中教授教会法和颁发相应的学位，其次，设置皇家教授职位，即大学中教授职位的设置均须国王同意。

伴随着王权的加强，牛津大学和剑桥大学除保留培养牧师的课程外，古代语言、历史及文学等古典人文教育成为课程的核心内容。"原先为宗教神学作预备开设的人文课程也开始世俗化，并以研究和追求学问本身为目的。"①17世纪前半叶，托马斯·埃利奥特爵士（Sir Thomas Elyot）和劳伦斯·汉弗莱（Lawrence Humphrey）的人文主义教育思想对英国大学课程，特别是绅士教育较有影响。

埃利奥特的教育课程几乎完全承袭了古罗马时代的高等教育内容，即将辩论术及其相关学科置于突出地位，并以此培养在公众生活中能言善辩、出类拔萃的精英人物。在课程设置方面，古希腊雄辩家德摩斯梯尼和伊索克拉底等人的著作构成教育的核心内容。此外，有关逻辑学的著作，古罗马李维（Livy）和恺撒（Caesar）等人的历史著作，以及《荷马史诗》等也被纳入课程之中。②

与埃利奥特不同，汉弗莱在《贵族》（The Nobles）一书中提出了另一种教育培养模式。汉弗莱主张《圣经》的学习应优先于古典学科。在他看来，作为一位绅士，其最高的追求目标和最理想的行为范式应是基督。他说："基督理应作为最完善的模版，他是高贵的化身。没有基督，人间凡世皆为下品。"③与此相适应，汉弗莱的课程更注重学习有关神学和道德培养方面的内容。在他看来，埃利奥特推崇的荷马、贺拉斯、吕西安、屋大维和维吉尔等人的作品过于荒唐、无聊和低级，因而不利于培养绅士的素朴、节俭、博爱等品性。相比之下，罗马时代的道德、伦理学家塞涅卡和法国宗教改革运动的代表人物约翰·加尔文有关道德的学说和著作更适于开设课程。

埃利奥特和汉弗莱均是17世纪上半叶英国著名的人文主义者，都主张大学的教育目的不仅仅在于培养牧师，更应造就未来的社会精英绅士。然而两者的主张却又存在着分歧。埃利奥特的主张世俗倾向鲜明突出，教育的目的在于培养听命于国王、效忠王室和宫廷的绅士，因而其课程设置强调个人才华和学识的训练，更多地体现了意大利文艺复兴时期的人文主义思想；汉弗莱的理论宗教色彩浓郁强烈，追求造就人间凡世集基督与学

---

① M. Curtis, *Oxford and Cambridge in Transition* (Oxford: Clarendon Press, 1959), p.123.
② V. B. Heltzel, *The Complete Gentleman* (Berkshire: Ithaca Press, 1962), p.72.
③ Hugh Kearney, *Scholars and Gentlemen, Universities and Society in Pre-Industrial Britain 1500–1700* (Ithaca: Cornell University Press, 1970), p.39.

者于一身的统治精英,所以着重伦理和道德的培养,反映了宗教改革对大学教育的影响。

除了埃利奥特和汉弗莱的有关绅士的学说之外,对英国绅士教育理论和教育产生较大影响的是洛克有关绅士的教育理论及课程构想。

2. 洛克的课程理论

首次提出绅士教育概念的可能是16世纪法国著名的人文主义思想家蒙田(Montagne)。蒙田认为,教育的目的在于培养身体健康、进退得宜、具有纯洁情操、高尚道德和通达世故的社会活动家。这类人物在法文中称为绅士(gentil homme)。蒙田的教育思想未能在法国得到完全实现,却在英国教育界得到响应并发扬光大。16世纪后期对英国大学绅士教育课程产生较大影响的是约翰·洛克(John Locke)的教育思想。

洛克在《人类理解论》(*An Essay Concerning Human Understanding*,1690)和《教育漫话》(*Some Thoughts Concerning Education*,1693)等著作中,对绅士教育给予高度的评价和详细的论述,但是他只是继承了传统绅士教育的理想,即将教育的培养目标和最终归属视为"绅士",而其内涵和实质却与16世纪以来代表不同流派的绅士教育内容大相径庭。

以下简要介绍洛克的教育思想及其对绅士课程的影响。

洛克继承了英国传统绅士教育中注重品行和道德教育的传统,认为德行是一个绅士必须具备的最重要的品质,应该成为教育的首要目的。他说:"我认为在一个人或者一个绅士的各种品性之中,德行是第一位,是最不可缺少的。如果没有德行,我觉得他在今生来世就都得不到幸福"[①],而"德行愈高的人,其他一切成就的获得也愈容易"[②]。因此,"把子弟的幸福奠定在德行与良好的教养上面,那才是唯一可靠的和保险的办法。"[③] 从这一观点出发,洛克在其设计的范围广泛、科目繁多的课程体系中,肯定并包纳了传统大学中伦理学的教育内容。不过,洛克十分不认同中世纪以来建立在亚里士多德和托马斯·阿奎那等人学说之上的大学教育。他强调教育的实用价值,认为教育应在训练与培养人类的理性和增进人类幸福的过程中发挥作用,因此,除了伦理学之外,洛克还把数学也纳入课程体系之中,数学取代传统大学中的逻辑学,并与伦理学一起作为教育的最基本和最首要的内容。

洛克的绅士教育思想对18世纪英国大学课程设置的影响程度不得而知,但是有一点是可以肯定的,那就是素以保守闻名的牛津大学,其课程设置和教学内容相应发生了某些变化。

---

① 约翰·洛克:《教育漫话》,傅任敢译,人民教育出版社,1963,第19页。
② 同上书,第53页。
③ 同上书,第51页。

（二）牛津大学和剑桥大学的变化

在上述教育思想和理论的影响下，英国历史最悠久的牛津大学和剑桥大学的课程设置和教学内容也发生了一些变化。

1. 牛津大学

休·卡尼（Hugh Kearney）在《学者与绅士：工业革命前（1500—1700年）英国的大学与社会》（*Scholars and Gentlemen: Universities and Society in Pre-Industrial Britain 1500–1700*）一书中指出，尽管18世纪的牛津大学仍在极大程度上反对改革，但是文学院中也还多少引进了部分新科目。例如，虽然文学院的基本科目仍为传统的逻辑学、伦理学、形而上学，以及16世纪以来新增设的物理学、古典人文主义教育内容，但是教学的实质内容发生了变化。例如，在逻辑学中，除了古代经典作家的著述之外，16世纪以来有关逻辑学的著作也被纳入课程范围之中，其中包括笛卡儿的某些学说。形而上学的内容也同样表现为新与旧、近代与古代思想与学说的混杂与调和。变化最引人注目的是物理学，亚里士多德的学说已不在课程中处于支配地位，伊壁鸠鲁、笛卡儿、莫尔、洛克等人的学说也相继进入课堂教学中。除此之外，解剖学、天文学、几何学、地理，以及培根和皇家科学协会（Royal Society）探讨和研究的某些学问也在不同程度上为大学所接受。到18世纪，牛津大学文学院的课程主要包括两大部分：一部分沿袭传统的模式，以培养学生的辩论和演说能力为主；另一部分以经过革新或改造的科目的系统讲座为基础。据牛津大学校史记载，文学院第一年开设的科目包括文法、修辞学以及古代希腊和罗马的名著选读等；第二年开设的科目为亚里士多德的逻辑和道德哲学；第三年则教授几何学，以及荷马、伊索克拉底和其他古代经典作家的文章，提高学生希腊语的阅读与表达能力。这一时期，牛津大学的文学院还新增设了一些教授职位（professorship），即1708年的"诗歌与古典文学"、1724年的"近代历史与语言"、1753年的"英国法"、1764年的"皇家钦定神学"以及1779年的"历史学"等。①

不难看出，直到18世纪，尽管牛津大学在一定程度上陆续增设了不少学科，并且有意识地降低和限制宗教神学在课程中的地位和影响，但是其基本结构并未发生实质性的转变，课程内容仍以古典学科和人文主义教育作为核心，有关自然知识方面的内容，尤其是17世纪发端于英国的近代科学以及因科学发展形成的众多分支学科未能进入大学的课程之中，更无法成为教育的重要内容。简言之，牛津大学的课程仍在本质上保留着古典和人文主义教育的传统和特色，就这一点而言，牛津大学的课程可能更为直接地反映了洛克绅士教育思想的影响。

2. 剑桥大学

在人文主义运动影响下，16世纪末，剑桥大学同样兴起了教育改革，其基本特征在

---

① L. S. Suther and L. G. Mitchel, *The History of University of Oxford, Vol. V* (Oxford: Clarendon Press, 1986), p.49.

于培养注重实际、虔诚和具备经商才能的商人和企业家。这种教育迎合了当时逐渐兴起、日益壮大的工商业阶层的要求。

剑桥大学的人文主义者从整体上赞成将古典学科，特别是亚里士多德的伦理学和其他相关自然科学知识作为课程的中心内容，但对亚里士多德的形而上学学说却持否定态度。据史料记载，在16世纪末，剑桥大学设置了"几何学"教授职位，另外还开设了有关商业、造船等方面的讲座。在文学院，除了传统的文法、修辞学、辩论术，以及亚里士多德某些逻辑和伦理学著作外，世界历史和罗马史等也相继开设课程。①

与牛津大学产生鲜明对比的是，17世纪末以来，剑桥大学就一直开设有关笛卡儿的学说，直到18世纪，在文学院的各种课程中，笛卡儿的学说始终处于中心地位。此外，世界史、罗马史概观、天文学，以及伊拉斯谟、霍布斯等人的学说也在课程中讲授。相对于牛津大学而言，剑桥大学对新知识，特别是近代科学知识的接纳、传授和研究更为主动，更富于开放性和探索精神。据记载，虽然古典学科仍保留在课程之中，但只集中于第一年和第二年的前半学期。从第三年开始，光学、天文学、微积分、对数、流体静力学和其他近代自然学科，以及近代科学家，诸如牛顿、波义耳等人的学说成为教学的核心内容。②

18世纪，两所大学至少在课程方面存在着某种差异，分别代表了两种不同的指导思想和发展趋势，即强调人文学科、注重造就绅士和学者的牛津大学课程体系和引进近代自然学科、旨在培养科学工作者的剑桥大学课程体系。直到19世纪，牛津大学无论是在作为预备教育阶段的文学院，还是在神、法、医学院中，有关自然科学方面的课程内容仍微不足道。即使是自17世纪以来医学院中陆续开设的医学、自然哲学、植物学、几何学，以及19世纪初期的化学和实验哲学（experimental philosophy）等涉及近代自然科学内容的课程也难以吸引学生，某些课程由于无人问津难以继续在大学中开设。

三、德国

（一）大学在校生人数和各学院学生分布的变化

1. 大学在校生人数减少

除了17世纪末期，德国大学学生人数稍有增长之外，整个17世纪德国大学的在校生数没有明显增长。这一时期大学的学生人数波动较大，从图4-5可以看出，学生的人数时而上升，时而下降，基本呈起伏状，这一现象可能与17世纪各地领邦封建主或新教教会大量创建大学，但又很快消亡有关。18世纪之后，大学在校生人数明显呈下降趋势，反映了18世纪德国大学数量或规模的衰退迹象，这与18世纪欧洲其他各国大学发

---

① Hugh Kearney, Scholar and Gentleman, *Universities and Society in Pre-Industrial Britain 1500–1700* (Ithaca: Conell University Press, 1970), pp.64–70.

② Ibid., p.166.

展的基本趋势完全一致。

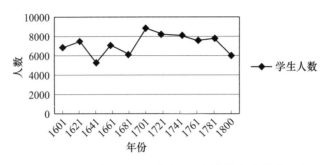

图 4-5　1601 年至 1800 年德国大学学生人数的变化

资料来源：H. W. プラール：『大学制度の社会史』，山本尤訳，法政大学出版局，1988，第 10—13 頁。

2. 专业领域人数分布的变化

与巴黎大学一样，16 世纪之前，德国大学文学院的学生人数最多，根据德国学者的研究，1385 年至 1467 年之间，科隆大学中文学院的学生占 70%，20% 的学生分布在法学院，神学院只有 10% 的学生。① 其他有关德国大学史的研究也表明：17 世纪之前，德国大学中大部分的学生都集中在文学院，而且 15 世纪后期至 16 世纪后期，文学院的学生人数呈上升趋势；到 17 世纪后期，整个德国大学文学院中学生人数约占 80%。②

17 世纪之后，由于德国各地领邦的封建和教会势力逐渐强大，特别是新教势力在德国影响极大，各领邦迫切需要大学培养高级法律和神学人才。因此，17 世纪之后，法学和神学院，特别是新教神学院中学生大量增加。例如，17 世纪时期，斯特拉斯堡大学法学院中学生数最多，达 40% 左右；到 18 世纪，从德国当时 13 所大学各学院学生人数的平均数来看，依然是法学和神学，特别是新教大学中神学院的学生人数最多（如表 4-3 所示）。

表 4-3　18 世纪德国大学各学院学生人数分布③

（单位：%）

	神学院	法学院	医学院	文学院	其他
全体	36	35	10	17	0
新教大学	43	38	11	6	2
天主教大学	12	14	4	66	6

资料来源：潮木守一：『近代大学の形成と変容』，東京大学出版会，1973，第 86 頁。

---

① 潮木守一：『近代大学の形成と変容』，東京大学出版会，1973，第 83 頁。
② H. W. プラール：『大学制度の社会史』，山本尤訳，法政大学出版局，1988，第 10—13 頁。
③ "全体"及"天主教大学"二者各项之和并非 100%，但原书如此，即保留。

（二）人文主义和宗教改革运动对高等教育的影响

1. 人文主义改革运动

直到16世纪，德国的大学教育才受到北方文艺复兴运动的影响和冲击。欧洲南部的人文主义教育着重解放思想，强调人性，以个人为中心，主张世俗教育，重视智力培养，发展健美的体魄以及对美的欣赏，向往人的能力的高度发展。与此略有不同的是，北方人文主义教育更加注重道德和宗教教育。

德国人文主义教育思想的代表人物是梅兰希通（Philip Melanchthon），他的教育思想可简单归纳为：在世俗政权领导下，实现新教教义与人文主义相结合的理想。他的成就包括以下几方面：①奠定了新教的大学和全部大学的组织原则，参与了许多地方的教育建设的决策工作；②编写了拉丁语和希腊语的文法和修辞学，以及逻辑学、心理学和伦理学、神学等学科的优秀教材，一直被应用达数百年之久；③在从事学术活动的42年中，为满足德国高等教育的需要创建了新教的教学专业，几乎涉及所有各种学术。[①] 在他的影响下，德国建立了马堡大学（1527）、柯尼斯堡大学（1544）、耶拿大学（1558）、黑尔姆施泰特大学（1576）等一系列新大学。

这一时期，由于人文主义思想的影响，僵化的经院哲学逐渐为学者们所抛弃，它在大学课程中所占比例也日益减少。古代的诗歌、修辞学，以及希腊语、希伯来语和生动活泼的古典拉丁语成为大学中的时髦的教学内容，此外，数学和音乐也比以往更受重视，并构成哲学系课程的基本内容之一。归纳起来，人文主义对德国大学的课程影响表现为以下三方面的特征。

①古典拉丁语取代了经院式的拉丁语。用清新、纯正的拉丁语或希腊语翻译的古代作家的作品取代了陈腐、经过篡改的古代著作。亚里士多德著作的旧译本被新译本所代替，阅读和模仿古典作家的诗歌和修辞也被列为必修科目和考试科目。

②希腊语在大学中占有一席之地，在各大学设立了希腊语言和文学的讲师职位。

③古代希腊和罗马的作品，尤其是诗歌和雄辩术方面的内容进入大学课程，旨在训练和培养学生对美的欣赏以及敏捷、正确的思维方式。

2. 宗教改革运动

然而，随之掀起的宗教改革运动却又使大学中奄奄一息的神学教育重新抬头，并继续保持在大学中的主导地位。人文主义运动中萌发的提倡人性、崇尚自由、尊重世俗等思想火花也由于宗教改革的兴起而渐渐黯淡和泯灭。1527年建立的马堡大学突出地反映了宗教改革时期的大学政策。例如，在新设的大学中规定，神学、法学、医学、哲学、语言等学科必须以传授和论证神的存在和精神作为主要使命，"如果大学教授有悖于上帝

[①] 鲍尔生：《德国教育史》，滕大春、滕大生译，人民教育出版社，1986，第39—40页。

方面的内容，无论是谁，都要被逐出大学"[①]。

从大学内部各学院的构造及相互关系来看，神学院不仅地位最高，而且还拥有监视法学院、医学院、文学院，甚至其他各级学院的权力。

文学院仍然是进入神学、法学、医学等学院的预备教育机构，其核心内容仍承袭传统，以亚里士多德的学说作为一切学问的前提。唯一发生变化的是，在古老的文学院中增添了人文主义教育内容，即有关古希腊和古罗马的经典著作，尤其是诗歌和雄辩术的内容。从这个意义上说，古希腊和古罗马修辞学校的教学在16世纪德国大学的文学院中得到了某种程度的复兴。

值得提出的是，从17世纪开始，德国大学中法学院的地位逐渐上升，课程内容也不断扩展。法学院已不仅仅是大学的教学机构，满足于讲解古老的法律文献，它还同时兼有处理诉讼案件、出面调停、委托谈判等职能，在某种意义上，法学院扮演着类似于法庭和律师事务所的角色，类似于早期意大利南部的各大学。所不同的是早期博洛尼亚大学等大多着重服务于工商业，16世纪以后的德国大学更直接地参与地方城邦的内政事务，反映了强烈的政治参与意识。

与中世纪早期一样，医学院的学生仍然最少。实际上，直到1805年，在整个普鲁士大学中，医学院学生仅有144人，而法学院则增长到1036名。当然，这一时期，医学院的课程内容也有部分更新和扩大。解剖学和生理学分别发展形成独立的学科。由于这些新兴学科的兴起，医学教学不再囿于传统的课堂讲授和死记硬背，观察和实验渐渐成为教学的主要手段。

（三）近代大学的先驱

分别于17世纪末期和18世纪中期建立的哈勒大学（1694）、哥廷根大学（1737）和埃尔兰根大学（1743）等标志着德国大学发展进入了一个崭新的阶段。

虽然许多学者认为19世纪创立的柏林大学是近代大学的开端，其通过将教学与科研结合，赋予大学新的职能——科学研究。但由于哈勒大学和哥廷根大学在办学理念和课程设置等许多方面区别于中世纪传统大学，并对19世纪初期创立的柏林大学产生了很大的影响，因此，不少学者也认为，早在柏林大学之前建立的这两所大学可以视为德国、乃至于世界高等教育史上近代大学的开端。

1. 哈勒大学

就课程而言，哈勒大学主要在以下两方面区别于传统的中世纪大学。

其一，哈勒大学首次在法学院中将绅士教育的内容（如骑马、击剑、外国语和一些时髦新学科）同培养国家和地方官吏必备的知识结合起来，以迎合当时王公贵族的需要，

---

① H. W. プラール:『大学制度の社会史』，山本尤訳，法政大学出版局，1988，第113頁。

从而招徕大批学生，维持大学的生存和繁荣。这种集骑士教育和绅士教育为一体、满足有闲阶层需求的教育很快受到上流阶层的欢迎。一时间，哈勒大学闻名遐迩，吸引了各地王公贵族前来就学。

其二，从哈勒大学开始，以往的文学院改为哲学院，并摆脱了从属于高级学院的地位，取得与神、法、医学院同等的地位。曾在哈勒大学两度执教的德国近代哲学家克里斯蒂安·沃尔夫（Christian Wolf）认为，哲学院应独立于神学院，并将教学和研究的基础建立在数学和物理学等现代学科之上。哲学应当抛弃一切假设和偏见，自由地研究和发现真理。至于法律和伦理，则应建立在人类生活和社会的理性知识基础之上。①

尽管哈勒大学的某些办学主张并没有形成系统的理论，也未能真正深入、持久地贯彻到办学实践之中，但是哈勒大学的出现标志着德国大学的历史步入新的发展阶段。它不仅仅改变了文学院依附于神学等其他专业学院的传统，在课程中引进适合于当时世俗王公贵族的绅士教育和近代法律知识，而且还首次提出了教学与科研相结合的主张。

2. 哥廷根大学

如果说哈勒大学仅仅是对大学课程进行初步的改革，在最初提出教学与科研相结合的主张，那么1737年建立的哥廷根大学则是在更加广泛的意义上对大学课程进行改革，使之更加符合新兴贵族的要求。

与哈勒大学一样，哥廷根大学注重对文学院和法学院的课程改革。尽管直到18世纪末期，文学院还没有完全摆脱依附于神、法、医等高级学院的从属地位，但是与17世纪以前的情况相比，其内容更新并丰富，而且在大学中的位置有所提升。除了在哲学院中保留传统的逻辑、形而上学和伦理学等课程之外，哥廷根大学还开设了"经验心理学"（empirical psychology）、自然法、政治学、物理学、自然历史、纯粹和应用数学（后者包括测量、军事和民用建筑等）、历史和一些相关的辅助性学科（auxiliary sciences），如地理、外交学、科学和艺术、古代和近代语言等。②

哥廷根大学文学院的课程几乎包括当时所有的新兴人文和社会学科，当然，不可否认，17世纪以来欧洲科学革命和工业革命涌现的大量自然科学和技术方面的内容还未能纳入课程体系之中。哥廷根大学实际上还未能完全将教育纳入国家和社会发展的需求之中，就哲学院开设的课程内容而言，它所服务的对象还仅仅是属于社会"精英"部分的贵族阶层。

此外，哥廷根大学从一开始就十分重视法学院的课程改革，并将其置于十分突出的地位，以吸引学生前来学习。为了达到这一目的，哥廷根大学几乎完全摒弃了传统大学课程中占较大比重的教会法，转而设置大批为近代工商业社会发展所需要、能够直接服

---

① Friedrich Paulsen, *The German Universities and University Study* (New York: Charles Scriberner's, 1906), p.45.
② Lawrence Stone, *Schooling and Society* (Baltimore: Johns Hopkins University Press, 1976), p.154.

务于国家内政外交的法律课程。例如，在法学院中，除了保留部分基本的传统课程之外（例如罗马法等），哥廷根大学相继开设了封建法、德国习惯法、德国和欧洲宪法、法律史和审判法（trial law）等。仅从上述列举的部分内容来看，基本上可以断定，至少在法学院，哥廷根大学的课程已极大程度摆脱了宗教神学的束缚，洋溢着浓郁的世俗和民族主义色彩。

在上述正规课程之外，哥廷根大学还开设了当时欧洲最好的有关宫廷艺术的课程。学生们可以选修舞蹈、绘画、击剑、马术、音乐和近代语言等益于锻炼体魄和宫廷交际的内容。

总结上述内容，我们发现，哥廷根大学尽管在形式上仍基本沿袭传统大学的课程结构，设立了文学、神学和法学三个学院，但在内容中却注入大量与近代社会有关、直接服务于民族国家发展的实用世俗学科。文学院尽管还没有完全取得与法学院同等的地位，但其中开设的课程已不再是作为高等学问的预备或基础而存在，它已大大拓宽范围并日益迎合新兴贵族的需要。在某种程度上，文学院不再仅仅是传授既定书本知识的场所，它已转变为开发受教育者心智和能力的机构。相比之下，法学院则十分强调课程的实用性和功利性。从我们能够搜集到的材料来看，法学院完全是从培养国家和地方官吏出发，通过开设大量实用性课程，使未来的统治者和贵族精英阶层能够在国家的内政外交、工商业等活动中得心应手。此外，在强调心智训练和着眼于培养国家统治人才的同时，哥廷根大学还继承了古代欧洲宫廷教育的内容，加强受教育者的社交本领和个人修养。这样，继哈勒大学之后建立的哥廷根大学就把传统大学中开设的神学、法学、医学三个学院（其中文学院仅作为附属），发展为两大学院，前者以文学院为代表，教学内容强调培养心智，注重思维训练；后者以法学院为代表，传授有关法律和社交等方面的知识，强调实际能力的培养，将传统与近代、知识与能力结为一体。特别值得一提的是，哥廷根大学强调文学院的地位和作用，给予未来的新人文主义运动者莫大的启示和鼓舞，并在一定程度上直接影响19世纪德国柏林大学、波恩大学等大学的改革。

与法国和英国的大学相比，德国的大学在学院名称、各学院之间的关系以及课程内容等方面都有很大不同。具体表现为以下三方面。

首先，在哈勒大学和哥廷根两所大学的影响下，德国大部分大学中的文学院都改为哲学院，不再成为法学、医学和神学的预备教育机构。文学院教授的内容也从传统的"七艺"和亚里士多德的哲学转为更为实用的经济学、政治学、地理学、数学、建筑学、年代学和世界史等。

其次，在法学院，德国的大学新设置了国际法、宪法、外交法、商法和交通法等。

最后，值得提出的是，在医学院，随着近代科学的发展和学科分化，外科学、内科学、药学、产科学、生理学、解剖学等科目大量进入课堂教学，特别是在生理学或化学等学科领域，教学从以往解释书本转向运用近代实验方法。此外，将理论教学与临床实践相结合也成为医学教育的发展趋势。① 可以说，18世纪建立的德国大学在某种程度上已经具备近代大学的特征。

3. 教学方法

伴随着教育机构类型和课程内容改革，这一时期高等教育机构的教学方法和教学语言也出现新的变化。

（1）研讨班的出现与推广

18世纪开始，高等教育的教学方法有所变化，除了采取以往的课堂讲授方法外，越来越多的高等教育机构逐步采用新的教学形式——"研讨班"（seminar），或译为"讨论班"或"习明纳"等。16世纪欧洲宗教改革时期，天主教教会，特别是耶稣教会创办的神学院和语言、古典人文教育学院中已有某种形式上的讨论教学方式。不过，seminar一词源于德语，意为，大学中少数或一部分程度较高的学生在教授指导下，通过阅读文献资料，对某一学术领域或课程采取调查和研究的方法，在此基础上，学生轮流分工各自就某一专题组织系列报告和讨论。18世纪开始，研讨班开始出现于德国大学中。1737年德国大学教授格斯纳（Gesner）最先在其任教的哥廷根大学开设哲学研讨班。与以往教学形式相比，研讨班往往学生人数较少，基本以某一课程或具体研究领域为单位，学生不仅仅是知识的被动接受者，而是在教师的引导下，以探索、调查和研究为目的进行学习。其后，德国哥廷根大学在语言、哲学和医学等课程中设立多种研讨班。1786年，哈勒大学也开设哲学研讨班。两所大学的教学形式改革不仅在当时欧洲高等教育中影响很大，也为19世纪德国柏林大学实现教学与科研相结合奠定了基础。②

（2）多种语言及现代民族语言教学的实现

如前所述，大学产生初期至文艺复兴运动之前，大学统一采取拉丁语教学。15世纪和16世纪初，随着欧洲文艺复兴运动的普及，在拉丁语之外，希腊语和希伯来语成为部分国立大学的教学语言，也开始在高等教育机构中使用。由于文艺复兴运动源于意大利南部，因而15世纪至16世纪之间，意大利南部地区的大学最先采取上述多种语言进行教学。随着北方文艺复兴运动的蓬勃发展，欧洲其他地区的大学也在高等教育机构中使用多种语言。

除了希腊语和希伯来语之外，为了了解东方文化，特别是阿拉伯文明，欧洲不少著名大学还出于商业交往、文化交流等原因，逐步在高等教育机构中引入多种现代语言。如16世纪后期，法国波尔多大学就设有荷兰语教授。18世纪早期，英国牛津大学和剑桥大学就曾采用阿拉伯语传授有关科目。③

---

① 参见 H. W. プラール:『大学制度の社会史』，山本尤訳，法政大学出版局，1988，第147—148页。
② Paul Monroe, *A Encyclopedia of Education, Vol. II* (New York: The Macmillan Company, 1991), p.568.
③ Hilde De Ridder-Symoens, *A History of the University in Europe, Vol. II* (Cambridge: Cambridge University Press, 1996), p.571.

从 18 世纪末期开始，使用民族语言教学成为欧洲部分大学的发展趋势，如亚当·斯密（Adam Smith，1723—1790）在牛津大学使用英语讲授经济学。德国莱布尼茨也有过在部分课程中使用德语教学的尝试。不过，在 18 世纪末，只有少数国家的大学实行民族语言教学，大部分大学仍然是使用传统的拉丁语教学。

第六节　中世纪后期欧洲高等教育的基本特征

基于以上多方面的分析，不难看出，自 16 世纪至 18 世纪末期，民族化或国家化趋势是这一时期欧洲高等教育发展的基本特征，具体表现在以下两方面。

首先，欧洲各国的大学不再以统一的模式设置学科。例如英国、德国的大学，甚至法国的大学也不像初期那样，以巴黎大学作为摹本。在这些国家，这一时期出现的大学或高等教育机构不仅在培养目标、课程设置和教学方式等方面逐步摆脱巴黎大学的影响，更加注重民族国家和地方区域的利益，而且在不少古老的大学中也孕育着变革和改良，力求将大学改造成为地方政治或民族国家发展服务的机构。

其次，法国、英国、德国等国大学的课程内容和结构也呈现出强烈的民族和世俗特色。例如，英国的牛津大学和剑桥大学，除了在课程中保留部分培养牧师、主教等的神学教育内容之外，课程的重心基本上转移到造就未来学者和绅士阶层的自由教育之上。这种所谓的自由教育主要由古典的语言和文学作为课程的核心内容，旨在培养区别于普遍大众的精英阶层。这一阶段的德国大学则是通过提高法学院在大学中的地位、改革教学方法等，使濒临困境的德国大学获得生机，并不断发展的。

伴随着欧洲高等教育民族化趋势，大学产生初期的一些基本特征也逐渐消失。其中最明显的是神学对高等教育影响的削弱以及国际性的丧失。

16 世纪以后，尽管基督教神学仍在大学中占据举足轻重的地位，但是在某些国家的某些高等教育机构中，神学已不再是影响大学课程设置的唯一支配性因素。某些近代人文、社会，甚至自然学科的知识也渐渐渗透于大学课程内容之中。诚然，亚里士多德和托马斯·阿奎那的学说仍然是各国大学课程设置和组织教学的理论支柱。但是，他们的观点已明显地受到来自培根、笛卡儿、牛顿等近代哲学家和科学家学说的挑战。

同时，由于宗教各派系之间的对立和冲突、民族国家之间的纠纷和战争，以及伴随着基督教会在整个社会生活中地位的降低等因素，这一时期各国大学之间的共性和交往明显减少。大学形成初期时，各国学者不受拘束在各大学之间自由漫游、讲学，为了追求学术和探求真理，自由往返于不同国家和地区的现象已不多见。意大利学生型大学的逐步消失、民族团在各大学中的地位下降等都反映了这一变化。

总之，到 18 世纪末期，欧洲大部分国家的大学中已很难发现 16 世纪以前那种带有普遍意义的特征，取而代之的是生长于本民族经济、政治、文化等环境之中，并为之服务的各个国家或民族的大学。从以上分析来看，法国、英国、德国高等教育之间虽然也有区别，但基本上都是以促进本国大学的生存和繁荣、满足国家经济的需要和推动知识发展等作为出发点。另外，高等教育的民族化过程又同时推动了高等教育的世俗化。各国大学在民族化的过程中，不可避免地需要摒弃基督教教会的所谓普遍真理或共同哲学基础，改变以基督教神学为教学核心的课程，代之以符合世俗利益的内容。

第七节　中世纪欧洲大学的历史地位和意义

如何评价中世纪大学的历史地位和意义，历来是教育史学家极为感兴趣的课题。遗憾的是，到目前为止，国内大多数学者仍然比较强调中世纪大学为基督教神学服务、教育内容僵化等消极的一面。毋庸置疑，中世纪大学带有强烈的宗教色彩，许多大学为基督教教会所把持，尤其是早期的巴黎大学表现得较为明显。但是，我们不能不看到，在大学的形成及其发展过程中，还贯穿着大学师生们为获得大学的自治权，与王权或教会抗争，世俗与神学之间始终存在冲突与对立。在这一过程中，世俗知识得到保存和传播，部分大学，特别是以意大利博洛尼亚大学为代表的欧洲南部一带的大学，在一定程度上适应了当时工商业发展的需要，为世俗政权和本地资本主义工商业的发展培养了大批实用人才。从16世纪开始，在不少国家的大学中，世俗和反宗教的教育内容已经出现，而且逐渐占据了支配性地位。因此，从历史的观点来看，中世纪大学不完全是基督教神学或教会的附属机构，它在当时仍然保存、整理和传授，甚至是研究古代东西方的文化遗产。中世纪大学的出现和迅速发展表明，在基督教神学垄断西欧经济、政治和文化教育达几百年之后，人们开始认识到追求高深学问、探索真理的重要性。尤其是在16世纪以后，世俗知识已经在西欧社会文化生活中拥有了存在的必要和基础，知识的力量开始为人们所认识，通过大学传播和论证教义、培养神职人员、造就高级官吏等，为人们所重视。此外，中世纪大学不仅是培养高级专业人才的学府，而且还由于其国际性和较为完善的内部设施，使得许多偏居一隅、家境贫寒但才能出众的青年得以进入大学而施展抱负。因此，中世纪大学还在客观上起到了使教育机会下移，促进欧洲文化和知识交流的作用。最后，中世纪大学为当时学术研究和意识形态领域内的论战提供了较为自由的论坛。例如，巴黎大学和西班牙的部分大学一度是传播亚里士多德哲学和伊斯兰文明的中心。通过大学师生的努力，西欧文化教育得到进一步的发掘和整理，而通过大学来介绍和引进东方文化则给欧洲学术，乃至文明的繁荣带来了勃勃生机。

第五章　法国、英国和德国近代高等教育的形成与发展

在近代科学技术和社会政治制度等因素影响下，自 1789 年开始，欧洲高等教育逐步进入近代化阶段。本章主要通过考察法国、英国和德国三个国家近代高等教育的形成与发展，分析和总结欧洲近代高等教育的形成过程和一般特征等。

第一节　法　国

1789 年爆发的法国大革命标志着欧洲历史进入了新的发展阶段。由于法国资产阶级革命是一次彻底的革命，代表了当时先进的生产力和生产关系的发展趋势，在这一背景影响下，到 19 世纪上半叶，欧洲大陆大部分国家和地区也相继建立了近代资本主义政治和经济体制。各国近代资产阶级政权的建立不仅在制度上为世俗政权取代教会势力、为近代科学和技术的普及以及工业革命扫除了障碍，而且导致传统的价值观念，特别是教育思想和理念失去了存在的基础。在这一过程中，从 19 世纪开始，欧洲绝大部分国家和地区的高等教育也通过各种途径逐步走上近代化的道路。

一、近代高等教育形成的阶段划分

法国近代高等教育的形成划分为两大阶段：1789 年至 1860 年为近代高等教育机构的萌发期，1860 年至 1914 年可以视为近代高等教育制度的最终形成期。其中，前一阶段又可划分为法国大革命前后的高等教育和拿破仑时代的"帝国大学"两个时期。

（一）1789 年至 1860 年的法国高等教育

1. 大革命时期的高等教育改革

1789 年法国资产阶级革命爆发不久，国民议会于 1793 年通过《公共教育组织法》（*Loi sur l'organization public*），即《达鲁法案》。根据该法案，资产阶级政权关闭了当时 22 所大学（university），同时，从维护和巩固新政权的利益出发，在改造部分旧机构的基础上，在各地创建了一系列专门学院（ecoles speciales）。

(1) 专门学院

专门学院是按照"传授一门科学（une science）、一门技术（un art）或一门专业（une profession）"的方针设置的高等教育机构，[①]基本上是根据一两门主要学科或专业设立，围绕该学科或专业传授相关实用科目。因而不同于中世纪大学，由文学院、神学院、法学院或医学院等不同学院构成。根据史料记载，国民会议曾在法国各地倡议设立了十几所专门学院，这些专门学院后来统称为"大学校"（les grandes écoles）。[②]

不同类型的专门学校分别由政府不同部门管辖，通过严格的教学计划，培养特定的专门人才。初期新政府设立的学院多是军事、机械、农业、医学等院校，课程也多为近代新兴实用性学科（如表5-1所示）。

表5-1　1793年国民议会倡议设置的各种专门学院

学院名称	主要课程设置
数学、物理	纯数学、应用数学、天文学、化学、物理等
伦理、政治	一般伦理、文法、历史、地理、统计学、政治经济学、立法、外交
文学	东方语言学、希腊文学、拉丁文学、近代文学
机械	机械学、应用化学、制图
军事	基础战术、战略战术、军事行政
农业	农业、林业、葡萄园艺、面包制作
兽医	不祥
医学	生理解剖、外科、内科
制图	绘图、数学、建筑、雕刻、装饰、解剖、古代艺术
音乐	简谱、各种乐器的演奏法

资料来源：根据 Louis Liard, *L'enseignement supérieur en France, 1789–1889* (Paris: Armand Colinet et Cie, 1908) 中有关资料制作。

(2) 综合理工学院

除了上述各种专门学院以外，新兴资产阶级政权还于1794年创立了综合理工学院（Ecole Polytechnique）。

综合理工学院的前身是工兵学院（Ecole de Mezieves）和路桥学院（Ecole des Ponts et Chaussées）。这两所学院成立于法国资产阶级大革命之前，主要传授有关军事技术和民用桥梁、公路建设等方面的知识。1794年9月28日，国民会议通过法案，决定将其改造为"中央公务学校"，后于1795年改为"综合理工学院"，直接隶属于政府，开设系统的科学与技术课程，培养近代科学人才。

[①] Louis Liard, *L'enseignement Supérieur en France, 1789–1889* (Paris: Armand Colin et Cie, 1908), p.419.

[②] Louis Liard, «Loi sur l'organization de l'instruction publique, Titre 3, Des ecoles spéciales», *L'enseignement Supérieur en France, 1789–1889* (Paris: Armand Colin et Cie, 1908), pp.452–463.

综合理工学院学制三年，入学考试严格，课程结构严谨、规范，课程内容主要由数学和物理学两大类组成，在此之下再分别设置不同的科目。初期的课程设置参见表5-2。

表5-2 综合理工学院初期的课程设置

学年	课程设置			
	数学		物理学	
	解析几何学	画法几何学	一般物理学	特殊物理学或化学物理学
第一学年	一般原理和三次方几何学的应用	切体学	物体的一般性质——固体、液体、弹性流体的性质，热、光、电、磁场等影响自然界的物体性质	盐
第二学年	固体、流体力学应用	建筑学		动植物的有机物质
第三学年	机械效果计算应用			矿物

资料来源：根据 Jean-Pierre Callot, *Histoire de l'Ecole Polytechnique*. (Paris: Les Presses Modernes, 1959), pp.335-336 有关内容整理制成。

综合理工学院不仅是单纯的工科院校，而且还首次在课程中引进近代科学内容，并将科学理论作为学习实用技术知识基础和实践的前提，强调理论学习与教学实践相结合。例如，在着重于实用科目的同时，还将解析几何学，特别是牛顿的力学理论，转变为学院中可以教授的学习内容和课程，成为学习实用几何学的理论基础。自综合理工学院开始，以画法几何学（制图）和近代科学（主要是牛顿力学）为基础的近代工科教育开始形成，近代科学首次以一种正规和系统的课程形式在高等教育机构中被传授和学习。正是在这个意义上，综合理工学院成为近代科学和技术学院的样板。

（3）科学研究机构

法国最早的科学研究机构可以追溯到16世纪。1530年由法国国王弗郎索瓦一世创立的皇家学院（the Collège Royal，后改为法兰西学院 Collège de France）是法国科学研究机构的滥觞。当时的法兰西学院除了研究人文科学之外，还涉及自然科学方面的研究。此外，该学院的学者还经常在公共场合发表演讲，传播和普及一些近代人文和自然方面的知识。但是由于规模小，特别是缺乏现代科学试验设备，因而还不能称之为真正的科学研究机构。

大革命之后，资产阶级新政府通过改造16世纪以来出现的科研机构以及创建新机构等方式，建立了专门从事科学研究的各种机构。这些科研机构主要包括：法兰西学院、法国国家自然历史博物馆（Museum d'Histoire Naturelle）、科学研究院（Acadèmie de Sciences）、医学研究院（Acadèmie de Médicine）等。

上述科研机构中最著名的是法国国家自然历史博物馆，其是在17世纪晚期法国国王路易十四创立的皇家药用植物园（Jardin Royal des Plantes Médicinales）基础上改造而成。顾名思义，自然历史博物馆以自然科学为主要研究对象，构成中世纪大学核心内容的文法、修辞、自然哲学等没有包括在内。大革命初期，自然历史博物馆设置了11个教授职位（chairholders），基本涵盖了当时法国新兴自然科学的主要领域。这些职位分别由当时最著名的教授担任，他们分别负责主持某一领域的研究，在某种程度上代表了法国自然科学的研究水平。它们包括：矿物学，普通化学，化学工艺，植物学，农业、园艺、果树和灌林，四足动物、鲸目动物和鸟禽自然史，爬行动物和鱼类自然史，昆虫、寄生虫和微生物自然史，人体解剖，动物解剖，地质学。[①]可见，自然历史博物馆所从事的研究与中世纪时期以神学或经院哲学为核心的研究截然不同。

除了改造原有机构，赋予新的研究内容之外，资产阶级新政权还创建了国立文理研究所（Institut National des Sciences et Arts）。该研究所的组织机构和研究内容如表5-3所示。

表5-3 国立文理研究所的组织机构及研究内容

学部	自然科学和数学	精神科学和政治学	文学和美术
研究内容	数学、工艺、天文学、物理学、化学、博物学、矿物学、植物学、解剖学、动物学、医学、外科学、农业经济、兽医术	感觉与概念分析、道德、社会学、法律学、经济学、历史学、地理学	文法、古代语言、诗学、古代美术、历史纪念物、绘画、雕刻、建筑、音乐、朗诵法

资料来源：梅根，悟监修，世界教育史研究会编：『世界教育史大系26 大学史』，講談社，1974，第405頁。

到18世纪末期，资产阶级新政权根据《达鲁法案》，初步奠定了法国近代高等教育的基础。19世纪初期，在此基础上，拿破仑建立了帝国大学制，法国近代高等教育体制基本形成。

2. 拿破仑时期的高等教育改革

拿破仑摄取政权后，通过1806年5月10日的《有关帝国大学的构成法律》和1808年3月17日的《有关帝国大学组织的勒令》等一系列法令，或将大革命时期的各种教育机构加以改造，或创立新型教育机关，建立了所谓"帝国大学制"。按照1806年的法律规定，帝国大学不仅仅指某一特殊层次的教育机构，而是全帝国内所有公共教育机构的总称。[②]

按照帝国大学组织法令规定，国家设立的学院（faculté）属于高等教育机构。学院包括传统大学中的神学院、法学院、医学院以及新增设的理学和文学院五大部。传统大学中的文学院则改编成为属于中等教育层次的国立中学（lycée）。上述五大学院间并无

[①] Louis Liard, «Loi sur l'organization de l'instruction publique, Titre 3, Des écoles spéciales», *L'enseignement Superieur en France, 1789–1889* (Paris: Armand Colin et Cie, 1908), p.257.

[②] Ibid., p.257.

任何横向的学术、人事和财政等方面关联，也不隶属于某一综合性高等教育机构之下，各个学院实质上相当于不同的独立学院或单科大学。

当时，法国全国共设有神学院12所，法学院由既存的12所法律学校改造而成，医学院则是由大革命之前及其后建立的5所医学专门学校和学院升格而成。至于理学院和文学院则大多附属于各个学区所在地的国立中学之中，教授多由其他高等教育或研究机构的人员兼任。理学院主要开设纯数学、物理天文学、高等数学、机械学、物理学、化学、矿物学、生物学、植物学和动物学等；文学院则教授古代哲学史、近代哲学史、哲学、法国文学史和法国诗歌、法国雄辩术、古代历史、近代历史、希腊地理和文学等。

神学、法学和医学各学院主要传授所谓的"高深学问"（higher learning），培养不同学科的专家。文学院和理学院除了传授上述教学内容外，还拥有主持国家统一考试、颁发中等教育毕业证书和国立中学教师资格证书的权力。因此，上述学院尽管在名称上沿袭了中世纪大学的传统，实质上与其有着根本区别，特别是文学院和理学院，二者不仅是独立的专门教育机构，而且还具有行政管理的职能。

此外，拿破仑还对大革命后设立的一些研究机构进行改造，使其更加符合帝国发展的需要。例如，拿破仑废除了国立文理研究所中的精神科学和政治学院，将研究所改变为包括数学和自然科学、法国语言和文学、历史和古代文学以及美术在内的四个学部。

拿破仑体制下的各种研究机构虽然尚未形成完整的系统，研究水平也参差不齐，但是教学与科研分离的特征依然十分明显。直到19世纪末期左右，在德国研究型大学的影响下，法国一些著名高等教育机构在某种程度上改变了教学与科研相分离的状况，趋于教学与研究的结合。

（二）近代高等教育制度的形成

1860年之后，随着法国工业化的发展，高等教育在培养国家官吏和军事人才的同时还迎合工业化的需求，一方面在现有的机构中开设有关课程，另一方面设立新型高等教育机构，大量开设工科课程，并开始注意让教育为地方工商业发展服务。这一时期还出现了私人或由工商业者自己创办和管理的高等教育机构。此外，在德国近代研究型大学的影响下，中央集权下的部门管理体制也有所改善。法国政府曾试图建立综合性大学等，但是，无论是从行政管理体制还是高等教育的基本架构，以及内部教学内容来看，拿破仑时期的影响依然十分强大，可以说，直到20世纪60年代末期，法国于19世纪中期形成的高等教育并没有发生本质变化。

1. 学院的变化

这一变化首先表现在神学院学生人数发展停滞，文学院学生人数缓慢增长，法学院、医学院、理学院等培养专门人才的机构学生数增长迅速（如图5-1所示）。

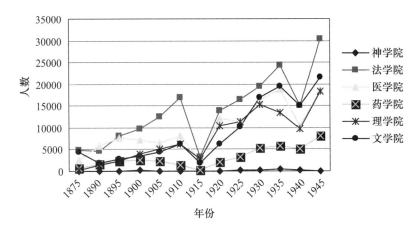

图 5-1　1875 年至 1945 年法国主要学院学生人数变化

资料来源：根据潮木守一：『近代大学の形成と変容』，東京大学出版会，1973，第 231 頁有关内容整理制成。

除神学院以外，多数学院，特别是理学院的教学内容突出地反映了工业化和地方工商业发展对高等教育的要求。这一时期，理学院设置的课程基本上以讲授化学、电学和机械学方面的内容为主。除了将化学和电学作为各学院的主干课程之外，各学院还针对本地区工商业发展的特点，有的放矢地开设了具有地方性特色的学习内容，例如，波尔多的酿酒和木材制造专业、格勒诺布尔（Grenoble）的造纸专业、南锡和巴黎的空气动力专业等。因此，19 世纪末，法国各地理学院附设的工科学院教学内容广泛、层次结构多样，既研究高深的指导工商业发展的理论性课题，又兼顾基础和实用的、能够在生产领域中产生直接效益的内容。随着法国工业越来越依赖于高科技的引进和开发，学院不断通过开设大量新兴学科，特别是吸收自然科学研究的最新成果来为工业发展服务，学院的教学和研究水平不断提高。19 世纪末 20 世纪初，由于大量开设与工业有关的专业课程，某些工科教育发达的地区，如里昂和南锡等地的理学院内部实际上已形成了独立的工科学院（technical faculty）或类似于工科大学（technische hochschule）的机构。

由于理学院注重在课程中引进自然科学的研究成果，建立实验室或研究机构，加强理论和应用等方面的研究，因此，能够直接推动地区经济的发展和繁荣。自 1870 年之后，理学院中的工科或技术学院发展迅速，它们和当时存在的各种专门学院和综合理工学院等，共同构成了 19 世纪法国近代高等教育的重要组成部分。正如法国学者大卫·兰德斯（David Saul Landes）说："20 世纪初，法国工业的成功可以归结于理学院很早就开始关注技术教育。"[①] 更有学者认为，法国理学院的技术教育水平和作用完全可以与德国的工科大学相媲美。

---

① Craig Zwerling, *The Emergence of the Ecole Normale Superieur as a Center of Scientific Education in Nineteenth Century France* (Cambridge: Harvard University Press, 1976), p.31.

2. 工科学院

19世纪后期，法国工业化的发展还导致不少新型工科学院出现。这些工科学院同样属于高等教育系统中培养专门人才的机构，但是它们又与拿破仑时期建立的医学院、法学院或大革命初期建立的综合理工学院不同，这些工科学院直接培养和造就工业人才，即培养运用科学和技术知识，通过特定的机械、化学或电学生产过程直接创造物质价值的"工程师阶层"。这些学院大多数由企业家和地方当局联合创办、维持和管理，学院的课程设置大致相同。以物理化学工业学院为例，该学院学制一般为3年，前18个月学习普通物理学和化学，每天约有三分之一的时间做实验；后一年半学习有机化学、无机化学、定量和定性分析、物理化学、矿物学，以及物理学在化学上的应用。此外，实验和研究技术也是必修课程。物理学专业则学习机械学、热力学、电学、电解、电磁和矿物学，毕业前每天约有70%的时间做实验，此外还要花3～6个月参加实习，以获取实际操作技能。[①]

尽管上述工科学院与综合理工学院一样，都把培养技术人才作为主要目标，但两类学院却有着明显的差异。简而言之，综合理工学院完全是以国家和政府附属教育机构的面貌出现，学生不仅多来自达官显贵家庭，而且毕业后也基本上步入仕途，控制政府各重要部门；而19世纪末期出现的工科学院则纯粹是法国科学发展，尤其是工业化的直接产物，从培养目标到课程开设完全是从工业发展的需要出发，学生社会构成也多出自中、下阶层，工厂和企业是该类学院毕业生的主要出路和就业渠道。

3. 科学研究机构

这一时期，自然历史博物馆仍然是法国从事科学研究的专门机构。与成立初期相比，自然历史博物院不仅设置的讲座职位稍有变化，而且研究内容和方法也与以往不同，由侧重对自然历史的描述性研究发展为强调系统科学理论和实验性的研究。从1837年至1880年，自然历史博物院新增设5个教授讲座，基本上都属于实验研究领域，分别为1837年的比较生理学（后发展成为以生理实验研究为主），1838年的物理学，1857年的植物物理学（类似现今的农艺学），以及1879年和1880年的两门新兴实验学科——比较病理学和植物生理学。

不过，由于受到政府的严格控制和19世纪晚期法国政治纷争的影响，法国的科学研究并不能全面满足法国工业化的要求，实用技术的研究还未能步入法国国家自然历史博物馆。这些为生产领域和工农业发展服务的技术研究与技术教育课程的命运一样，至少在19世纪70年代以前，几乎无一例外地被国家所把持的高等教育机关和研究机构拒绝。到了19世纪末，巴黎以外地区大多数的理学院才建立起从事和推广实用技术研究的机构或中

---

① Fox R. and Weisz G., *The Organization of Science and Technology in France 1808 – 1914* (Cambridge: Cambridge University Press, 1980), p.204.

心，将实用技术研究纳入高等教育机构体系。然而，理学院中的实用技术研究只能作为附属于教学的机构，主要为教学服务，还不足以形成强大的影响力，并开展大规模的技术和开发研究。直到20世纪初，法国的科学研究仍然由自然历史博物馆、法兰西学院等国家管理的学术机构所垄断，实用技术研究仍不及纯科学或理论研究受到国家和学者重视。

综上所述，1793年的《达鲁法案》奠定了法国近代高等教育的基本结构，后经拿破仑的改造和发展，其内容更加丰富、结构更加完善，特别是在1860年之后，又增添了旨在迎合工商业发展需要的工科院校和研究机构。实际上在19世纪60年代之后，法国近现代高等教育的变化与发展都是依循这一基本结构的。随着社会的变化，这一结构或在规模上扩大、或在形式上改变、或在内容上创新，但其基本框架并没有发生实质性变化。即使在1896年，法国政府将分散各地、互不关联的文学院、理学院、医学院、法学院和神学院合并，冠之以大学之名，但这只是形式上统一的行政机构，散布各地的各种学院仍未能形成有机的学术整体。随着科学发展和工业化的进程，每当有新的来自国家或社会的需要，一种相应的高等教育专门机构便在这一基本结构框架中应运而生，成为这一结构新的组成部分。

二、近代高等教育的基本特征

（一）中央集权下的部门管理体制

法国大革命初期，资产阶级国民议会通过关闭传统大学并建立专门学院等措施，初步揭开了近代国家管理高等教育的序幕。在这一基础上，19世纪初期的拿破仑"帝国大学制"奠定了法国近代高等教育管理体制，其基本特点为中央集权下的部门管理，教学机构与研究机构分离。

如前所述，法国大革命后，资产阶级国民议会关闭了中世纪遗留的所有大学，代之以由政府各部门分别设置和管理、以自然科学教育为核心的各种专门学院。这类专门学院基本上是以其中的主要科目命名。据统计，当时按照不同专业和课程内容共设有十多类专门学院，分别由战争部、商业部、内务部等中央各部门直接管辖。

19世纪初期，拿破仑通过建立帝国大学，进一步加强了对高等教育的控制。根据在中央设置管理全国各类教育事务的帝国大学，法国全国被划分为不同的学区（academie），按照规定，每个学区设置一定比例的初等、中等和高等教育机构，配置由国家任命的教学人员。每个学区设立一所高等教育机构，学区长兼任高等教育机构的最高负责人。帝国大学的最高首长称总长（grand-maitre），由皇帝直接任免。总长同时兼任帝国大学评议会（Couseil de l'universite，共30名议员，其中10名为皇帝任命的终身议员）的评议长，负责处理全国各级各类学校立法、财政等重大问题，也负责任免学区的校长（recteur，任期5年，可连任），以及所有公共教育机构的教师。

为了将教育彻底置于国家控制之下，建立了督学制。督学（inspecteur）由总长任命，根据总长的指示随时视察各级各类学校，对学校的教学、考试、财政等进行监督。拿破仑政权无视教育自由、学校自治等中世纪大学的传统，将各级各类教育完全置于中央政府的严格控制之下。

另外，帝国大学制度还继承了法国大革命以后的管理体制，将综合理工学院、桥梁道路学院和矿业学院等不同机构分别隶属中央各部门直接管辖，以满足国家特定的行政、经济和军事需要。各教育机构分别设有国家规定的严格的入学标准、课程结构、考试制度和必须达到的培养目标（如表5-4所示）。

表5-4　18世纪末至20世纪初法国主要政府部门管理下的高等教育机构和研究机构

管理部门	高等教育机构和研究机构
战争部	综合理工学院（1794）
公共工程部	桥梁道路学院（1747），矿业学院（1783）
商业部	工艺学院（1803、1843、1900、1912），中央工艺与制造学院（1829），工艺学校（1794）
公共教育部	法兰西学院（1530），自然历史博物馆（1793），高等师范学院（1808），理学院（19世纪后）

资料来源：根据 Robert Fox and George Weisz, *The Organization of Science and Technology in France 1808–1914* (Cambridge: Cambridge University Press, 1980), pp.328–329 有关内容整理制成。

（二）教学与科研机构相互分离

如前所述，法国大革命后，由各类专门、综合的理工学院等构成的高等教育机构主要培养专门人才；以自然历史博物馆为代表的研究机构则专门从事研究。教学机构与科研机构各自独立，存在着明确的职能分工（如表5-5所示）。

表5-5　18世纪末至19世纪法国主要的高等教育机构与研究机构

高等教育机构	研究机构
综合理工学院（1794）	法兰西学院（1530）
炮兵和工兵学院（1802）	自然历史博物馆（1793）
桥梁道路学院（1747）	医学研究院（1795）
矿业学院（1783）	中央气象观测台（1878）
中央工艺与制造学院（1856）	19世纪后期法国各地建立的科协与学会等
高等师范学院（1808）	
拿破仑帝国大学制下的神学院、医学院、法学院、文学院及理学院等	

资料来源：根据 George Weisz, *The Emergence of Modern Universities in France, 1863–1914* (Princeton: Princeton University Press, 1983), p.19; Robert Fox and George Weisz, *The Organization of Science and Technology in France 1808–1914* (Cambridge: Cambridge University Press, 1980), p.325 有关内容整理制成。

此外，由于教学和科研机构界限分明，使得教学机构内部和科研机构内部且隶属不同管理部门的培养目标和研究领域也存在差异（如表5-6所示）。

表5-6　18世纪末至19世纪法国主要高等教育机构及其培养目标

高等教育机构	培养目标
综合理工学院（1794）	国家工程师
炮兵和工兵学院（1802）	炮兵军官和军事工程师
桥梁道路学院（1747）	民用工程师
矿业学院（1783）	矿业工程师
中央工艺与制造学院（1856）	工程师、技术员

资料来源：根据 George Weisz, *The Emergence of Modern Universities in France, 1863–1914* (Princeton: Princeton University Press, 1983), p.19; Robert Fox and George Weisz, *The Organization of Science and Technology in France 1808–1914* (Cambridge: Cambridge University Press, 1980), p.325 有关内容整理制成。

就科研机构而言，除了法兰西学院从事的研究比较综合之外，其他研究机构往往只侧重于某一方面的研究。例如，19世纪中期的自然历史博物馆主要围绕自然历史、生命与地球领域展开研究，其设置的教授职位包括植物学、普通化学、人类解剖、植物学、植物文化、比较解剖学、应用化学、矿物学、动物学（哺乳动物和鸟类）、自然历史、自然历史（甲壳纲的动物和昆虫）、动物学（鱼类和爬行动物）等。①

（三）国家主义和实用主义的教育价值观

法国大革命之前，由于宗教和封建势力强大，近代科学技术难以进入传统大学课程之中。资产阶级掌握政权后，设置了一大批从事科学和技术教育的专门学院和其他高等教育机构。如前所述，专门学院在17世纪时的法国就已出现，但是直到18世纪末法国资产阶级革命之后，这种形式的高等教育机构才得以设置近代科学和技术课程。各种高等教育机构的教学内容发展历程经过了两个不同阶段。

在1870年之前，高等教育主要为政府直接创设、控制和监督，教育内容完全是与军事、战争和培养高级技术官僚相关。这一时期，在法国众多专门学院中，综合理工学院最为著名，它成为后来欧洲各国，如瑞士、荷兰、奥地利和德国等国家科学和技术学院的原型，它与巴黎高等师范学院一同构成法国近代高等教育的最初形态。在拿破仑时代的帝国大学制度使得综合理工学院被改造成为带有浓厚军事色彩的高等教育机构，其课程设置也随之以培养法国军事人才为目标。实际上，不仅是综合理工学院，在此后几十年中陆续设置的其他各类学院，如物理和工业化学学院、高等商业学院等，都极其重视课程内容的实用性，并且同国家利益紧密相连。

---

① Robert Fox and George Weisz, *The Organization of Science and Technology in France 1808–1914* (Cambridge: Cambridge University Press, 1980), p.224.

1870年前后,随着欧洲第二次工业革命高潮的到来,法国各种高等教育机构中与工业发展密切相关的课程大量涌现,与此同时,高等教育从直接为国家和政府所控制、重点培养技术官僚,转向适应地方和区域工商业发展,为工厂或企业培养高级技术和管理人才。在课程方面,高等教育机构在已有的军事、防务、道路、桥梁、工兵、工程、要塞建筑等课程中增添了化学、物理、电机、机械、商务等与工商业发展有关的内容。在此之后,高等教育的发展基本上纳入工业化进程,与此同时,加强与区域和地方工商业发展的横向联系,使高等教育逐步具有了社会化和地方化的特征。

从以上分析可以看出,法国近代高等教育的基本特征可以归纳为:从纵向来看,各种高等教育机构和研究机构分别由相应的政府部门或其他行政机构实行自上而下的直接管理;从横向来看,教学机构与研究机构相互独立、各司其职,几乎不存在行政或学术上的交往;各种教学机构和研究机构内部也由于各自的培养目标及研究领域不同,极少进行学术交流。这种教学与研究相互分离、以专门人才为培养目标、由中央各部门直接管辖各自的教学与研究机构的高等教育体制,直到19世纪末仍持续发展。虽然在19世纪中期以后德国研究型大学的影响下,教学和科研相互分离的状况有所改观,但是拿破仑时代建立的高等教育基本结构并没有发生实质性变化,其对法国高等教育的影响几乎一直延续到20世纪上半叶。[①]这种带有浓厚国家主义和功利主义色彩的近代高等教育体制不仅与支配欧洲达几百年的中世纪大学有着本质差异,而且还有别于英国、德国等国的体制,成为一种独特的近代高等教育模式,影响了包括苏联、中国、日本等国的高等教育近代化的过程。

第二节 英 国

虽然英国爆发了人类历史上第一次资产阶级革命,并掀起了人类历史上第一次工业革命,但是直到19世纪初期,由于国家对高等教育采取不干预政策,加之传统大学势力强大,相对于法国而言,英国高等教育近代化的步伐较为缓慢。

一、近代高等教育的数量变化

从19世纪中期开始,由于高等教育在国家政治、经济、文化和军事等领域的作用不断加强,高等教育在校生数量大增。进入20世纪以后,特别是1901年至1931年的30年间,可以说是英国高等教育大发展时期。首先,高等教育的绝对在校生人数增长极大。其次,19世纪中期以后出现的"非传统大学"机构(主要是各种技术学院和师范学院)在校生人数的增长是推动英国近代高等教育发展的主要因素。从图5-2可以明显地看出,

---

[①] Jacques Verger, *Histoire des Universités en France* (Paris: Bibliothéque historique Privat, 1986), p.263.

伴随着整个高等教育机构在校生人数的绝对增长，非传统大学机构中在校生人数增长远远超过了传统大学中在校生人数的增长。

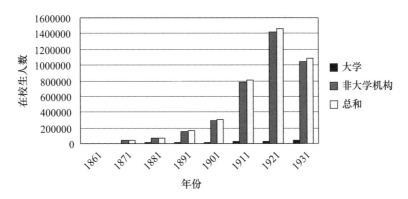

图 5-2　1861 年至 1931 年英国大学与非大学机构在校生人数的变化

资料来源：根据 Konrad H. Jarausch, *The Transformation of Higher Learning 1860−1930* (Stuttgart: Klett-Cotta, 1982), p.52 有关内容整理制成。

从高等教育机构类型来看，这一时期，非传统大学机构主要包括各种技术学院和师范学院。这些机构大部分是在 19 世纪中期之后，为适应英国工业化发展的需求，开设被传统大学拒绝的技术和师范类课程，培养技术性和职业性人才。到 20 世纪 30 年代，技术学院中的在校生人数构成了英国近代高等教育覆盖人数的主要部分（如图 5-3 所示）。

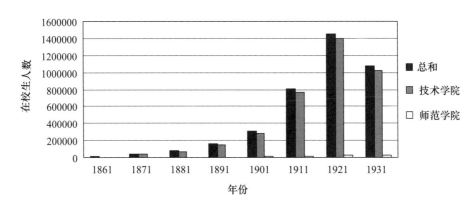

图 5-3　1861 年至 1931 年英国非大学机构在校生人数的变化

资料来源：同上图。

如果对大学机构做进一步的考察，我们发现，即使是同样冠以"大学"名称的机构，中世纪建立的所谓传统大学，主要是牛津大学、剑桥大学与两所"新大学"（指 1836 年成立的伦敦大学以及 1832 年成立的杜汉姆大学）在校生数量的增长也不相同。从图 5-4 可以看出，进入 20 世纪之后，牛津大学和剑桥大学的在校生数量增长速度实际上慢于 19 世纪中期建立的两所"新大学"，特别是伦敦大学，在校生人数增长迅猛。从这一点不难看出，英国近代高等教育在校生人数的增长不仅是通过非大学机构在校生人数增长实现的，还有赖于"新大学"。总之，牛津大学和剑桥大学不仅在课程设置等方面落后于时代的发展，而且在接纳学生人数方面也不及以职业和专业教育为核心的"新大学"。

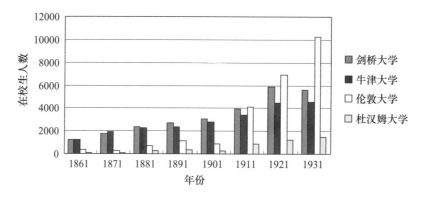

图5-4　1861年至1931年英国四所大学在校生人数的变化

资料来源：根据 Konrad H. Jarausch, *The Transformation of Higher Learning 1860-1930* (Stultgart: Klett-Cotta, 1982), p.45 有关内容整理制成。

二、近代高等教育形成的阶段划分

以1870年为界，英国近代高等教育的形成可以划分为两大阶段：1870年前的第一阶段，主要事件为以牛津大学和剑桥大学为代表的传统大学的变化以及伦敦大学的建立；1870年之后的第二阶段则表现为新型高等教育机构的出现以及近代高等教育制度的建立。

（一）第一阶段：传统大学的变化和伦敦大学的建立

1. 传统大学的变化

自16世纪起，以牛津大学、剑桥大学为代表的传统大学，教育价值观开始发生转变，大学在培养神职人员的同时，逐步引入培养绅士阶层的自由教育课程。从此，古典人文主义教育课程逐步成为传统大学的重要教学内容。大学培养神学、法学、医学等高级专门人才的职能逐渐淡化，代之以培养绅士阶层的职能。尤其是从17世纪开始，传统大学在保留部分神学科目、加强古典人文教育的同时，还设置部分有关近代自然科学的内容。不过，这些近代自然科学在大学中仅居于次要地位，而且大部分新兴学科，尤其是技术或实用学科不仅在大学中几乎无立足之地，而且往往难以成为教授讲座课程（professorship），只能由低级讲师或助教们讲授。直到19世纪，传统大学，特别是牛津大学中有关近代自然科学的课程仍然不受重视。阿什比对这一时期英国传统的牛津大学和剑桥大学做过这样的评价："直到19世纪初，牛津大学依然采取传统的方式对18岁的年轻男子进行教育。由于强调文学院的自由教育，高级学院中的专业教育停滞僵化。尽管剑桥大学较之牛津大学更能迅速地反映时代的呼声，但是从任何意义上而言，它们都未能对科学革命做出迅速反应。"①

2. 伦敦大学的建立

1836年创立的伦敦大学后改名为伦敦大学学院,打破了传统大学垄断英国高等教育的历史。与传统大学相比,伦敦大学不仅取消了神学院,代之以理学院和工学院(如表5-7所示),而且在各学院引入大量近代的新型课程,从而揭开了英国高等教育近代化的序幕。

表5-7　1826年至1926年伦敦大学的学院构成

法学院	理学院	工学院	医学院
文学院(包括特殊学校 special schools)			

资料来源:根据 H. Hale Bellot, *University College London, 1826-1926* (London: University of London Press, 1929) 中有关内容制成。

伦敦大学中学院的构成与传统大学有所区别,而其中与传统大学相同的教养学院、法学院和医学院也引进了许多新科目。据资料记载,到20世纪初期,伦敦大学的文学院除了保留部分传统的拉丁语、希腊语和希伯来语课程外,还开设了大批欧洲各国近代语言,如英语、法语、德语、意大利语和斯堪的纳维亚语等。另外,历史、比较文学、经济地理、心理、政治经济、美术和建筑等也成为教学内容。在法学院、医学院、理学院和工学院中,伦敦大学的课程更是直接引入科学和技术课程(如表5-8所示)。

表5-8　1826年至1926年伦敦大学各学院的课程

学院	法学院	理学院	工学院	医学院
主要课程	比较和国际法 罗马法 法理学 宪法和历史 英国法 商业和宪法 印度法 商业法及其历史	应用数学和机械学 应用统计学 数学 自然哲学 物理地理 地质学和矿物学 化学 植物学 动物学和比较解剖学 生物学和解剖学 病理化学 运动解剖学	应用数学和机械学 纯物理学 纯数学 民用和机械工程学 电机工程学 市政工程学 卫生学和公共健康 化学 地质学和矿物学	植物学 比较解剖学和动物学 化学 物理学 物理学和生物化学 解剖学 病理化学 药物学 医学史 卫生学 外科学 临床医学 临床牙外科 药剂学

资料来源:同上表。

---

① Eric Ashby, *Technology and the Academics* (London: Macmillan Publishers Ltd, 1936), p.9.

从表5-8可以发现，一方面，在法学院和医学院中，"教会法"课程不复存在，代之以适应工商业发展需要的"比较和国际法""商业和宪法"等；另一方面，医学院不再像中世纪大学那样以古希腊和古罗马的经典著作作为授课的理论基础，化学、病理、解剖、卫生学等近代科学内容进入课程。新型的理学院和工学院中更是开设了大量有关近代自然学科和技术方面的课程，反映了伦敦大学面向社会、培养专业实用人才的特征。阿什比认为："伦敦大学的建立标志着科学革命最终开始进入英国高等教育之中。"①

（二）第二阶段：城市大学的出现与传统大学的变革

19世纪后半叶开始，欧洲资本主义进入垄断阶段，由于各国在军事、经济和文化等方面的竞争日趋激烈，将高等教育纳入工业化轨道、通过高等教育培养为国家和工商业发展服务的高级专门人才，成为这一时期欧洲各国高等教育改革的基本目标。作为当时最大殖民宗主国，号称"日不落帝国"的英国也不例外。19世纪70年代之后，英国高等教育发生了革命性变革。

1. 城市大学的出现

顾名思义，城市大学（civic universities）主要是由地方城市创办，为地方工商业发展培养专门技术型人才的高等机构。城市大学的前身多为城市学院，当时比较著名的城市大学包括1871年至1881年建立的纽卡斯尔的阿姆斯特朗自然科学学院（1871）、利兹的约克夏科学学院（1874）、谢菲尔德的费思学院（1874）、伯明翰的梅森科学学院（1880）、诺丁汉的大学学院（1881）和利物浦的大学学院（1881）等。

与中世纪建立的传统大学不同，城市大学就是提供职业教育、培养实用人才，直接为所在城市工商业发展服务的。19世纪后期出现的城市大学有以下几方面的特点。

第一，绝大多数城市学院或大学都没有取得与传统大学或伦敦大学同等的学位授予权，大多数只能发放职业资格证书。学生在这些城市学院或大学接受两三年的训练和教育后，只能获得毕业文凭或是某一行业、专业的资格证书，而这些文凭和证书在19世纪末之后往往不为传统大学认可。这说明城市学院或大学并没有获得与牛津大学、剑桥大学等传统大学同等的学术地位。即使在20世纪20年代，某些城市学院逐渐升格为城市大学，拥有颁发理学学士的权力，其学术地位和声望仍然不及传统大学。

第二，城市学院或大学没有传统大学或伦敦大学那样的文学院，无法开设基础的语言、文学或其他相关教养科目。到19世纪末，绝大多数城市学院或大学开设的课程几乎无一例外都是工程、机械或机械工程、造船、采矿、酿造和冶金等方面的职业教育课程。19世纪末20世纪初城市学院或大学则增加开设了有关电子工程、电解化学、物理化学、

---

① Eric Ashby, *Technology and the Academics* (London: Macmillan Publishers Ltd., 1936), p.59.

生物化学等基础课程内容。①

第三,各城市学院或大学的课程设置带有浓厚的地方色彩,基本上着眼于各地工商业发展的需求,因而成为促进地方工商业发展,推广和应用实用技术的机构。例如,曼彻斯特的欧文斯学院以化学著称,是英国大学中最早设置有机化学教授职位的大学;位于纽卡斯尔的学院以工程教育闻名遐迩,该地区的学院开设了一般工程学、机械工程学、民用工程学、建筑工程、电子工程和船舶工程等系列科目;谢菲尔德的费思学院则以教授采矿方面的内容为主,后来成为全英格兰采矿教育的中心;伯明翰的梅森科学学院除了与谢菲尔德的费思学院一样开设了采矿方面的课程之外,还设置大量冶金方面的课程,该学院成立的别具特色的酿造系,深受当地人的欢迎。与19世纪初期创建的其他新型高等教育相比,城市学院或大学与工商业发展之间的联系更为广泛和紧密,完全与地方经济发展融为了一体。

第四,与培养目标及课程设置相适应,城市学院或大学的绝大多数毕业生都进入了工业部门或从事与技术开发和应用有关的职业。相比之下,1850年至1899年进入工商业就职的剑桥大学毕业生仅占5%左右,大部分毕业生仍然从事与教会有关的工作。②

2. 伦敦大学的变革

与城市学院或大学一样,19世纪70年代之后,伦敦大学也进一步加强了与地方工商业发展的联系,成为推动英国工商业发展的重要机构之一。根据有关资料,我们可以将19世纪后期伦敦大学的变化概括为以下几方面。

第一,与其他冠以"大学"(university)之名的高等教育机构相比,伦敦大学的在校生人数迅速增长,1911年之后,伦敦大学的在校生人数持续增长,特别是在1931年伦敦大学的在校生人数几乎占当时四所大学(其他三所是牛津大学、剑桥大学和杜伦大学)总在校生人数的近一半。说明20世纪上半期英国大学规模的扩张主要是通过伦敦大学实现的。

第二,工科学生数的增加是伦敦大学扩张的主要原因。有关资料表明,从1880年至第一次世界大战结束,仅伦敦大学国王学院中专修电子工程的学生就翻了一倍。20世纪开始,由于伦敦大学大量开设新学科,特别是广泛应用于工业发展的实用技术科目,因而学生人数急速增长。

第三,各大企业、公司,甚至私人纷纷捐款资助伦敦大学办学。例如,19世纪末,许多企业家出资在伦敦大学开设与电子工程、电机工程以及工程学有关的讲座、试验室

---

① 参见 Gordon Roderick and Michael Stephen, " Scientific Studies and Scientific Manpower in the English Civic Universities 1870–1914." *Social Studies of Science*. (1974): 41–63.
② Michael Sanderson, *The Universities and British Industry, 1850–1920* (London: Routledge and Kegan Paul Ltd, 1972), pp.53–54.

和研究所。

第四，强调教育与地方工商业发展的联系。例如，19世纪后期，伦敦大学国王学院中开设的化学课程不仅涉及染色、酿酒、玻璃制造等方面的内容，而且部分教授还亲自参与地方化学工厂的建造，并且指导和管理具体事务。伦敦大学的亚历山大·肯尼迪爵士不仅首次开设了工程学，而且还极其注重在工业上的广泛应用。此后，其他各类学院纷纷开设这门课程，并且教授有关海运、蒸汽机、空气动力、汽车、飞机制造等实用性极强的内容。到第一次世界大战为止，伦敦大学以及以伦敦大学为模式建立的各类技术性工科院校已与英国的工业发展形成伙伴关系。例如，亚历山大·肯尼迪声称，在伦敦大学的学生中有90%的毕业生都成为工程师或与工程有关的高级技术人员。[1]

值得注意的是，尽管城市学院或大学开始时都是为地方工商业发展服务，开设大量有关科学和技术方面的课程。但是，其出现和存在并未对传统大学构成挑战，城市学院或大学只是弥补传统大学中科学和技术等课程方面的缺陷和不足，因此，为了提高本身的学术水平及在社会上的声誉，尤其是为了取得与传统大学同样的学位授予权，各地城市学院或大学也逐渐在课程中引进和设置有关社会和人文方面的课程。到20世纪初，不少城市学院或大学已开设了更为广泛的课程，而且越来越多的学生既学习科学和技术方面的实用课程，也学习类似于传统大学中的古典人文主义方面的内容。因此，某种意义上而言，从19世纪中期，尤其是19世纪末期开始，英国高等教育的发展不仅表现为类型的多样化和规模的扩大化，即在传统大学之外，形成大批新型的高等教育机构，而且还表现为各类形式不一、学制有别的高等教育机构趋于追求共同的教育价值观和教育理念。传统大学中逐渐增设科学和技术方面的课程，而城市大学等其他形式的新型高等教育机构中又在课程中引进人文主义教育的内容。这些城市学院或大学为了向伦敦大学申请学位，不得不在课程设置上向伦敦大学看齐，而伦敦大学授予的学位又必然受到传统大学模式的影响，因而城市学院或大学为当地工商业服务的需要逐渐淡化，人文主义和自由教育的倾向逐渐增强。正如某些学者所指出的，到20世纪初，城市大学"完全脱离了当初重视高等技术培训的使命，而追求具备传统大学的职能"[2]。可见，传统大学与新型高等教育机构之间既存在着差异，又拥有某些共同的价值观。

3. 传统大学的变革

如果从牛津大学和剑桥大学两所大学的课程变化来看，16世纪至19世纪中期，剑桥大学理学、工学等有关近代自然科学的课程所占比例不足40%，而且多为训练心智或思维的数学、神学、历史、语文等人文和社会科学方面的内容。19世纪80年代起，医学院开始大量开设有关近代自然科学方面的内容，如从1878年至1914年，剑桥大学医学

---

[1] Michael Sanderson, *The Universities and British Industry, 1850–1920* (London: Routledge and Kegan Paul Ltd, 1972), p.113.
[2] Ibid., p.81.

院高级讲师（readship）开设的课程包括植物学、动物形态学、外科学、农业化学、化学生理学、卫生学、动物学、冶金学等；另外，讲师（lectureship）开设的有关近代自然科学方面的课程约占所有科目的50%以上，其中大多数内容为植物学、动物学、病理学、生理学、外科学等课程。不仅剑桥大学如此，另一所宗教气息更为浓厚的牛津大学也于1904年开设了工程、采矿、教育、探测和林业学等课程。[①] 到19世纪后期，以牛津大学和剑桥大学为代表的传统大学也像19世纪中期出现的其他新型高等教育机构一样，逐步开设适应工商业发展的课程，如造船、化学工程、电子工程等。不仅如此，在德国研究型大学的影响下，传统大学也开始从事物理学、生物学、细胞学、免疫学、遗传学等方面的科学研究。[②]

当然，近代科学技术内容进入传统大学的过程，并非一帆风顺。例如，1912年当牛津大学准备筹建工学实验室（engineering laboratory）时，就遭到许多大学教授的反对，这些人认为"在牛津大学，工程学必须永远，而且应该成为低一级的课程。国家未来的大部分工程师不可能也不希望在此培养"[③]。不过，由于社会的需求和政府的鼓励，20世纪初期，不仅近代科学技术内容逐渐进入传统大学的课程之中，开展自然科学研究也成为两所大学的重要使命。

国家逐渐加强对高等教育的资助和管理是传统大学产生变革的主要动因之一。到第二次世界大战以前，政府影响高等教育改革的手段主要包括以下两方面。

第一，国会制定一系列法令，取消牛津大学和剑桥大学自中世纪以来享受的种种特权。例如，1850年，英国政府首次组织两个皇家委员会调查牛津大学和剑桥大学。在调查的基础上，1854年和1856年英国国会相继通过《牛津大学法》和《剑桥大学法》。根据这两个法案，英国废除1636年伦敦大主教为牛津大学制定的学则，取消英国女王为剑桥大学颁布的学则，扩大大学评议会的人员构成，加强评议会的权限，开放学院，对非英国国教徒部分开放。1871年，英国国会又通过《宗教审查法》，规定除神学院外，申请其他学院的学位时不必接受有关宗教信仰方面的审查。另外，取消大学对教职员工宗教信仰方面的规定，大学教职员工不再受宗教信仰的制约。从1863年开始，国会几乎每年都通过法案，取消传统大学中有关不利于科学发展，阻碍学术进步和有害于国家利益的某些宗教方面的规定。在上述各种法案下，英国传统大学逐渐取消了宗教方面的种种限制，逐步打破故步自封的局面，开始面向世俗阶层，接受科学革命和近代科学技术发展的影响。

第二，设立大学管理专门委员会，特别是负责大学财政拨款的行政部门，通过财政手段，对大学实施改革。国家最初主要通过在传统大学中设置教授职位，实施间接的财

---

① Konrad H. Jarausch, *The Transformation of Higher Learning 1860−1930* (Stuttgart: Klett-Cotta, 1982), p.299.
② Michael Sanderson, *The Universities and British Industry, 1850−1920* (London: Routledge and Kegan Paul Ltd, 1972), p.211.
③ Ibid., p.301.

政资助。19世纪末以后,英国财政部以及其他政府机构开始直接对包括牛津大学和剑桥大学在内的各种高等教育机构进行财政拨款,通过财政手段,直接影响传统大学的课程设置以及科学研究活动。例如,1889年英国政府首次对牛津大学和剑桥大学直接拨款,鼓励两所大学进行工学和医学方面的教育和科研。第一次世界大战之后,为了保证大学拥有稳固的资助以培养高级人才、从事科学研究,英国政府于1914年和1917年在枢密院成立了科学和产业研究厅(Department of Scientific and Industrial Research,DSIR),对大学和研究机构中有关自然科学和产业方面的研究拨款。1919年政府成立大学拨款委员会(University Grants Committee,UGC),专门负责为各大学机构发放经常费、科研费和其他各种形式的财政资助。根据有关资料,到20世纪30年代,仅牛津大学和剑桥大学两所大学中就有约三分之一的经常费和科研费来自上述两个部门的拨款。①

通过上述各种改革措施,到20世纪初,牛津大学和剑桥大学两所传统大学基本确立了近代大学的特征,成为英国教育和科学技术研究中心,不仅为国家培养神职人员和官僚,而且培养学校教师和各种专业人才。有学者评价道:"20世纪之前,虽然有许多潜在的变化,(传统)大学仍然属于有闲的绅士和培养绅士,到了20世纪20年代,大学不再是培养年轻绅士的机构,而是成为近现代工业和社会的中心发电站。"②到第二次世界大战前,两所传统大学不仅成为英国科学研究的中心,而且培养了大批世界一流的科技人才。

三、纽曼的大学教育理论

约翰·亨利·纽曼是英国高等教育史上一个重要的人物。他撰写的《大学的理念》(*The Idea of A University*)对西方高等教育的思想产生了十分重要的影响。

(一)时代背景与纽曼生平

19世纪,英国工业化进程加快。随着社会的变革,教育观念开始更新。出现了以赫胥黎(Thomas Henry Huxley)和斯宾塞(Herbert Spencer)为代表的科学教育思想以及以边沁(Jeremy Bentham)为代表的功利主义教育思想潮流。人们在热烈地讨论教育的目的是什么,什么知识最有价值等。这些新的观念与英国传统的古典人文主义观念发生了激烈的碰撞。尽管19世纪时,古典人文主义教育思想在英国依然强大,但这些问题的提出使包括纽曼在内的坚持传统古典人文主义教育立场的教育家感到冲击和威胁。他们忧心忡忡,开始成为传统教育的批判者。一场古典教育与科学教育的思想论战拉开了序幕。

19世纪,科学研究发展迅速。面对科学迅速发展的时代,大学应当如何应对?大学的职能是什么?大学要不要从事并促进科学研究?对这些问题,19世纪初担任柏林洪堡

---

① Konrad H. Jarausch, *The Transformation of Higher Learning 1860-1930* (Stuttgart: Klett-Cotta, 1982), pp.211-212.
② Ibid., p.218.

大学校长的威廉·洪堡的回答是：大学必须从事科学研究。他将"教学与科研相结合"的理念作为大学的办学原则。这些问题同样摆在作为大学校长的纽曼面前，纽曼无法回避。

上述是纽曼的大学教育思想在19世纪的英国得以产生的重要时代背景。

纽曼1801年生于伦敦，在伊灵（Ealing）的一所私立学校完成了早期学业，1817年进入牛津大学三一学院学习，1820年毕业，1822年当选牛津大学奥列尔学院研究员（fellowship），1824年被授予圣职，1825年任阿尔本学院副院长，1826年担任奥列尔学院教师，1828年任圣玛丽教堂牧师。此后，他主编了90册的《时代书册》(Tracts for the Times)，并亲自撰写了第九十册（1841），推动了牛津运动发展。1843年，纽曼辞去圣玛丽教堂职务，1846年担任罗马天主教教堂的牧师，被授予神学博士学位。1847年他从罗马回到英格兰后，在伯明翰建立天主教团体。1854年至1858年，他担任都柏林天主教大学校长，1859年在伯明翰为天主教上层子弟开办了一所学校，1877年当选牛津大学三一学院荣誉研究员，1879年当选红衣主教。纽曼的著作中最有影响的是《为自己的一生辩护》(Apologia pro Vita Sua，1864)。在担任大学校长期间，他发表过许多演讲，这些演讲曾先后出版为《论大学教育的范围和性质》(1852)和《关于大学学科的演讲与论文》(1858)。1873年，他又将两部著作合而为一修订出版，书名即为《大学的理念》。

（二）论大学的功能和目标

大学的功能和目标是《大学的理念》一书中讨论的核心问题，其他诸如知识、学科与课程、教学方法等都是围绕这两个核心问题展开的。

大学的功能是什么？纽曼在《大学的理念》的序言里开篇第一段话就明确回答了这个问题。他写道："大学是一个教授普遍知识（universal knowledge）的场所。这就意味着，一方面，大学的目的在于促进理智而非道德的发展，另一方面，大学的目的在于传播和推广知识而非促进知识的进展。如果大学的目的在于科学和哲学发现，那我就不明白大学为什么要有学生；如果大学的目的在于宗教训练，那我就不明白大学怎样才能成为文学与科学的殿堂。"① 显然，按照纽曼的理解，大学的功能是教学。为什么大学的功能是教学而非科学研究呢？在他看来，教学是传授知识，而科学研究是发现，两种工作性质不同，而且需要不同的天赋和生活方式。对此他做了详细解释并举例论证："发现和教学是两种迥然不同的职能，也是迥然不同的天赋。同一个人兼备这两种天赋的情形并不常见。而且整天忙于向所有求学者灌输自己现有知识的人不可能有闲暇和精力去掌握新知识。探寻真理的人往往离群索居、心无旁骛，这是人类的常识。最伟大的思想家们在研究某一课题时总是专心致志，不允许自己的工作被打断。他们在做别的事情时总是神不守舍、行为怪僻，并且对课堂教育和公开讲课都多少有些忌讳。'大希腊之光'毕达

---

① John Henry Cardinal Newman, *The Idea of a University* (South Bend: University of Notre Dame Press, 1982), p.xxxvii.

哥拉斯一度穴居。'爱奥尼亚之光'泰勒斯终身未娶，深居简出，并多次拒绝了王公贵族的邀请。柏拉图离弃雅典，去阿卡德米园林居住。亚里士多德负笈从师柏拉图达20年之久。修士培根（R. Bacon）在伊希斯塔隐居一生。牛顿终日冥思苦想，几乎因此丧失理想，他在化学和电学方面的伟大发现不是在大学内取得的……教学需要和外界打交道，而实验和思辨的自然条件则是隐居。"① 显然，纽曼认为，大学不同于科研机构，是一个有学生的机构，在大学里，教师的工作是教授学生，不可能有精力去从事研究，因此教学是大学的功能。

大学的教学功能还和大学的目标有关。教学是要以学生为对象的，因此培养学生是大学教育的目标。在他看来，大学的目标是通过一种自由教育将学生培养成文明社会的绅士。大学"应该把培养'绅士'，将学生教育成才作为它的宏伟目标"②。他说："自由教育造就的不是基督徒，也不是天主教徒，而是绅士。"③ 他理想中的绅士是一种受过良好教育的人。他们心智卓越，品位高雅，为人正直，处事公平，头脑冷静，生活行为高尚谨慎。他们从不给别人带来痛苦。他们力求"排除障碍，以便使其周围的人行动自由、不受羁绊"④。他强调，培养具备这些特质的绅士正是他要宣传、解释和坚持的大学的目标。需要说明的是，在纽曼看来，培养绅士还不是大学的最终目的。大学教育的最终目的是促进社会文明。他认为大学"并不承诺能够培养出新一代的亚里士多德、牛顿、拿破仑、华盛顿、拉斐尔、莎士比亚，尽管现在它依然隐含着这样一些自然的奇观。另一方面，它也不能满足于培养出批评家、实验师、经济学家、工程师，尽管这也包括在其中。大学教育是一个通向伟大而平凡之目标的手段。它的目标是提高社会的心智水平，培养公众的心智，提高国民的品位，为大众热情提供真正的原则，并为大众愿望制定明确的目标，宣传和把握时代的理念，促进政治权力的运用，使个人生活变得更高雅"⑤。

（三）论知识和大学的自由教育

纽曼的"大学是一个教授普遍知识的场所"的命题里包含着至少两个重要的问题。其一是关于知识的问题，其二是关于大学自由教育的问题，这两个问题相互联系。

1. 论知识

知识的问题是纽曼《大学的理念》讨论最为深入的问题。第一卷里9篇演讲中的8篇都是围绕知识问题展开的。"我们为什么寻求知识？知识的价值是什么？假如我们……真正地去考虑的话，我们将在纽曼的著作中发现对这些问题的一个很有启发的

---

① 赵祥麟：《外国教育家评传（第二卷）》，上海教育出版社，2003，第174页。
② 约翰·亨利·纽曼：《大学的理念》，高师宁等译，贵州教育出版社，2003，第24页。
③ John Henry Cardinal Newman, *The Idea of a University* (South Bend: University of Notre Dame Press, 1982), p.91.
④ Ibid., p.159.
⑤ 约翰·亨利·纽曼：《大学的理念》，高师宁等译，贵州教育出版社，2003，第161页。

回答。"①

在纽曼看来,知识像宇宙一样是一个无法截然区分的整体(whole),这个整体由不同分支学科的知识组成,不能将它们割裂开来。他说:"所有的知识形成了一个整体,因为它的主题内容是同一的。"决定知识整体性特征的是学科知识的不完全性。学科知识"仅仅涉及事物的各个方面,尽管在各自的理念中对各自的目标而言都是完满的,但其在自身与事物的关系上又各自是不完整的。由于这两个理由,它们会同时相互需要又相互帮助",甚至相互完善、相互校正、相互平衡。他强调,学科知识的这种不完全性包括神学在内没有例外,"神学也是不完美的"。正因为学科知识的局限性,他主张大学要传授包含所有学科知识在内的"普遍的知识"。因为"对学科体系中任何一门学科的忽略都会损害知识上的精确性和完整性"。②

对于知识的价值,纽曼是给予高度评价的。他说:"没有知识的获得便不会有真正的文化。知识是哲学的前提。"而且"知识是拓展心灵(mind)不可或缺的条件,也是拓展心灵的工具。这一点不仅不能否定而且要永远坚持"。③

在谈到学习知识的目的时,纽曼提出了"知识就是其自身的目的"的观点。他说:"知识能够成为它自身的目的。人类心智就是这样形成的。任何一种知识,只要它是真正的知识,它就是对自身的回报……我丝毫不否认,掌握知识的本身会给我们带来种种进一步的利益,并惠及他人,这是明显的事实。此外,我们还在知识的获得中使我们天性的一种直接需要得到了满足。"④

纽曼十分推崇自由的知识(liberal knowledge),把它称为"绅士的知识"(gentleman's knowledge),并对它做了界定:"我们通常用'自由知识''自由艺术科目'和'自由教育'等词汇来指标一所大学的教育内容。自由这个词汇到底是什么意思呢?首先,从文法上来说,它与'受奴役'(servile)相对立。"⑤纽曼认为,在诸如肢体劳动、机械运用等一些无须心智的劳动中,人是"受奴役的"。这种受奴役的人不是自由教育的培养目标,自由教育要培养的不是受知识奴役的人,而是能驾驭知识的人,而这种人没有发达的心智是不行的。因此,他强调:"就自由教育本身而言,它只是培养心智,它的目标除了追求心智卓越之外而无其他。"⑥对于实用的知识(useful knowledge),纽曼也不否认其价值,他认为:"没有它们,生活就不能继续下去。我们应该把日常的幸福归功于它们。"⑦但同时,他又强调,自由教育虽然不是专业教育,却也是一种完全实用的教育。在他

---

① 吴式颖、任钟印:《外国教育思想通史(第八卷)》,湖南教育出版社,2002,第130—131页。
② 约翰·亨利·纽曼:《大学的理念》,高师宁等译,贵州教育出版社,2003,第69页。
③ John Henry Cardinal Newman, *The Idea of a University* (South Bend: University of Notre Dame Press, 1982), p.97.
④ Ibid., p.78.
⑤ Ibid., p.80.
⑥ Ibid., p.92.
⑦ 吴式颖、任钟印:《外国教育思想通史(第八卷)》,湖南教育出版社,2002,第131页。

看来,"好的事物"是一回事,"有用的事物"是另一回事。"有用的事物"不一定总是好的,而"好的事物"一定始终是有用的。因为好的事物不仅是好的,而且具有再生性的特点,再产生出好的事物。这就是好的事物的有用之处。根据这个逻辑,他断言:"如果自由教育是好的事物,那它必然也是有用的。"①纽曼还认为:"知识是一种心灵的状态或条件……即便某种知识什么也生产不出,却值得向往,因为其自身就是宝贵财富,是对多年辛劳的丰厚报偿。"②

需要强调的是,对于神学家纽曼来说,神学知识是很重要的。他说:"对于一所声称教授普遍知识的大学来说,神学当然是知识的一个分支。"③在他看来,没有开设神学学科的大学是不能称为大学的。为此,他详细讨论了神学与其他分支学科的关系,认为神学与其他学科,特别是与科学之间并不存在冲突,"宗教真理不但是普遍知识的一个部分,而且是它的一个条件"。他借用希腊谚语比喻:在大学里将神学抹杀,等于在一年中将春天剔除。④

2. 论大学的自由教育

自由教育是从古希腊孕育发展而来的,最早由亚里士多德提出,以"七艺"为学习内容。到近代,自由教育一般被理解为一种以古典著作学习为基础的教育,与古典教育同义。纽曼极为推崇自由教育。虽然,他强调大学应当传授普遍的知识,各门学科的教学不能厚此薄彼。他甚至说过,如果"给予一门学科知识以不适当的突出地位,就是对另一门学科的不公平,忽略或取代这些学科,便会使那些学科偏离其适当的目标"⑤。他也明确表示过,他并不否认化学、电学和地理学等学科极大的吸引力以及它们带来的实际好处,但是他更青睐自由教育的学科,认为"问题不在于哪门学科包含更多的美妙事实,或哪门学科可能有更加辉煌的发现,而是在于哪门学科对于心灵培育最具活力和影响力"。⑥在他看来,自由教育培育心灵的力量是无与伦比的。

为了论证大学自由教育的重要作用,他用健康对于人的意义做了生动的比喻。他说:"必须先有健康,然后躯体才能劳动。一个躯体健康的人能完成一个不健康的人之所不能。健康的属性是强壮、精力充沛、敏捷、身段和行动优美、手脚灵巧、耐疲劳。同样,培养心智是对专业和科学研究的最佳帮助,受过教育的人能完成文盲之所不能。一个人一旦学习过如何思考、推理、比较、鉴别、分析,一个人一旦提高了品位,形成了独立的判断力,擦亮了'心眼',那么,他诚然不会即刻变成一个律师或是辩护人、雄辩家、

---

① John Henry Cardinal Newman, *The Idea of a University* (South Bend: University of Notre Dame Press, 1982), p.124.
② Ibid., p.86.
③ Ibid., p.14.
④ 约翰·亨利·纽曼:《大学的理念》,高师宁等译,贵州教育出版社,2003,第82页。
⑤ John Henry Cardinal Newman, *The Idea of a University* (South Bend: University of Notre Dame Press, 1982), p.74.
⑥ Ibid., p.198.

政治家、医生、精明的地主、生意人、士兵、工程师、化学家、地质学家、文物收藏家，但是他的心智状态却允许他从事我提到的任何一种学科和专业，或者从事任何别的他所喜好的或要求他具备特殊才能的专业，而且他一旦干起来会干得很轻松、优雅、灵活、成功。"① 从这个意义上说，培养心智是特别有用的。

在纽曼看来，实施自由教育的重要途径是阅读古典名著，通过阅读古典名著来培育未来绅士的心灵。他说："我所说的大学教育，意指一系列扩大范围的阅读，它应当涉及有才智人士的权威著作或通常所说的古典著作。"② 为什么要阅读古典名著呢？他的解释是："文明有其共同的原则。事实上，从远古时代以来形成的观点、教义（teaching），特别是著作，在今天依然应当得到像最初时那样的尊重和利用。简言之，古典名著、思想的主题以及由它们引发的研究，或者用我们今天流行的概念'自由艺术'来说，基本上一直是孕育环海文明的教育手段。"③ 他还举例论证了阅读古典名著对培养绅士的作用："阅读《荷马史诗》很快成为一种绅士教育，并成为荷马时代的一个规则，即使荷马时代后来衰败了，但这个传统依然保留着。"④

（四）论大学的教育方式和学习方法

纽曼认为，教育是陶冶，它与教学（instruction）的作用不同，不能把教育简单地等同于教学。一些知识是可以通过教学获得的，如手工操作（manual exercises）、美术和实用工艺（useful arts）、贸易以及其他各种工作等，因为这些知识涉及的主要是方法问题，可以依靠记忆、运用来掌握，与心智关系不大。而"教育是一个高级的词，它意味着一种作用于心智的活动，意味着品格的形成，具有个性和持久性特征"⑤。他认为，大学应当是一个教育场所，而不是教学的场所。在他看来，大学里聚集着一批饱学之士，他们醉心于各自的学问，为了学术相互争论和交流，调整着各自的主张并协调各学科之间的关系。他们学着怎样尊重别人、怎样与人协商以及如何相互帮助。纽曼认为，在这样的环境中生活，呼吸着这样纯洁清新的学术空气，学生心灵便受到了陶冶。为此，他要求大学要广设科目供学生自由地选择学习，使教育真正地成为"自由的"。他强调："即使学生并不学习对他们开放的每一个科目，但由于他们生活在学术界这些代表人物当中，并且在他们指导下生活，他们也会受益匪浅。"⑥

在谈到大学学习方法时，纽曼提出了不少有价值的建议。

---

① 约翰·亨利·纽曼：《大学的理念》，高师宁等译，贵州教育出版社，2003，第153页。
② 吴式颖、任钟印：《外国教育思想通史（第八卷）》，湖南教育出版社，2002，第145页。
③ John Henry Cardinal Newman, *The Idea of a University* (South Bend: University of Notre Dame Press, 1982), p.192.
④ Ibid., p.194.
⑤ Ibid., p.86.
⑥ Ibid., p.76.

其一，读书需要思考，不能死记硬背。

他告诫学生，学习必须思考。没有经过思考的知识不配称作"知识"。死记硬背的结果不是驾驭知识，而是被知识驾驭，到头来会一无所获。他说："那些人不得不把自己的脑子填满十几门科目去应付一门考试，那些人双手拿得太多，以至于无法享受思考和探究。他们把前提和结论一股脑儿吞下，他们把各门学科整个地置于信仰之上，他们把各种证明全盘交给了记忆，而且可以预见，当他们受教育的时期过去之后，他们常常就会把在厌恶中学到的一切通通抛掉，结果，也许除了应用的习惯之外，在千辛万苦之后却一无所获。"①

其二，学习需要踏实，需要交流。

纽曼对当时英国大学里的一些急于求成的浮躁学风十分不满，毫不留情地做了批评："现在，所有的东西要一次性学到，而不是先学一件再学一件，不是好好地学精一样，而是马马虎虎地学一大堆。"②他主张学习应当踏踏实实进行，不能抱侥幸心理。他告诫学生："我们不去从事，我们就不能收获；我们要得到这种东西，不能靠睡大觉或者靠碰运气。最好的望远镜也不能离开眼睛，书刊与教室对我们有极大的帮助，但是我们首先必须忠实于自己，我们首先必须从事这项工作。"③

纽曼认为与同伴交流是学生学习的重要途径。"当一大群青年人，敏锐、开放、富有同情心、善于观察（青年人就是这样），来到了一起，并且自由地相互交流，他们肯定就会彼此学习，即使没有一个人来教他们；所有的交谈就是对每一个人的一系列讲座，日复一日地从他们自己那里得到种种新的观念和观点、新的思想材料、独特的判断原则和行动原则。"④

（五）论大学的办学措施

《大学的理念》一书中没有围绕大学管理的专门说明。但是作为都柏林大学的校长，纽曼在其他演讲中很自然地谈到他理想的办学措施。

纽曼认为，办大学是一项伟大又困难的事业，开创一所真正的大学并保持其生命与活力，是最伟大的事业之一。爵士建立一所大学是一项既艰难又有益的工作。为办好大学，他提出了若干建议，归纳起来有五点。第一，广纳天下学者，"对以真理之名义前来投奔的人要来之不拒"。第二，对各种学术思想兼容并包，做到海纳百川，博采众长。对各种思想"毫无恐惧、毫无偏见、毫不妥协，要对最独立、最不相同的观点、经验和思维习惯进行整合，要用最新颖的形式、最强烈的表现手段和最丰富的途径，使思想和

---

① 约翰·亨利·纽曼：《大学的理念》，高师宁等译，贵州教育出版社，2003，第141页。
② 同上书，第137页。
③ 同上书，第138页。
④ 同上书，第139页。

学识得到充分的发展"。第三，要有创造性。办大学的一切都得学着去做，"它依靠的不是成文的规则，而是睿智、智慧和毅力"①。第四，鼓励师生追求真理。"对真理的最高权威要抱着伟大而坚定的信念。"他告诉师生，错误可能会盛行一时，最后真理却会占据上风。错误唯一的作用最终是促进真理。而且科学研究中的某些错误思想反而比某些真理更能结出丰硕的成果。他还告诉师生，学习研究不要害怕失败。一门学科似乎没有取得进步，而且屡屡失败，其实它一直在进步，只是难以看出罢了。即便仅仅知道这不是真理，就已经向真理迈进了一步。②错误是通向真理之路，而且是唯一之路。第五，大学应当采取宽松的管理制度。他反对采取严格管理的方法强迫学生学习。他认为，如果仅从心智培育来说，像牛津大学那样采取宽松管理制度的大学的成效可能比实行严格管理制度的大学要好。他说，如果有两种大学让他选择，"一种拥有宿舍和导师监督制度，给每一个通过了许多科目考试的人授予学位，而另一种大学没有教授也没有考试，只是把许多青年人汇集在一起3到4年，然后打发他们离开，就像牛津大学据说在过去60年中所做的那样"，他"会毫不犹豫地把优先票投给那种无所作为的大学，而不投给那种强要它的学生去熟悉世界上每一门学科的大学"。③因为那样的大学能够更成功地训练、塑造和扩展心智，更容易造就公众人物、重要人物和流芳百世的人物。

（六）纽曼的影响与后世评价

纽曼对西方高等教育思想的影响是深远的。这一点可以从西方学者的评价中得到证实。有学者认为，《大学的理念》自出版以来，"常常被作为思考高等教育理想构架时的基本文献"④。有人甚至认为，纽曼以后所有关于大学教育的论著都是对他该书中演讲和论文的脚注。正是因为这部著作对高等教育理论探讨具有非凡的影响力，耶鲁大学出版社在"再思西方传统"系列丛书中重新推出这一经典著作。这也证明了"纽曼本人论述大学的作品，也像音乐一样，汇入了西方的文化"⑤。

纽曼的大学教育理念中有两个核心观点，长期以来一直受到人们的关注，围绕它们的争论也十分激烈。其一，大学是教授普遍知识的场所。应当允许学习研究像宇宙一样包罗万象的知识，这是纽曼使用"universal knowledge"概念的本意。从理论上说，这一观点可以成立，因为学术探讨不应有禁区。但这一观点也确实表现了纽曼对19世纪神学在大学衰微的忧患，这种忧虑在他关于《基督教与科学研究》演讲中表现得非常明显。在演讲一开始，他就表明了自己的心情："先生们，这是一个教士怀着忧虑看待古典著

---

① 约翰·亨利·纽曼：《大学的理念》，高师宁等译，贵州教育出版社，2003，第265页。
② 同上书，第279页。
③ 同上书，第138—139页。
④ 同上书，第295页。
⑤ 同上书，第313页。

作,并且怀着更多的忧虑看待广义科学的时代,而这种忧虑并非空穴来风。"①西方有学者认为,正是因为纽曼对神学衰微的忧虑,他才强调大学是教授普遍知识的场所,其目的在于保护神学。而且"为了在大学围墙之内对神学提供最适度的保护,他又把大学的使命主要限定于教学"②。把教学作为大学的功能的观点本身也不错,但把教学作为大学的唯一的功能就有问题了。在科学迅速发展的19世纪,当科学研究进入大学已经成为趋势之时,忽略大学的科研功能也是纽曼受到批评的一个原因。其二,大学应当注重自由教育。这一观点在纽曼时代就争论激烈。应当说,纽曼关于自由教育在人的心灵培养方面作用的一些观点是值得认真思考的。缺乏人文精神,人性物化的可能性便会增加,人性可能被扭曲。但是,不能因此忽略专业教育。在工业化、专业化进程日益加速的时代,专业教育的不足必将使学生在走向社会时面临许多问题,甚至造成就业困难。但过分强调专业化和职业化又会带来新的问题,即如何陶冶学生心灵,大学究竟是教育场所还是职业训练机构等问题。就此而言,纽曼关于大学自由教育的一些主张以及关于如何学习和如何办大学的建议仍然具有时代意义。至于纽曼教育思想中流露出的神学思想和古典主义倾向,我们不必去苛求,这是英国文化传统留给纽曼思想的时代烙印。

四、近代高等教育的特征

(一)大学层次权限的加强和管理的民族化

如前几章所述,以牛津大学和剑桥大学为代表的传统大学自中世纪就基本按照巴黎大学模式,让教师管理大学。由于大学的基本组织是学院而不是民族团,教学和行政事务主要在学院层次进行,因而最初大学的最高管理机构是由各学院负责人组成的大学运营委员会(Hebdomadal Board)。直到17世纪中期,大学一切重大事务皆由该委员会决定。1636年,英国大主教洛德对大学内部管理组织进行了若干改革,扩大大学评议会成员构成,副校长(vice chancellor)、学监、教授和讲师等正规教师都可以成为评议会的成员。评议会有权颁发学位,对大学重大教育行政事务提出建议,特别是有权否决大学运营委员会做出的决议。从表面上来看,大学的管理较以往更加民主,但是实质上无论是大学运营委员会还是评议会都是由年长的教授和各学院负责人把持。

1854年制定的《牛津大学法》改变了大学传统的管理方式。根据该法案,取消大学运营委员会,成立大学管理委员会,成员包括校长、副校长、学监、6名学院院长、6名教授和6名大学评议会成员,尽可能包括各利益集团成员,代表各方面的意见。20世纪初期,该委员会负责制定大学一切重要的规章制度,成为大学的最高管理机构。同时,该法案还对大学的评议会进行改革。根据此法案,牛津大学在住的所有成员都可以成为

---

① 约翰·亨利·纽曼:《大学的理念》,高师宁等译,贵州教育出版社,2003,第264页。
② 同上书,第363页。

大学评议会成员。评议会有权对大学管理委员会做出的决议提出修正案或否决。20世纪20年代，评议会逐渐增大，如果评议会三分之二票数通过，评议会提出或制订的有关大学的议案自动成为大学的正式规章制度。

到20世纪30年代，以牛津大学和剑桥大学为代表的传统大学已经基本改变了过去的管理方式，大学管理权逐步由各学院掌管过渡到由大学一级管理委员会和全校教师组成的评议会掌握。在加强大学一级的管理权限的同时，教授或学术人员更多地参与大学管理。较为民主的、主要由学术人员管理大学的方式逐步取代了中世纪由各学院少数寡头控制大学的传统。

（二）等级分明的二元制高等教育制度

由于世袭贵族的强大势力，新兴资产阶级未能取得教育支配权，一直到近代社会，传统大学不仅拒绝在课程中设置以近代科学为基础的技术学科，而且还反对在大学中和大学之外进行科学研究，建立类似德国研究型大学的科学研究机构。不过，正是由于传统大学的保守和政府的不干涉，19世纪中期的城市学院或大学才得以成立并获得发展。这样，英国近代高等教育机构就划分为两大类型和三个层次。不同类型和层次的机构各自带有明确的办学目的、职能分工和特定的教育对象。

两大类型中的一种是以牛津大学和剑桥大学为代表的传统大学，其主要通过自由教育课程，着眼于发展受教育者的心智和能力，培养社会的精英阶层。这类院校掌握颁发学位的特权，享有很高的学术地位与社会声望，构成英国近代高等教育制度中的最高层次。

两大类型中的另一种是建立于19世纪中期的伦敦大学，其一方面部分保留了传统大学的某些特色，例如大学教育仍然分为教养教育与专业教育两个阶段进行，教养教育中大量开设语言、文学与历史等自由教育科目。专业教育阶段又着眼于近代工商业的发展，引入近代自然科学与技术课程。伦敦大学是首个成立理学院和工学院的英国大学机构，也是英国近代高等教育的最高层次，专门培养高层次的专业技术人才。

与上述两类机构相比，城市学院或大学则属于非传统高等教育机构，这类机构没有传统大学的学院建制，更不是通过自由教育课程培养社会精英阶层，是英国高等教育的次一级层次。它们基本上分布在工商业发达的地方城市，不仅具有职业教育的性质，而且一般都以地方经济发展为着眼点，带有浓厚的地方色彩。由于城市学院或大学就近招收中层，甚至下层贫民子弟，在课程设置上注重与地方工商业需要相结合，大量教授为传统大学所拒绝而又为工商业发展必不可少的实用技术内容，学制和教学方式灵活、机动，完全是从适应地方发展和学生掌握实用知识出发，所以在一定程度上弥补了此前英国高等教育中科学和技术教育的不足。但是，直到20世纪初，它们仍然由于学制不规范和学术水平低等原因而被拒于正统的教育制度之外，不仅无权颁发学位，而且在社会声望、学术水准、招生对象、毕业生就业等方面都与传统大学存在着极大的差距。在英国近代高等教育制度中，城市学院或大学的社会声望和学术地位低于以牛津大学和剑桥大学为代表的传统大学，而且不及伦敦大学等冠以大学之名的机构，但总体来说高于技术和师范类的最低层次机构。

19世纪后半叶开始，尽管大学机构与非大学机构都根据近代社会发展的需要，采取了某些改革措施。例如，传统大学的课程之中适当地增加了经验科学或职业及专门教育的内容，城市学院或大学也由于亟须改变自身的学术地位等原因，增设一些古典人文课程，但是这些改革措施都未能从根本上改变各自的本质特征。与欧洲其他国家相比，英国中世纪建立的传统大学在学术地位和社会影响等方面仍然高居于19世纪中期以后出现的新大学，特别是非大学机构之上，从而导致英国近代高等教育结构带有鲜明的等级特征。"到第一次世界大战，带有不同层次的教育制度形成，以适应于社会不同层次的需要。"[①]阿什比也指出，英国近代大学形成了两种传统，一种是陶冶人格、贵族式的精英教育，另一种是适合专门的、产业的和中产阶级发展需要的实用主义教育。牛津大学和剑桥大学等传统大学以及伦敦大学是这种体制的最高层次，城市学院或大学居中，技术和师范学院等则处于最低层次。

第三节 德 国

与其他欧洲国家相比，德国工业化的步伐比较缓慢，直到19世纪中叶，德国人口的三分之一仍然从事农业生产。19世纪末至20世纪初，德国开始逐步迈向工业化社会。伴随着工业化进程，德国政治、经济和文化教育也逐步发生变化。以下从德国高等教育的规模、形成阶段、基本特征等方面展开论述。

一、近代高等教育的规模变化

19世纪中期之前，德国高等教育机构主要包括14世纪以后模仿巴黎大学建立的中世纪大学，宗教改革期间建立的一些神学院以及18世纪建立的哈勒大学和哥廷根大学等新大学。19世纪中期之后，像欧洲许多国家和地区一样，德国也出现了各种传授近代自然科学和技术的高等教育机构，如工科大学、地方技术学院等。

从各种高等教育机构的数量变化来看，从1801年至20世纪30年代，德国高等教育整体呈增长趋势，特别是大学在校生人数的增长尤其明显（如图5-5所示）。

[①] R. D. Anderson, *Universities and Elites in Britain since 1800* (New York: Palgrave MacMillan, 1992), pp.20-21.

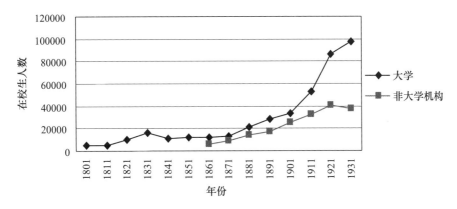

图 5-5　1801 年至 1931 年德国大学及非大学机构在校生人数的变化

资料来源：1801 年至 1821 的大学在校生数根据 H. W. プラール：『大学制度の社会史』，山本尤訳，法政大学出版局，1988，第 12—13 页有关内容整理制成。1831 年至 1851 年大学在校生数根据潮木守一：『近代大学の形成と変容』，東京大学出版会，1973，第 229 页有关内容整理制成。1861 年至 1931 年大学和非大学机构在校生数根据 Konrad H. Jarausch, *The Transformation of Higher Learning 1860-1930* (Stuttgart: Klett-Cotta, 1982), pp.13, 15 有关资料整理制成。此外，大学指由数个学院构成的综合性大学，包括中世纪时期以及 19 世纪以后建立的各种大学在内。非大学机构包括各种技术学院、工科大学；20 世纪二三十年代的非大学机构还包括师范学院、音乐学院等机构。

从图 5-5 可以看出，德国综合性大学的在校生人数增长快于非大学机构，特别是在 20 世纪 20 年代之后，其增长尤其明显。特别值得指出的是，与法国和英国不同，德国近代高等教育在校生人数的增长并不是通过扩大非大学机构的招生实现的。

此外，在这一时期，虽然非大学机构的数量增加较快，但是在校生人数的增长却不十分明显，从图 5-6 来看，非大学机构的在校生人数在 20 世纪初之后甚至出现下降的趋势。图 5-6 和表 5-9 反映了 19 世纪后期至 20 世纪 30 年代之间普鲁士的大学与非大学机构数的变化。

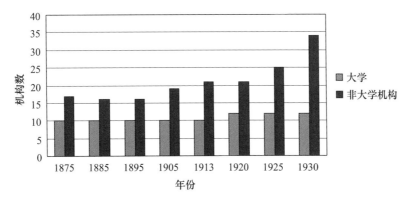

图 5-6　1875 年至 1930 年普鲁士的大学与非大学机构数的变化

资料来源：根据 Konrad H. Jarausch, *The Transformation of Higher Learning 1860-1930* (Stuttgart: Klett-Cotta, 1982), p.151 有关资料整理制成。

表 5-9　1875 年至 1930 年普鲁士高等教育机构数量的变化

机构	1875	1885	1895	1905	1913	1920	1925	1930
大学	10	10	10	10	10	12	12	12
工科大学	3	3	3	4	5	4	4	4
矿业学院	2	2	2	2	2	1	1	1
农业学院	3	2	2	2	2	2	2	2
林业学院	2	2	2	2	2	2	2	2
兽医学院	2	2	2	2	2	2	2	2
哲学和神学院	5	5	5	5	5	7	7	4
商业学院	—	—	—	2	3	2	2	2
行政学院	—	—	—	—	1	1	2	2
师范学院	—	—	—	—	—	—	3	15

资料来源：根据 Konrad H. Jarausch, *The Transformation of Higher Learning 1860–1930* (Stuttgart: Klett-Cotta, 1982), p.151 有关资料整理制成。

从所有高等教育机构中各专业领域学生人数分布的变化来看，19 世纪中期开始，大学法学部和神学部中的学生人数逐渐减少，哲学部中的学生人数不断增加，到 20 世纪，哲学部成为大学中拥有学生人数最多的学部（如图 5-7 所示）。

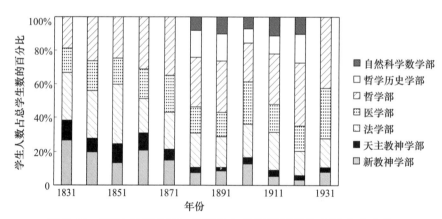

图 5-7　1831 年至 1931 年德国大学各学部学生人数分布变化

资料来源：根据 Konrad H. Jarausch, *The Transformation of Higher Learning 1860–1930* (Stuttgart: Klett-Cotta, 1982) 有关内容整理制成。

虽然从 19 世纪中期开始，大学哲学部中学生人数逐渐增加，但是从学科领域分布来看，至 20 世纪初，人文科学领域的学生数变化并不十分明显，社会科学领域学生数则在 1851 年之后呈下降趋势，1971 年之后开始回升，但增长幅度不大。相比之下，从 1861 年开始，自然科学和医学·药学专业领域学生人数急速增加（如图 5-8 所示）。这一点与同一时期法国与英国高等教育的发展基本相似，也就是说，从学科领域来看，自然科学和医学·药学专业领域的学生人数增长最显著。

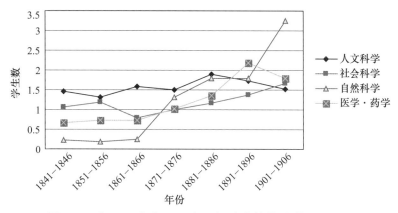

图 5-8 每一万人中不同专业领域高等教育学生数分布

资料来源：根据潮木守一：『近代大学の形成と変容』，東京大学出版会，1973，第 183 页有关内容整理制成。

二、近代高等教育形成的阶段划分

与这一时期的法国和英国一样，德国近代高等教育制度的形成也可划分为两大阶段：1860 年之前主要是德国近代大学理念的确立与研究型大学的建立时期，1860 年之后为技术型高等教育机构的出现与研究型大学的变化期。

（一）第一阶段：洪堡的近代大学理念与柏林大学的创立

19 世纪初，当英国、法国都已建立了较为稳固和强大的资产阶级政权时，德国尚未摆脱政治上分裂和经济上落后的局面。19 世纪初，普鲁士与法国交战。1807 年普鲁士战败，蒙受割地之辱，哈勒大学、哥廷根大学等也随之失去。为了挽救德意志，普鲁士国王腓特烈·威廉三世等一批有识之士，希望通过学术教育上的繁荣和精神上的胜利，洗刷军事上失利带来的国耻。因此，教育改革，特别是大学教育改革开始实施，并引起了社会各界的广泛关注。当时，有关大学教育改革存在着各种观点和看法，其中以洪堡为代表的新人文主义教育思想影响最大，并在 19 世纪初期成为德国大学改革的基本指导思想。

1. 洪堡的近代大学理念

洪堡在《柏林高等学术设施的内部与外部组织理念》一书中详细阐述了德国近代大学的办学方针和理念。

对于新大学的办学理念，洪堡首先强调，新大学的本质是"'纯粹知识'（Wissenschaft）与主观的教养（Bildung）相结合"。也就是说，新型大学应该是保证学生通过探索纯粹的客观学问能够获得主观教养的机构。[①] 关于在大学传授客观纯粹学问或科学，洪堡极其反对传统大学中神学、法学和医学教育的职业性和功利性，对于这类职

---

① 関正夫：「現代大学における教育改革の一方向」，『大学論集』1993 年第 23 集，第 3—25 页。

业和专业课程，洪堡斥之为低级的"仅为养家糊口的学问"。不过，洪堡并不反对中世纪大学初期学者自治、学术自由的传统以及文学院的某些教育课程，认为新型大学可以在某些方面借助于传统大学的学院结构和教学内容，例如，洪堡希望能够通过哲学这门古代包罗万象的古老学科统摄一切学问，使学生获取的不是个别、具体和互不关联的经验知识，而是将不同领域的知识作为一个有机统一体进行认识和把握，进而在探求这种有机联系和内在规律的基础上掌握一种治学方法，获取最高形式的纯粹客观知识，同时具备科学研究者必备的素质和能力，提高自身的教养，完善自身的道德灵魂。

其次，洪堡强调，上述过程并非是由教师通过传统的讲课方式传授给学生，主要是由学生通过学习和研究与纯粹理性认识有关的哲学知识等获取。在这一前提下，洪堡提出了大学理应保持"孤独与自由"的原则。按照洪堡的解释，所谓大学的"孤独与自由"指大学及其学生、教师和研究人员等不仅应该对世俗社会，特别是功利主义教育价值观保持一定的距离，更重要的是，大学还必须能够摆脱国家和教会权力的制约以及工业社会的世俗压力与影响。洪堡认为："纯粹科学是至关重要的，因为当它是纯粹的知识时，尽管有例外的偏差，它可以被正确和虔诚地追求和获取。孤独与自由是大学的原则。"①

最后，在这一基本理念的指导下，洪堡强调，新型大学必须将教学与科学研究相统一。为此，洪堡具体提出了大学"学习自由"和"教学自由"这两条基本办学方针。其中，"学习自由"指学生有选择学习内容和在大学中独立生活的自由；"教学自由"则可以解释为教授具有在其学术领域内不受干涉、调查和传授真理的自由。因此，洪堡理念中的新型大学不仅应该与传统大学存在着根本区别，而且也应该与近代法国和英国的高等教育机构不同。洪堡不仅否定了神学在大学中的支配地位，而且还反对法国式的国家主义教育价值观以及英国仅注重培养社会精英的古典"自由教育"。后人评价道："德国19世纪的学者坚信前人的知识是浅薄的，凭借个别学者的智力和意志的大胆研究可以揭开人类世界和宇宙的奥秘。"②

不难看出，洪堡提出的近代德国大学办学理念可以具体表现为"通过学习和研究客观纯粹科学或学问实现主观教养"，"孤独与自由"是实现这一理念的前提条件，"教学和研究相结合"是基本办学原则，通过哲学统合具体和个别的学科是实现大学办学目标的有效途径。

洪堡的办学理念很快成为当时德国大学改革的主导方针，1810年的柏林大学基本上就是按照这一办学理念创立，而某些中世纪时期形成的传统大学，如海德堡大学等也纷纷据此进行改革。更为重要的是，洪堡的办学思想和柏林大学的创立已经成为近代大学的又一典范，与法国近代高等教育模式共同构成欧洲近代高等教育两大模式，不仅影响

---

① Friedrich Paulsen, *The German Universities and University Study* (New York: Charles Scriberner's Sons, 1906), p.49.
② Herwig Blankertz, *Bildung im Zeitalter der GroBen Zndustrie* (Hannover: Schroedel Verlag, 1969), pp.77–79.

着欧洲高等教育的近代化，而且还影响了世界其他各国。

2.柏林大学的创立

19世纪初期，德国没有像法国那样，通过暴力革命关闭所有传统大学，将高等教育纳入国家政治经济的发展轨道，而是主要根据洪堡的办学思想，创立了将教学与科研相结合的柏林大学。

洪堡并不反对传统大学的学院组织形式，因此，1810年创建的柏林大学依旧由哲学、法学、医学和神学四个学部组成。不过，各学院在大学中的地位、相互关系，特别是课程设置以及功能发生了重大改变。与中世纪传统大学相比，这些变化主要表现在以下两方面。

首先，柏林大学的哲学部成为柏林大学中师资力量最雄厚、规模最大（如图5-9所示）和地位最高的学部。

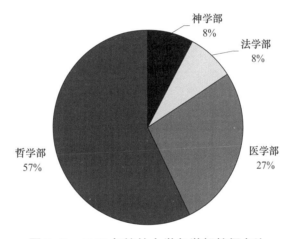

图5-9　1810年柏林大学各学部教师占比

资料来源：梅根、悟监修、世界教育史研究会：『世界教育史大系　26』大学史Ⅰ，講談社，1974，第188頁。

哲学部在大学中地位的上升不仅仅意味着新人文主义教育和某些近代科学的内容在新大学中开始居于支配地位，其更深层的意义在于促使哲学部的职能也发生相应的变化。在柏林大学，哲学部不再像中世纪大学那样是为专业学院实施预备教育的基础学部，除了教学之外，它逐步成为大学进行科学研究的中心。通过改变哲学部在大学的地位，洪堡的教学与科研相结合的理念得以付诸实践，大学在传统的教学职能上发展了新职能——科学研究。

其次，在各学院设立研讨班和研究所是洪堡教育理念在大学教育实践中的具体体现，同时也是德国新大学区别于传统大学的根本所在。柏林大学出现之前，德国大学虽然也曾出现研讨班等类似的教学形式，如1678年沃尔夫教授首次在哈勒大学设立的语言学研讨班，哥廷根大学的语言历史研讨班等，不过，它们多侧重于语言、哲学等人文科学方面的研究，很少涉及近代自然科学，而且这些研讨班只是作为一种辅助性的教学手段，并没有在大学中将教学与科研真正结合起来。从这个意义上而言，柏林大学的创立的确标志着世界高等教育历史进入了一个新阶段。

初期的研讨班主要是面向少数学生，在某个特定的领域进行学术研究。19世纪后期，尤其是1870年以后，由于大学规模日益扩大，学生人数不断增加，研讨班逐渐取消人数限制，不少研讨班从最初的一种教学形式转变成为普通的教学与研究机构，扩展到众多学科领域之中。表5-10是柏林大学神学、法学和哲学学部创建初期至20世纪初成立的各种研讨班和研究所。

表5-10　19世纪中至20世纪初柏林大学的各种研讨班和研究所

学院	年代	研讨班	研究所
神学	1812 1849 1875	神学 圣经解释学	基督教考古学
法学	1875 1900	德意志法 犯罪学	
哲学	1818 1821 1861	 数学	植物园 大学栽培所 第一化学
哲学	1867 1872 1873 1875 1877 1878 1883 1884 1886 1887 1889 1894 1899 1900 1902	 言语学 日尔曼学、罗马语学、希腊语学 历史学 国家学·统计学 东方语学 高等数学研修 历史地理学 东欧史·地志学	 工学、植物病理学 地理学 物理学、植物学 第二化学 动物学 古代学、地理学 理论物理学、自然学·博物学 心理学 海洋学 药学

资料来源：潮木守一:『近代大学の形成と変容』，東京大学出版会，1973，第110頁。

医学部同样设置了各种学科的研讨班（Medical Clinics）和研究所。到20世纪初期，柏林大学医学部共设置了23个研讨班和研究所，主要包括解剖学、药物学、生理学、病理学、解剖、生物学、卫生学等近代新兴学科，以及x射线实验室、近代生物实验室和生物实验室等。[①]

[①] Konrad H. Jarausch, *The Transformation of Higher Learning 1860-1930* (Stuttgart: Klett-Cotta, 1982), p.167.

20世纪初期，不仅柏林大学的各个学院都设立了研讨班和研究所，将教学与科研结合在一起，其他大学也纷纷以柏林大学为榜样，相继设置研讨班和研究所。

（二）第二阶段：技术型高等教育机构的出现

由于洪堡等德国大学的改革者反对在大学开设应用性科学技术课程，19世纪中期之后，为了满足德国工业化的发展需要，在研究型大学之外，工科大学和一些专门学院迅速发展。

1. 工科大学

德国工科大学（Technische Universitat）的发展历史可以追溯到18世纪德国境内各城邦建立的各种专门学院和高等工业学校。从水平参差不齐的专门学院和高等工业学校升格发展为工科大学经过了约一个世纪，其发展过程大致以19世纪60年代和70年代为界，分为前后两个阶段。前一阶段专门学院和各种高等工业学校等机构产生、发展和努力争取升格为大学；后一阶段是从1860年至20世纪30年代，上述机构正式升格为"工科大学"，逐步取得一系列资格和权力。

如前一章所述，18世纪中期以后，德国境内已经设立了不少专门学院。当时，这些学院多为各城邦政府直接设立和管理，办学方针、教学内容和人才培养等与各城邦经济与军事发展直接相联系。比较著名的专门学院有萨克森王国于1766年建立的矿山学院（Bergakgdemie），1699年出现的柏林工艺学院（Die Berliner Alcademie der Kunste）等。这些学校一般培养地方高级技术管理人才或技术官僚（矿山、冶金和建筑等领域），课程设置十分强调应用。

18世纪末之后，各种名目不一的高等技术教育机构如雨后春笋般大量涌现，其中大部分机构后来升格为工科大学（如表5-11所示）。

表5-11　18世纪末至19世纪前半叶德国出现的部分技术学院

1799年	柏林的建筑学院（Bauakademie）
1782年	柏林的技术学校（Technische Schule），于1821年改为工学院（Gewerbeinstitute）
1825年	多科技术学校（Polytechnische Schule）
1827年	多科技术中央学校（Polytechnische Zentral Schule）
1828年	技术学校（Technische Bildungsanatalt），后改为多科技术学校
1829年	多科技术学院（Polytechnisches Institute）
1836年	高等工业学校（Hohere Gewerbeschule），后改为多科技术学校

资料来源：根据 W. Lexis, *Das Unterrichtswesen im Deutschen Reich, IV, und Das Technische Unterrichtswesen, 1 Teil* (Berlin: Die Technische Hochschulen, 1904) 有关资料制成。

19世纪60年代以后，18世纪成立的各种专门学院和19世纪出现的上述教育机构逐渐联合形成较为紧密的组织。1864年，各地技术学校的校长与德国技师协会共同起草了旨在发展综合技术学校的声明，这个声明题为"有关多科技术学校组织的基本原则草案"（Über drei der Organisation der Polytechnischen Schulen Zugrunde zu legenden prinzipien）。该草案首次提出时，当时的多科技术学校接近于后来的工科大学，多科技术学校不仅为国家培养技术官僚，还必须服务于个人或私有企业，此外，培养工科方面的师资队伍等问题也被纳入草案之中。草案的基本内容为："首先必须指出，多科技术学校是与技术有关的单科大学，它在提供最高的旨在参与国家活动和个人实际事务的有关数学、自然科学、制图技术等技术性职业训练的同时，还必须为各学校培养目前正在传授有关技术或与其接近学科的教师。"

自此之后，各地多科技术学校又经多次协商，就工科大学的入学资格、课程设置、考试形式、管理形式等问题基本取得一致的意见。19世纪70年代以后，各地多科技术学校相继升格为工科大学。在这一过程中，工科大学在课程设置方面仍保留着多科技术学校的某些特征。例如，以往学校的课程分为两部分，一部分为基本人文和伦理知识的一般教育，另一部分为特殊知识（建筑、土木、机械、化学、冶金、采矿等）的特殊技术教育。工科大学将前一部分改为"普通系或基础文化系"，而将后一部分按照不同学科分别设为不同的系。

值得强调的是，工科大学不仅传授技术课程，和研究型大学一样，它们也设置有关自然科学方面的课程，并在大学设置许多研究所。这些研究所不仅从事有关自然科学理论的研究，更注重应用技术方面的研究。到20世纪初期，工科大学也通过成立自科科学和技术研究所，实现教学与科研的一体化（如图5-10所示）。

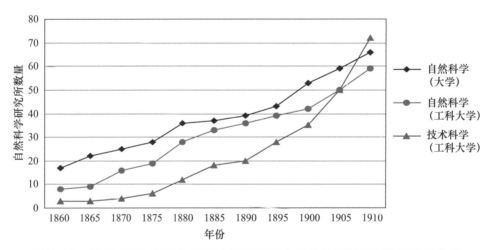

图5-10　1860年至1910年德国大学和工科大学的自然科学研究所数量变化

资料来源：根据C. Boeck, *Die technisch-wissenschaftlichen Forschungsanstalten* (Berlin: VDI-Verlag, 1931), p.131有关资料制成。

图 5-11 表明：首先，1860 年之后，无论是在大学还是工科大学，研究所的数量都呈增长趋势；其次，大学和工科大学都在 19 世纪中期之后成立自然科学研究所，不再局限于人文教育或技术教育；最后，1860 年特别是在 1870 年之后，在某些注重实际应用的技术科学领域，如化学、化工、农业技术和食品加工等，工科大学的研究所不仅发展速度迅速，而且数量也多于大学的研究所。这反映了工科大学的研究以技术科学为中心的特点。

2. 专门学院

19 世纪中期之后，除了部分专门学院（special college）和高等技术学校升格为工科大学外，到第一次世界大战之前，德国还出现了不少专门学院。这些专门学院多与商业或其他经济部门有关，一般由地方工商协会或商业团体资助兴办，毕业生多在经济和管理部门担任高级管理要职。此外，18 世纪德国各地建立的许多专门学院随着规模的扩大或办学条件的改善，部分升格为单科大学或工科大学，或者并入其他大学之中。表 5-12 是部分专门学院升格成为单科大学，最终并入大学的举例。

表 5-12　19 世纪德国部分专门学院升格为大学的案例

林业专门学校（1807）	→林业大学（1899）	→并入慕尼黑大学（1910）
兽医学校（1790）	→兽医大学（1887）	→并入柏林大学（1921）
农业学院（1847）	→农业大学（1919）	→并入波恩大学（1934）
林业专门学校（1821）	→林业大学（1922）	→并入哥廷根大学（1939）
兽医学校（1821）	→兽医大学（1890）	→后关闭
林业学院（1811）	→林业大学（1904）	→并入都灵工科大学（1928）

资料来源：根据 H.W.プラール：『大学制度の社会史』，山本尤訳，法政大学出版局，1988，第 207—211 页有关内容整理制成。

除了以上的商业和经济学院、农业和林业学院以及兽医学院这三类专门学院以外，这一时期的专门学院还包括 18 世纪建立的矿山、冶金学院，19 世纪新建的哲学、神学等专门学院，这些专门学院与研究型大学和工科大学等，共同构成德国近代高等教育体系。

三、近代高等教育的基本特征

（一）追求"纯粹知识"，赋予大学研究职能

德国近代高等教育主要是通过在传统大学的基础上注入新理念、发展新职能形成的。德国近代高等教育机构的萌芽实际上可以追溯到 17 世纪哈勒大学的出现，不过，德国大学或高等教育近代化的真正开端还是始于 1810 年柏林大学的建立。因为柏林大学首次提出了以追求"纯粹知识"，而不是在基督教神学规定的原则范围内传授知识的近代大学

理念。与此相适应，柏林大学不仅改革了大学的课程内容和课程结构，而且还将教学与科学研究相结合，并在此基础上，发展了大学的研究职能。

中世纪传统大学的理念是以亚里士多德和托马斯·阿奎那的哲学和神学学说作为基础。简单来说，大学中所有知识的传授或学术研究都必须以上述学说作为基本出发点，因此，尽管传统大学在某种程度上或在某些学科中能够引进、传授和发现新思想及新学说，但是由于这些活动都是在一定的前提下进行的，不得与古代哲学和中世纪神学发生矛盾和冲突，因此，这些新思想和新学说不可能取得突破性进展、改变大学的本质，并使其进入一个崭新的历史发展阶段。

简单来说，柏林大学的意义在于，践行了通过科学的研究方法和教学与科研相结合的方法去追求"纯粹知识"的理念。该理念的提出者洪堡并不反对传统大学的教学与组织形式，而且对中世纪大学中学者自治、学术自由的传统极为推崇。因此，他认为新型的高等教育机构可以在某些方面因袭或借助于传统大学的形式，但是大学的核心部分，例如，办学思想、课程设置和结构、教学活动组织、管理方式等必须做出重大改革。他认为，新型的高等教育机构中"科学是至关重要的，因为当它是纯粹的知识时，尽管有例外的偏差，它可以被正确和虔诚追求和获取。孤独与自由是大学的原则"①。由此可见，在洪堡看来，新型的大学不仅应该与传统大学存在根本区别，而且也应该与近代法国和英国的高等教育机构不同。洪堡不仅否定了神学在大学中的支配地位，而且还反对法国将高等教育完全纳入国家和工业发展轨道的实用主义教育，以及拒绝英国仅注重个体道德修养的古典"自由教育"。洪堡心目中的高等教育机构是追求完美的"纯粹知识"，并在这一过程中训练和发展教师和学生双方心智的新型大学。

（二）大学理念与大学现实之间的脱节与矛盾

前面已经指出，柏林大学的创立者洪堡把"追求最高形式的纯粹知识"作为新大学的最高目标。而为了达到这一目标，他提出了大学理应保持"孤独与自由"。的确，柏林大学在极大程度上实现了洪堡的办学思想。然而，由于各种因素，现实中的德国近代大学与洪堡的近代大学理念仍然存在着不少差距，而且随着德国工业化高潮的到来，无论是近代大学的理念和近代大学的实践都发生了极大变化。理念与现实的差距，以及近代大学随着工业社会的发展发生量变和质变是德国近代高等教育的又一特点。

按照洪堡等人的办学思想，近代大学应是以获取最高形式的"纯粹知识"作为终极目标，在追求这一目标的过程中，师生双方通过共同的教学与科学研究活动培养一种严谨的治学态度，掌握一种科学的研究方法。洪堡极其反对大学教育的职业化和实用化。然而，现实中的柏林大学却未能将其理念完全付诸实现。例如，1810年成立的柏林大学

---

① Friedrich Paulsen, *The German Universities and University Study* (New York: Charles Scribener's, 1906), p.53.

依旧由哲学、神学、法学和医学四个学部构成，后三者依然是培养牧师、官吏、律师和医生的主要教育机关，从这一点来看，柏林大学与传统大学还有着极其相同之处。不仅如此，尽管洪堡等人竭力抬高哲学部在大学中的地位，但是哲学部并没有能够完全发挥统摄众多学科、培养纯粹研究者的作用。按照洪堡本人于1810年亲自制定的《中等学校教员考试规定》，哲学部实际上逐渐成为培养中学（Gymnasium）教师的主要机关。因此，尽管哲学部已不再成为依附于高级系科的预备教育机构，但是却与神学部、法学部、医学部等一样是职业训练场所。

另外，洪堡认为，在新型大学中"不是学习既定的知识，而是要将学问作为完全尚未解决的问题来看待"[①]。由此，他提出了将教学与科学研究相统一的原则。当时，德国著名的李比希研究班、高斯研究班等都通过教学和科研的结合，培养了大批优秀的科学工作者和研究人员。但是随着科学的不断分化，古代和中世纪基本上可以用哲学和神学包纳一切学科领域的知识体系逐渐瓦解，各门学科逐渐成为独立的领域，特别是近代以后，即使是最有才华的学者也不可能像古代的学者那样精通所有的知识领域。随着知识的不断发展，人们不可能学习和研究所有的事物，只能在越来越狭窄的学科领域里从事特定的研究。而且随着高等教育和科学研究在国家、社会、工业发展之中扮演着越来越重要的角色，高等教育，特别是科学研究逐渐成为需要耗费大量人力、物力和财力，并且不得不依靠政府和社会支持的巨大"企业"，近代以来的高等教育和科学研究再也不可能像古代和中世纪时期那样，仅仅通过学者个体或一小部分学术团体的努力来达到目标，它不得不在依靠政府和社会的支持以维持生存和发展的同时相应地付出某些巨大的代价。例如，在国家利益和学术研究之间、在社会发展与个人修养之间，必须优先考虑国家和社会的利益。知识的专门化、高等教育和科学研究的国家化和社会化使得洪堡提倡的教学与科研相互统一的理念逐渐向其相反的方向发展，即科学研究逐渐脱离于教学过程成为独立的学术活动，它也与教学一样成为一种"职业活动"。19世纪中期之后，德国、法国、英国乃至世界各国，出现了大量由国家和政府资助的科学研究机构。

除此之外，洪堡还认为，"大学是自我陶冶的学校""大学之中根本就不应该设置任何禁区，唯有对学问的无限探究支配一切"[②]。在这一指导思想之下，他主张新型大学应该做到"学习自由"和"教学自由"，即大学的一切都应以学习者探求学问、发现真理的活动为出发点，大学中师生的自由意志和学术活动高于一切。但是，仅从以下两点进行分析便可以看出，洪堡理想中的大学与柏林大学的教育实践之间有何等巨大的鸿沟。其一，对大学自由产生极大制约首先表现在德国的大学教授都是由政府直接任命的，是国家官吏。尽管他们与国家机关工作人员、警察等相比享有较大的自由，但是作为国家官

[①] 潮木守一：『近代大学の形成と変容』，東京大学出版会，1973，第62頁。
[②] 同上书，第131頁。

吏的一员，教授首先必须保证忠诚国家，并视国家利益高于一切，尤其是19世纪后期的德国，随着国家的地位不断巩固，加之各国逐步从自由竞争阶段向垄断资本主义阶段过渡，国家对教育和科学研究领域控制和干涉不断加强，作为国家官吏的大学教授不可能不受到国家主义、极权主义等思潮的影响和左右。其二，国家对高等教育机构的影响和控制还直接表现在设立各种形式的国家考试。例如，19世纪以后出现了由国家控制的中学教师资格考试制度、医师资格考试制度、国家公务员和官吏资格考试制度等。从表面上来看，这些考试制度与大学课程的设置、大学学位的颁发、大学的教学和研究等并无直接的联系。然而，通过建立上述考试制度，国家便可对大学毕业生的就业去向以及某些重要部门进行直接控制和干预，进而左右大学的课程设置和教学及科研活动。实际上，到19世纪后半期，出于对学生前途的考虑，包括柏林大学在内的许多新型大学不得不重视职业教育，减少或放弃对学生进行全面和严格的科学训练，大学逐渐成为迎合国家各种专门考试的预备学校，丧失了初期的学习和研究的自由。

第六章 沙皇俄国、美国和日本近代高等教育的形成与发展

19世纪中期之后,以法国、英国和德国为代表的欧洲近代高等教育模式逐渐传播到欧洲以外的地域,极大地影响了沙皇俄国、美国和日本近代高等教育的形成和发展。到第一次世界大战结束,这些所谓"后发外生型"的国家也相继建立了近代高等教育制度,实现了高等教育的近代化。

第一节 沙皇俄国

一、高等教育机构的数量和规模

18世纪中期开始,彼得大帝仿照法国和德国高等教育的模式,创立了若干传授近代科学技术的专门学院和大学机构。到1865年,俄国已建有7所大学,分布在莫斯科、彼得堡、基辅等7座主要城市;此外,当时还建立了14所专门学院,如矿产、军事、医学、技术、农业和商业等学院。[①]1865年之后,在欧洲第二次工业革命的影响下,沙皇俄国各类高等教育机构迅速发展。十月革命前的1915年,沙皇俄国的高等教育机构总数增加到204所,特别是各类专门学院和独立学院的数量增加尤为明显(如表6-1所示)。

表6-1 1915年沙皇俄国高等教育机构数量

(单位:所)

类型		男子学校	女子学校	男女共校	合计
大学		11	—	1	12
非大学机构(注重一般教养教育)		—	25	18	43
宗教学院	俄国东正教	4	1	—	5
	罗马天主教	1	—	—	1
法学院		4	3	—	7
历史·哲学院		7	5	2	14

[①] Konrad H. Jarausch, *The Transformation of Higher Learning 1860-1930, Expansion, Diversification, Social Opening and Professionalization in England, Germany, Russia and the United States* (Stuttgart: Klett-Cotta, 1982), p.92, 97.

（单位：所）（续表）

类型	男子学校	女子学校	男女共校	合计
兽医学院	4	—	—	4
技术学院（包括工程）	15	6	11	32
农林学院	4	8	3	15
军事学院（包括工程和军事学院）	23	—	—	23
医学院（包括牙医）	1	14	14	29
音乐和美术学院	—	—	11	11
统计课程与商业学院	—	—	8	8
合计	74	62	68	204

资料来源：根据 Konrad H. Jarausch, *The Transformation of Higher Learning 1860-1930, Expansion, Diversification, Social Opening and Professionalization in England, Germany, Russia and the United States* (Stuttgart: Klett-Cotta, 1982), p.331 有关内容制成，有所改动。

表 6-1 表明，截至 1915 年，俄国高等教育机构数量的增加表现为两方面。首先，非大学机构数量的增长远远超过大学数量的增长。1915 年大学数仅增加到 12 所，而非大学机构数则增加到 192 所，其中，注重一般教养教育的女子学院增长比较明显。其次，从机构类型来看，技术、军事和医学院等职业学院或其他专业性较强的学院数量增长迅速。

随着高等教育机构数量的增加，绝对在校生人数也迅速扩大，尤其是非大学机构的在校生人数不断增长。根据有关资料，从 19 世纪末期开始，大学在校生人数占所有高等教育机构在校生人数的比例从 1899 年的 51% 减少到 1913 年的 32%，而非大学机构在校生所占的比例则从 1899 年的 32% 增加到 1913 年的 39%，其中，女性大学生数量的增长特别显著，例如，1905 年女性大学生人数占所有大学生人数的 17%，而在 1913 年这一比例增加到 28%（如表 6-2 所示）。

表 6-2 1899 年至 1913 年在校生人数（千人）、所占比例及增长率

	1899	1900	1905	所占百分比	1912/1913	所占百分比	增长率（1900—1913）
大学在校生	—	15.6	—	51%	32.1	32%	2.1
非大学机构在校生	9.6	—	—	32%	39.0	39%	4.1
女性大学生	—	—	5.2	17%	28.3	28%	5.4
合计	—	30.4	—	100%	99.4	100%	3.3

资料来源：根据 Konrad H. Jarausch, *The Transformation of Higher Learning 1860-1930, Expansion, Diversification, Social Opening and Professionalization in England, Germany, Russia and the United States* (Stuttgart: Klett-Cotta, 1982), p.92 有关内容制成，有所改动。

从学生在各学科的分布来看，1905 年至 1913 年，人文学科学生占比均超过了 50%；19 世纪末期开始，由于沙皇政府大力扶持技术和师范类高等教育机构的发展，技术和师

范类学生的比例逐渐增长。值得注意的是，就大学而言，从1865年至1912年，除了医学部学生比例稍有增加之外，各学部学生的相对比例并没有发生实质性变化。近50年后，大学中法学部的学生人数依然最多，历史·哲学学部的学生比例依然最低。

二、高等教育机构类型与学部构成

19世纪初期，俄国仿照德国柏林大学建立了一些研究型大学，如莫斯科大学等。不过，从学部构成来看，与德国研究型大学不同的是，绝大多数俄国大学是由历史·哲学、自然科学·数学、法学和医学四个学部构成，除了一所大学之外，所有研究型大学都没有设置神学部。此外，也有一些大学，如彼得堡大学等，没有设置医学部，取而代之的是东方语学部。

根据1880年的统计，沙皇俄国当时共有3561所专门教育机构，属于高等教育层次的专门学院不到10%，约为350所左右。这些专门学院主要开设大学没有开设或拒绝开设的实用性技术科目，主要培养传教、军事、测量、农林、技术，特别是工程、商业和艺术等方面的人才。对于医生、律师或法官，以及历史、哲学或语言教师等的培养，大学和专门学院都开设相关课程，二者区别在于大学毕业生的社会地位和学术水平可能更高一些。按照教育内容，当时专门学院大致分为12类，其中技术类的专门学院最多，其次为宗教类院校；此外，有关军事，特别是海军院校也占有相当大的比例。

三、近代高等教育的形成

到十月革命之前，沙皇俄国近代高等教育制度基本形成，其特征可以归纳为以下三方面。

首先，从高等教育机构的创建年代来看，从18世纪至19世纪初期，政府非常重视大学的发展，主要是学习德国办学模式，创建一些研究型大学，而没有采用法国通过建立各种专门学院实现高等教育的近代化的模式。19世纪中期之后，由于工业化发展需要，沙皇俄国政府才改变高等教育政策，模仿法国的专门学院和综合理工学院等机构的模式，大力发展各种实用技术教育。如前所述，这一时期开始，注重纯研究和教养教育的大学数量增长缓慢，在校生人数的比例也呈下降趋势。从这个意义上而言，沙皇俄国近代高等教育机构体现了德国研究型大学和法国专门学院的双重影响。从时间上来看，19世纪中期之前，沙皇俄国近代高等教育的形成主要受到德国研究型大学的影响；19世纪中期之后，则更多地受到法国近代高等教育模式的影响。可以说，到十月革命之前，沙皇俄国近代高等教育的形成过程是由注重纯研究逐步转向强调单科技术学院的转换过程。

其次，由于沙皇俄国高等教育体系包括大学与非大学两大部分，二者在办学目的、人才培养规格等方面存在着鲜明的区别。例如，1915年，沙皇俄国教育部分别对大学和专门学院的办学目的做了明确的规定："大学的目的是给年轻人传授一种科学的教育。除了医学部之外，大学并不为学生的实际就业做准备。大学不培养教师、律师或政府官员，大学是一种集科学研究与教育为一体的机构。"与此相比，专门学院的主要目的则是"给学生传授知识和技能，这些知识和技能在学生从事特定职业（如法官、工程师、技师、教师等）之前是必不可少的。大学以追求每一门学科中的纯粹知识和一般教育特征为目的，大学办学的目的不考虑适应上述职业的要求，不为学生将来的实际生活做准备"。[①]

最后，从管理体制来看，与这一时期的法国、德国等绝大多数欧洲大陆国家一样，沙皇俄国所有高等教育机构均由国家实行严格管理。例如，沙皇俄国公共教育部直接管辖大学，负责任命教员、设置课程、拨款等，地位高于中央政府其他各部门。中央政府其他部门分别管理各类不同的专门学院，各部门根据自身的人才需求数量和培养规格等，制订人才培养计划，通过下属的专门学院实施培养计划。从这一点来看，作为此后"苏联模式"主要特征之一的中央政府集权、各部门办学的管理体制早在沙皇俄国时代已初具雏形。

不难看出，早在十月革命之前，苏联高等教育模式的某些基本特征已渐露端倪。早在沙皇时代，特别是在19世纪后期，俄国高等教育就在管理体制和机构类型等方面侧重学习法国，主要是拿破仑时代的高等教育办学体制，大力举办技术性专门学院等。此后在苏联社会主义革命时期，由于高等教育直接纳入国家经济发展的轨道，苏联政府在某些方面直接继承了沙皇俄国时代后期的某些做法，如注重发展技术性专门学院，减少研究型大学数量，中央政府各部门共同举办和管理不同类型的高等教育机构等。

第二节 美 国

一、殖民地时期的高等教育[②]

北美洲是印第安人的故乡。16世纪上半叶开始，西班牙、荷兰、法国和英国等国的殖民主义者先后侵入了北美大陆，开拓和争夺殖民地。英国于1607年在弗吉尼亚的詹姆士城建立了第一个北美殖民地，同时开始向那里移民。到1733年，英国已经排挤了其他国家的殖民势力，在现在美国东起大西洋西岸，西至阿巴拉契亚山脉之间的土地上建立起了13个殖民地。美国殖民地时期（1636—1776）的高等教育即是适应当时当地的政治、宗教、思想文化以及经济的需要而逐步建立和发展起来的。

（一）殖民地时期高等教育概况

17世纪初期，英国国内宗教斗争非常激烈。国教会和王室疯狂地迫害反对国教会的

---

① Konrad H. Jarausch, *The Transformation of Higher Learning 1860–1930, Expansion, Diversification, Social Opening and Professionalization in England, Germany, Russia and the United States* (Stuttgart: Klett-Cotta, 1982), pp.323–324.
② 由于美国历史及高等教育发展的独特性，美国高等教育的分期与其他国家略有差异。

清教徒（Puritan）。清教徒们既不愿意抛弃自己的信仰，又无力摆脱国教会的专制，因此许多人纷纷逃离英国。1620年首批102名清教徒中的激进分子（分离派）取道荷兰漂洋来到北美大陆的普利茅斯，1630年大约又有一千名清教徒被迫移居北美，于年底到达马萨诸塞。在以后的十年中，每年大约都有两千名清教徒移居马萨诸塞。清教徒抵达殖民地以后，最关心的是自己这一代传教士谢世后，教会是否会落入不学无术的牧师手中。于是，他们每到一处即兴建教堂和学校，传播宗教。在这些清教徒中，有一些是英国剑桥大学伊曼纽尔学院（Emmanuel College of Cambridge University）的毕业生。他们雄心勃勃，要把"古老英国大学的传统移植到北美的荒野"。在清教徒的积极倡导和影响下，1636年马萨诸塞海湾总法院和该殖民地总督批准，拨款建立一所学院，次年11月5日，总法院命名学院的所在地为坎布里奇（Cambridge），校名为坎布里奇学院。1639年，该校更名为哈佛学院，以纪念临终前将一半家产及400册藏书捐给该校的牧师约翰·哈佛（John Harvard）。这就是以哈佛大学的前身哈佛学院为代表的殖民地学院的缘起。

在哈佛学院创办半个世纪以后，由圣公会发起的殖民地第二所高等教育性质的机构——威廉玛丽学院（College of William and Mary）在弗吉尼亚的威廉斯堡建立。1701年，清教徒中的公理会教士在康涅狄格州建立了一所学院，1718年定名为耶鲁学院（Yale College）。

美国殖民地时期建立的高等学校还有另外几所学院，包括后来的一些著名学府，如达特茅斯学院、宾夕法尼亚大学、哥伦比亚大学、普林斯顿大学、布朗大学等的前身。

殖民地时期，这些学院从层次上看大体介于高等学校与中学之间，规模从几十人到几百人不等。但是，这些学院是美国高等教育的起源，它们不断拓展、辐射，为其他地区教会所仿效，推动了整个北美高等教育事业的发展。

（二）殖民地时期美国高等教育机构的课程设置

殖民地时期学院实施的是传统的博雅教育[①]。哈佛学院院长亨利·邓斯特（Henry Dunster）最初竭力仿效他的母校——剑桥大学的课程设置。这种课程源于古代和中世纪的"三艺"和"四艺"，其核心是古典语言和文学，如设置阿拉米语、古叙利亚语、希伯来语，以及伦理学、政治学、物理学、数学、植物学和神学等课程。其他殖民地学院的课程设置和所强调的重点与哈佛学院大体相同。

这种唯一的通向学士学位的课程设置，要求所有学生都必须修习，并不考虑学生的兴趣差异和职业打算。当时普遍认为，人文学科是自古代经过中世纪、文艺复兴和宗教改革运动延续而来的，是一种固有的和已被认识了的知识体系，构成了绝对的永恒不变

[①] 也有译者将其理解为通识教育（general education）、自由教育或普通教育，还有的译为文科教育、文理教育。博雅教育的含义更宽。

的真理。专心学习和掌握这种知识，对所有的学生都是重要的，对于牧师、律师和医生等职业人员也是不可缺少的，同时也是有教养的象征和阶级地位的标志。

进入18世纪后，由于受到欧洲启蒙运动和英国非教派学院及苏格兰大学课程设置的强大影响，殖民地时期学院的课程体系开始出现了一些改革的趋向。①

一方面，哈佛学院、耶鲁学院等学校对自然科学的兴趣普遍增长。哈佛学院于1728年开始设立霍利斯数学和自然哲学教授职位，其职责就是用实验方法来进行教学。哈佛、耶鲁等学校购置了许多科学仪器，以向学生验证天文学、物理学和化学的基本原理。

另一方面，实用性课程开始出现。如1754年英王学院院长提出该校除了开设传统的课程之外，还应当开设测量、航海、家政、矿物学、地理学、商业和管理等课程，以满足纽约地租商贸的需要。1753年，费拉德尔菲亚学院（费城学院）院长威廉·史密斯（William Smith）曾设想在殖民地学院为那些准备从事技艺性职业（mechanic profession）的人设立一类独立的课程，同时也设置传统的古典课程，学院的所有活动记录都将用英文。他设想所有的高等教育课程都将是充分综合的，甚至提出古典课程计划也应包含许多现代学科，如自然科学、测量、历史、农业、英文写作和会话等。1756年，史密斯草拟了一个"博雅教育计划"（Scheme of Liberal Education），追求他已系统阐述过的理想。虽然这个计划仅部分地被采用，却代表了当时的一个伟大进展。这是美国高等教育史上第一个系统的，且不是仿效英国的，不为宗教目的服务的课程计划。这个计划的侧重点是培养政府官员。课程的三分之一继续用于传统的拉丁文和希腊文的学习，三分之一用于数学和自然科学（包括实用科目，如农业化学、测量、测时、力学和航海），三分之一用于伦理学、逻辑学和形而上学（包括政治学、历史、贸易和商业）。课程的重点是提高学生熟练掌握英语写作和会话的能力，鼓励阅读现代英语著作。史密斯还支持该学院医科的发展，使其"成为在全美洲传播医学教育的典范"，推动了医师从艺徒制向专业化的发展。史密斯在费城学院的课程改革以及这种课程计划的世俗主义倾向和宽广性，对宾夕法尼亚大学、马里兰州的华盛顿学院和圣约翰学院都产生了直接的影响。史密斯还亲自帮助了后两所学院的建立。在殖民地时期，费城是英属北美最大的商业中心，费城学院的"百科全书式"课程计划反映了这个城市发展的需要。

殖民地时期，学院的教学基本采用讲授的方法，强调教师的权威，强调对知识的记诵和掌握。

二、近代高等教育的形成

美国近代高等教育的形成大致可以划分为两大阶段：从独立战争之后到南北战争结束是美国近代高等教育的初创期，此后至第一次世界大战结束是美国近代高等教育形成

---

① 陈学飞:《美国高等教育发展史》，四川大学出版社，1989，第14页。

和发展期。

（一）近代高等教育的初创

1775 年至 1783 年的独立战争是美国历史上的重大转折。独立战争结束了英国对 13 个殖民地的统治，开始建立联邦制资本主义国家。宪法有关规定及第九条修正案等为美国高等教育向着分权化、世俗化、自由化方向发展提供了法律依据。大规模的领土扩张和资本主义经济的迅速发展，为美国高等教育的变革和演进奠定了物质基础。

由于独立战争的冲击和欧洲启蒙运动的强大影响，美国独立初期民主主义和自由主义的思想非常流行，殖民地时期旧的高等教育传统观念开始改变，要求政府组建新的、更为务实的高等学校的呼声日益高涨。在这种背景之下，联邦曾设想开办国立大学，但是遭到了各州的抵制。19 世纪 20 年代以前，一些新建院校自称为州立大学。经过美国开国元勋之一的托马斯·杰斐逊的多年努力，弗吉尼亚大学（University of Virginia）于 1825 年正式开学，这是美国历史上第一所真正的州立大学。该大学追求比现有学院更高级的教育，并允许学生自由选择专业和课程。它完全是政府的事业，不是民间或半官方的，而且完全是世俗的院校。弗吉尼亚大学创办后，对南部、西部和北部地区高等学校的发展产生了重要影响。到南北战争前夕，美国的 27 个州已有 25 个州相继建立了州立大学。

这一时期，专业教育和技术教育进入美国高等学校，传统上需要高深教育及特殊训练的职业从学徒制逐渐转入正规的专业学校教育。一些院校先是开设法学、医学讲座，后来建立起医学院和法学院。与此同时，技术教育也开始出现。1802 年美国军事学院（the United States Military Academy，即后来的西点军校，West Point Academy），1924 年伦塞勒理工学院（Rensselear Polytechnic Institute）先后建立。这些引发了传统的文理学院在学科、专业设置上的改革。

进入 18 世纪后，美国的一些民主主义思想家和教育家积极尝试打破殖民地学院崇尚博雅教育、以古典语言文学为核心、只有必修课的课程体系，增设自然科学、现代语言及农业、商业等实用课程。独立战争以后，高等教育课程改革进一步深化。弗吉尼亚大学对大学独立开设和特殊学院的课程实行"自由选课"。在 19 世纪初的课程改革中，哈佛学院允许高年级学生选修一定数量的课程，还允许学生按照自己的进度修习专门系科的课程。弗吉尼亚大学和哈佛学院的课程改革产生了相当大的反响，也遭到了一些保守人士的非议。1828 年《耶鲁报告》出台。该报告宣称：以"精修古典语言"为特征的必修课程对于学院是唯一适当的课程体系，一则由于古典语言是训练心智的有效途径，二则因为大学生心智还不成熟，不能给以选课的自由。这一报告的公布，使在教育界占有统治地位的传统教育思想和教育观念得到了加强，课程改革一时受阻。

这一时期，对于高等学校控制权的争夺日渐激烈。有些州政府试图把一些私立院校改变为州立大学。在著名的 1819 年达特茅斯学院裁决案件中，联邦最高法院赋予了私立院校不可侵犯的权利，该学院取得了最后的胜利，这大大促进了州政府、各种宗教派别和私人团体组建学院的努力，也导致了各类大学或学院之间的竞争以及整个高等教育事业多元化、多样化发展，还使高等学校自主权得到了保护。高等学校还面临着教派、其他世俗力量的权力渗透，宗教影响逐步让位于多种社会因素和力量。在院校内部，经过长期的斗争，决策权在一定程度上呈现出由管理委员会、校长向教师转移的趋势。

这一时期是美国高等教育不断"试错"的时期。这种自由放任高等教育发展、让其自生自灭的局面直到进入20世纪以后才逐步得到纠正。但是，具有美国特色的高等教育体系已经形成了一个粗略的轮廓，为南北战争以后到第一次世界大战前建立比较完整的美国近代高等教育体系奠定了基础。

（二）近代高等教育的形成和发展

19世纪60年代至第一次世界大战前，美国高等教育沿着两个方向发展：一是向德国学习，建立以科学研究和研究生教育为主要任务的研究型大学；二是通过土地赠予相关法案，建立农工大学（或州立大学），为国家和地方经济社会发展服务，向大众开放，从而也开始了精英高等教育向大众高等教育过渡的时代。这两个方向的协调与撞击，产生了独具美国特色的初级学院（社区学院）。①

自独立以来，美国联邦政府即陆续向一些州赠予公用土地以建立公立高等院校。在美国高等教育发展史上具有划时代意义的联邦赠地行为源自1862年生效的《莫雷尔法案》。该法案于1861年由美国国会通过，次年，由当时的美国总统林肯正式签署。该法案规定：①联邦政府在每州至少资助一所学院从事农业和技术教育；②按照1860年规定分配的名额，每州凡有国会议员一人可以获得3万英亩的公用土地或等价的土地期票；③出售公地获得的资金，除10%可以用于购买校址用地外，其余将设立为捐赠基金，其利息不得低于5%；④这笔资金如果在五年之内未能用完，全部退还给联邦政府。1890年，《第二莫里尔法案》通过，该法案规定联邦政府每年向赠地学院拨款。联邦政府提供这样大笔资金用于资助农工高等教育，的确大大刺激了公立学院和实科高等教育的发展。许多州都依靠赠地、出售土地所得或拨款建立了新的农工学院，或者在原有学院里设立了与农业、机械相关的科系。《莫雷尔法案》推动的"赠地学院运动"适应了美国工农业迅速发展和人口激增对高等教育的新需求，"使得美国现代公立大学体系开始形成"。在赠地学院和州立大学迅速发展并建立坚实基础的过程中，在这类学院和大学中形成了两种占主导地位的高等教育观念：一种是以康奈尔大学为代表的"全目标课程"或"通用课程"计划；另一种是以"威斯康星思想"（Wisconsin Idea）为代表的大学为社会服务观念。

南北战争以后，随着美国社会工业化、都市化、专业化和世俗化步伐的加快，整

---

① 王英杰：《美国高等教育发展与改革》，人民教育出版社，1993，第22页。

个社会的文化思想也日益发生了深刻的变化，要求创办研究型大学、发展研究生教育的呼声不断高涨。同时，由于大批的捐赠资金投入到高等学校，以及大批具有博士学位的毕业生源源不断地从德国回国。从1815年到1915年，先后约有一万名青年学生在德国大学完成学业，而此前的19世纪上半叶，留德学生总计还不足两百名。这也为美国研究型大学的发展创造了必要的财力和人力条件。这一时期，美国的教育家主要通过两条途径来改造现存的高等教育：一是建立以研究生教育为重点的新型大学；二是把英国式的学院改造成为德国式的大学。第一种情况最具代表性的是1876年约翰·霍普金斯大学（Johns Hopkins University）的创办。该校创办伊始就把研究生教育当作最重要的使命。首任校长吉尔曼（Daniel Coit Gilman）聘任了一批著名学者来任教，招收研究生，并开设本科以给研究生院储备优秀人才。到1901年该校鼎盛时，其研究院已经扩展到3个系，医学院已经享有世界声誉。约翰·霍普金斯大学的创立，标志着美国大学时代的开始，它使大学首次把研究生培养放在第一位，使得授予博士学位和开展研究生教育成为一所学院变为大学的标志，使学者们第一次能够在自己的专业领域把教学与创造性的研究结合起来。约翰·霍普金斯大学的成功和榜样作用，一方面有力地促进了哈佛学院、耶鲁学院、哥伦比亚学院、威斯康星大学等著名的传统学院和州立大学改造为现代大学的进程，另一方面也为芝加哥大学、克拉克大学等新的研究型大学的创立开辟了道路。这一时期，研究型大学数量不断增多，规模不断扩大。据统计，到1900年，美国开设研究生课程的学院和大学已达150所左右，其中近三分之一开设了博士课程，这一年全美共授予博士学位250个，相当于1890年的两倍。

与此同时，美国社会的巨大变化影响了高等教育的办学方向。如何集中高等教育资源办好研究生教育和本科教育，如何把大学头两年教育与本科教育、高中教育区分开来成为一个众所关注的问题。在这种背景下，19世纪末20世纪初兴起了初级学院运动（Junior College Movement）。基于集中办好大学三、四年级教育和研究生教育，同时也能够使更多的高中生有机会进入学院一、二年级学习的考虑，芝加哥大学校长威廉·哈珀（William R. Harper）于1892年率先把该校分成两级学院：大学一、二年级称作基础学院；大学三、四年级称作大学学院。在基础学院完成两年学习的学生可以获得证书（certificate）。1896年该校基础学院改名为"初级学院"，1899年把在初级学院完成两年学业的学生证书改称为副学士（associate degree）学位，1900年首次授予了83位毕业生以副学士学位。在哈珀的建议和影响下，新建了一些初级学院，而一些技术学校、农业学校逐步改造为初级学院，还有一些四年制学院改变为初级学院，同时也促成了美国第一所公立初级学院的出现。1907年，加利福尼亚州议会最早通过立法允许州内各中等教育委员会提供大学头两年教育，并授权各地区建立地方性的初级学院——社区学院。三年后，该州率先建立了第一所公立社区学院。在开始阶段，初级学院的主要办学目的是为本社区没有机会或能力进入高等学校的中学毕业生提供大学一、二年级的教育，以使他们将来有机会转入四年制学院或大学。后来，为了满足社区不断增加的需要，初级学院或社区学院的职能不断扩展。这些职能通常包括提供转学准备教育、职业技术教育、继续教育、补习教育，以及为社区服务。由于初级学院办学目标的综合性、所开课程的多样性，以及所提供教育的广泛适应性和群众性，使它成为此后美国发展最快的一类高等教育机构。1900 年，全美初级学院仅有 8 所，在校生仅有 100 人，平均每校 12.5 人；1921 年发展到 207 所，在校生约 20000 人，平均每校约 100 人。

研究型大学、农工大学（州立大学）、初级学院这三种类型的院校构成了美国近代高等教育体系的主体，至此，美国形成了由研究生教育、本科教育、专科教育（副学士教育）构成的三级教育结构和由博士、硕士、学士、副学士构成的四级学位结构，美国近代高等教育体系得以建立起来。

三、近代高等教育课程与教学制度的改革

南北战争以前，美国有些著名大学在课程设置方面已经开始了一些大胆的改革尝试。南北战争以后，随着美国经济、社会的急剧变化，科学技术的重要作用日益显著。这就迫使学者们不得不承认工程师、科学家和技术人员的社会地位，并承认培养相关人才的学院课程与培养法官、医生、教士的课程具有平等的地位。在这种形势的推动下，美国高等学校以实行选修制为核心的课程改革运动又掀起了新的高潮。

1869 年，年仅 35 岁的化学家埃利奥特（Charles William Eliot）被选聘为哈佛大学[①]校长。他在就职演说中明确宣布赞成选修制。他认为，美国各个院校内各门学科实行统一的课程内容和统一的教学进度，在美国高等教育中，个人智力上的差别和志趣还没有受到足够的重视。对于个人，只有深谋远虑的课程设置才能使其"特有的官能得到最充分的发展"。他主张真正的大学应该给予学生在学习方面选择的自由。

在埃利奥特的领导下，哈佛大学的课程改革稳步进展。到 1874—1875 学年，除了修辞学、哲学、历史学和政治学以外，该校的必修课就只限于大学一年级学生修习了。1883—1884 学年，一年级课程也开始实行选修制，选修课的比例超过了该年级全部课程的五分之三以上。到 1895 年，哈佛大学一年级的必修课已经减少到只剩两门英语和一门现代外国语了。至此，自由选修制在哈佛大学得到了全面的实行。

哈佛大学课程改革的实践引起了美国其他高校的广泛注意。康奈尔大学、哥伦比亚大学、斯坦福大学、威廉玛丽学院等著名学府，以及其他许多高校都纷纷试行选修制。到了 19 世纪末，美国各类高校几乎都在不同程度上实行了选修制度，大量的教派学院和小型文理学院自 1900 年以后也开始按照选修制的原则安排课程。在各类院校推行的选修制实践中，大体可以分为四种主要类型：自由选修制，选修必修各半制，主辅修制，分

---

① 哈佛学院于 1780 年改称"哈佛大学"。

组制。

选修制度的确立引起了美国高等教育的一系列重大而深刻的变化。①

第一,它使人们承认所有的学科在高等教育中都具有同等重要的价值,这就从根本上动摇了以往古典人文学科在高等学校课程体系中占有支配地位的思想基础,从而为现代语言、社会科学、自然科学、实用科学在高校课程中占有合法、平等的地位开辟了道路。

第二,功利主义和社会效益逐渐成了衡量学院和大学价值的主要标准。这改变了传统院校与生活严重脱节的状况,使美国高等学校在促进科技发展、社会服务方面大大前进了一步。

第三,促进了高等学校课程数量的急剧增加和课程范围、种类的明显扩大。

第四,促使高等学校教学组织的变化。随着学科的分化,课程的激增,以学科为基础的教学组织得以产生。教师们被迫按照学科或专业重新组织起来。对教师的要求也由以广博为主转变为对某一学科精深了解,从而推动了传统学院向现代多学科大学的转变。

第五,打破了高等学校强迫个性不同、志趣各异的学生去迎合一种课程模式、按照一种进度学习的旧传统,开设多种不同的课程去适应众多学生的不同需求,从而使学生的个性能够充分发展,同时也促使高等学校学生的咨询、指导工作越来越得到重视和发展。

然而,选修制特别是完全自由选修制在实施过程中也造成了许多混乱,产生了一些严重的弊端。如对哈佛大学实行自由选修制的调查研究发现,学生往往选择授课时间方便、易于取得学分的课程,造成学生倾向于选择难度较小、没有中心和重点的课程,盲目选修课程的学生也不少。同时,推行选修制使得部分高校的课程体系变得支离破碎,使各门课程内部失去了系统性和统一性,课程之间缺乏有机联系。

上述情况引起了实行选修制,尤其是自由选修制院校教师的强烈不满。埃利奥特虽然仍提倡自由选修制,但也不得不允许各学科按照自己认为合适的方式对选修制加以改进。1909年,劳伦斯·洛厄尔(Lawrence Lowell)继埃利奥特任哈佛大学校长。他从1910年起开始实行"集中与分配"(concentration and distribution)课程制,即规定哈佛大学的本科生至少把全年的16门课程中的6门"集中"在一个主修领域,"分配"其他至少6门课程于其他三个领域。在洛厄尔等人的努力下,哈佛大学逐渐把埃利奥特推行的德国式的自由选修制与英国的导师制结合起来,形成了具有自己特色的教学制度。在哈佛大学的影响下,许多学院和大学都对选修制进行了改进,以完善课程和教学管理制度。

四、殖民地时期及近代高等教育思想

高等教育思想是高等教育制度形成的先导性因素,没有高等教育思想的形成,美国高等教育制度就缺少了存在的理论基础。

---

① 陈学飞:《美国高等教育发展史》,四川大学出版社,1989,第98—99页。

（一）殖民地时期的高等教育思想

英国的殖民主义者和由英国移居而来的教派在殖民地创立了学院，以及相应的课程和组织管理模式。这种模式从英国移植而来或深受英国教育传统的影响。中世纪以来，英国的高等教育形成了两种传统：一种是以牛津大学和剑桥大学为代表的英格兰教育传统，以学院制、寄宿制、学校自治和着重古典人文教育为特征；另一种是以格拉斯哥大学、阿伯丁大学和爱丁堡大学为代表的苏格兰教育传统，其特征是非寄宿的、为学生就业做准备，学校主要是由地方社会的代表管理。这两种教育传统相互竞争、相互渗透，都曾给北美殖民地学院的发展带来重要的影响。

殖民地高等教育发展体现了一定的教育思想，随着高等教育实践的发展，又形成了扎根于殖民地的高等教育思想。北美殖民地高等教育思想中，最有特色的是办学思想和管理思想：办学目标从为宗教服务到逐步世俗化；以外部力量治校为主，大学自治发展艰难。可以说，这两点也体现了殖民地高等教育的主要特征。

1. 办学思想：办学目标从为宗教服务到逐步世俗化

基督教传统是被带到新大陆的所有知识文化结构的基石。创建殖民地学院的直接原因是殖民地传播基督教文化和培养有教养教士的实际需要。

殖民地学院初期是以培养教派人士为主，后来才逐步增强了为世俗社会培养官员和专业人才的职能。哈佛学院最早的章程规定本校的主要目标是培养学生能够牢记永生的上帝和耶稣救世主。耶鲁学院的目标是使"青年人在人文和自然科学方面受到教育"，使"这些青年经过全能的上帝的赐福，将适于在文明国家中供职"。威廉玛丽学院的建立是为了给教会培养受过虔诚教育的、有学问的、举止端庄的青年，同时也为了在印第安人中传播基督教的信仰。

到18世纪中叶，由于殖民地里教派的多样化发展，在一定程度上形成了各教派并存的格局，同时由于殖民地商业的迅速发展，出现了举办世俗院校的要求。这些趋势对当时的殖民地教育产生了很大的影响，主要表现在对宗教教育和培养教士的重视程度普遍降低。哈佛学院、耶鲁学院等院校的校长和教授都为办学世俗化做出了努力，拓宽了人才培养方向。进入18世纪以后，威廉玛丽学院的办学重点不再限于培养教士，同时也在于培养未来的律师和医生。1770年，该校的教授们发表一个声明，宣布该校的目的是为了三种传统的精深领域（神学、法学、医学）培养青年。学院的培养目标回归中世纪大学的传统，迈出了摆脱教会控制、向世俗化迈进的重要一步。

学院毕业生成为教士的比例也日趋下降，反映了世俗化逐渐加强。在18世纪上半叶，学院毕业生中有大约一半成为教士，到了1761年，这一比例下降到了37%。

2. 管理思想：以外部力量治校为主，大学自治发展艰难

在英属殖民地学院中，学院的最高决策机构是董事会或校监委员会（board of

oveseers），有的也称为管理委员会（governing board）。这些委员会须经英国王室或殖民地立法机关的特许，拥有管理学校资产、任免校长等权力，以及为学校募集资金等责任。中世纪出现的欧洲大学是学生和教师自愿组成的学者社团（corporation），它们努力保持学者行会的自我管理。而殖民地学院则是由立法机关、教会等外部力量所控制的，与欧洲大学的自治相去甚远。殖民地学院在创立初期所形成的由校外人士而非教授进行管理的模式，主要有以下三方面的原因：第一，建立马萨诸塞殖民地的清教徒属于加尔文宗，该教派的基本信条之一就是世俗人士必须参与社会机构的管理和决策。第二，殖民地学院是由种种非学者社群创立的。这些社群财力有限，而学院不具备自治或独立的财政基础，必须求助于社会力量的支持。第三，教师社群在学院建立后才逐渐形成，在学院管理中缺乏发言权。随着时间的推移，虽然上述客观条件在不断发生变化，但是殖民地初期形成的学院内外部的权力组织结构，却为后来美国高等学校的行政管理确立了基本的模式。在殖民地时期，耶鲁学院的"一院制"模式（学院管理委员会治校）为后来所建立的院校所仿效，而校长、教师在获得学院管理权限方面进展缓慢。

（二）近代高等教育思想

在美国近代高等教育的发展史上，形成了国家主义、实用主义和古典主义三种主要的思想，这三种思想相互竞争、此消彼长，构成了美国近代高等教育思想的主体。

第一，国家主义是18世纪末19世纪初出现的一种高等教育思想，主要表现在"国立大学"（National University）概念的提出。在1786年5月25日给理查德·皮赖斯的书信中，本杰明·拉什提出希望能够建立一所"由议会赞助的联邦大学"。1787年，在费城出版的杂志《美国博物馆》上，拉什发表题为《告美国人民书》的文章。他写道："为了革命的胜利，新国家需要建立一所联邦大学，培养能够服务于共和政府的公民。"[1] 拉什的文章受到美国早期几位总统，例如华盛顿、杰斐逊、麦迪逊和亚当斯等人的高度重视。1789年，华盛顿在国会的一次演讲中指出："不用我过多地劝说，你们也会同意我的观点，除了促进科学和文学的发展，没有什么事情更应该得到资助的。对于每个国家来说，知识都是公民幸福最可靠的基石。"[2] 他对许多美国学生被迫到国外去学习而感到遗憾。华盛顿认为，国立大学应该由联邦来资助，如土地赠予等。[3] 他本人先后两次向国会捐赠财产，准备用于联邦大学的建设。[4]

除了拉什和华盛顿之外，美国第三任总统托马斯·杰斐逊对建立国立大学的思想和实践也做出了贡献。杰斐逊一生共有四个教育理想，其中第四个教育理想，也是其有生

---

[1] David Madsen, *The National University* (Detroit: Wayne State University Press, 1966), p.18.
[2] R. Hofstadter and W. Smith, *American Higher Education* (London: The University of Chicago Press, 1967), p.156.
[3] David Madsen, *The National University* (Detroit: Wayne State University Press, 1966), p.15.
[4] R. Hofstadter and W. Smith, *American Higher Education* (London: The University of Chicago Press, 1967), p.160.

之年唯一实现的教育理想,就是建立一所真正的弗吉尼亚大学。1805年,杰斐逊担任美国总统的第二个任期开始时,就一直要求国会批准建立国立大学计划,并和巴洛(Joel Barlow)一道在弗吉尼亚发动了一场建立国立大学的运动,尽管没有成功,但埋下了建立弗吉尼亚大学的种子。在杰斐逊改革思想的影响下,其他学院和大学也开始提出对本校改革的设想,并且不遗余力地实践自己的改革理想。

第二,实用主义成为支配19世纪美国大学的主流思想。一些有识之士感到,传统的学院教育目标和课程不适应美国社会经济发展的需要,与美国人所信奉的实用主义理念也大相径庭,于是提出加紧对美国大学培养目标和课程内容进行改造。本杰明·富兰克林就是一位早期的实用主义者,他提出在学院或大学应该开始注重实际的现代课程。[1]佛蒙特州议员莫雷尔(Justin S. Morrill)认为,传统学院教学内容已无法适应社会发展需要,建议取消美国学院"几个世纪以前建立的以欧洲学术为特点的那部分学习,以较新的更有实用价值的学习来填补空白"[2]。1857年,莫雷尔正式向国会提出议案,即著名的《莫雷尔法案》,该法案内容完全是实用主义和技术主义的。《莫雷尔法案》在美国历史上具有划时代的意义。它的颁布"使高等教育的实用性得到加强……这从根本上加强了正在兴起的农业和机械革命"[3]。同时,法案的颁布直接导致大批的新型农工学院的建立,打破了早期美国高等教育的传统,铸造了美国高等教育的一种新的力量。

在众多新型院校中,康奈尔大学和威斯康星大学的办学思想具有典型意义,充分体现了美国高等教育实用主义和技术主义的特点。康奈尔大学的创建者康奈尔(E. Cornell)指出:"我要建立一所让任何人在任何学习领域都能受到教育的学校……这所学院将向社会的工业和生产阶级提供最好的设施,以使他们获得实用知识和精神文化……这所学院将使科学直接服务于农业和其他生产行业。"[4]威斯康星大学的办学思想也体现出明显的实用主义特征。该校校长范·海斯(Van Hise)重视大学与州政府的密切合作,以及大学在地方文化和经济发展中的地位和作用。他认为,在培养有知识、能工作的公民,开展科学研究以创造新知识之外,大学还有传播知识的任务,要把知识传授给广大的民众,使他们运用这些知识解决经济、生产、社会、政治及生活方面的问题。范·海斯重视大学第三项任务,将其概括为"把知识传递给广大民众""为全州服务",并将它称为现代大学的"新观念"。[5]在这种观念的支配下,威斯康星大学通过知识传播和专家服务等手段,使教学、科研和服务都面向本州的文化和经济发展需要,并促成教学、科研和服

---

[1] S.E.佛罗斯特:《西方教育的历史和哲学基础》,吴无训等译,华夏出版社,1987,第490页。
[2] 同上。
[3] E.波伊尔:《学术水平的反思》,载国家教育发展研究中心编《发达国家教育改革的动向和趋势(第五集)》,人民教育出版社,1994,第13页。
[4] 王庭芳:《美国高等教育史》,福建教育出版社,1995,第131页。
[5] 康健:《威斯康星思想与高等教育的社会职能》,载南京大学高等教育研究所编《当代教育发展的重大课题》,南京大学出版社,1990,第262页。

务一体化，形成了著名的"威斯康星思想"。

第三，古典主义高等教育思想仍然发挥作用。在国家主义和实用主义兴起前后，美国传统高等教育势力仍然非常强大。一些传统人士坚持认为，殖民地学院是按照欧洲优秀大学学院的模式建造起来的，对学生实施博雅教育有利于培养具有良好素质的公民和专业人员，因此他们反对轻易否定学院式的教育。许多著名的教育家、学院和大学校长都持有这种观点。

在他们当中，杰里麦亚·戴（Jeremiah Day）的大学思想最具有代表性。作为耶鲁学院的院长，戴于1827年组织一个委员会，对耶鲁学院古典课程的利弊进行分析，并以此决定是否改变耶鲁学院的课程结构。该委员会提出了一份报告，即著名的《耶鲁报告》(*The Yale Report*)。报告指出，传统的古典课程建立在"训练"和"装备"心灵这两条重要的原则之上。在这两条原则中前者更为重要。因为"有什么学习能比受过良好训练并因此能将其力量移向任何方面的心灵更为实用呢？"[①] 报告还指出："古典学科学习是有用的，不仅仅由于古典学科奠定了正确的判断力的基础，向学生提供当代文献中发现的基本观念，这些观念最好的来源就是读原著，而且古典学科的学习本身就是心理官能最有效的训练。"[②]《耶鲁报告》是保守派的一面旗帜，其精神支配着美国19世纪传统大学的思想和办学方向。它的发表不仅加强了古典课程在高等教育中的地位，在一定程度上遏制了19世纪中叶以来高校的改革势头。

继戴之后，耶鲁学院的波特（Noah Port Ⅲ）院长发扬了耶鲁学院的传统，继续反对课程改革，他在《美国学院与美国人民》(*American Colleges and American People*)一文中，抨击了州立大学的建议，呼吁保留传统大学中被证明是好的的东西。他拥护设立混合型的课程，要求在大学中开设拉丁文、希腊文和数学课程，实行按年升级制、课本教学法、公共宿舍制、宗教制度、学院导师制，以及严格的男女分班制等传统惯例做法。他指出："如果抛弃这些惯例之一，人民的文化就将从根本上发生改变，以致将威胁到这个国家。"[③] 此外，普林斯顿大学校长詹姆斯·麦克考什（James McCosh）支持波特的观点，主张大学以开设古典课程为主，反对商业、机械制造、农业的学科进入大学课堂。[④]

从上述发展的情况上看，我们可以发现：第一，美国高等教育思想的基本问题业已引起教育家们的普遍关注，现代大学理念与现代大学化运动相辅相成，相互呼应；第二，由于新型学院和大学迅速发展，实用主义、功利主义的理念以一种不可阻挡的力量，在不断削弱传统大学思想的影响的同时，成为支配美国高等教育发展的主导思潮；第三，传统高等教育思想仍然势力强大，在一定范围影响和支配着19世纪美国高等教育的发展。

---

① 布鲁贝克：《高等教育哲学》，王承绪等译，浙江教育出版社，1987，第5页。
② 王庭芳：《美国高等教育史》，福建教育出版社，1995，第121页。
③ S. E. 佛罗斯特：《西方教育的历史和哲学基础》，吴元训等译，华夏出版社，1987，第490页。
④ R. Hofstadter & W. Smith, *American Higher Education* (London: The University of Chicago Press, 1967), p.717.

第三节　日　本

一、近代高等教育发展的社会背景

19世纪中叶，亚洲各国先后沦为欧美列强的殖民地或半殖民地，日本也面临着同样的命运。1853年7月，美国东印度舰队司令官贝利率4艘当时世界上最先进的军舰强行闯入日本江户湾的浦贺港，使得闭关锁国的日本举国上下人心惶惶。翌年3月，日本德川幕府被迫与美国签订了不平等的《日美和亲条约》，随后又被迫同欧洲列强诸国相继签订了同样内容的不平等条约。这一系列不平等条约，恶化了日本经济，激化了日本社会的各种矛盾。1868年，德川幕府彻底垮台，日本开始了史称"明治维新"的社会大变革。

明治政权建立后不久，就明确提出了"富国强兵""殖产兴业"和"文明开化"三大方针。所谓"文明开化"，也就是要办教育，向先进的西方各国学习，"殖产兴业"正是所要学习的核心内容，"富国强兵"则为宗旨。在政治方面，1871年废藩置县，1885年建立内阁制度，1889年颁布《大日本帝国宪法》，1890年召开第一届帝国议会，终于建立起中央集权的立宪天皇制近代国家。在经济方面，承认农民买卖土地的自由，统一货币制度，建立全国的通信、交通网络，并由国家主导兴办矿产、纺织等各种产业，与世界各国开展自由贸易。在文化方面，当时社会上占主流的是"脱亚入欧"思潮，一切都要向先进的欧美各国看齐，从中国传去的儒学（汉学）及其日本的变种"皇学"或"国学"，被认为是远离实际的"虚学"，而让位于欧洲近代文明之源的"物理学"一类"实学"。1871年年底，明治政府拿出当时20%以上的财政收入，由主要领导人岩仓具视、木户孝允、大久保利通、伊藤博文率团百余人，历时22个月，出访美国、英国、德国、法国、意大利、俄国等12国，深入学习西方各种先进的经验和制度，回国后结合日本的国情制定政策并予以实施。

经过明治维新，日本的国力迅速增强，以工业生产的年平均增长率为例，1874年至1890年达12.1%，1891年至1900年达14.3%，1901年至1914年达6.3%，在当时世界各国中首屈一指。同时，逐渐强盛起来的日本迫不及待地走上侵略扩张的道路，给其周边国家带来深重的灾难。1894年，日本对中国发动了甲午战争，侵占了中国的台湾和澎湖列岛，获取中国清朝政府巨额赔款；1900年作为八国联军的主力，参与镇压中国义和团运动；1904年挑起并打赢主要战火燃于中国境内的日俄战争；1910年吞并朝鲜。到第一次世界大战前夕，日本和欧美列强之间基本上完成了修改不平等条约的任务，成为东方第一强国。

二、近代高等教育政策的主要特点

明治政府清醒地认识到教育对于一个国家强盛的极端重要性，为此，他们一方面狠抓基础教育的普及，以向广大民众传播普通的知识；另一方面建立新型的高等教育机构，以培养社会亟须的专门人才。为了办好东京大学及此后的帝国大学，文部省曾将国家教育预算总额的大约40%拨给该校，这一比例一直维持到1890年。

明治时期日本高等教育政策的第一个显著特点是"拿来主义"，也就是要向西方学习。1870年，明治政府颁布了《海外留学规则》，宣布"欲大举派出遣欧学生，使通达其国体、政治、风俗、人情，研究其制度、文物、学术、技艺及其他百科，鼓舞日新之民，赞助开化之道，以期襄助国家于隆盛，皇谟远被万方"①。早在1869年至1870年，日本各藩就向国外派遣留学生116名，加上中央政府及民间所派，共174名。此后留学生的人数逐年上升，到1873年1月，日本派往欧美的留学生已达382人，其中官费生250人，每年所需经费约占文部省预算总额的18%。1875年至1908年，日本派往海外的国费留学生，60%学习自然科学，其中78%学的又是工、农、医等应用科学。明治政府还不惜重金聘用外籍教师。1875年文部省每月发给72名外籍教师的薪金总额，约占该省预算的14%，大大超过了每月发给本部官员及部属学校本国教师共468人的工资总额。明治初期，日本每年要聘请外国教育专家100余人。在东京大学早期39名教授中，外籍教师就占了27名。这些外国专家以及以后陆续回国的留学生，为开创日本现代高等教育做出了十分宝贵的贡献。

明治时期日本高等教育政策的第二个显著特点是"国家主义"，也就是国家利益至上。1885年森有礼出任首届内阁文部大臣，次年3月发布《帝国大学令》，规定"帝国大学以按国家需要教授学术技艺及研究深奥的学术为目的"②。《帝国大学令》的公布，在某种意义上标志着日本近代大学由模仿西方转向渐具特色。森有礼一再强调："办学的目的不是为了学生，而是为国家。""如果说办学校是为了国家，那么研究学术之目的，归根到底也是为了国家。举例而言，在帝国大学执掌教务的人，当遇到为学术还是为国家的争执时，务必将国家利益放在优先地位而予以考虑。"③这种理念一方面是受到当时德国国家主义思想的影响，另一方面也反映了明治政府所制定的动员一切力量迅速发展国力之基本政策。森有礼担任文部大臣的几年正是日本国家主义天皇制最后形成的重要历史时期，为政府培养官吏自然成为这一时期大学的首要任务。帝国大学的法科大学和文科大学毕业生可以不经考试而成为"高等官吏候补"，这说明帝国大学成为贯彻国家意志、培养官吏的工具。为了进一步加强统治，明治政府还力图将忠君爱国、纲常伦理以及神道主义等精神渗透到高等教育中去，最后引向了为军国主义政治服务的歧途。

明治时期日本高等教育政策的第三个显著特点是"实学主义"，也就是重视应用科学。《帝国大学令》规定大学所要教授的学术技艺，不仅指"理论"，而且指"应用"。④

---

① 参见周启乾：『明治の経済発展と中国』，六興出版株式会社，1989，第37页。
② 細谷俊夫等：『新教育学大事典（7）』，第一法規出版株式会社，1990，第89页。
③ 参见大久保利謙：『日本の大学』，玉川大学出版部，1997，第269页。
④ 細谷俊夫等：『新教育学大事典（7）』，第一法規出版株式会社，1990，第89页。

森有礼在就任文部大臣后发表演说时指出："可以断言，目前我国的国际地位尚低，国力尚弱，外交经验也尚缺乏。"①他认为只有切实改革教育，培养人才才能打开局面。但是，"人才当然不能只空谈事物之理或只重视品德，而不充实社会知识；也不能只会读书、写文章，而毫无实际能力。因为当今与外国竞争，这样的愚蠢之辈已不能满足国家之急需"②。森有礼反复强调，高等教育应着眼于培养日本实际需要的人才，学校一定要引导学生将理论与实际相结合。在日本的高等教育体系里，不仅有大学，还有专门学校，更有实业专门学校等。为发展以应用学科为主要特色的专门教育，日本政府1903年还专门颁布了《专门学校令》。1910年，日本三所帝国大学的毕业生30%在企业就业，官立和私立专门学校的这个比例则分别为70%和80%。这表明，日本接受过高等教育的人大多直接投身于国家的经济建设，切实将理论与实际结合了起来。

三、近代高等教育制度的初步形成

1868年以后，明治政权陆续接收了德川幕府直辖的21所学校，其中东京的昌平黌、开成黌和医学黌一律改称"学校"，并在1869年被统称为"大学"。当时政府规定大学是"奏实效于国家之场所"，对于国学（皇学）、汉学、洋学，以及兵学、医学"俱应采纳并收"，要"取外国之长，为己所用"，但中心还是皇学和汉学，故德川幕府时期的最高学府、当时日本儒学的中心——昌平学校，被称为"大学本校"，而最早是作为兰学（即用荷兰语传播的西洋学术）研究机关的"天文方"于1684年成立，其后又几经演变而来的开成学校以及传授西方医学的医学校则分别称为"大学南校"和"大学东校"。值得注意的是，1870年7月，明治政府果断地关闭了儒学传统甚浓且内部纷争不休的"大学本校"，而只保留并重点扶植传授洋学的大学南校和大学东校。1872年颁布的《学制》曾规定，全国分八大学区，每学区设一所大学，但当时并未能如愿。直到1877年4月，原开成学校和医学校合并，发展成为东京大学，设置理学、法学、文学、医学四学部（后又增加了工学部）。东京大学是日本第一所欧美型的大学。③以洋学为主的东京大学的成立，揭开了日本教育史上具有革命性的崭新一页。

日本近代大学的原型是"专门学校"。东京大学主体的前身——东京开成学校原来就是一所专门学校。开成学校以理工科教育为主，分设法学、化学、工学、工艺、矿山5所专门学校，并且设立了制造学教场，即化学和工学的速成科，强调实际操作技能的培养。以后的东京大学在改名为"帝国大学"之前，亦以培养工科专门人才为主。1877年至1885年，东京大学的毕业生，32%修习工学专业，其他有25%修习医学、15%修习法学、12%修习农学、11%修习理学、5%修习文学。

---

① 永井道雄:『日本の大学』，中央公論社，1965，第31頁。
② 細谷俊夫等:『新教育学大事典（7）』，第一法規出版株式会社，1990，第32頁。
③ 参见大久保利謙:『日本の大学』，玉川大学出版部，1997，第229頁。

到 1885 年，除东京大学这一所"大学"外，日本还有 102 所"专门学校"（一些质量不太高的专门学校后来逐渐倒闭了，而一些质量较高的专门学校后来则升格为大学，所以 1915 年以后，专门学校的数量反而有所减少）。其中由政府在外国人帮助下成立的专门学校包括：1871 年工部省创办的工学寮（与劝工、矿山、铁道三个寮并列为一等寮，并且是工部省下设十寮之首）和司法省创办的明法寮，这两所学校毕业生的地位甚至高于开成学校及以后东京大学毕业生的地位；1874 年由内务省创办（后改归农商务省）的东京驹场农学校和东京山林学校，后来合并为"东京农林学校"，1885 年和工学寮、明法寮一道改归文部省管辖；1876 年北海道开发厅创办的札幌农学校，该校聘请了美国马萨诸塞州农学院前院长威廉·克拉克前往执教；1881 年由东京大学一群年轻的毕业生创办的东京职工学校（东京工业大学的前身），后来培养出竹内明太郎等工业界巨头（竹内明太郎 1909 年又在早稻田大学开设了理工学部）。东京职工学校成立时，文部省专门学务局长滨尾新曾说："在我国，不是先有工厂，后办工业学校，而是先办起工业学校，培养出毕业生，才去办工厂。"①

在这一时期还成立了一些私立的专门学校，后来大多发展成为大学。例如，1858 年福泽谕吉创办的兰学塾，1868 年改称庆应义塾，1890 年开设了大学部；1882 年大隈重信创办的东京专门学校，1902 年改名为"早稻田大学"（但在当时尚未得到政府明确的承认，故在政府的有关正式统计中尚列为"专门学校"而非"大学"）。大隈重信说："我们从来就坚持一个信念，即国民之意愿不可能总是与政府的见解一致。在某种场合甚至政府的见解与国民之意愿是背道而驰的。若是教育被统治于一种势力之下，岂不是误了国家的大事吗？"②庆应义塾大学部开设之初，不仅设文学、法学学科，还新设了理财学学科。该校从成立到明治末期，为日本培养了（松泉安左卫门、藤原银次郎、池田成彬、中上川彦次郎、名取和作）等一批颇具个性和大有作为的企业家，其中的藤原银次郎后来还创办了藤原工业大学，即现今庆应义塾大学工学部的前身。

当时的私学（私立高等教育机构），可以分为三种类型：第一种是"自由主义派"学校，例如前面提到的庆应义塾、早稻田大学，还有新岛襄 1875 年创办的"官许同志社英学校"（今同志社大学），主张学问独立、研究自由；第二种是"传统主义派"学校，例如 1882 年在东京设立的皇典讲习所（今国学院大学）、1887 年东京大学毕业生井上圆了创办的哲学馆（1903 年根据《专门学校令》获准设立大学部，改称"私立哲学馆大学"，1906 年改称"私立东洋大学"）③ 等，这些学校更强调日本自身传统文化的价值，反对全盘西化；第三种是"适应派"学校，例如 1879 年设立的东京法学校（今法政大学）、1880 年设立的专修学校（今专修大学）、1881 年设立的明治法律学校（今明治大学）、

---

① 永井道雄：『日本の大学』，中央公论社，1965，第 33 页。

② 同上书，第 39 页。

③ 三浦節夫：『東洋大学』，東洋大学出版部，2001，第 283—284 页。

1885年设立的英吉利法律学校（今中央大学）、1886年设立的关西法律学校（今关西大学）、1889年设立的日本法律学校（今日本大学）等，这一批法律类专门学校的成立是顺应了当时建设法治国家的需要。①

森有礼早在明治维新前就留学英国，1870年后历任驻美国、中国、英国三国公使，曾和福泽谕吉组织日本重要的教育学术思想团体"明六社"，并任首任社长。他对日本、美国、英国、德国的教育颇有研究，还曾编写过一本英文著作《日本的教育》。他还是日本留学教育和聘请外籍专家去日本任教的积极推动者，其中札幌农学校早期的美籍教授克拉克等人就是他聘请到的。1874年，森有礼向政府建议，请美国专家霍德尼前往日本开展商业教育。当时其建议未被政府采纳，于是1875年森有礼个人出资成立了商法讲习所。这所商法讲习所被认为是日本最早的一所实业学校。②福泽谕吉也曾参与该校筹办，1874年11月他写过这样一段文字："如按现今之办学情况，则无法同外国人交流，连外国人的记账方法也无法理解。环视世界各国，以行商为例，勿讳言之，我国取胜之可能甚少。我国的学生甚至远不如外国农村杂货铺的店主……凡西洋各国，有商人之处，均设商业学校，有如在我武家世界，凡有武士之处，均设剑术道场一样。在凭剑战斗的时代，不习剑术，就无法奔赴疆场。在此商战的时代，不习商法者，则无能与外国人对敌。一切商人，凡想得知内外情况，着眼于全国商战者，均必须勤奋研究商法。美国商法学者霍德尼早已有意来日传授商法。霍德尼系森有礼与富田铁之助的知己。如东京或其他地方的富商大贾有意用其所能，投出资金，两人也愿为此事周旋，促其志得以实现。"③

上述一长段话，表达了福泽谕吉和森有礼共同的教育思想：为了振兴日本，赶超列强，必须重视实业教育。商法讲习所1884年改为官立的"东京商业学校"，此后又几易其名，发展为今天的一桥大学。东京商业学校，也曾是当时最负盛名的一所专门学校。

1886年，《帝国大学令》颁布，原东京大学与工学寮（又称"工部大学"）、明法寮合并，改组为"帝国大学"。帝国大学由大学院（研究生院）和分科大学组成，最初设法、理、工、医、文五所分科大学。1890年，东京农林学校并入帝国大学，成为其农科大学。帝国大学设立了农、工分科大学（不久又增设商科大学），在这一点上可以说是紧随美国，走在了欧洲各国前面。当时日本曾有人以欧洲大学为例，认为大学是搞纯理论研究和教育的，先是强烈反对东京大学增设工学部，后又强烈反对帝国大学增设农科大学，但争论的结果是："学科设置应适应我国文化之要求，不能全盘照抄欧美大学"，应坚持"理论与实际相结合"，故工、农等应用学科最后在日本大学扎下了根。④

东京大学改为帝国大学后，由原法科大学校长担任帝国大学校长。随着法科大学地

---

① 永井道雄：『日本の大学』，中央公論社，1965，第35—36頁。
② 犬塚孝明：『森有礼』，吉川弘文館株式会社，1986，第186頁。
③ 福沢諭吉：『福沢諭吉教育論集』，明治図書出版株式会社，1981，第127—128頁。
④ 参见寺崎昌男、成田克矢：『学校の歴史・第四巻 大学の歴史』，第一法規出版株式会社，1979，第31頁。

位的不断上升，法学专业毕业生的比重迅速增大。1886年至1895年的1353名帝国大学毕业生中，法学专业毕业生占41%，医学毕业生占24%，工学毕业生占22%，文学毕业生占7%，理学毕业生占6%[①]。据统计，1888年至1897年帝国大学的法科大学培养的697名毕业生，66%进入官厅担任行政官或司法官；当时日本政府的大藏次官、法务次官、各县知事，几乎全被帝国大学毕业生垄断。战前日本政府总理大臣25人中，8人是帝国大学毕业生。正是从这个时候起，帝国大学获得了凌驾于其他高等教育机构之上的权威地位，日本逐渐形成以帝国大学毕业生为金字塔顶层的"学历社会"，即以学历决定一个人的社会地位。

森有礼之后的文部大臣井上毅对在文官任用中给予帝国大学毕业生特权持批评态度，他还认为办大学并不是仅仅培养政府官吏。1894年，井上毅指出："我国仅有一所大学，世人皆把它误比作中国的国学监，以为是官绅登龙门的一大关口。近来，有人提议在京都新设一所大学，认为变一为二便够了。我国文化事业的进步与国家的命运息息相关，一所或两所大学岂能满足？若大学毫无裨益，则一所犹为多，若它为我国造福非浅，又岂能仅在两都（东京、京都）创设？今天要赐予大学的荣称及特权并非易事，但我们可仿效英美的'学院'，法国的'大学校'，设立高等专门学校，以后再根据其成绩，授予'大学'的称呼也为时不晚。"[②] 于是他颁布了《高等学校令》，把以前实施普通教育的高等中学校改为"传授各专门学科"的"高等学校"，事实上是低程度的大学，以适应社会各方面的需要。

1897年，原帝国大学改称"东京帝国大学"，并开办了第二所帝国大学——京都帝国大学（最初在校生规模仅有东京帝国大学的四分之一）。1907年，东北帝国大学成立；1910年，九州帝国大学成立。这样，日本的东、西、北、南都有了帝国大学，适应了各地经济、社会发展的需要，并且此一时期的帝国大学主要由理、工、农、医等分科大学组成，充分反映出当时社会对自然科学人才的需求。

1880年东京大学曾设立学士研究科，开日本研究生教育的先河。不过，国家建立的研究生教育制度还是应当从1886年《帝国大学令》颁布时算起。《帝国大学令》规定："分科大学毕业或者具有与之同等学力者，进入研究生院研究深奥之学术技艺并通过规定考试者，授予其学位。"[③] 1886年研究生在学人数为23人，1900年发展到463人，1910年为511人。1902年，东京帝国大学共有4558名本科毕业生，当年考取研究生的有447名[④]，占近10%。

到第一次世界大战前，日本已初步形成比较完整的高等教育体系。在这一体系中，

---

① 因农学专业情况不详，所以未统计在内。
② 参见大久保利谦：『日本の大学』，玉川大学出版部，1997，第299—300页。
③ 细谷俊夫等：『新教育学大事典（7）』，第一法规出版株式会社，1990，第89页。
④ 参见寺崎昌男、成田克矢：『学校の历史・第四卷 大学の历史』，第一法规出版株式会社，1979，第37页。

除帝国大学和专门学校外，还有高等学校、高等师范学校和实业专门学校。其中高等学校实为大学预科，高等师范学校和实业专门学校也可被视为专门学校。因此，可以认为当时日本的高等教育主要由大学与专门学校这两种教育机构组成。①

表6-3　1885年至1914年日本高等教育机构的在校生人数

年份	大学	高等学校	专门学校	实业专门学校	高等师范学校	合计
1885	1720	964	8291	529	287	11791
1890	1312	4536	9513	818	162	16341
1900	3240	5684	13400	1472	803	24599
1910	7239	6341	26244	6275	1599	47698
1914	9611	6276	30422	7505	1781	55595

资料来源：細谷俊夫等：『新教育学大事典（8）』，第一法規出版株式会社，1990，第126、130、134、141、144頁。

从表6-3可以看出，从数量上看，专门学校是这一时期日本高等教育的主体部分，其在校生人数一直占全部高等教育机构在校生人数的一半以上。学校数的情况更是如此，例如1914年，日本共有66所专门学校，却只有4所大学，此外还有8所高等学校，4所高等师范学校，22所实业专门学校。而在专门学校中，私立学校占绝大多数，例如1901年，全国50所专门学校中的45所就是私立专门学校。②尽管帝国大学的学校数量和在校生人数不能与专门学校相比，但其在日本整个高等教育金字塔体系中至高无上的地位是毋庸置疑的。

四、近代高等教育的组织管理与课程教学

在第一次世界大战以前，日本高等教育的管理体制是以中央集权为主要特征的，以《教育敕语》《帝国大学令》为核心的教育法令体系从根本上规定了国家管理大学的责任与大学服务于国家的义务。日本政府1871年设立文部省，主管包括高等教育在内的整个教育事业。由于政府人事经常更迭，为了保持高等教育政策的全面性和持续性，1896年12月，日本还设立了一个"高等教育会议"，由朝野关心高等教育的有识之士组成，作为政府制定高等教育政策的咨询机构。

文部大臣拥有对所有国、公、私立高等教育机构设置审批与监督的权力，新设学校的申请以及新设学校所需条件的有关规定都以天皇敕令或文部省令的形式表现。根据《帝国大学令》，帝国大学校长由文部大臣任命和监督；在大学内设立作为校长咨询机构的评议会，评议会成员一般由各分科大学的校长及部分教授组成，由文部大臣任命

---

① 参见天野郁夫：『近代日本高等教育研究』，玉川大学出版部，1989，第17—18頁。
② 三浦節夫：『東洋大学』，東洋大学出版部，2001，第54頁。

（1893年修改为部分成员可以由大学教授选举产生，进一步扩大了评议会的权限）；大学内下设的各分科大学校长直接接受大学校长的领导，1893年修改为各分科大学设立教授会作为分科大学校长的咨询机构，主要权限为审议课程、讲座，审查学位申请的资格等；1893年还引入了讲座制，使讲座成为大学教育和研究的基本单位。由于讲座的数量及种类直接与职务工资挂钩，最终均由文部大臣决定，故讲座制也进一步强化了政府控制高等教育方向的权力。从1881年起，东京大学以及以后所有的国立高等教育机构的教师都被赋予了国家官员的身份。因此，与其他国家官员一样，忠诚于天皇是他们应尽的义务，他们的言行必须受制于这种义务。尽管这一时期在政府、大学与教师之间发生过几起有关教师人事任免权等方面的争端，并且似乎最后还部分满足了教师方面的要求，但这仅仅是局部现象，根本就谈不上什么真正的学术自由和大学自治。

当时的日本政府，不仅直接管理和干预帝国大学的有关事务，而且也经常干预私学的教学等方面的工作。1902年12月，因为对于当时的哲学馆一位学生参加伦理学考试所做的答卷内容，文部省官员在检查时与学校教师发生意见分歧，官员认为其中有"对社会危险的思想"（实际上这位学生阐述的是教师在课堂上介绍过的当时英国最著名的伦理学家的思想），要求教师给这位学生不及格，遭到教师拒绝，结果哲学馆被取消毕业生可不经政府考试而获中学教师资格的特许。①

1886年以前的东京大学，法、理、文学部等为四年制，医学部为四年制。法学部的学生要学习日本法、中国法、英国法、法国法，还要学习英语及法语等。理学部5个学科第一年的课程相同，第二年按学科分别选课，一、二年级学英语，三年级学德语或法语，三、四年级还要学和汉文学。文学部一年级的课程各学科相同，史学、哲学、政治学3个学科二、三年级课程相同，四年级分别修读专业课，同时在四年间要学习英国文学，还要学习两年的法语或德语，三年的和汉文学。和汉文学科三年学专业课，同时还要兼学英国文学、西欧史学和西洋哲学。医学部则开设生理学、内科、外科等专业课程，并重视临床教学和考试。当时绝大多数的专业课都用英语或其他外语上，后来逐渐改用日语上。可能是由于明确了高等学校的大学预科地位，此后帝国大学的法、理、文等分科大学的学制改为三年（1891年法科大学改为四年），医科大学学制改为四年（其中的药学科改为三年）。不过，有意思的是，东京帝国大学采用一学年三学期制，京都帝国大学却采用一学年二学期制；前者采用学年制，后者采用科目制（不过最早采用科目制的还是前者的法科大学，1893年就实行通过一定科目的考试即可毕业的制度）。东京帝国大学的文科大学1894年还曾实行学分制，1学年每周3小时的课程为1学分，凡修读3年以上、必修科目获得10学分以上、外语和各种必修科目的笔试和口试及毕业考试合格者，就准予毕业。但由于学分制被认为给予了学生过多的自由，有其弊端，而未能在

---

① 永井道雄：『日本の大学』，中央公論社，1965，第42—43頁。

其他大学推广。

五、福泽谕吉、森有礼及其高等教育思想

虽然福泽谕吉始终在野，森有礼几度为官，但他们都是日本近代最为重要的思想家和最为杰出的教育家，相互之间也是很好的朋友。关于他们的生平及高等教育思想，在本节前面的相关叙述中已有所介绍，这里仅做一些补充和归纳。

1. 福泽谕吉的生平及其高等教育思想

福泽谕吉1835年1月10日出生于大阪的一个下级武士的家庭，是父母最小的儿子。其父在大阪担任会计，也酷爱汉学，但在福泽谕吉18个月大的时候就去世了。福泽谕吉早年曾通读许多汉学史籍经典，对汉学有较为深入的了解和把握，1854年去长崎学习兰学，在当时这是日本人接触西学、吸收西方文化的最重要的途径。1855年他回到大阪，进适适斋塾（简称"适塾"），拜著名的兰学大家绪方洪庵为师。由于学业成绩超群，不久被提拔为塾长。1858年，福泽谕吉奉命赴江户（今东京），在筑地铁炮洲开设兰学塾。1859年，福泽谕吉亲身感受到英语比荷兰语更重要，于是刻苦自学英语，后来还将兰学塾改为英学塾。

1860年、1862年和1867年，福泽谕吉先后三次总共近两年时间历游美国、法国、英国、荷兰、德国、俄国、葡萄牙诸国，广泛接触和深入了解西方近代文明，对资本主义社会各方面的进步很有体会，认识到"要谋求东洋革新，必须首先输入西洋文明教育"[①]。1868年，他将塾舍迁到新钱座，命名为庆应义塾，自此专心从事教育和著述工作。此后官府多次拟礼聘其就任高位，他都坚辞不受。

1866年至1870年，福泽谕吉出版《西洋事情》共10卷，发行约25万册，在日本系统地介绍了西方文明。1871年，庆应义塾迁至三田，校舍面积扩大了30倍之多。1872年至1876年福泽谕吉出版《劝学篇》，共17篇，在当时该书的单行本就已售出70万册。1875年出版《文明论概略》。1890年庆应义塾设立大学部，分文学、法律、经济三科，成为日本近代第一所私立的综合大学。由于福泽谕吉对日本教育的影响很大，当时社会上流行着这样的评论："文部省在竹桥，文部卿在三田。"意思是说文部省这个教育行政管理机关虽然在东京的竹桥，而文部大臣却不在那里，福泽谕吉是实际上的文部大臣，他在东京的三田指导着文部省的工作。19世纪80年代中后期，他的思想开始倒退，日趋保守。他反对自由民权运动，公开提出了"官民协调""内安外竞"，企图以此缓解国内矛盾。后来又主张实施尽忠报国的道德教育，鼓吹军国主义教育。1901年2月3日病逝，当时全国报纸同声哀悼，连日本众议院也破例发布悼词，使其备享哀荣。

福泽谕吉所主张的教育方针包括两方面：一为有形方面，以"数""理"为基础；二

---

① 福泽谕吉：《福泽谕吉全集（第16卷）》，岩波书店，1961，第209页。

为无形方面，以培养"独立心"为旨趣。换言之，论事以合理为准绳，做人则以独立自尊为本。他平生有两大誓愿：一是使个人从封建束缚的传统下解放出来，二是使日本从西方列强的压迫下解放出来。而这两者又是相辅相成的。他十分强调个人独立精神的培养，认为文明精神的根本是个人的独立精神，并将个人的独立自强与国家的独立、繁荣昌盛紧密联系在一起。

福泽谕吉在《劝学篇》的开篇中提出："天不生人上之人，也不生人下之人。"①也就是说，天生的人一律平等，不是生来就有贵贱上下之别的。既然人生而平等，那么人就是独立的。他把"一身独立"看作是"一国独立"的前提，认为只有"一身独立"，才能实现"一国独立"。"国与国是平等的。但如果人没有独立的精神，国家独立的权利还是不能伸张。"②这有三个理由。第一，没有独立精神的人，不会深切地关怀国事。如果人人没有独立之心，专想依赖他人，那么全国就都是些依赖他人的人，没有人来负责。由此可见，为了抵御外侮，保卫国家，必须使全国充满自由独立的风气。第二，在国内得不到独立地位的人，也不能在接触外人时保持独立的权利。没有独立精神的人一定依赖别人，依赖别人的人一定怕人，怕人的人一定阿谀献媚人。这种人没有气节，不知羞耻，见了剽悍的外国人唯有胆战心惊，一味恭顺，结果丧失权利，遭受损失和耻辱。第三，没有独立精神的人会仗势作恶，国民独立精神愈少，卖国之祸即随之增大，于是会干出种种坏事。上述三点都是由于人民没有独立精神而产生的灾祸。因而，福泽谕吉认为，只要有爱国心，则无论官民都应该首先谋求自身的独立，行有余力，再帮助他人独立。父兄教导子弟独立，老师勉励学生独立，士农工商全都独立起来，进而保卫国家的独立。如果日本人从此立志求学，充实力量，先谋个人的独立，再求一国的富强，则西洋人的势力又何足惧？

福泽谕吉认为，独立就是没有依赖他人的心理，能够自己支配自己，包括由自己明辨事理，处置事情，不依赖他人的智慧和钱财，建立一种独立的生活。教育的价值就在于培养国民的独立精神，而个人的独立是国家独立的基础。

福泽谕吉还"认为最重要的是注重身体"。对于当时有些大学只讲学习成绩，而不注重学生身体的倾向，福泽谕吉大为不满，视这种学校为"少年健康屠宰场"。

福泽谕吉把文明归结为智德的进步，认为智慧和道德两方面都很重要，但在回答对日本的近代化而言如何确定智慧和道德的先后次序时则明确指出：智慧优先。他认为，日本人的道德发展固然不足，但并非燃眉之急。道德不能用有形的事物来教授，学到学不到在于学者内心努力程度如何，而且结果也不可检验。智慧就不一样了，它可以通过有形的事物进行学习，而且可以检验其结果如何。福泽谕吉不赞成将德育作为教育的中心，强调道德品质的提高主要在于个人修养，单纯依赖人为的教诲是无能为力的。他倡导

---

① 福泽谕吉：《福泽谕吉教育论著选》，王桂等译，人民教育出版社，2005，第10页。
② 福泽谕吉：《劝学篇》，群力译，商务印书馆，1984，第14页。

以"实学"作为文化启蒙的一项基本内容,重视科学教育,打破了封建伦理道德的禁锢。福泽谕吉在教育上的主张是着重于自然原则,而以数理两方面为其根本。但如此重要的东西,在日本却得不到重视,福泽谕吉把它归结为汉学教育之过,因而对汉学大加批评。

福泽谕吉认为,实学的基础是物理学,物理学是处于自然科学中枢的一门学科。他认为物理学是近代文明的精华,欧洲近代文明无不出自此物理学。他们发明的蒸汽船、车、枪炮军械,还有电信、瓦斯,成就很大,但起初都是探求、分析具体的道理,遂施用于社会……重视基础学科,尤其是理科在实学中的地位,这是福泽谕吉教育思想的一个重要特点。

福泽谕吉指出:"所谓学问,并不限于能识难字,能读难懂的古文,能咏唱和歌和作诗等不切实际的学问",而应更加"专心致力于接近世间一般日用的实际学问"。[①] 这些学问包括写信、记账、打算盘、地理、商法、物理、历史、经济、社交、外语等。"如果大家不分贵贱上下,都爱好这些学问,并有所体会,则个人可以独立,一家可以独立,国家也就可以独立了。"[②] 福泽谕吉强调只有努力学习文化科学知识,特别是学习与日常实际生活相联系的实学,以提高自身的文化修养,才能取得个人的独立。只有全体国民普遍接受教育,得到了全面和谐的发展,取得了独立人格,才能推动国家和民族的独立和自由。

2. 森有礼的生平及其高等教育思想

森有礼 1847 年 7 月 13 日出生于鹿儿岛萨摩藩的一个士族家庭,在家中排行第五,自幼受到家庭传统教育的严格熏陶。萨摩藩是当时日本革新力量最为强大的地方。"明治维新三杰"中的西乡隆盛、大久保利通等是森有礼的同乡,并曾给予年少的他很大影响。

森有礼 14 岁时,在藩属洋学校"开成所"读书,学习英语,对洋学产生了浓厚兴趣。1865 年,他受藩主派遣,到英国伦敦大学专攻物理、化学等。他还利用暑假时间去了俄国和欧洲各地,1867 年又赴美国考察。欧美诸国先进的科学技术及其近代自由主义、民主主义思想给森有礼留下了深刻的印象。他说:"法乃国家之大本,法不明则难治国安民……从今学得万国治制,是与我国传统之故法折中,得以建立新的公平不拔之大制度,至天下万事,谁不蒙其泽?"并立志"以社稷为重","伸张国家之纲维"。[③]

1868 年初夏归国后,森有礼被举荐到明治新政府中担当外交方面的外国权判事、兼务议事调查员、学校调查员、军务官判事等职,后在新成立的制度调查所工作,时因提出取消武士特权的"废刀论",与保守势力发生冲突,愤然弃官回乡,设立英语学校,从事子弟教育。1871 年 10 月,又应中央政府聘请,担任少辨务使,次年派驻美国,担任留美学生的监理工作,直到担任代理公使。驻美期间,他很注意调查研究美国的

---

① 福泽谕吉:《福泽谕吉教育论著选》,王桂等译,人民教育出版社,2005,第 10—11 页。
② 同上书,第 11 页。
③ 大久保利谦:《森有礼》,文教书院,1944,第 18 页。

教育，还曾广泛征求美国各界名人对日本教育改革的意见，编撰出版了《日本的教育》（Education in Japan）一书，并呈送日本政府，引起了国内的强烈反响。1873年回国后，先是组织民间启蒙学术团体"明六社"，后又创办今日一桥大学的前身——商法讲习所。1875年任驻中国特命公使，在任期间曾代表日本政府与李鸿章谈判中日外交问题。1880年，任驻英国特命全权公使，期间注重研究欧洲各国教育。1884年4月回国，任参事院议官兼任文部省御用挂（专员）。1885年，伊藤内阁成立时，森有礼出任第一任文部大臣，全心致力于日本近代国家主义教育制度的建立。1886年，他废除原文部省制定的《教育令》，重新颁布以国家主义教育为核心的一系列的《学校令》，包括《帝国大学令》《师范学校令》《中学校令》《小学校令》。此后，以国家主义教育思想为核心的近代教育制度得以在日本建立，这一制度一直实行到第二次世界大战结束为止。1889年2月11日，森有礼应邀参加公布宪法的纪念活动，在离开官邸时遇刺，翌日去世。森有礼一生著作很多，主要有《学政要领》等。

大约在1880年前后，森有礼从一个较为激进的自由主义者转变为一个忠实的国家主义者，这主要是受了当时德国的影响。森有礼认为，俾斯麦领导的德国之所以能赢得普法战争，并成为一个经济迅速发展的强国，根本原因在于其国家主义的教育，日本因而也应该仿效德国，实行国家主义的教育。

森有礼强调，创办大学的目的不是为个人，而是为国家。他要求教育要绝对地接受国家的领导，并以国家办学为主，根据国家需要来办学。只有这样，教育才能成为名副其实的国家教育。

森有礼承认，大学应该做研究，也可以有一定的学术自由。但在他看来，不管大学的学问多么高尚，都不能有无限制的自由。在国家与大学之间应有上下之别。大学的学术自由应该是不超越国家需要界限的自由。为确保这种相对的学术自由，森有礼在帝国大学设立了最高权力机构——评议会，评议员一律由文部大臣任命，并定期向文部大臣汇报。由此，就在国家和大学之间留下了一条反映国家意志的渠道。虽然森有礼确实强调过信仰自由和学问自由的重要性，但森有礼并不像福泽谕吉那样，主张学问和政治两者分离。森有礼认为，像福泽谕吉所主张的那样，在与政治权力相对抗的意义上去追求学问的自由是错误的，其结果只会落到"学者均弃官途，把政府委托给那些不学无术的人"①。森有礼认为，不论是信仰的自由，还是学问的自由，都只能在国家权力允许的范围之内。信仰与学问的自由之所以受到尊重，正是因为其有利于国家的发展。

森有礼把大学教学内容分为两种学问，即纯正学和应用学。"纯正学专门研究事情的真理，应用学研究实用学问。纯正学以培养硕士、博士等国家高等人才为目的，而应用

---

① 永井道雄：《近代化与教育》，王振宇等译，吉林人民出版社，1984，第151—152页。

学则以养成从事专门职业的人为目标。"①他不赞成将大学游离于国家和政治之外，仅仅作为真理的殿堂。在森有礼看来，与漫无边际的真理探讨相比，大学的首要任务应该是传授国家急需的实用学问。他说，与其为真理而真理，不如以应用和实用为学问的生命。只讲事物之理，难免脱离社会实际，这就像读书作文但却不付诸实施一样。因此，他以实用作为设立大学课程的基本原则，反对讲授发霉的理论，注意建设与社会密切相关的人文学科和国家急需的应用学科。他坚信，只有讲授这些实用的学问，才能保证日本从三等国家进步到二等国家，再从二等国家进步到一等国家，最后在世界上居于前列。

森有礼重视大学体育。根据他的考察，认为日本当时最缺少的是具有强壮身体能力的人。森有礼第一次将军事训练纳入大学教育之中，专门设置了体操训练所，请美国教师任教，进行步兵训练。他主张用日本传统的武士道精神和兵营式的体操训练，培养学生勇武精神及健壮体格，以保卫国家。

尽管有细微差异，但福泽谕吉和森有礼在高等教育上都是"国家主义者"和"实学主义者"。他们的思想对日本高等教育乃至整个社会的发展产生了很大的影响，有一定的进步作用，但也存在着一些消极的方面，必须加以批判。

本节粗线条地叙述了近代日本高等教育体系的形成和发展过程，包括相关政策、制度的社会背景因素，同时还重点介绍了福泽谕吉和森有礼的高等教育思想。通过高等教育和其他事业的发展，第一次世界大战之前的日本基本上实现了明治维新之初提出的"文明开化""殖产兴业"和"富国强兵"三大任务。此一时期日本高等教育的发展和改革基本上是围绕"殖产兴业"这一中心而进行，日本社会的精英们在各种高等教育机构努力学习当时欧美各国的先进文化和科学技术，这是值得肯定的。但也不可否认，此一时期日本的高等教育领域充满着各种思想的矛盾和斗争，有时所谓"富国强兵"的教育还带有比较浓厚的军国主义色彩，天皇制的敕令主义也对当时高等教育的发展及其社会影响产生了一定的消极作用。这一切，在第一次世界大战和第二次世界大战及两次世界大战之间的时期，给日本的高等教育和社会发展带来了灾难性的后果。

---

① 山住正己：《日本教育小史》，岩波书店，1987，第47页。

第七章　两次世界大战期间的高等教育

第一节　法　国

在19世纪初至19世纪70年代的长达半个多世纪的时间里，法国高等教育的发展一直处于十分艰难曲折的境地。19世纪80年代至20世纪初，当时法国国内条件的变化和国际形势影响，特别是普法战争后，贝尔纳[①]、巴斯德[②]等一批有识之士强烈呼吁法国要复兴大学、发展科学、重振法国，以期改变长期以来教育不受重视、发展缓慢的状况。

1885年7月25日法国法律规定，恢复大学一度被取消的法人资格，组建大学权力机构——大学理事会，管理国家下拨的办学经费，以及所属学院的财政、教学和科学研究等重要事宜。1890年2月22日法律规定为公立大学学院提供财政预算，改善办学条件。1896年7月10日议会通过立法决定重建大学，将原来每个学区里的几所学院重组为一所新大学，以改变长期以来法国"有学院，无大学"的现象。更重要的是，通过重建大学增强国家的科学研究力量，改变国家科学落后的局面，以复兴法国。19世纪末大学重组是法国现代高等教育发展史上重要的里程碑。这一时期，法国高等教育领域复兴的景象主要表现为：借鉴德国人的经验，将大学引向从事科学研究的轨道，使之成为"强有力的科学研究中心"，并要求从知识、经济和社会多方面出发，强调科学的真实性、价值和效率，大学不再是社会和国家发展的"局外人"；授予大学法人资格，扩大大学的自主权，赋予大学教学自由，以及传授知识和道德教育的独立性；增加大学办学经费，包括设立学士国家奖学金等重要举措。由于国家大力加强对教育的重视，这一时期法国大学学生和教师人数都得到较快的增长。[③]1905年法国实施"政教分离"，教会因此失去了在教育领域长达千余年的主宰地位，使世俗化教育逐步成为国民教育的主体，并得以较快地发展。然而，随之而来的两次世界大战，使法国整个社会经济遭到空前巨大的破坏，也严重影响了教育的发展。

[①] 贝尔纳（Claude Bernard），法国著名生物学家，法国科学院院士。
[②] 巴斯德（Louis Pasteur），法国著名生物学家，微生物学创始人。
[③] 1886—1911年，法国在校大学生人数由17000多人增加到36000多人；大学教授由1880年的503人增加到1909年的1048人。参见 A. Prost, *Histoire de l'enseignement en France 1800–1967* (Paris: Armand Colin, 1968), p.225.

一、社会发展与教育政策

20世纪上半叶发生的两次世界大战，法国是战胜国，但也为此付出了极其沉重的代价。两次世界大战期间，法国社会大体经历了两个时期，20世纪20至30年代后期社会经济的逐步恢复发展时期，以及维希政府使法国社会发生倒退的时期。

1914年6月28日"萨拉热窝事件"引爆了第一次世界大战。8月3日，法国对德国和奥匈帝国宣战，并与英国、美国和俄罗斯结成联盟。经过4年浴血奋战，法国取得了战争的胜利，但是战争给法国社会带来深重的灾难，物质上、财政上受到严重创伤，有近150万名青壮年死亡，使得19世纪末20世纪初刚开始的经济发展势头被迫中断。

第一次世界大战结束后，法国政府立即开展国家重建工作，重点是恢复和发展工业生产。1924年至1929年期间，工业发展速度年均增长5%，而战前最高年份也只有3.4%。1924年，法国工业生产总量首次超过战前水平，1929年进一步提升到139.56（1913年为100），出现"工业高涨"局面，只是这种局面持续的时间不长。[①] 一方面，随着工业生产的发展，法国城市人口迅速增加。1931年城市人口历史上第一次超过农业人口，从而使法国开始由农业-工业国转向工业-农业国发展，加速了社会经济前进的步伐。另一方面，第一次世界大战后，在国际革命运动高涨的影响下，法国国内的革命运动加速发展，社会民主派积极开展活动。在教育方面，民主派人士提出要在20世纪的学校公正与社会公正之间建立起普遍的联系。这一时期，由于法国政局并不稳定，政府更换频繁，教育部主持者亦随之更迭，先后委任了6位教育部长，在任时间平均只有8个月，这种状态使国家教育政策难以稳定，更缺乏连续性。尽管如此，仍有几位教育部长颇有作为，推动了法国教育的发展，有些对战后教育改革还产生了较大的影响。

1919年7月25日颁布了《技术、工业、商业教育组织法》。该法案主持者是时任教育部长阿斯杰，因此该法又称《阿斯杰法》（Loi Astier）。《阿斯杰法》是为适应当时法国工业生产发展需要，特别是适应电气、交通和新兴工业部门迅速发展的需要，加强对学徒、普通工和职员进行技术培训而制定的。《阿斯杰法》确定了职业技术教育要由国家组织的原则，改变此前由私人办学的状况。按照该法规定：国家设立技术教育最高委员会，地方各级设立相应的培训机构；通过学习科学技术理论和实践培训，促进工商业发展；职工享有接受职业技术教育的权利，企业主有提供培训条件的义务等。《阿斯杰法》颁布后，最初技术教育由工商部管辖，1921年改由国民教育部管辖。这一举措不仅促进了学校的职业技术教育，也为进一步发展职业技术教育奠定了法律基础，因而《阿斯杰法》被称为法国第一个"技术教育宪章"。到第二次世界大战爆发前夕，法国已基本形成了以工商实用学校和高等专门学校为主的中等、高等职业技术教育体系。

让·泽（Jean Zay）是第二次世界大战前，法国最后一任教育部长。1936年初，代表

---

① 参见沈炼之：《法国通史简编》，人民出版社，1990，第500页。

民主进步力量的"人民阵线"在议会选举中获胜，让·泽被任命为政府教育部长。在任期间，他积极推动法国教育民主化改革，并取得了一定的成效。在他的大力推动下，通过了1936年8月9日法案，法国义务教育延长到14岁，使更多的贫民子弟有了接受教育的机会。随后，他又积极推行全国教育整体改革计划，包括不同类别的教育相互有机衔接，使之成为完整的教育体系。为保证教育质量，国家对各级教师资格进行统一规定，执教者应具备相应的教学能力证书。为实施全国教育改革，当时选择了45所学校进行试点改革。遗憾的是，由于第二次世界大战爆发，让·泽的教育改革计划未能继续进行，但是，作为一位改革者，他的教育思想及改革措施对战后法国的教育改革影响很大。

1929年10月29日，由美国纽约股票市场崩盘引发了西方世界经济大危机。然而，1929年和1930年的法国，却处于两次世界大战之间的"繁荣时期"，国家财政基本保持平衡，法兰西银行黄金储备雄厚。然而，法国终究未能逃过西方经济危机的厄运。1930年11月，以乌斯特里克银行破产为导火线，引发了法国的经济危机，大批银行和企业纷纷倒闭，整个生产急剧下降，工业倒退到1911年时的水平。这次危机对法国社会经济生活产生了极大的冲击，政局动荡不安，内阁成员走马灯似地更迭。第二次世界大战爆发后，代表法国财政寡头和反动军人集团利益的维希政府坚持其反动独裁统治，致使法国社会陷入倒退。政治上，维希政府与德国法西斯沆瀣一气，取消一切资产阶级的民主自由，解散一切政党和工会组织，疯狂迫害犹太人。经济上，大垄断资本家控制了全国工商业领导权，加紧对工人和农民的残酷剥削。文化教育上，宣称"在政府履行的任务中，国民教育不具有重要性"，并强行灌输法西斯教育，为德国提供劳动力；公然停止已实施有半个多世纪的国家义务教育法——《费里教育法》（1882），取消学校教学中的科学课程；教会重新受到保护和重视，恢复宗教教育，成为维希政府重要的支柱力量之一。总之，维希政权时期，法国社会政治生活出现倒退，世俗教育发展受阻，教育民主化进程陷入低潮。

二、高等教育的复兴

第二次世界大战以前，法国高等教育已形成了"大学"（综合大学）与"大学校"（高等专门院校）并行的双轨制教育体系，也就是法国人所说的"一个国家，两种大学"的格局。由于这两类高等学校各自开办的历史时期和社会背景不同，因而它们的办学理念、教学内容和方法、培养目标等都各不相同。大学主要从事理论教学和科学研究，培养教师、学者和研究人员；大学校着重实用性教学，重点培养工程技术人员和管理人员等各种专业技术人才。两次世界大战之间，尽管由于战争和国内政治局势的影响，高等教育时而发展、时而受阻，总的来说，进入20世纪后，法国高等教育是朝向复兴的方向发展进步的。

创办于"旧制度"①后期的大学校,是法国高等职业技术教育的主要场所。最早创办的大学校有炮兵学校(1720)、巴黎道路桥梁学校(1747)、军事工程学校(1749)、骑兵学校(1773)、巴黎矿业学校(1783);大革命时期又开办了巴黎理工学校(1794)和巴黎高等师范学校(1794)。这些大学校后来成为法国闻名遐迩的高等学府,也是法国精英教育的摇篮。两次世界大战之间,大学校发展缓慢,仅开办了33所学校,其中26所在外省(指巴黎以外的省份)。第二次世界大战以前,大学校主要从事实用性专业教育,重视学生技能培养,与企业界有着传统的联系,少有开展基础理论研究。到第二次世界大战结束时,全国开办了各种专业类型的大学校共有90所,办学规模不大,在校学生一般数百人至上千人不等。

大学系统经过19世纪末的重组,为法国高等教育的复兴创造了有利的条件,然而第一次世界大战爆发,这种发展势头一度中断。战争结束后,经过几年的恢复,到20世纪20至30年代,大学在学生数量、学科建设,以及管理等方面得到了一定的发展。根据1896年的《大学法》规定,每所大学设立大学理事会,作为法人代表,大学有权决策校内的行政、财政、教学和科研等重要事宜;校长作为教育部长代表在大学行使行政管理权力。这一时期,大学在教学和科学研究方面出现了许多新的变化。以巴黎大学为例,该校成立了作为权力机构的大学理事会,加强对学院的统一管理,其有权设立各种专业教学职位。教学和科学研究方面更是恢复和发扬了中世纪的光彩。人文和社会科学方面,文学院不仅从事传统的语言文学教学,而且增加了心理学、社会学等实验学科,过去的"索邦"②哲学不再"一统天下"。法学院改变以往教学仅限于对罗马法进行注释和研究的做法,将法学、政治学和经济学综合于一体,相应地开设了行政法、国际法、公法、私法等新课程,并运用历史和比较的观点,深入开展外国立法的比较研究。当然,这一时期巴黎大学最引以为豪的还是科学方面所取得的巨大成就,出现了一批新的学科,产生了一批有重大影响的科研成果,特别是拥有一批享誉国际学术界的大师。

这一时期,巴黎大学的理科课程教学分为数学、物理、自然科学三大类。①数学开设了普通数学和高等数学、差别计算和积分学、分析力学和天体力学、天文学、概率论和数学物理、物理力学和实验力学、理论力学、流体力学等课程。②物理开设了普通物理、普通物理和放射物理、理论物理和天体物理,无机化学、有机化学、应用化学、生物化学、物理化学,燃烧研究、矿物学、地理物理,普通电学、应用光学、放射学,空气动力学、航空学等课程。③自然开设了动物学、普通生物学、有机生命演变、解剖学和比较生物学、实验生物学,植物学、植物生理学,物理地理学、应用地质学和区域地质学、古生物地质岩类学等课程。

---

① 指法国1789年大革命以前的历代王朝。
② 索邦即由法国国王圣路易的忏悔教士罗贝尔·德·索邦(Robert de Sorbon)于1257年创办的索邦神学院(la Sorbonne),中世纪巴黎大学的主体,后成为巴黎大学的代称。此处的索邦哲学指古代的经院哲学。

大力发展实验室是这一时期巴黎大学开展科学研究的重要标志。到20世纪30年代，理学院已经拥有50多个设备先进的实验室，其中包括：航空、天文、物理、化学、无机化学、有机化学、比较解剖学、解剖与比较生理学、实验生物学、组织学、动物、植物、物理地质等，以及航空技术与科学信息中心等。

最令巴黎大学骄傲的是这一时期出现了一批成就卓著的学术大师和科学家，其中诺贝尔奖得主有：居里夫妇（物理、化学）、李普曼（物理）、夏尔·里歇（医学）、布罗格里（物理）、让·佩兰（Jean Perrin，物理）、伊雷娜·约里奥·居里（化学）。同时，还有一批国内外著名学者：保尔·阿佩尔、爱弥尔·皮卡尔、潘维勒、加比唐、迪尔凯姆、德拉布拉什、塞纽博斯、罗曼·罗兰等。他们的研究成果为国际社会瞩目，为人类社会的发展和进步做出了具有原创价值的重要贡献。

值得一提的是，这一时期法国大学的科学优势和权威性，特别是在原子物理学理论和现代数学等领域所具有的世界领先水平，吸引了许多国内外青年学者和大学生。我国著名学者严济慈、李衍、裴文中、钱三强等人，先后到法国留学，归国后皆成为中国科学发展的领军人物。当时在巴黎大学镭研究所工作的居里夫妇，利用人工方法首次获得放射性元素，发现了人工放射性，为人类改造微观世界取得了重大突破，被称为20世纪最重要的发现之一，他们夫妇因此荣获诺贝尔化学奖（1935）。在现代数学方面，由一批法国青年学者组成的"布尔巴基学派"（L'Ecole de Bourkabi）以创新的研究方法，以数学结构作为分类的基本原则，开展了大量卓有成效的研究，取得了杰出的成就，他们撰写的巨著《数学原理》（至今已出版40多卷）极大地丰富了人类对数学本质的认识，促进了世界现代数学的发展，该学派曾先后7次荣获菲尔德奖（Medaille Fields），风靡整个数学界，让"数学运动中的法兰西王国"在世界现代数学领域独领风骚。

1939年法国国家科学研究中心（Centre National de la Recherche Scientifique，CNRS）成立，这是法国学术界的一件大事。该中心前身是1935年由诺贝尔物理学奖得主让·佩兰倡议成立的国家科学研究管理处。起初，国家科研管理处的主要任务是为青年学者完成国家博士论文提供必要的经费，并帮助他们进入大学或研究机构工作。法国国家科学研究中心成立后，其职责由统筹协调全国的基础科学研究逐步转变成为从事基础研究的主要机构。战后，随着社会经济与科学技术的发展，该中心相继增加了应用科学和社会科学的研究。法国国家科学研究中心自成立以来，始终与高等教育保持密切关系，除了很短一个时期划归工业与研究部管辖外，一直隶属国民教育部。实际上，该中心的1万多名研究人员中，一半以上都长期在该中心与学校共同组建的合作实验室工作，大部分专用实验室也设立在大学和名牌大学校内。80多年来，国家科学研究中心已发展成为法国最重要的基础科学、应用科学和社会科学研究机构。同时，该中心在推动和支持法国高等教育教学和科学研究发展方面，都发挥了极为重要的作用。

尽管两次世界大战时期法国高等教育受国内外局势的影响，发展中遇到各种波折，但是大学设置了许多新的学科,重视开展科学研究,并取得了对社会发展与科学进步产生重大影响的研究成果,所有这些都反映出法国高等教育已经开始改变18世纪以前重大科学发明和发现大多发生在大学校园以外的状况,表明法国现代高等教育与传统的中世纪大学教育相比已发生显著的改变。总之,经过几百年曲折发展的法国高等教育正在走向复兴的道路,迎接战后新的更大的挑战。

第二节 英 国

一、两次世界大战期间英国社会状况

两次世界大战期间英国社会状况有以下三个特点。

第一,经济不景气。英国这一时期经济发展不景气,主要原因有三个。一是战争。虽然根据《凡尔赛条约》,第一次世界大战结束时,英国分到了不少原先属于德国的殖民地,但战争也使英国蒙受重大损失。除了人员伤亡,经济方面也损失惨重。二是军费开支巨大,战争期间,英国共支出战费100亿英镑,给战后经济发展留下沉重包袱。三是经济结构受到破坏。"虽说在1919年至1920年经历了短暂的经济繁荣,结构性伤害却非常难以补救。"①1920年3月,物价指数323,比1914年6月高出100%。1921年春季时超过200万人失业。老百姓住房严重匮乏,人民不满情绪上升,罢工频频:1918年至1919年爆发过两次警察罢工,1920年,爆发过铁路罢工。②1929年至20世纪30年代初,世界性的经济危机使英国经济雪上加霜:"生产下降,投资减少,出口下跌了三分之一,到1931年9月,黄金储备已基本枯竭,失业人数接近300万,占投保工人总数的23%。"③直到20世纪30年代中期左右,英国经济才渐显复苏迹象。

第二,国家安全受到关注。20世纪30年代初,德国纳粹党上台了,新的世界大战的阴云开始形成。在英国,国家安全和军备问题重新成为人们关注的重要话题。尽管当时多数政治家不顾丘吉尔警告,采取和平主义态度,主张绥靖政策。但时局的变化,迫使执政的保守党政府从1935年开始重新考虑军备建设。虽然,当时只是进行有限的军备建设,但费用开支已然呈上升态势,从1935年的1亿英镑增加到1939年的7亿英镑。④

第三,党派之间的斗争与合作致使政府更迭频繁。第一次世界大战结束后,原先由自由党和保守党两个政党轮流执政的旧格局被打破,过去占政治中心地位的自由党迅速衰落,而工党则异军突起,与保守党展开激烈的政治角逐。新的两党竞争局面形成。这

---

① 钱乘旦、许洁明:《英国通史》,上海社会科学院出版社,2002,第318页。
② Peter Gordon, Richard Aldrich and Dennis Dean, *Education and Policy in England in the Twentieth Centuries* (London: The Woburn Press, 1991), p.51.
③ 钱乘旦、许洁明:《英国通史》,上海社会科学院出版社,2002,第320页。
④ 同上书,第323页。

一时期，两党竞争时而激烈时而缓和，反映了英国政治上的灵活性。这就是当"该国面对政治经济危机或进行对外战争之际，各大党总是能够自觉休战，主动配合共渡难关"①。不过，这种政党间时而竞争时而合作的现象造成了这一时期英国政府频繁地更迭。从1918年第一次世界大战结束到1939年第二次世界大战开始，英国政府数次更迭：战争刚结束时，自由党和保守党组成的联合政府持续到1922年结束；从1922年到1931年，保守党和工党轮流执政；1931年到1940年是由超党派的国民政府（National Government）执政。

以上简要的论述表明：第一，这一时期英国经济是比较拮据的；第二，这一时期，英国政治家和政府的主要兴奋点在经济和政治两方面，没有更多的精力去关注大学的发展问题。然而，就在这样一个背景下，英国大学还是有了一定的发展，在某些方面甚至有了突破性进展。其原因何在呢？答案是第一次世界大战给英国人留下了深刻的教训。

教训之一是认识到国家和大学两者之间的关系。从中世纪牛津大学和剑桥大学产生以来，在英国，大学和国家的关系一直没有引起人们的关注。大学长期奉行自治原则，与国家的关系不冷不热。国家也没有把大学的发展当作自己的责任。大学和国家两方面可以说是各行其是。但第一次世界大战教育了英国人。战争期间英国科技资源的不足使英国人深刻认识到：现代战争对科学和技术的倚赖正在不断增强，大学对于国家意义重大，国家应当促进大学高水平科学研究。同时，大学也越来越强烈地感受到，大学的科学研究需要国家支持。基于这种认识，国家和大学双方都自觉地重新审视双方关系了。"国家不得不承认，高等教育作为现代生活的根本要素需要公共资金的支持。同样，大学不得不承认，大学对于国家应当负有重要的责任，如果想要获得更多的国家支持，大学就必须接受国家一定程度的指导。"②

教训之二是认识到大学应当培养什么样的专业人员。战争期间，在被看作"欧洲科学和教育前辈"的德国，不少科学家和专门技术人才对德国毁坏欧洲文明的行为采取默认甚至支持的立场。这种不正常的现象使英国人认识到，培养科学技术人才以满足工业部门、政府机构乃至整个社会的需要是大学的重要职能，但大学教育只注重科学技术教育还不行，"大学教育应当是一种特别的教育。科学家应当受到人文思想的陶冶，成为各行各业热爱民众的领导人"③。否则，科学技术教育培养出来的人可能成为战争的支持者或战争贩子。

这两个教训实际上是两次世界大战期间英国高等教育发展的特殊背景。

---

① 阎照祥：《英国政治制度史》，人民出版社，1999，第411页。
② Keith Vernon, *Universites and the State in England, 1850–1939* (London: Routledge Falmer Taylor & Francis Group, 2004), p.176.
③ Ibid., p.177.

二、两次世界大战期间英国大学的发展

在上述背景的影响下，这一时期英国大学的发展有以下七个特点。

第一，学生数量发展先快后缓。这一阶段初期发展较快，与"一战"前相比数量大增，但进入20世纪20年代之后，发展趋于平缓。这一现象在表7-1中反映得很清楚。与第一次世界大战前1910年的27728人相比，1920年整个英国大学在校生人数增长了1.75倍左右，达48452人，发展还是相当惊人的。但之后，发展几乎停滞。1930年时，人数反而比1920年略有减少。到1938年，数量才略有增长，达50002人。

表7-1 两次世界大战期间英国高等教育在校生人数

年份	1910	1920	1930	1938
英格兰	19617	33868	33808	37189
威尔士	1375	2838	2868	2779
苏格兰	6736	11746	11150	10034
整个英国	27728	48452	47826	50002

资料来源：转引自王承绪：《世界教育大系：英国教育》，吉林教育出版社，2000，第467页。

20世纪20年代以后，英国大学在校生人数增长缓慢导致了英国高等教育的入学率始终在低水平上徘徊。据统计，到1938—1939年度，适龄青年也只有2.7%获得高等教育机会。[1] 同时，这一时期在校生人数增长缓慢还致使英国高等教育落后于美国以及欧洲其他国家（如表7-2所示）。

表7-2 1934年八国大学在校生人数与居民人数比例

国名	在校生人数：居民人数
英国	1∶885
意大利	1∶808
德国	1∶604
荷兰	1∶579
瑞典	1∶543
法国	1∶480
瑞士	1∶387
美国	1∶125

资料来源：根据 Brian Simon, *Education and the Social Order* (London: Lawrence & Wishart Limited, 1991), p.30有关内容整理制成。

从表7-2中，可以发现，这一时期英国大学在校生人数的发展为表列8个国家中最落后的。

---

[1] W. A. C. Stewart, *Higher Education in Postwar Britain* (New York: Macmillan Press, 1989), p.278.

第二，学校规模发展不明显。受精英教育传统的影响，英国高校这一时期规模偏小。1938—1939年度，多数大学规模在1000人以下，6000人以上的大学一所也没有（如表7-3所示）。

表7-3　1938—1939年度英国按在校生人数统计的大学数

在校生人数	1000人以下	1000—1999	2000—2999	3000—3999	4000—4999	5000—5999
学校数	13	5	2	1	1	2

注：少数学校未统计在内，如伦敦商学院、曼彻斯特商学院、威尔士国家医学院以及邓迪、纽卡斯尔、圣安德鲁斯大学等。

资料来源：W. A. C. Stewart, *Higher Education in Postwar Britain* (New York: Macmillan Press, 1989), p.275.

第三，文科发展表现突出。这一时期，虽然英国人注意到了科技人才的培养问题，但由于注重人文教育传统的影响，文科的发展依然超过理工科的发展。与纯理科（pure science）和技术学科相比，文科学生数量所占比例是惊人的（如表7-4所示）。1930年时英国大学生中竟然有超过一半的学生学习文科。到了1930年后，比例才略有降低，1939年时，还是有高达46.5%的人学习文科。

表7-4　1920—1938年英国高校各学科学生比例

（单位：%）

学年度	文科	纯理科	技术科	其他
1920/1921—1924/1925	39.8	17.0	13.5	29.7
1925/1926—1929/1930	52.3	16.9	9.3	21.5
1930/1931—1934/1935	49.9	16.9	8.9	24.3
1935/1936—1938/1939	46.5	16.3	9.7	27.5

资料来源：W. A. C. Stewart. *Higher Education in Postwar Britain* (New York: Macmillan Press Ltd, 1989), p.22.

与其他国家相比，英国学理工科的人数也明显更少。如与美国和苏联相比，1940年时，英国学理科的学生人数不足1万人，而美国有5万人左右，苏联有近7万人。[①]人文学科受到重视的现象以牛津大学为典型。到1938年时，牛津大学荣誉学位（honours）获得者中只有14%的人获得的是纯理科学位，获得应用学科学位的学生则更少，只有3%。[②]

第四，在理科中，医学教育和研究受到重视，体现在牛津大学和伦敦大学两所大学所受到的特别资助上。20世纪20年代，美国洛克菲勒基金会（Rockefeller Foundation）给伦敦大学的大学学院捐资500万美元，促进了伦敦大学医学教育与研究的改革。伦敦大学的大学学院尝试与医院合作，将实验室和病房联系在一起，使教学、研究和诊断合

---

① Michael Shattock, *The Creation of a University System* (Oxford: Blackwell Publishers, 1996), p.52.
② Keith Vernon, *Universites and the State in England, 1850-1939* (London: Routledge Falmer Taylor & Francis Group, 2004), p.200.

为一体。① 20世纪30年代，企业家纳菲尔德勋爵（Lord Nuffield）捐资约250万英镑资助牛津大学医学研究，使牛津大学的医学研究得到令人瞩目的发展。

第五，女子高等教育在这一时期有了一定的突破。其中以牛津大学为典型。1920年，牛津大学向女性打开了大门，女生数量迅速增长。到1925年，本科生中女生已占到四分之一。② 尽管后来受到反对力量的抵制，规定了女生的限额，但在当时已是一大突破。

第六，牛桥（Oxbridge，即牛津大学和剑桥大学）的发展受到高度重视。牛桥这一时期受到高度重视主要有两个原因。一是因为牛桥具有传统的学术和社会地位。从学术角度看，牛桥在英国大学体系中一直高居教学质量和科研领域的榜首地位，是当时其他大学无法撼动的。从社会学角度看，牛桥受到重视还有社会阶层方面的原因。当时英格兰三分之一的大学生是在牛桥就读的。学生中绝大多数来自伦敦和英格兰东南部等发达地区。其中96%的学生来源于独立的或直接拨款学校（direct grant school），学生家庭多数为中上层社会成员。二是第一次世界大战凸显了牛桥的价值。对此，英国教育史学者弗农（Keith Vernon）在其著作《1850—1939英格兰的大学与国家》（*Universites and the State in England, 1850-1939*）一书中做了解释："可以肯定地说，牛桥毕业生越来越受到商界、科学界和其他专业领域的欢迎，供不应求。牛桥的研究越来越领先。外国学生，特别是研究生纷纷涌往牛桥而不是去德国学习……牛桥的重要性在战争期间得到了充分的展示。这里既不是说报告（指皇家委员会的报告——笔者）中列举了充分的证据表明牛桥是这些领域的领头羊，发展得比其他大学好；也不是强调牛津大学刚刚实行的向女子颁发学位的举措（剑桥大学这时还没有向女子开放学位授予）。这些古典大学最引人注目的特征是它们的学院制（collegiate system），它启蒙了学生的民主意识，使牛桥学生个性与众不同。在战争中，正是这种追求民主的道德观、开阔的视野和灵活的头脑体现了牛桥的最大价值，防止了科学研究者蜕变为没有头脑的机械。"③ 这种在当时流行的共识不仅巩固了牛桥学院制的传统，也使人们看到了牛桥对于国家的特别价值。牛桥发展受到特别的资助也就顺理成章了。按照皇家委员会建议，政府应当给这两所大学每年增拨9万英镑经费，并给两所大学图书馆每年增拨1万英镑经费。后来在实际运作中，在学生数保持不变的情况下牛桥享受政府资助的额度一直比其他大学高，1923—1924年度达14%，之后10年上升到20%。④ 需要提及的是，这一时期，国家不仅看到了牛桥古典大学的作用，同时也看到了伦敦大学，以及诸如伯明翰、布利斯托尔、利物浦等地方的大学的作用。英国政府筹划运作一种新的机制（大学拨款委员会）来资助和引导大学发展的

---

① Keith Vernon, *Universites and the State in England, 1850-1939* (London: Routledge Falmer Taylor & Francis Group, 2004), p.207.

② Ibid., p.201.

③ Ibid., pp.196-197.

④ Ibid., p.198.

时机成熟了。

第七，伦敦大学的重要地位进一步确立，伦敦大学进一步发展。由于伦敦大学地处首都，其教育和文化资源之丰富是其他大学无法比拟的。如何发挥伦敦大学的作用在"一战"前就已经成为政府关注的问题了。例如，以霍尔丹（R. B. Haldane）为首的皇家委员会曾在1913年《皇家委员会关于伦敦大学的教育报告》中提出了促进伦敦大学发展的若干建议，其中包括尽可能建立一个单一的中心校址。"一战"后，伦敦大学发展问题受到以费希尔（H. A. L. Fisher）为首的教育署（Board of Education）的重视。费希尔当时有个指导思想，即先着手解决伦敦大学问题，然后再去解决其他大学问题。因为，伦敦大学服务的人口占国家人口的三分之一，而且地处首都。伦敦大学的问题解决了，其他大学的问题便会容易解决得多。伦敦大学建设由此开始加速，其中有几个明显动作。第一，政府先是出资42.5万英镑在伦敦中心地区靠近伦敦大学学院和大英博物馆附近买了一块地作为伦敦大学中心校址。1927年政府又资助21.2万英镑用于设备和建筑。第二，在伦敦大学设立一个机构来指导首都的高等教育发展。第三，加大了正常的资助力度。除了额外的项目资助外，伦敦大学得到的正常资助额度也是其他大学不可企及的。20世纪20年代，它所得到的资助占大学拨款委员会所有资助款的40%。第四，成立了一批新的人文学科研究和教学机构，增强了伦敦大学的学术地位。如斯拉夫研究学院（School of Slavonic Studies）、历史研究所（the Institute of Historical Research）、考陶德艺术研究所（Courtauld Institute of Art）和考古研究所（the Institute of Archaeology）等。到20世纪30年代末，伦敦大学已经发生了很大的变化。从规模看，伦敦大学拥有大量的独立学院和专门学院。从校园位置上看，大学本部设在中心校区标志性建筑里，众多的学院则分布在伦敦市不同区域，大学和城市融为一体。从功能上看，它依然保持了作为校外考试机构的作用，而又大大增强了高层次的研究功能。[①]

这一时期英国高等教育的发展动向除了上述的七点外，还需要提及以下三点。其一，地方性大学（provincial universities）也有一定程度的发展。除了牛桥和伦敦大学之外，地方大学也能从大学拨款委员会处得到资助，使学校发展得到国家的支持。其二，大学的文化民族主义进一步发展。这一点在苏格兰、威尔士等地表现突出："苏格兰仍将苏格兰大学看作民族遗产的组成部分，并以此区别于联合王国的其他文化。联邦制的威尔士大学（University of Wales）1920年将斯旺西大学学院并入，这是威尔士文化民族主义发展的又一标志。在爱尔兰，大学学院网络的建立表明天主教和长老会在合力与都柏林三一学院圣公会较量。"[②] 其三，面临战争时，大学发展临危不乱。从1938年末开始，由

[①] Keith Vernon, *Universites and the State in England, 1850–1939* (London: Routledge Falmer Taylor & Francis Group, 2004). p.207.

[②] Peter Gordon, *Richard Aldrich and Dennis Dean, Education and Policy in England in the Twentieth Century* (London: The Woburn Press, 1991), p.230.

于第二次世界大战爆发在即,英国的大学也开始为战争做准备:组织了一批研究队伍,建立了一些与战争相关的研究中心,还成立了招募委员会(recruiting boards),预留了科学和工程专业的毕业本科生和研究生,加强了医学课程的指导等。尽管再次面临战争,但除了这些准备之外,大学运转一切如常。在英国人看来,大学承载着人类高尚使命的希望,"大学这盏照亮人类前进方向的灯火是无论如何都不能熄灭的"[①]。

三、两次世界大战期间英国大学管理的变革

两次世界大战期间大学发展中最引人注目或者说最大的变革是1919年大学拨款委员会的建立。它的建立不仅仅解决了大学经费来源的制度化问题,更重要的是反映了英国国家和大学关系的变化,反映了英国国家的大学管理模式从自由放任走向了间接管理。

1. 大学拨款委员会成立的原因

大学拨款委员会成立的原因之一是大学办学经费困难需要国家支持。19世纪末之前,英国国家与大学之间关系很简单。国家只是给大学颁发办学许可证。大学如何办,经费从哪里来,国家一概不问。英国大学在享受办学自治的同时,经费也需自筹。多数学校靠捐赠和收取学费维持。到19世纪末,随着办学成本的增加,一些大学经费拮据,有的甚至"负债度日",一些院校便开始呼吁国家给予资助。英国科学促进协会在1885年的一次全国会议上也就国家资助大学的问题向政府发出呼吁。1887年各大学在南安普顿集会,协调对政府的行动。在这种形势下,英国政府开始考虑需要资助问题,并于1889年建立大学学院拨款委员会(Committee on Grants to University Colleges),对一些学院实施资助计划。资助对象主要是新成立的和比较贫困的学院。首批得到资助的有10所英格兰学院和1所苏格兰学院。资助的数额各院校不等,最多的是英格兰的曼彻斯特大学,为1800镑,最少的为苏格兰邓迪大学,只有500镑。[②]但是,需要得到资助的院校不只这几所,需要得到的经费也不只这么一点点。"高等教育需要从国家得到更多的支持,甚至连牛津大学、剑桥大学也不例外。因为所有大学都面临财政困难,破旧的校舍要维修,设施要更新……"[③]除了大学学院拨款委员会外,其他一些部门或研究会为了推动大学科研的发展,也开始向大学提供研究资金,如科学与工业研究署(Department of Scientific and Industrial Research,DSIR)、医学研究会(Medical Research Council,MRC)以及农业研究委员会(Agricultural Research Council,ARC)等。这些情况表明,没有校外资金的资助,大学的科研和教学便会受到严重影响。

---

① Keith Vernon, *Universites and the State in England, 1850–1939* (London: Routledge Falmer Taylor & Francis Group, 2004), p.212.
② 王承绪:《世界教育大系:英国教育》,吉林教育出版社,2000,第470页。
③ 张泰金:《英国的高等教育历史·现状》,上海外语教育出版社,1995,第48页。

大学拨款委员会成立的原因之二，如前所说，是第一次世界大战使英国政治家认识到国家在大学发展方面的责任。同时，大学也意识到自己对国家的责任，大学和国家相互需要成为人们的共识。但因为英国大学的传统之一是强调学术自治，如果政府直接拨款会动摇这一传统。因此需要在大学与政府之间架设一座桥梁，即设立一个准自治机构——大学拨款委员会，由它扮演财政部"出纳员"。为什么要成立新的机构，而不是由已经存在的大学学院拨款委员会或教育署来承担这一任务呢？这是因为前者资助的院校少，后者作为政府机构只管理英格兰和威尔士的学校，二者都不能扮演覆盖英国全境所有大学的机构的角色。

伦敦大学教育学院教育史学家戈登（Peter Gordon）教授对大学拨款委员会成立的原因也有类似的分析："1919年大学拨款委员会的创立是政治家们对国家需要大学教育和高级技术人才的姗姗来迟的承认。实际上，它的建立是为了处理一系列紧迫的问题：战争期间学生人数的减少所导致的学费收入的减少；建筑物和设备的维修与添置受到忽视，有的甚至在战时被征用；战后，大批复员军人重返校园继续学业所造成的学生人数膨胀。"①

2. 大学拨款委员会的人员组成和任务

大学拨款委员会由麦考密克爵士（William McCormic）担任非专职主席，10位委员均来自非申请经费资助院校，且是学术界有声望的学者。委员会成员经财政大臣与教育署署长和苏格兰国务大臣协商后任命。委员会的专职秘书由财政部委派。这就是所谓的："学术界人士当主席，财政部公务员当秘书，似乎是前者面向大学，后者面向财政部。"②

大学拨款委员会扮演的财政部"出纳员"角色，所起的是一种"缓冲器"（buffer）作用，主要任务是负责评估大学的经费需求并向财政部报告，然后下拨经费。财政部根据大学拨款委员会的报告制订年度经费资助计划，按期划拨，5年为一期。大学拨款委员会建立后，英国政府对大学经费的资助逐渐增加，1919年为100万英镑，到1936年，资助的经费已达250万英镑。③

大学拨款委员会于1989年撤销。它在英国大学发展史中发挥了70年的重要作用。一方面，它为牛桥、伦敦大学和地方大学争取到办学的资金，促进了大学的发展；另一方面，它又引导了大学的发展，因为"大学确确实实按照大学拨款委员的政策调整自己的活动，提升教职员的素养、补充物质资源、更新设备"④。而且由于是根据对大学贡献大小的评估结论来分配资金，大学拨款委员会就直接起到了促进大学间竞争的作用，使英国大

---

① Peter Gordon, Richard Aldrich and Dennis Dean, *Education and Policy in England in the Twentieth Centuries* (London: The Woburn Press, 1991), p.235.

② M. Shattock, *The UGC and the Management of British Universities* (Buckingham: SRHE and Open University, 1994), p.2.

③ M. Shattock, *The Creation of a University System* (Ocford: Blackwell Publishers, 1996), p.31.

④ Keith Vernon, *Universites and the State in England, 1850-1939* (London: Routledge Falmer Taylor & Francis Group, 2004), p.195.

学整体水平和质量得到提高。更重要的是，大学拨款委员会起到了建立英国大学系统的作用，因为，在它的努力下，所有大学都被纳入国家的大学系统，接受国家的指导，真正成为国家的重要资源。

需要强调的是，大学拨款委员会的建立是英国政治家为解决高等教育面临的问题所努力的结果。如果没有政治家的参与，仅仅靠教育界自身的努力，大学拨款委员会是很难建立的。正如一位英国学者所说："大学拨款委员会的建立是上层政治家，特别是霍尔丹勋爵和公务人员为政府提供的一种帮助，它并不是大学、大学校长和学术界舆论压力的产物。"①

这一时期英国大学的发展有两点值得称道。一是建立了大学拨款委员会。通过该委员会的协调，加强了国家对大学的资助和指导，使大学能够按照国家的愿望发展，成为国家的资源。这是英国大学管理制度创新的一个范例，也是这一时期的突破性进展。二是国家资助在实行时既适当倾斜又考虑到兼顾。例如，牛桥、伦敦大学和地方大学得到资助的比例分别为20%、40%、40%。牛桥科学研究得到的资助和伦敦大学建设得到的资助是其他大学无法相比的。也正是这种特别的倾斜政策，才使牛桥和伦敦大学保持在世界一流大学行列。同时，兼顾政策又促进了英国地方大学的发展。后来，诸如布利斯托尔大学、曼彻斯特大学等一些地方大学也发展成为世界知名学府，与这种资助政策也有关系。

这一时期，英国大学教育发展的不足表现在学生数量和科技教育发展两方面。

其一，由于受传统的精英教育思想和不景气经济状况的制约，这一时期英国大学的在校生人数增长不明显，致使落后于其他西方国家。这种落后一直维持到第二次世界大战后的20世纪60年代。但应该说，也正是这一阶段的落后才促使第二次世界大战后英国精英高等教育观念向大众高等教育观念的转变。

其二，科技教育的不足，这是因为英国人重视人文学科的传统力量太强大。尽管他们从第一次世界大战中得到了应当重视科学和技术教育的教训，但传统的力量使他们在科技教育这一方面没有采取特别的措施，结果导致了英国科技教育的落后。第二次世界大战后，英国人才亡羊补牢，先后通过建立技术学院和多科技术学院来增强英国科技教育。不过值得强调的是，他们关于科学家应当接受人文教育的观念是十分正确的。

第三节 德 国

一、魏玛共和国的高等教育

1914年德国挑起了第一次世界大战，1918年11月，德国国内爆发了"十一月革

---

① M. Shattock, *The UGC and the Management of British Universities* (Buckingham: SRHE and Open University, 1994), p.1.

命",由社会民主党和独立社会民主党组成了联合新内阁,并于11月11日签订了停战条约,德意志帝国宣告崩溃。1919年德国第一次建立了联邦共和国,史称"魏玛共和国"(Weimar government)。第一次世界大战战败,不仅使德国丧失了在政治、军事上的优势地位,经济、社会的发展也进入了萧条阶段。战后的混乱、通货膨胀、重建、国际化、世界经济的恐慌等诸多的不安定因素,一直伴随着魏玛共和国的发展。不过,这些对大学的冲击并不大。各大学依然维持着帝国时代的保守姿态,无论是学生团体的社会构造,还是大学教职员的政治立场,从本质上看,并没有发生太大的变化。可以说,魏玛时代的德国的大学制度并未发生重大的改变。

进入20世纪,德国高等教育学生人数已经达到5万人(其中约1.3万人是工科大学的学生)。到了魏玛共和国时代,大学生人数则一直在10万至13万人之间摇摆:1919年到1923年,从111671人增加到125728人;1923年到1925年,又减少到了89481人;1925年到1931年再次回升,在1930—1931学年的冬季达到顶点,约138000人。[①](如图7-1所示)和帝国时代相比,学生人数已有了很大的增加。但是学生人数的增加,给政权交替频繁、遭受经济危机恐慌的时代带来了更多、更深刻的问题。在大学内部,特别是学生和非常勤讲师等要求大学进行改革的呼声很高。

图7-1 魏玛共和国时期高校在校生人数的变化

资料来源:山本尤:『ナチズと大学:国家権利と学問の自由』,中公新書,1985;德文数据出自Jürgen Schwarz, *Studenten in der Weimarer Republik* (Berlin: Duncker & Humblot, 1971).

1919年普鲁士州率先进行的高等教育改革颇为引人注目。当时改革的重点是要在理念方面回归古典型大学,在个案方面则要寻求能适应时代并有所突破。改革的具体内容包括:改善重研究轻教育的现象,充实教育课程,改进每个教员形形色色的不统一的授课方式,统一学位,重视一般教育和专门教育的综合,学生应参与大学管理等。但是,由于大学教师对此改革方案强烈抵制,改革中途夭折。

在组织管理方面,根据1923年制定的《大学制度改革的基本原则》,部分大学设立了学生委员会(AstA)和德意志学生福利会(Deutsches Studentenwerke.V.),以便更好地协调学生政策。同时,为了迎合在大学中占据优势的正教授以外的教师们的要求,赋

---

① 山本尤:『ナチズムと大学:国家権力と学問の自由』,中公新書,1985,第61页。

予非常勤教授、私讲师参与学校决策机构的代表权,并为私讲师提供国库补助。

魏玛共和国时期,高等教育的类型并未发生根本的变化。工科大学、单科大学和传统的综合大学依然是德国高等教育的主体。其中,对工科大学的财政拨款预算占大学总预算的比例和战前相比有显著增长。同时,在"大学教育综合化"的改革要求下,一方面为了提高单科大学的学术水平,另一方面为了符合财政和组织上的要求,有不少单科大学被并入既存的大学或者工科大学中。值得一提的是,为了培养合格的师资人才,这一时期开设了不少师范学院,并且很快得到了较高的评价,在之后的10年间得到了迅速的发展。第一次世界大战后,还陆续诞生了若干新的综合大学。这些大学具有一些共同特征:一是大多数大学均由地方公共团体或地方政府设立,如1919年普鲁士州政府建立的科隆大学;二是这些大学大多建在商业、交通、产业的中心地,汉堡、法兰克福、科隆等大都市均成为大学城市。

没有被并入既存的大学或者工科大学的单科大学也加强了与综合大学的合作。而在1919年以前,这种合作还很难实现。由综合大学、工科大学和单科大学校长组成的大学校长联席会议(Westdeutsche Rektorenkonferenz),邀请各州代表共同协商、制定高等教育政策。由该机构达成的各种协议主要涉及入学条件、考试规定、履修规定、教授招聘程序、工资待遇、奖学金和成绩评价等。

在这一改革过程中,德国大学的科学研究也发生了新的变化。第一次世界大战结束前,由于各大学科学研究的重点主要放在经济、军事方面,忽视了基础科学,造成在各种领域,特别是精神科学领域的研究进展缓慢,逐渐处在了相对落后的位置。魏玛共和国政府在重建"文化国家"的理念下,尽管财政拮据,依然加大了对大学科学研究的财政援助力度,其中特别强调基础研究和发展产学研究的重要性。

二、纳粹时期的高等教育

1933年1月30日,希特勒建立了法西斯独裁统治,宣告了魏玛共和国的终结。这个由希特勒统治的法西斯德国号称"第三帝国"。1939年希特勒发动第二次世界大战,1945年战败。这短短的12年,给具有数百年光荣历史的德国大学造成了几乎毁灭性的打击。

1933年希特勒上台之前,纳粹势力通过其组织之一——纳粹学生同盟的积极活动,成功地实现了对大学中纳粹势力的渗透。这些活动包括:1926年成立纳粹学生同盟,随即在各大学设立了该同盟的组织机构;1931年纳粹学生同盟的成员被推选为全德意志学生自治会议长,以此为契机,在大多数大学的自治会选举中,纳粹学生同盟均获得了压倒性的胜利;在1932年全德意志学生自治会会议上,纳粹党的"指导者原理"被写入该组织的规章中。如当时纳粹的某位主要领导人曾说过这样的话:"充当大学改革的旗手,不是那些专门招聘来的教授们,而是学生,更确切地说,是纳粹学生同盟。"[①]

---

① 梅根悟:『世界教育史大系』,講談社,1977,第340页。

与此同时，大学教员们则对纳粹主义流露出嫌恶之情。以下便是一个突出的例子，即直至纳粹掌权后，才在大学中成立了"纳粹大学教师联盟"。

1933年，在掌握政权后，纳粹势力立即通过制定官吏法、在学生中设立政治组织、实施行政上的中央集权化、推行人种政策等措施，开始了对大学的大规模侵入。

首先，是由纳粹学生同盟发起的大学内部改革。在1933年召开的德意志学生会议上，"军人、劳动者、学问"成为第三帝国学生理想的象征。同年4月，柏林的大学生们针对大学中的非德意志精神，提出了12条纲领，要求大学纳粹化，取消希伯来语，驱逐犹太教师。在多数大学，非德语书籍被纳粹学生们没收并焚烧。

其次，1933年4月25日制定了《针对德国学校和大学学生数量过剩之法律》（*Gesetz gegen die Überfüllung deutscher Schulen und Hochschulen*），根据这项法律，引入了教育一元化政策。该法律提出了要将大学生人数减少75%，并特别规定了犹太学生和新入学女学生的占比分别不能超过1.5%和10%。该法律制定的原因可以归纳为：①义务教育普及产生了一大批知识无产阶级，给社会带来了很多不安定因素；②削减大学入学者人数的同时，能提高国民的就职率；③当时的纳粹政府极力主张将非雅利安血统的学生和女性排除在高等教育之内；④1931年至1933年接受大学毕业考试的考生是社会需求量的数倍。其中非雅利安血统的学生和女性升学者过多，政府认为有必要采取措施限制入学，减少毕业者的数量。该政策的实施造成当时的大学生总数减少了75%。① 同时，纳粹学生同盟被确定为当时德国唯一合法的学生组织。由于"指导者原理"的导入，大学校长也被改呼为"大学指导者"，由纳粹政府任命。各大学的系主任则由大学校长单独任命。

在1933年公布的《简化大学管理的暂定措施》中，纳粹的"指导者原理"被导入了高等教育的组织与管理体制中。1934年5月1日，在中央设立了帝国教育部（Reichsministerium für Wissenschaft, Erziehung und Volksbildung）。因为此前各州已经设立了负责具体文教行政事务的主管厅，德国教育史上独特的一元制行政管理体制由此诞生。学术、大学、青少年团、成人教育等事务均从原来的内务部移交到教育部。不过，教育部的全称为"帝国兼普鲁士州教育部"，帝国教育部长因此也由该州教育部长兼任。

第一任帝国教育部长是当时的普鲁士州教育部长鲁斯特（Bernhard Rust）。他发布了一系列教育制度统一化的指令。如1935年的《大学行政一元化训令》的具体内容包括：①学生可以不论国籍，但必须拥有德意志民族的血统；②大学的指导者为校长，校长隶属于第三帝国教育部，只对帝国教育部长负责；③大学评议会是校长的咨询机构，由大学教师和学生的指导者、副校长、各系主任及由校长从教师中挑选出的2名成员构成（在这2名成员中，1名必须为纳粹大学教师联盟的成员）；④大学教师和学生指导者的选定，必须在征求大学校长和纳粹教师同盟、纳粹学生同盟的意见后，由帝国教育部部

---

① 小松親次郎：「ドイツ大学の歴史的展開」，『高等教育研究紀要第15号：ドイツの高等教育 — 構造と政策』1995年3月，第18頁。

长任命，并由校长领导；⑤任命教授候补者的提案权归属各系，在这一过程中，学生首领拥有发言权，提案提交全德意志教师指导者投票，帝国教育部根据投票结果做出最终决定。

可以说，以上一系列大学纳粹化改革政策的颁布和实施，使德国大学的传统和学风遭到了彻底的破坏。从学生数量的变化看，1933年纳粹政权成立时，大学生人数为12.1万人，到第二次世界大战爆发前的1938年，学生人数减少了近一半，只有5.6万人。第二次世界大战爆发后，由于采取了缩短修业年限等战时措施，而且许多学生从军上前线，高校在校生的数量更是少得可怜，统计工作也变得非常空洞了。

不过，我们也应该认识到，尽管纳粹政权给德国的高等教育造成了不可估量的损失，但是，这一仅仅维持了2年的政权并没有使历史悠久的德国高等教育制度产生根本性的动摇。如对教育人事的政治介入、对教师纳粹思想的灌输等措施，并没有使大学教师们发生本质的变化。纳粹时期在高等教育方面引人注目的只有诸如禁止向犹太人授予博士学位、放逐犹太人、减少学生人数之类的种族主义的、消极的举措。在教育研究方面，尽管出现学生监视教师的现象，但是大学学生和教授们依然具有很强的学术自治权。同时，不可否认纳粹的高等教育政策中包含的一些积极的方针，如对极端的"正教授大学"体制的修正，对各州分散的行政机能进行的调整等。

此外值得一提的是，在纳粹强权的时代，绝大多数的大学教师都采取了消极对待纳粹政府高等教育政策的态度。建立有效的组织并通过它积极地抵抗纳粹统治的教师数量可以说微乎其微。

第四节 苏 联

1917年苏联十月革命取得胜利，这是苏联历史，也是世界历史的一个重要里程碑，它标志着无产阶级正式登上历史舞台。然而，新生的苏维埃政权所处的国内外环境却极为恶劣：国际上有西方列强的封锁包围和武装干涉；国内的叛乱不断，经济状况严重恶化，甚至造成1919年和1920年的大饥荒。为此，苏维埃政权不得不实施全面的紧缩和强制性措施，推行战时共产主义政策，经济上实行高度集中的"直接领导制"，集中全力应对国外干涉和国内叛乱。经过三年多的艰苦努力，终于确保了苏维埃政权的稳定。1920年开始，苏俄迅速转入恢复期，放宽国内经济环境，推行以市场和对外开放为要旨的新经济政策；同时在政治上容忍党内不同意见和派别的存在；实施低姿态的灵活外交，致力于扩大经济合作、争取国际承认，缓解与周边国家的关系；调整民族关系，推行以民族自决和民族平等为原则的开明的民族政策等。在经济恢复和政局稳定的基础上，1922年苏联宣告成立，从此开始了一个全新的强国发展时期，而高等教育的发展也相应地进入了一个新阶段。

一、高等教育政策

两次世界大战期间，苏联高等教育的主要政策是将高等教育"苏维埃化"。苏维埃原指"代表会议"（совет），即一种制度化的"政权"。狭义的"苏维埃化"也就是指改变以前的临时政府，建立苏维埃政权的过程。在这里使用的"苏维埃化"属广义范畴，即泛指力图形成、保持、维护苏维埃政权无产阶级性质的所有改造活动。所以，"苏维埃化"的政策开始于十月革命后巩固新生政权的时期，到第二次世界大战结束时已至成熟与完善。

苏维埃化是十月革命的直接产物，其内涵与十月革命的意义紧密相连。十月革命属于社会主义革命范畴：一是把马克思主义科学原理确立为革命的指导思想，二是由无产阶级政党来领导革命并取得胜利，三是以社会主义社会巩固下来的革命成果打破资本主义社会一统天下的局面。可以说"苏维埃化"就是要建立一个以马克思主义为指导的、无产阶级政党统治的政权机构，其特征是在政治上实行共产党领导、议行合一和一党制；经济实施公有制，管理采取任命制和终身制；文化上则是对以前沙皇时期的旧文化实行社会主义改造。至于教育和学校，列宁更是把它们称为摧毁资产阶级统治、完全消灭社会阶级划分和建设共产主义社会的工具。所以，作为苏维埃教育制度的原则必须具有以下特征。

①苏联全体公民，享有受教育的平等权利，不问其出身、社会地位和财产状况、肤色和民族、性别、语言、对宗教的态度、职业的种类和性质、住址和其他情况；

②实行青年普及义务中等教育；

③一切教育机关均属国家和社会性质；

④自由选择教学语言，可以使用本民族语言教学或者苏联其他民族语言教学；

⑤各类教育免费；

⑥统一教育制度和各级各类学校的招生制度，以保证学生从低一级的教育升入高一级的教育；

⑦统一教学和共产主义教育；

⑧对青年一代的教学和教育要同生活和共产主义建设的实际联系起来；

⑨教育的科学性要在科学、技术、文化最新成就的基础上，不断加以完善；

⑩秉持教育和教养的人道主义与高尚的道德性质；

⑪男女同校；

⑫坚持教育的苏维埃性质，排除宗教的影响。[①]

由此，高等教育的苏维埃化便存在至少这样几个方面的改造：一是改造高等教育的指导思想，将对资产阶级思想的崇尚变为对马克思主义的信仰；二是改造高等教育的培

[①] 参见叶留金：《苏联高等学校》，张天恩等译，教育科学出版社，1983，第13—14页。

养目标，将培养资产阶级专家变为培养无产阶级革命接班人；三是改造高等教育的性质，将贵族性的高等教育变为绝对地向工农开放；四是改造高等教育的属性，将高等教育的私立属性去掉，变为完全的公立并完全免费。

列宁改革高等教育的政策——苏维埃化，不仅使这一时期的高等教育均围绕着无产阶级的性质来运作，并且对整个苏联时期高等教育的走向都起着相当大的指引作用。

二、高等教育的数量与结构变化

在苏维埃化的思维及政策下，苏联高等教育的规模与结构较之上一个时期发生了重大的变化。

（一）改变大学的招生规则，大量招收无产阶级和贫苦农民出身的人进入高等学校

1914年的俄国仅有8所综合大学，其中就读的学生中，43.2%是僧侣，以及资产阶级子女，38%是贵族和官吏子女，14%是上层富农子女，只有4.5%是广大工人、农民、劳动知识分子的子女。[①] 可见高等教育的贵族性和等级性。为了使俄罗斯高等教育苏维埃化，列宁在1918年8月就发布了《人民委员会关于俄罗斯联邦高等学校招生问题的决定草案》，草案规定："人民委员会委托国民教育人民委员部立即拟订若干决定和步骤，以便在志愿上高等学校的人数超过往常的招生名额时，采取紧急措施，保证每个人都有升学的机会，决不容许资产阶级享受任何法律上和事实上的特权。当然，首先必须招收无产阶级和贫苦农民出身的人，并普遍发给他们助学金。"[②]

（二）确立"红色专家"的人才标准，大量培养无产阶级自己的高级人才

"红色专家"主要是针对反苏维埃政权的资产阶级专家而言。在发生了资产阶级专家蓄意破坏和怠工的"沙赫特事件"之后，斯大林认为培养"红色专家"的任务更为迫切。"沙赫特"是俄文"矿井"（шахта）的译音，"沙赫特事件"就是"矿井事件"，指1923年以后在顿巴斯矿区发生的各种生产事故。1928年斯大林在处理这5年内发生的矿井事故时，将其断定为"有组织的反革命破坏"，并且扩大到其他领域去寻找"沙赫特分子"，进而形成一场全国范围内的"沙赫特"政治运动。高等教育领域作为思想的前沿和专家的集聚地，自然成为"沙赫特"运动的重地。于是，要使高等教育苏维埃化，避免高等教育领域内的"沙赫特事件"，培养无产阶级自己的"红色专家"显得尤为迫切与重要。为此，1929年11月苏共中央颁布了《关于国民经济干部的决议》，不仅要加

---

① 参见叶留金：《苏联高等学校》，张天恩等译，教育科学出版社，1983，第43页。
② 苏联教育科学院：《列宁论教育（下卷）》，华东师范大学《列宁论教育》辑译小组辑译，人民教育出版社，2001，第42页。

强人才培养的工科性和专业性,还要加强高等技术学校和中等专业学校的工农性质:使农业院校中的工人、雇农、贫农、集体庄员学生比例占到75%,使工科院校中的工人学生比例占到70%,使设在高等技术学校内部的工农速成学校录取的新生中工人比例占到90%。该举措为工人出身的工作者提供了更多的深造机会,以提高"红色专家"在现任工程人员中的比例;每年要派至少1000名曾在党组织、苏维埃或工会工作中受过锻炼的共产党员进入高等技术学校学习。①1935年斯大林提出"干部决定一切"。这里的干部也就是指无产阶级自己的技术专家,即新型的工农出身的"红色专家"。这样的由苏维埃政权自己培养的"红色专家"在1940—1941学年已达到了811700人。②

(三)高等学校设立"工人系",加快人才的产出

1918年至1919年,各类高校纷纷设立了"工人系",此系只录取没有可能进入中学学习的工农成年人入学,分修业3年的日课制和修业4年的夜课制。"工人系"即后来的"工农速成中学"③,是以在短期内让大量工农子女达到中学生水平而成为高校,尤其是工科类高校新的生源储备。1920年9月17日,列宁签署的《人民委员会决议》明确规定各高等学校都要附设工农速成中学,且工农速成中学的毕业生可以不经过入学考试直接进入高等学校学习。一般而言,工农速成中学的毕业生有75%直接升入高等学校,而且,在工业技术类和社会经济类高等学校的生源中有80%~90%都来自工农速成中学。设立"工人系",包括后来在1924年设立的以工农为主要生源的广播函授大学,以及函授学校、工人大学等,其目的都在于使无产阶级工农群众可以进入高等学校,高等学校也因此可以尽快培养出苏维埃政权自己的无产阶级知识分子,促进高等学校迅速无产阶级化。1925—1926学年工农速成中学有108所,1927—1928学年增至122所;到了1932—1933学年,工农速成中学的数目达到1025所,仅苏联重工业人民委员部系统就有50所工农速成中学。1919—1929学年,在工农速成中学学习的工农学员超过了4万人。到了1932年,学生总人数达33.95万人。④

(四)高等教育结构单一化

这一时期,在继续发展革命前已有的综合大学和专科学院的同时,专业学院大量创办,而且把发展以工科类院校为主体的专业学院作为高等教育结构的主要目标。这既是对彼得一世发展高等教育的延续,又是对苏联当时的工业化发展需求做出的回应。1928

---

① 参见王义高:《苏俄教育》,吉林教育出版社,2000,第195—197页。
② 叶留金:《苏联高等学校》,张天恩等译,教育科学出版社,1983,第51页。
③ 第一所"工农速成中学"是莫斯科普列汉诺夫国民经济学院(原商业学院)附设的。见叶留金:《苏联高等学校》,张天恩等译,教育科学出版社,1983,第51页。
④ 参见王义高、肖甦:《苏联教育70年成败》,北京师范大学出版社,1999,第56页。

年7月苏共中央颁发了《关于培养新型专家的改进措施决议》，要求大力发展工科类院校，突出建设以工科类为主的单科性学院，尽快培养无产阶级自己的技术干部。斯大林在1931年更是明确提出了在过渡时期"技术决定一切"，必须大力发展高等技术教育。具体做法是，一方面将中等专业学校升格为专业学院，另一方面分解综合性大学而组建单独的专业学院。莫斯科大学的医学系被迁出，单独成立为莫斯科医学院；莫斯科鲍曼高等技术学校（即莫斯科科技大学）被分解成为机械—机器制造学院、航空学院、动力学院、建筑工程学院和化学防护学院5个新的工科类院校；从白俄罗斯大学分立出工学院、医学院、师范学院、国民经济学院、法学院等专业学院；以国立中亚细亚大学（即后来的塔什干大学）的各个系科为基础，新建了工业学院、农业学院、医学院、水利学院、财政经济学院、师范学院、畜牧兽医学院等单科性专业学院。在"一五"（1928—1932）期间，从综合大学和多科专业院校中就分立出了70所不同性质的专业学院。[①]这些专业学院又在苏联卫国战争时期发挥了巨大的作用。相应地，为了所培养的专家能够保证苏联战时在科学、技术和生产发展速度等方面超越敌国，专业学院，尤其是国防工业类的专业学院又获得了更大的发展机遇。

除了专科、本科层次的教育外，1925年苏联在高等学校和科学机关设置研究生部，以培养科学和科学教育干部之类的高级专门人才，从而也就开始了研究生教育。1933年，高等学校的研究生发展到8400人，而1941年则增加到了13200人。[②]1934年苏联人民委员会通过了《关于对科学工作有显著成绩者授予学位称号》这一决议，正式恢复了1918年取消的学位制度，设置了博士和副博士学位，用以鼓励高等学校的科研活动，提高高等学校的学术水平；同年就授予13名教授博士学位。

（五）迅速发展函授与夜校高等教育

这一时期的苏联不允许有非国立的高等教育形式存在，而高等教育的函授和夜校形式则十分发达。俄罗斯联邦国民教育委员部于1929年通过决议正式确定了高等函授和夜校教育形式，并进一步在加强日课制高等学校函授部的同时，建立专门的函授学院和夜间学院。如，1929年建立的西北函授工学院，1930年建立的财经函授学院，1932年建立的全苏工业函授学院等。1938年苏联人民委员会的《关于高等函授教育》的决议，将函授教育纳入了培养高度熟练专家的总系统，从而使函授与夜校教育成了高等学校迅速发展的领域。到1940—1941学年，全国有夜课制学院8所和函授学院17所，383所日课制高等学校附设了夜校部和函授部，不脱产学习的学生达253600人。[③]

---

① 参见王义高、肖甦：《苏联教育70年成败》，北京师范大学出版社，1999，第126页。
② 叶留金：《苏联高等学校》，张天恩等译，教育科学出版社，1983，第50页。
③ 参见叶留金：《苏联高等学校》，张天恩等译，教育科学出版社，1983，第175页。

三、高等教育的组织形式与管理体制

苏维埃化思维及其政策在高等教育宏观与微观的组织形式与管理体制上主要表现为以下几个方面。

（一）国家对高等教育实行统一管理

这主要体现在对教育管理机构的改变上。十月革命胜利后，1917 年 11 月 9 日苏维埃政府就成立了国家教育委员会来领导全国的教育工作；并于 1917 年 12 月 6 日颁布了由列宁亲自签发的《关于解散临时政府所属的国民教育部的命令》，改由国家教育委员会附设的执行机构——教育人民委员部负责全国的教育领导工作。教育人民委员部接管了教会的所有教区学校、教会学校和神学院，将它们改造为普通学校；此外，它还统管了原来隶属于各个不同主管部门的学前、初等、中等和高等学校（包括社会和私人开办的）。而地方各级，包括省、县、乡的教育便由工农代表苏维埃执行委员会领导下的教育厅、局、科来负责。国家教育委员会于 1918 年 10 月 16 日通过了由委员卢纳察斯基和克鲁普斯卡娅主持并制定的两个文件，即《统一劳动学校基本原则》和《统一劳动学校规程》。改变后的教育管理机构工作原则就是要保持苏维埃高等教育的阶级性和与政治的紧密联系；坚决使高等教育与宗教脱离，并消除等级、民族、性别的限制，向所有人免费开放，尤其是向工农开放；同时于 1919 年在教育人民委员部下设立国家学术委员会，专门管理高等学校改造，如教学计划的制订等。随着国家经济建设步伐的加快，为了加强对高等教育的进一步领导和控制，1936 年成立了直接隶属于苏联人民委员会的全苏高等教育事业委员会，对所有的高等学校实行原则性领导。

（二）实行行业部门管理

为了使专家培养与工业发展和基本建设的需要相一致，高等学校必须加强同生产部门的联系。于是，1928 年 4 月苏共中央会议提出实行方案，欲在高等学校管理上打破十月革命后大学全部归教育行政部门统一管理的局面，而把一部分高等学校归由国民经济的相关部门管理，即实行归口的行业部门管理：把原属教育人民委员部管辖的一些高等技术学校及其系科以及中等专业学校，分别划归有关的管理总局、企业管理部、国民经济委员会、交通人民委员部等部门，其目的在于加强所培养专家与生产的直接联系。1929 年 11 月，苏共中央全体会议完全肯定了这种做法，由此诞生了高等教育的部门管理体制，与国家各部门业务对口的高等学校全部划归相应的行业部门来管理。这种高等教育管理体制使各行业部门有了相当大的办学权力，从而在部门利益的驱使下，仅 1929—1930 学年内工科院校便从上一年的 32 所增至 96 所，净增了两倍。[①] 尽管 1936 年设立的全

---

① 参见叶留金：《苏联高等学校》，张天恩等译，教育科学出版社，1983，第 104 页。

苏高等教育事业委员会领导所有的高等学校，但具体的领导和管理仍由行业部门负责。

（三）高校实行"一长制"管理

这一时期的高等学校在组织教学、科研和总务方面具有广泛的自治权利，并实行校长掌管学校的"一长制"，校长则经选举产生并由教育人民委员部批准。在校长的领导下，高等学校还专门设立了高等学校校务委员会和管理委员会来运作自己的权利。

四、高等教育机构的课程与教学活动

总的来说，这一时期高等教育机构的课程和教学活动与国家的工业化发展和卫国战争的需求紧密联系，其活动都紧紧围绕着培养专门行业里的专家进行。1919年至20世纪20年代初，苏联重新编制了综合大学的教学计划，加强了自然科学教育，增设了生物系、物理化学系、机电系等，以及社会科学系，含经济、历史、政治法律专业。随着专业学院的大发展，专业越分越细，以致到1935年，苏联的专业数达到了950种，也就在这一年，专业进行了大调整，减少到275种，[①]欲培养宽专业的专家。在变换专业的同时，将生产实践作为高等学校教学计划中不可分的部分而存在。1925年苏联共产党中央委员会在《关于建立高等学校和生产相结合的当前任务》的决议中指出，高等学校的一切教学和活动都要尽快并且逐步扩大与生产的结合。[②]与此相应的是把大学生的科学研究工作纳入了教学过程。

在卫国战争期间，苏联再次修订高等学校的教学计划，使所开设的新专业和新课程适应战争的需要。当时在苏联高等学校的各个中心都成立了支援工业、交通、农业的学者委员会，它们把高等学校的教学活动与科学研究机关活动协调起来，以完成国民经济和国防建设中紧迫的任务。同时高等学校教学把培养学生对祖国高尚的责任感和义务感作为重要任务。1942年便开设了政治经济学课程，以加强高等学校的党和共青团组织在教学工作中的指导作用。[③]

在确立高等教育无产阶级性质的前提下，这一时期的苏联高等教育向工农敞开大门，使高等教育的规模取得了巨大的发展。同时为了维护和强化苏维埃化结果，并为实现国家工业化、农业集体化的目标，苏联对高等教育实行教育部门和经济部门的双重领导，并且以经济部门的管理为主，以此来保证高等教育同国民经济、企业的联系；而高等学校的课程与教学都紧紧围绕着国民经济的生产而设置。应该说，这一时期的高等教育既是对旧沙皇俄国高等教育做否定基础上的改造，更是对后一个时期苏联高等教育以肯定的方式指明了发展的方向。

---

① 王清华：《苏联高等教育的历史和现状》，吉林教育出版社，1985，第17页。
② 同上书，第13页。
③ 参见叶留金：《苏联高等学校》，张天恩等译，教育科学出版社，1983，第54页。

第五节 美　国

一、1918年至1941年的高等教育

第一次世界大战以协约国的胜利结束。作为协约国的一员，美国到战争后期参战，在战争期间不但没有遭受损失，反而借机赢得了巨大的好处。战后美国的经济和高等教育均得到了进一步发展。与此同时，高等教育的质量问题凸显出来。

（一）高等教育事业的发展

这一时期，美国高等教育事业稳步发展，规模不断扩大。虽然在20世纪30年代遭遇到了严重的经济危机，但是即便在此期间，高等教育事业仍然有明显的发展。

表7-5　1910年至1940年美国高等教育的概况

年份	人口数（十万）		授予博士学位的学院数	教员数（百）	在校生人数（百）		学位授予数（百）		
	全国总计	18～21岁人口			学院	研究院	学士	硕士	博士
1910	92.0	7.3	32	45.0	355.2	9.4	37.2	2.1	0.44
1920	105.7	7.3	44	62.0	597.9	15.6	48.6	4.3	0.62
1930	122.8	9.0	70	105.4	1100.7	47.3	122.5	15.0	2.30
1940	131.7	9.8	88	146.9	1494.2	105.3	186.5	26.7	3.29

资料来源：Bernard Berelson, "Gradaute Education in the United States" *Academic Medicine* 36 (1960): 26.

这一时期美国高等教育事业的发展还可以从适龄青年（18～21岁）高等教育入学率上升情况表现出来。1911年美国适龄青年进入高等学校的比率为5%，1930年这一比率达到12%，1941年则进一步攀升至18%。[①] 如果参照美国学者马丁·特罗（Martin A. Trow）于20世纪70年代初提出的指标，在第二次世界大战参战前夕，美国高等教育就已经进入了大众化阶段（适龄青年高等教育入学率为15%～50%）。

这一时期，美国初级学院的发展格外引人注目。肇始于19世纪末20世纪初的初级学院运动，在"一战"后有了进一步的发展。到1920年，美国除初级学院发展较早的加利福尼亚州和伊利诺依州之外，还有密歇根、明尼苏达、堪萨斯、密苏里、得克萨斯等州也都相继在高级中学区（high school district）建立了公立初级学院（后改为社区学院）。此外，还有一些州资助的技术学校或农业学校也逐步演变为初级学院。在纽约，1920年以前建立的农业和技术教育网后来逐步变成了为各社区服务的公立社区学院。

两次世界大战期间，美国联邦、州和地方政府开始关注和支持初级学院的建设。另外，由于高中毕业生的成倍增长，妇女和成人对短期职业训练不断增加的需求，20世纪

---
① 数据转引自王英杰：《美国高等教育的发展与改革》，人民教育出版社，1993，第198—200页。

30 年代经济危机失业大军的再就业,以及为军队培训急需的各种指挥人员和技术人才等因素的刺激,初级学院蓬勃发展。1921 年,美国公私立初级学院总数已达到 207 所。是年,美国初级学院协会(American Association of Junior College)建立。它标志着两年制初级学院(社区学院)作为一种重要的高等学校类型已经在美国得到公认。1938 年,初级学院增加到了 575 所,其中公立 258 所,私立 317 所。1922 年,初级学院在校学生大约 20000 人,平均每校 150 人。到 1940 年,初级学院在校学生已达 240000 人,平均每校 400 人。①

(二)重视高等教育质量

两次世界大战期间,在高等教育事业稳步发展的同时,人们开始关注高等教育的质量问题。一些教育界人士对当时的高等教育质量不满,提出了批评和意见。1918 年,美国著名教育学者维布伦(T. Veblen)出版《美国高等教育》(*The Higher Learning in America*)一书,主张建立纯研究型大学。1930 年,著名教育家弗莱克斯纳(Abraham Flexner)出版了《美国、英国和德国的大学》(*Universities: American, English, and German*)一书,批评美国高等教育质量。

高等教育的质量问题受到广泛关注,主要有三方面的原因:①高等教育规模不断扩大,高等教育从精英阶段走向大众阶段,越来越多的适龄青年进入学院和大学,传统的入学标准和质量标准受到了挑战;②初级学院或社区学院发展迅速,加入高等教育体系之中,同时一些中等专业学校不断升格为学院和大学,这对于人们重新认识"大学是什么""高等教育是什么"造成了一定的冲击;③由于推行选修制,为了适应学生的需要,很多学校都开设了一批内容贫乏、组织零散、学术价值不高的课程,而学生学习这类课程照样可以取得学分和学位,因而严重地影响了学院和大学的人才培养质量。

为了提高高等教育质量,政府和教育界采取了一些措施。1918 年美国教育理事会(American Council of Education)成立,其目的在于,通过广泛的合作研究和协调,促进教育事业的健康发展,提高教育质量。一些高校发起了课程改革,以建立完善的课程结构体系。同时,一系列高等教育质量调查也得以开展起来。

(三)课程教学改革与通识教育潮流的兴起

第一次世界大战以后,美国大多数高等学校都模仿哈佛大学等学校的做法,规定学生在主修领域学习若干门课程,同时还要求学生在主修领域以外,一般是在人文科学、社会科学和自然科学领域选修一定数量的基础性课程。这类课程一般称为通识教育

---

① Arthur M. Cohen and Florence B. Brawer, *The American Community College* (San Francisco: Jossey-Bass Publishers, 1982), pp.9–10.

(general education)课程。此外,还允许学生自选一定数量的不加任何规定或限制的课程。这样,约在20世纪20年代,由主修课程、通识课程和自由选修课程三部分组成的美国本科生课程体系就开始形成了。但三者之间的协调与平衡,却成了此后美国高等学校课程改革中长期激烈论争的一个焦点。

早在20世纪初期,约翰·杜威(John Dewey)就提出,为了解决高校课程过于密集的问题,应当设立一种关于世界一般知识的概论性课程(survey course)。设置概论课程最成功的或最有影响的是哥伦比亚大学。该校在第一次世界大战期间就设立了"战争问题"课程,战后该课程演变为著名的"现代文明概论",作为通识教育课程。

哥伦比亚等大学的概论课程采用的是跨学科的学习方法。它追求的不是教材本身的逻辑关系,而是事物本身的逻辑关系。哥伦比亚大学课程改革的实践证明,在学院课程数量激增、过于专门化的情况下,为主修各领域的学生开设共同必修的通识教育课程是必要的,也是可行的。几乎与此同时,威斯康星大学于1927年建立了一二年级学院,开设综合性课程。

尽管许多学院和大学都模仿哥伦比亚大学开设了多种多样的概论性课程,但芝加哥大学的教授们认为,这种概论课程以及与当代的选修制相混合的自由教育都是有缺陷的,两者都是为学生将来进入研究生院修习某一学科服务的,而他们主张更为彻底的通识教育。在永恒主义的重要代表人物、著名教育家赫钦斯(Robert Hutchins)的领导下,芝加哥大学于20世纪30年代对本科生教学进行了重大改革,把原来多系科的教学组织改组为生命科学、社会科学、自然科学和人文学科等四个部,要求学生不管从事什么职业,都必须牢固掌握这四大学科领域的基本知识,并且重视阅读经典。芝加哥大学实施的通识教育计划(实质上是博雅教育计划)是继哈佛大学实行选修制以来又一次影响深远的课程改革。它为美国本科生通识教育的内容和结构奠定了基础。[①]

然而,直到第二次世界大战前夕,通识教育课程还只是少数高校的一种尝试,选修课在高校课程中仍然占有主导地位。由自由选课制造成的课程繁杂、学生知识面过窄、基础训练薄弱等,仍然是美国高等教育面临的迫切需要解决的问题。

二、1941年至1945年的高等教育

(一)高等教育政策与实践

第二次世界大战在美国历史上具有特别的地位,如战争期间美国经济迅猛发展,1938年至1944年间工业生产总值增加了两倍。战争还给美国高等教育带来了许多新的变化,并且为战后美国现代高等教育制度的完善奠定了基础。

1939年9月欧洲战争的爆发,促使美国开始进入战争准备状态。1941年12月7日,

---

① 陈学飞:《美国高等教育发展史》,四川大学出版社,1989,第102—103页。

日本袭击珍珠港以后，美国即开始全面地参战。由于战时的大规模征兵和大量为战争服务的工作吸引了成千上万的青年，导致高等学校的在校学生人数骤然大幅度减少。与1940—1941学年相比，1941—1942学年的在校生人数减少了约四分之一。到1943—1944学年，高等学校中与军队无关的平民学生仅为1939—1940高峰学年的59%。[1]

学生的大幅度减少不仅造成了高等学校的"学生荒"，导致一些学科无学生入学，还造成了高校财政来源的严重紧张。这就迫使高等学校改变其传统做法，以寻求新的教育对象，许多学校陆续开始招收那些18岁以下不能服役的男青年以及各类妇女入学，广泛采用速成教育计划和速成课程，想方设法为那些不能参加正规学习的学生提供各种补习课程，大力鼓励人们修习院外学分，甚至那些传统的文理学院也努力调整其教育计划以适应战时的情况。

战时高等教育最重要的变化是为军队提供了大量的培训计划。为了适应战争的需要，早在1940年6月，美国教育理事会和全国教育联合会（the National Education Association）就联合创立了教育与国防委员会（the National Committee on Education and Defense），专门负责政府与教育界之间的联络。战争开始初期，联邦政府并没有开展利用高等学校为战争服务的全国性计划。但随着战争的推进，联邦政府和军事部门不仅意识到要利用高等学校的巨大科研能力，而且要利用高等学校为军队培养急需的各种指挥人员和技术人才。于是，到1943年秋季，联邦政府的战时高等教育计划得以确立。在这项计划之下，大约有660余所高等学校与政府签订了各种培训军事人员的计划。仅在1943—1944的高峰学年，在高校注册学习的军事人员就达31万余人。此间，高级预备役军官训练营迅速扩大，大批其他军队预备役人员得到鼓励，留在学校等待应召入伍。此外，高等学校还签订了为政府其他部门提供专门培训的各种合同，甚至包括培训民航驾驶员的计划。其中规模最大、也是最成功的计划，是在工程、科技和管理等领域培训国防急需的技术工人、管理人员和专家。1940年至1945年，大约有180万人接受了这方面的培训。

早在1944年3月，美国教育理事会就意识到战时军事培训对战后非军事教育的意义。在军队有关部门的合作和卡内基公司、通识教育委员会的资助下，该理事会于1945年设立了专门总结战时军队培训计划经验的委员会。这一委员会于1948年提出了最终总结报告。报告列举了战后高等教育应当借鉴的六条有益经验：①继续跨学科的教育方法；②提供多种形式的速成教育；③着眼于战后的责任，为各种教育计划规定专门的目标和适应需求的人才培养规格；④改善办学动机，尽力促使学生实现他们满意和预期的文化与职业目标；⑤改善学生的适应力；⑥鼓励扩大教育机会。

直到第二次世界大战前，在大学里，科研仍然只是小部分人从事的小规模活动，经费十分有限。战前，联邦政府所资助的科研项目（除农业科研项目外），几乎全都是在

---

[1] David D. Henry, *Challenge Past, Challenge Present: An Analysis of American Higher Education Since 1930* (San Francisco: Jossey-Bass Publishers, 1975), pp.39-41.

联邦政府支持下的实验室中进行,联邦的整个科研开发支出仅为7400万美元。战争初期,欧洲战场抵抗法西斯德国失利,迫使美国为战争做准备,并考虑如何最有效地组织科研,服务于国防和支援盟国。卡内基研究院院长布什(Vannevar Bush)受罗斯福总统的委任,组织了专门委员会,就科研如何为国防服务提出咨询意见。布什极力主张政府本身不要建立研究机构,而是组织科学家和提供必要的资源,由这些科学家在各自工作的机构——现有的包括大学在内的非政府机构——从事必要的科研,资助以科研合同的形式通过竞争提供。他还受任为联邦科研及开发办公室主任,在他的领导下,科研经费激增,战争期间的年科研经费平均达15亿美元。第二次世界大战是美国大学科研发展的一个转折点,大学科研经费规模增大,成果迭出,原子弹、雷达等都从大学的实验室中产生。大学科研为美国赢得这场战争起到了重大的作用。

(二)第二次世界大战对美国高等教育的影响

除了上述这些具体的经验之外,第二次世界大战给美国高等教育带来的深刻变化还体现在以下两点上。

第一,高等教育对象范围扩大。这种扩大在战前虽然即已经奠定了基础,但像战争时期那样大规模地培训政府和军队的在职人员却是史无前例的。美国教育专员约翰·史蒂庞克(John Studebaker)在1942年曾说:"长期以来我即感到真正的成人教育计划在美国已经成熟……美国教育要发展的下一个重要领域……就是这种成人教育。"[①]这不仅反映了当时美国大学校长们的普遍意见,也是战时美国高等学校所追求的一个重要目标。

第二,联邦政府开始大规模地介入高等教育,通过提供财政资助、签订合同等办法,使高等学校的科学研究和教学直接为战争服务。战时高等教育这些重大变化的深远影响,在战后退伍军人潮水般涌入高等学校,以及之后美国高等教育的发展中不断地反映出来。

战争后期,美国联邦政府开始规划战后高等教育的发展。1944年5月8日,美国国会为了报偿第二次世界大战期间参军服役人员所做出的贡献、减少战后可能出现的高失业率,通过了著名的《军人权利法案》(*G.I. Bill of Right*)。[②]该法案规定,为战时所有在军队至少服役90天的军事人员提供一年、最多不超过四年的教育和训练,由政府支付其每学年不超过500美元的学杂费和每月50美元的生活津贴。[③]1945年,布什受联邦委托完成并出版了《科学:无止境的前沿》(*Science: The Endless Frontier*),这一报告勾画了联邦政府与大学在科研合作方面的蓝图,在一定程度上促成了美国联邦政府成为高等教育的最大资助者。

---

① David D. Henry, *Challenge Past, Challenge Present: An Analysis of American Higher Education Since 1930* (San Francisco: Jossey-Bass Publishers, 1975), p.45.

② 该法案亦称《1944年军事人员再适应法案》(*The Servicemen's Readjustment Act of 1944*)。

③ Keith W. Olson, *The G. I. Bill. the Veterans, and the Colleges* (Lexington: The University Press of Kentucky, 1974), p.17.

三、20世纪上半叶的高等教育思想

20世纪上半叶美国高等教育思想的发展，突出地体现在两个方面：一是新人文主义的兴起，二是学术自由思想的盛行。

（一）新人文主义

20世纪初美国高等教育办学模式发生了急剧的变化。尤其是随着范海斯的"威斯康星思想"、威尔逊的"为国家服务的大学"和巴特勒的"服务性大学"观念的广泛传播，实用主义高等教育思想业已成为美国高等教育发展的主流观念。然而，美国实用主义高等教育思想的发展引起了一批人文主义思想家的强烈不满，他们纷纷站出来阐述自己的教育思想和主张，试图以此来抑制来势凶猛的实用主义高等教育思想的泛滥，一场声势浩大的新人文主义运动在美国兴起。

哈佛大学教授欧文·白璧德（Irving Babbitt）是20世纪初最早对实用主义高等教育思想提出质疑的新人文主义者。他在《文学与美国学院》和《人文主义与美国》等著作中阐述了自己反对高等院校为现实事务提供服务而拓展课程的态度，主张学院应该加强文学和艺术教学，以满足个体发展和民主社会的需要。白璧德致力于民主社会的"新人文文化标准"概念的探索，他指出，以塑造人为存在意义的教育的价值就在于有意识地限制个体的"生命欲望"，强化个体的"生命控制力"。[①]

芝加哥大学校长罗伯特·赫钦斯被认为是20世纪初美国著名的高等教育批评家。他不仅领导了影响全美的永恒主义教育运动，而且也是一名不折不扣的"人文主义者"。他出版的大量著作，如《美国高等教育》《不友好的声音》《教育的冲突》和《乌托邦大学》等，都充满了强烈的人文主义色彩。赫钦斯的高等教育思想是建立在对人"理性思考力"分析的基础上。他认为，"理性思考力"是人的最高潜能，是人性当中最重要的东西，也是人摆脱动物属性的最重要标志。

新人文主义的代表人物还包括哥伦比亚大学教授阿尔伯特·诺克（Albert Nock），威斯康星大学安荷斯特实验学院院长亚历山大·麦克利约翰（Alexander Mcljohn），劳伦斯学院院长、后来成为布朗大学校长的亨利·赖斯顿（Herry Ralston）等。

在这一时期，著名教育家弗莱克斯纳和维布伦等人，虽然没有声明自己是人文主义的坚决支持者，但是前者的著作《美国的学院》《德国、英国、美国的大学》和后者的著作《美国的高深学问》都具有新人文主义思想的痕迹。弗莱克斯纳是德国式大学的拥护者，倡导新人文主义，并呼吁保持高质量的大学教育。维布伦是另一位批判功利主义大学思想的学者，他于1918年出版的《美国的高深学问》一书，提出大学尤其是研究型大

---

① Michael R.Harris, *Five Counterrevolutionists in Higher Education* (Corrallis: Oregan State University Press, 1970), p.88.

学不应受某种价值观的约束,更不能允许"工业巨头"的腐蚀破坏①,坚决地维护理性主义大学思想。

(二)学术自由思想

美国学术自由思想是德国的舶来品。从历史上看,许多留学德国的学者将学术自由的思想与德国大学的模式和观念一道带回了美国,使古典学术自由思想在美国得到了广泛的传播。但是随着美国自身高等教育思想的初步形成,学术界不断给其注入新的内涵。进入20世纪,随着资本主义社会矛盾的激化,高等学校劳资关系也趋于紧张,大学教师利益受到损害。美国学术界关于学术自由的讨论是由1900年斯坦福大学"罗斯事件"②引起的。斯坦福大学这场"校园风波"很快波及全国,从而引起全国范围的关于学术自由问题的思想大讨论,并形成了相互对立的两大派别,即保守主义与进步主义。

两派争论的焦点集中在两个问题上,一是教学与科研的自由,二是教师的工作安全,并分成两种截然不同的观点。

第一,在教学和研究的学术自由问题上,保守主义者认为,大学作为一个特殊的组织机构,是一个陶冶人心灵、塑造完善人格的地方,对个人发展和社会发展具有不可推卸的责任。而大学教师同样要有历史和社会责任感,因此在大学里不应该听到任何的"愚谈蠢论"。进步主义者则认为,学术自由是开展教学和科研的最基本保障,也是大学活动的最基本准则,因为"纯学问"只有在不受任何外部干扰的情况下才能顺利进行。

第二,在工作安全问题上,双方观点也存在较大的分歧。一些保守主义者认为,教师们最强烈的愿望是得到一份稳定的工作,依靠工资过活,因此为了获得一份工作,他们不得不放弃自己的观点和学说。进步主义者则认为,大学教师的工作与商业和企业公司的性质不能等同,教师的工作必须从法律上得到保障。1915年,美国经济学会、社会学会和政治学会的一些会员在美国大学教授协会(American Association of University Professors)成立之际提出了一份较成熟的计划书,即《关于学术自由和教授任期的原则声明》。该声明在阐述了学术权利的基础、学术机构的职能之后,提出维护学术自由的思想和原则,指出"如果不在最大程度上承认和实行学术自由的原则,大学就不能履行其三重职能(教学、科研和社会服务)"③。声明还明确提出了学术自由的基本内涵和要求。

但是,这些主张并没有被马上接受,直到杜威等人在学术自由的条款上加上学术中立之后,学术自由的原则才受到重视。1940年,美国大学教授协会与美国学院协会达成共识,联合发表新的声明,重新解释学术自由问题。声明指出:"普通'善行'(good

---

① John Brubacher, *On the Philosophy of Higher Education* (San Francisco: Jossey-Bass Publishers, 1977), p.7.
② 1900年斯坦福大学教师E. 罗斯发表了若干争议性观点,引起捐赠人家族的不满而被学校解雇。
③ 陈学飞:《当代美国高等教育思想研究》,辽宁师范大学出版社,1998,第82页。

依靠对真理的自由研究及对其的自由解释"，因而学术自由基本用于此目的，用于教学和研究，研究自由基本用于发展真知；教学方面的自由主要用于保护教师教学的权利和学生自由学习的权利。声明强调，大学和学院教师不是普通的公民，而是知识行业成员和高等院校人士，他们应该明确自己在社会中的特殊地位和特殊责任。声明指出，虽然教师享有在课堂内教学自由的权利，但是他也"应该谨慎小心，不要把与学科教学无关的内容引进其课堂教学的讨论"。同时声明还强调："教授作为一个公民，享有免于校方审查制度和纪律约束的权利，但是校方有权忠告他牢记，公民可能根据其言论来判断其专业和学校。因此，他应该始终实事求是，适当自我约束，尊重他人意见，尽力表明自己不是学校的发言人。"[①]

随着美国大学教授协会原则声明的发表，学术自由思想基本确定，尽管在许多问题上，学术界没有形成统一的标准，但是许多学院和大学都接受了声明的基本框架。显而易见，学术自由问题成为20世纪初美国学术界关心的最主要问题之一，这场关于学术自由的讨论极大地丰富了美国高等教育思想的内容。

第六节　日　本

一、高等教育发展的社会背景

1914年至1945年间，人类遇上了两次史无前例的大浩劫，这就是第一次世界大战和第二次世界大战。在第一次世界大战前的20年间，日本曾从中日甲午战争和日俄战争中大发横财，因而在两次世界大战中更是疯狂，尤其是在第二次世界大战中，整个日本简直成了一部战争机器。

1914年7月爆发的第一次世界大战，最初本来是在八个欧洲国家（德国、奥匈帝国及其敌对国英国、法国、俄国、比利时、塞尔维亚和黑山）之间展开的，但同年8月日本就加入协约国，向德国宣战，从而参加了第一次世界大战，攫取了德国在太平洋上的岛屿和在中国的特权，次年4月就向中国提出蛮横的21条要求。1918年11月，第一次世界大战的交战双方签订停战协定，历时51个月又2周的大战以德国及其盟国的失败而告结束。

第一次世界大战的结束，不仅没有消除各帝国主义国家之间的矛盾，反而使之更加激化。重新瓜分世界的新角逐又展开了，随之列强各国又开始了第二次世界大战的备战活动，屡屡尝到甜头的日本更是忘不了挑起战争。第一次世界大战前后日本曾经有过一段短暂的所谓"大正民主"时期（1912年至1926年为大正天皇在位时期，此期日本政党活动比较活跃），但由于1929年全球经济危机爆发，日本经济、社会也产生了很大的危机，促使军部势力抬头，并由他们逐渐控制了日本政治及外交的领导权。日本1931年发

---

① AAUP Bulletin, 1940, p.109.

动"九一八事变",侵占中国东北;1937年引发"卢沟桥事变",全面的侵华战争爆发;1938年实施《国家总动员法》,日本社会逐步走向全面军事化;1941年发动太平洋战争,与英、美交战。由于1939年德国已在欧洲点燃了战火,迫使日本、德国、意大利三个轴心同盟国与各国联军间的战争,升级为世界大战。1945年8月,继意大利和德国先后宣布投降,日本终于也被迫宣布无条件投降,以美军为首的联合国军进驻日本,第二次世界大战宣告终结。

在两次世界大战期间,尤其是在1937年发动全面的侵华战争以后,包括高等教育在内的整个日本教育就是围绕着构建"战争机器"而开展的。

二、高等教育及其他相关政策

1914年第一次世界大战爆发时,日本仅有4所大学,而且均为国家兴办的帝国大学。其实,在当时的日本,以"大学"为名的高等教育机构远不止这些,例如前一章提到的早稻田大学等,只不过除帝国大学之外其他的名为"大学"的机构尚未得到政府的正式承认,而只是给予非正式的默许。进入20世纪之后,一些成立早、办得较好的私立专门学校不断要求政府正式认证它们的"大学"地位。但是,当时缺少这方面的法律,《帝国大学令》和《专门学校令》都覆盖不了这种情形。颇为滑稽的是,1907年文部省曾依据《专门学校令》准许私立的立教学院设立立教大学。① 当时正处"大正民主"时期,为了解决包括高等教育体制在内的教育制度问题,1917年日本政府成立了第一个直接隶属于内阁总理的教育咨询机构——临时教育会议。临时教育会议在其存在的两年间,就各级各类教育问题展开调查研究,向政府提交了12份咨询报告。1918年12月公布的《大学令》正是政府在临时教育会议咨询报告的基础上制定的一项重要法令。

《大学令》是日本政府继《帝国大学令》之后制定的第二个大学法令,全文21条,对大学的目的、设置审批、内部构成、入学条件等做了详细的规定。例如第一条:"大学以传授国家所需要的学术理论及其应用、并且研究其奥蕴为目的,同时必须兼顾人格的陶冶与国家思想的培养。"比以前的《帝国大学令》更强调"国家思想的培养",显然和此前的战争经历及准备发动新的战争有关。第二条:"大学通常下设数个学部,在特别需要的情况下也可只设1个学部。学部包括法学、医学、工学、文学、理学、农学、经济学和商学。在特殊需要的情况下,也可设立由上述学部分化或综合而组成的学部。"换句话说,除综合性大学外,还可设立单科大学。这一规定使大学的设立相对更为容易,为促进大学的发展奠定了法规基础。第四条:"大学所指除帝国大学及其他国立大学外,还包括依照本令规定设立的公立与私立大学。"这一规定打破了《帝国大学令》以来国立大学一统天下的局面,为私立及公立大学的发展,同时也为日本高等教育规模的扩大开

---

① 寺崎昌男、成田克矢:『学校の歴史・第四卷 大学の歴史』,第一法規出版株式会社,1979,第78—79頁。

辟了前景。但第八条："公立及私立大学的设立与停办必须经文部大臣批准，学部的设立与停办同样如此。"一直规定到学部一级，可见政府的控制之紧。第九条："学部的入学资格是：本大学预科结业者，高等学校高等学科毕业者，或依据文部大臣规定被认为具有与前两者同等学力、或具有高于前两者学力者。"第十条："在学部学习3年以上，通过规定的考试者可以获得学士称号。医学的学习年限为4年。"[1]这两条与帝国大学当时的做法差不多。《帝国大学令》将分科大学与研究生院作为并列的组织机构，而《大学令》则规定，在学部内设立培养研究生的研究科，研究生院为各研究科总和之名称，体现了学部中心主义思想。在《大学令》公布的同时，日本政府还制定了新的《高等学校令》，明确地将高等学校作为高等教育体系的一环。[2]

《大学令》公布后不久，日本政府还着手制订了一个为期6年的国立高等教育机构创办和发展计划，也就是从1919年起，要新建10所高等学校、6所高等工业学校、4所高等农林学校、7所高等商业学校、1所外语学校、1所药学专门学校、4个帝国大学的学部，还有若干学校或学部要升格和扩充，等等。[3]政府对高等教育的拨款也大幅度增加，1925年拨款是1885年的20倍。1943年，日本修订了《专门学校令》，取消了对专门学校和实业专门学校的区分，统一称之为"专门学校"。

自1928年起，日本政府依据3年前制定的所谓《治安维持法》，加紧了对以京都帝国大学经济学教授河上肇等为代表的大学教授中的左翼分子和民主人士的迫害和镇压活动。1931年"九一八事变"后，大学的教育和研究都转入战时体制，一切为战争服务。战争时期连文部大臣都由军人担任。从1938年起停课为战争劳动成了常事，1943年日本内阁更通过《关于战时教育的非常措施政策》，规定大学生要有三分之一的时间用于为战争劳动，1945年则全面停课为战争劳动。日本政府1939年还修改《兵役法》，从大学中扩大征兵，1943年大学在校生中的60%～70%被征集入伍，其中许多人后来死于战场。[4]

三、高等教育的数量与结构变化

1918年《大学令》公布以后，日本出现了大量的私立大学以及部分公立大学。仅在1919年至1922年的短短4年中，就有16所私立大学得到批准认可。私立大学的大量出现，推动了高等教育的大发展。1914年，日本的大学只有4所，在校学生9611人，1920年则增加到16所，在校学生翻了一番多，达到21915人。从表7-6中可以看出这一时期日本整个高等教育的规模和结构变化情况。

---

[1] 此段所引用「大学令」各条款，参见细谷俊夫等：『新教育学大事典（7）』，第一法规出版株式会社，1990，第92—93页。
[2] 竹内洋：『日本の近代・12・学歴貴族の栄光と挫折』，中央公論新社，1999，第357页。
[3] 文部省：『学制百二十年史』，ぎょうせい株式会社，1992，第76页。
[4] 寺崎昌男、成田克矢：『学校の歴史・第四卷 大学の歴史』，第一法规出版株式会社，1979，第64页。

表7-6　1918年至1940年日本高等教育机构数统计

		1918年	1920年	1925年	1930年	1935年	1940年
大学	国立	5	6	11	17	18	19
	公立	—	2	4	5	2	2
	私立	—	8	19	24	25	26
	合计	5	16	34	46	45	47
专门学校	国立	26	28	51	50	52	59
	公立	7	6	5	10	11	12
	私立	63	67	79	102	114	122
	合计	96	101	135	162	177	193
实业专门学校	国立	18	20	44	42	44	51
	公立	2	2	2	2	2	3
	私立	4	5	4	7	14	18
	合计	24	27	50	51	60	72
高等学校	国立	8	15	25	25	25	25
	公立	—	—	1	3	3	3
	私立	—	—	3	4	4	4
	合计	8	15	29	32	32	32
高等师范学校	国立	4	4	4	4	4	4
总计	国立	61	73	135	138	143	158
	公立	9	10	12	20	18	20
	私立	67	80	105	137	157	170
	合计	137	163	252	295	318	348

资料来源：细谷俊夫等：『新教育学大事典（8）』，第一法规出版株式会社1990年7月，第125、128、133、140、143页。

上述5种类型的高等教育机构在学制上各不相同，构成了一个复杂的高等教育体系。大学主要招收高等学校毕业生和预科学生（预科的学习年限与高等学校的高等科相同），学习年限3年（医科4年）。高等学校的目的是"完成对男子实施的高等普通教育"，[①]学习年限7年，前4年为普通科，实施中等教育，后3年为高等科，实施高等教育。专门学校和实业专门学校学习年限3~4年。高等师范学校学习年限4年。在这一复杂的体系中，大学和专门学校及实业专门学校是主要组成部分。专门学校及实业专门学校在数量上占绝对优势，使人们不得不重视它们的存在。大学尽管在数量上从来没有超出高等教育机构总数的20%，但对当时日本整个高等教育的影响却不可低估。当时还有一些大学培养研究生（例如1940年有7所国立大学、10所私立大学培养研究生），研究生的总人数在1915年为330人，1920年为533人，1925年为1037人，1930年为1964人，1935年为2604人，1940年为1978人，1945年为1583人。

---

① 文部省：『学制百二十年史』，ぎょうせい株式会社，1992，第75页。

与前一时期一样,这一时期日本高等教育机构的形态也包含了国立、公立、私立三种。从表 7-6 中不难看出,日本高等教育机构中的公立类型(由地方政府设立的学校)所占比重最小,只有 5% 左右,私立类型和国立类型大约各占一半左右。虽然自 1925 年起私立大学数占了全部大学数的一半以上,但私立大学主要培养文科学生,国立大学则是理工科教育的主力。专门学校以私立居多,实业专门学校和高等学校则以国立居多。1926 年,56.8% 的大学生和 91.4% 的专门学校生就读于私立学校,由此可见,私立高等教育是这一时期高等教育大发展的主力。

日本有学者将第二次世界大战前日本的高等教育体制称为"二元等级式的金字塔",即以少数帝国大学为"塔顶"、以大量私立专门学校为"塔底"的多层式构造。[①] 也就是说,帝国大学与私立专门学校是地位、水平、生源完全不同的两种机构,与前者衔接的是高等学校或大学预科,与后者衔接的是普通中学;前者以研究学术理论为己任,后者的目的仅在于传授学术技艺;前者为国家培养精英人才,后者为社会输送怀一技之长的专业人员。这一"金字塔"反映了日本各种类型的高等教育机构在社会地位和办学水平等方面的差距,而造成这种差距的主要原因就是所谓"官贵民贱"——办学条件不平等。国立和公立大学的经费全部由中央或地方政府支出,特别是帝国大学享有优厚的财政支持。私立大学、私立专门学校的经费来源则主要依靠学费。例如,1928 年日本全国 83 所私立专门学校中有 43 所(占 52%)的总收入中学费占比超过 60%。[②] 主要依靠学费收入的私立高等教育机构在经费上当然就不如国立和公立高等教育机构那样宽裕。据统计,日本私立高等教育机构人均教育经费在 1920 年分别是国立高等教育机构的 13% 和公立高等教育机构的 10%;1935 年虽有所改善,但也分别只有前者的 37% 和后者的 48%。[③]

四、高等教育的组织管理与课程教学

这一时期日本的高等教育行政管理依然实行"敕令主义"。所谓"敕令主义",是指反映教育指导思想的教育法规以天皇敕令的形式表现出来。前一时期的《教育敕语》和《帝国大学令》是敕令,这一时期的《大学令》及修订后的《专门学校令》等也是所谓敕令。文部大臣等政府官员不过是代表天皇施政而已。

由于 1913 年发生的京都帝国大学"泽柳事件",1914 年教授会在教师人事方面的权限第一次得到政府承认,1915 年京都帝国大学进而又实施了日本大学史上第一次公开选举校长。[④] 这标志着日本高等教育管理制度发生某些实质性的变化。1920 年左右,学位的授予权也由文部省转归大学。不过,大学财政预算的决定权始终没有下放到大学。

---

① 天野郁夫:『高等教育の日本的構造』,玉川大学出版部,1986,第 66、260 页。
② 同上书,第 312 页。
③ 参见细谷俊夫等:『新教育学大事典(8)』,第一法规出版株式会社,1990,第 199 页。根据该页资料计算。
④ 大崎仁:『大学改革 1945—1999』,有斐阁株式会社,1999,第 148 页。

再看私立大学的情形。在有一定历史传统的私立大学，作为大学教师组织的评议会、教授会经过与理事会的多次交涉、抗争，在教师人事、教学等方面获得了一定程度的自主权。但是，在多数私立大学，经营、办学等权力被牢牢掌握在理事会和大学校长（当校长是大学的经营者时）手中，教师仅仅扮演着被雇佣者的角色。实际上，许多私立大学甚至连教授会组织都没有。

其实，不仅国立和公立大学被置于政府的严格控制之下，私立大学的日子也好不到哪里去。根据《私立学校令》，所有的私立大学、专门学校、高等学校，不仅学校的设立废止、设立者的变更、校长的任命要得到文部省的许可，甚至校长、教员的解雇令等都可以由文部省发布。①

在两次世界大战之间的相对和平的时期，日本的大学、专门学校、实业专门学校和高等师范学校主要设置以专门教育为主要内容的课程。由于高等学校学生毕业后不是就业，而是升入大学，所以主要设置普通教育课程，实施文理分科教育。根据1919年文部省制定的《高等学校规程》，高等学校文科设置的主要课程有修身、国语及汉文、第一外国语、第二外国语、历史、地理、哲学概论、心理及逻辑、法制及经济、数学、自然科学、体育等；理科设置的主要课程有修身、国语及汉文、第一外国语、第二外国语、数学、物理、化学、植物及动物、矿物及地质、心理、法制及经济、绘画、体育等。②在这些课程中，外语所占课时最多，第一外国语与第二外国语的课时相加超过总课时的三分之一。此外，尽管是文理分科，在课程安排上也考虑到了文理渗透，文科学生必须学习数学与自然科学，理科学生必须学习法制、经济等社会科学。大学预科也是以普通教育为主要内容，课程设置与高等学校类似，同样实行文理分科，以外语教育为重点。概言之，这一时期日本高等教育中的普通教育与专门教育是在不同的机构中分别实施的，高等学校与大学预科实施普通教育，大学、专门学校等实施专门教育。

而到了第二次世界大战期间，日本高等教育机构的管理就如同军事管制，这一时期之初大学好不容易争取到的一点自治的权利一下子被糟蹋得无影无踪，教学内容也主要是为侵略战争服务的思想灌输和相关技术课程，此处不再赘述。

尽管有两次世界大战的阴影，这一时期日本高等教育的规模发展很快，各类高等教育机构（高等学校因为其中有中等教育成分这里不计入）的在校生人数，1914年为49319人，1920年为80010人，1925年发展到133941人，1940年为244999人，1945年为316308人。可以看出，1945年是1914年的6倍多。

据统计，在日本政府官吏中，接受过高等教育的比例，1919年为71.9%；1935年为86.5%；企业家中的这个比例，1919年为13.8%，1935年为37.1%。据1924年调查，日

---

① 大崎仁：『大学改革1945—1999』，有斐閣株式会社，1999，第171页。
② 細谷俊夫：『新教育学大事典（7）』，第一法规出版株式会社，1990，第94页。

本181家最大公司的经理，64%具有大学文凭，这一比例甚至高于当时的美国。1935年日本的高等教育入学率上升到3%，仅次于当时的美国。

高等教育与经济发展相互促进。1915年至1919年，日本工业生产的年平均增长率继续领先于世界，高达37%。到第一次世界大战结束，日本基本上完成了工业革命，1919年工业产值超过农业产值，1937年重工业产值超过轻工业产值，基本上成为一个工业化国家。

但也必须指出，这一时期日本的高等教育充满着浓厚的军国主义色彩，这种片面、畸形发展的高等教育完全沦为侵略战争的工具。日本作为第二次世界大战中法西斯主义的大本营之一，不仅给别国人民而且也给本国人民带来了深重的灾难。第二次世界大战不仅最终摧毁了日本经济，而且也使日本的高等教育遭到严重破坏。

第八章 战后法国、英国和德国高等教育的发展与改革

（1945年至20世纪70年代）

第一节 法　国

1945年第二次世界大战结束至20世纪70年代的30多年间，法国社会生活和经济生活经历了战后重建、恢复、发展到快速发展的巨大变化。作为世界现代高等教育发源地，法国战后高等教育逐步形成了一个形式多样、制度灵活、国际化程度高、具有法国特色的完整的体系。以教育现代化和民主化为主线，在发展中改革、在改革中发展，成为战后法国高等教育发展进程中的基本特点与发展趋势。

一、战后高等教育改革与发展的社会背景

1."光辉的30年"

两次世界大战的空前浩劫给法国造成了极为惨重的损失，青壮年死亡两百多万，国家基础设施尽遭摧毁，生产机构完全被破坏，社会生产力大幅下降，工农业生产水平不到战前的一半，国家财政被彻底毁坏，对外贸易全面崩溃。在严峻的现实面前，迅速恢复和重建社会经济，大力发展生产，成为法国举国上下的头等大事。1946年1月3日国家发出了一切"为了现代化和经济发展"的总动员令。1945年到1974年的30年间，经过全体法国人民的不懈奋斗和努力，战后法国社会呈现出一个较快的发展时期，生产得到恢复和提高，经济恢复了活力并持续发展，社会各方面也有了长足发展。法国战后这一时期史称"光辉的30年"。

在战后（特别是战后初期）法国经济恢复和重建的过程中，"莫内计划"的制订和实施发挥了决定性作用。让·莫内（J. Monet），法国著名而有远见的经济学家和政治家，统一欧洲思想的倡导者和捍卫者。他提出的关于恢复经济与实现现代化，争取法国大国地位的一整套设想，使他成为战后法国社会经济重建的总设计师。1946年，法国成立了以莫内为首的国家计划委员会，并制订了法国历史上第一个国家经济发展计划——莫内计划。这一计划是西方市场经济国家首次制订的全国性经济发展计划，充分表现出法国在国际舞台上的独特性和特殊地位。该计划以"法国式的计划化"为思想基础，将自由

经济机制加以统制并使之协调发展，融合了自由经济和计划经济两种经济发展模式的优点，从而为法国社会经济发展产生出一种"以预测指导方向的经济增长的动力"。①

1947 年，法国开始实施第一个国家社会发展计划（1947—1953）。这个计划的主要目标是迅速恢复对国民经济发展具有重要基础作用的部门，包括煤、钢、电力、运输、农机和石油等重点生产领域。仅仅经过一年的努力，到 1948 年，法国的社会生产力已达到第二次世界大战前的水平。1949 年上半年，由于社会生产得到较快的恢复和发展，法国政府取消了战后初期实行的日常生活用品配给制度。

1954 年法国开始执行为期 4 年的第二个国家发展计划（1954—1957）。该计划在规划工农业生产全面发展的同时，提出要注重产品质量，提高劳动生产率，并首次将科学技术研究和教育内容列入国家发展计划。因为政府决策者们已经看到，法国"战后经济复苏的首要因素正是人本身，是人的创新能力"。②为此，法国国家计划委员会首次对战后国民的教育需求进行了深入调查。调查的结论是：不能只看到教育"消费"的一面，实际上教育还具有促进经济增长的一面，应该把教育视为一种增长性"投资"。这一调查结果对于改变人们对教育的传统偏见，促进教育发展产生了重要的作用，特别是在教育投资方面，政府将教育经费从占国家预算的 6.65%（1950），增加到 10.3%（1957），③超过了战前的最高年份。

1958 年法兰西第五共和国诞生。第五共和最初的 15 年间（1959—1973），法国社会经济持续迅速发展，国内生产总值翻一番，年均增长幅度为 5.5%，超过了同期的联邦德国（4.4%）和美国（3.9%）；工农业持续现代化，国际竞争能力大为增强，特别是尖端工业产品的竞争力得到加强。这一时期，科技革命、国有化和计划化的实施成为法国经济发展的主要动力，而经济发展又对其他方面的发展产生了深刻而有力的影响。法国现代化的发展是多方面的，社会经济结构发生较大的改变，新兴工业和第三产业发展迅速，从业人员相应增加；工业和第三产业的快速发展，加速了法国都市化的发展进程；加入"欧洲经济共同体"，使法国进入了一个广阔的商贸开放时期；工业与农业现代化同步进行，相互促进，生产力大为提高；尤其是一批新兴工业部门发展更快，如航空、核电和军事工业等，其发展仅次于美国和苏联而居世界第三；注重科学技术的研究和引进，使科学研究事业有了长足的进步，科研经费由 1959 年的 30 亿法郎增加到 1969 年的 138 亿法郎，科研人员从 1958 年的 1.2 万增加到 1968 年的 4 万多，多位法国科学家获得诺贝尔奖。④

然而，20 世纪 70 年代西方经济危机和石油价格上涨，尽管法国的危机来得"慢半拍"，但终究没有逃过这一浩劫，1974 年法国国内出现持续了几年的经济萧条，通货膨

---

① F. 布罗德尔、O. 拉布罗斯：《法国经济与社会史》，谢荣康等译，复旦大学出版社，1999，第 116 页。
② 转引自端木美等：《法国现代化进程中的社会问题》，中国社会科学出版社，2001，第 374 页。
③ J. L. Monet, *L'éducation nationale* (Paris: Berger-Levrault, 1979), p.255.
④ 沈炼之：《法国通史简编》，人民出版社，1994，第 607 页。

胀，生产下降，失业人数增加，经济增长缓慢，法国在国际市场上的竞争力降低，此间（1974—1979）工业生产总值增长仅为3%，第六个国家发展计划规定的一些指标未能达到。至此，战后法国"辉煌的30年"终告结束。

2."五月学潮"及其影响

20世纪60年代后期，一些西方国家相继爆发了学生运动，而法国1968年"五月学潮"规模之大，影响之深，超过了其他西方国家。这场声势浩大的学生运动最终引发了全国性罢工，参加人数近千万，成为"二战"后法国最大规模的学生运动。"五月学潮"的爆发，既有其国际背景，也有国内深刻的社会背景，包括法国高等教育自身的原因，尤其是长期以来教育管理体制方面存在的深层次原因。

法国自中世纪大学创办直到拿破仑建立起近现代教育制度之前，大学自治一直是大学管理的基本方式。尽管世俗王权和宗教皇权都曾试图将大学纳入各自的势力范围，但大学始终没有完全被他们双方所掌控。然而，拿破仑第一帝国的建立，通过法律、制度和兴办机构等手段，同时建立起了中央集权的教育管理体制，由此全国的教育大权被控制在帝国手中，传统的大学自治受到前所未有的挑战。此后，高度集权的管理体制成为法国教育管理的基本模式，沿袭至今已有200多年。

长期以来，法国教育行政管理体制僵化，管理过于集中，制度整齐划一，大学结构几乎一成不变。这样，当初拿破仑"为了保证统一而设计的中央集权，如今变成了一种遏制，而不再有利于创造精神，并有可能将其扼杀掉"[①]。事实上，战后法国社会各方面都发生了重大变化，现代化和民主化成为社会进步与发展的主流，显然，第一帝国时期所建立的"拿破仑式的集权专制的观念已经过时"，1968年的"大学危机正是这种管理体制倾覆的反映"[②]。尽管"五月学潮"有其国际背景原因，但是从根本上说，人们对于长期以来这种过于僵化的管理体制越来越不满，迫切要求加以改变，使之适应社会发展和大学教育的需要，这才是法国这场空前的"社会性地震"爆发的内在原因。

"五月学潮"过后，法国政府提出国民以"参与"（participation）的精神改革国家管理体制。戴高乐指出，"参与已成为明天法国的准则和推动力"[③]。具体而言，"参与"就是工人有权参与企业利润的分配，职员参与本单位的管理，大学生参与学校的管理，而政府则通过参与机制改变旧的社会关系，建立新的社会秩序。对于大学而言，就是通过"参与"的方式改变长期以来过于僵化的行政管理体制，使大学获得更大的自主权，增强办学活力。因此，参与和自治（autonomie）成为1968年法国高等教育改革的主导思想。

1968年11月12日，国民议会和参议院几乎在没有反对的情况下通过了法国战后第

---

① C. Debbasch, *L'université désorientée* (Paris: PUF, 1971), p.145.
② Ibid., p.65, 98.
③ 戴高乐1968年6月29日讲话，刊载法国《世界报》1968年6月30日。

一个专门针对高等教育的国家法律——《高等教育方向法》(Loi d'oriantation de l'enseignement supérieur)。该法是在时任教育部长富尔(E. Faure, 1908—1988)的主持下制定的,因此该法亦称《富尔法》(Loi de Faure)。《富尔法》重新规定了法国高等教育的性质、任务、办学原则、组织机构、大学管理、教师队伍等,成为高等教育改革的法律依据。该法对法国传统的集权式的教育管理制度是一次重大的变革,开启了法国高等教育行政管理制度的新一页,在法国高等教育发展史上具有里程碑的意义,对法国后续的高等教育改革同样具有深远的影响。

《高等教育方向法》明确规定了大学的基本任务是生产和传播知识,发展研究,培养人才;参与各地区的社会和经济发展,适应工业和技术革命要求的民主化进程;为学生传授必要的知识,对他们进行全面培养;利用新的传播方式,促进终身教育的发展。大学任务的新规定体现了法国"新的大学观念",是对高等教育传统职能的一大突破。

大学的性质是"具有法人资格和财政自治权的公立科学文化性机构"。这一性质意味着大学作为独立法人,有权力单独处理大学各项事务。同时,该法还明确将中学后的教育机构正式纳入高等教育范畴,从而"有助于社会的文化培养,并使这一培养有助于每个人加强对自己命运的责任感"。这样一来,20世纪50年代和20世纪60年代相继开办的"高级技术员班"(Section de technicien supérieur, STS)和大学技术学院(Institut universitaire de technologie, IUT)两类短期高等教育(学制2年)机构正式成为法国高等教育的组成部分。这一规定符合战后世界高等教育领域出现的高等教育大众化的发展趋势,有利于满足广大民众日益增长的接受高等教育的迫切要求。

《高等教育方向法》确定了公立大学"自治""参与"和"多学科性"(pluridisciplinarités)三条办学原则。通过自治,改变中央教育行政机构大权独揽的管理体制,使大学在法律规定范围内能够自主履行职责,获得更多的办学自主权。"参与"一方面有利于调动大学自身的积极性和主动性,同时,也有利于促进高等学校有效地与各种社会力量和经济力量之间开展对话,加强高校与社会的多方合作,改变长期以来大学内部封闭的状况。"多学科性"促进不同学科之间教师之间的交流与合作,促进开展跨学科的教学与研究,有利于提高教学质量与人才培养质量。大学的这三项办学原则并非孤立存在。"自治"包括行政自治、教学自治和财政自治;"参与"包括参与学校的行政管理和教学管理等;"多学科性"要求大学的教学和科学研究"应使文学艺术和科学技术相结合",并提出本校的主攻方向。总之,"自治"和"参与"具有内在的关联性,是捍卫大学自主办学和维护大学精神的重要举措,这些重要的原则在后来的1984年《高等教育法》(Loi de l'enseignement supérieur)和1989年《教育方针法》里都得到进一步的确认和实施,影响深远。

大学行政自治和参与管理主要表现为校内管理机构的产生和人员组成等方面。按照《高等教育方向法》新的规定,大学校长由本校教职员工直接选举,候选人应是本校教师。同样，大学决策机构校务委员会也由本校教职员工直接选举产生。校长领导校务委员会开展工作。由本校教职人员直接选举校长，这种人事任命制度的改革完全改变了大学校长历来由政府任命的传统做法，是法国大学管理制度的一大变革，对于实行大学自治，改变校长只对上级负责的弊端具有实质性意义。作为大学的决策管理机构，校务委员会由直接选举出来的教师、研究人员、学生（研究生）和非教学人员组成。同时，学校一级还设立两个咨询机构：学术委员会和专门委员会。按照法律起草者们的意图，教师参与管理，有利于实行赶超世界科学水平所需要的"高级智力教育"；学生参与管理，有利于改革旧的大学，使之更加现代化和开放。为体现"参与"的广泛性和代表性，《高等教育方向法》规定大学校务委员会里要有一定比例的校外人士。校外人士参与大学行政管理，是对法国大学传统管理模式的一种突破，对于打破长期以来大学封闭的办学模式、建立大学与社会之间的联系，尤其是与经济界和工业界之间建立联系，具有开创性的重要意义。此举，使社会参与高校事务成为法国高等教育管理中的一项重要内容，效果明显。16年之后的1984年《高等教育法》同样规定校外人士参与大学校务委员会，而且规定校外人士的比例需达到20%～25%，参加校科学委员会的校外人士至少占10%～30%。

在教学自治和参与管理方面，大学可以根据各校发展的实际需要和对教师的特殊要求招聘教师，改变以往每"设立一个新的教授职位只能由设在巴黎的机关（指国民教育部）决定"，且必须根据国家公职人员统一招聘章程办事的传统做法。按照《高等教育方向法》的规定，大学有权自行确定本校的教学和科研计划，以及教学方法和考核方式；保证大学的学术自由，以客观和宽容的精神对待教师和研究人员的教学和研究活动，使其"享有完全的独立性和充分的言论自由"。[①] 实行教学自治，教师和研究人员参与各级管理，有利于调动他们的积极性和主动性，发挥他们的聪明才智和创新精神。

大学的法人资格是实施财政自治的重要保证。大学"能拥有国家提供的设施、人员和经费，以完成其使命。此外，它们还有其他经费来源，主要来自社会馈赠、捐赠、服务报酬、协作经费以及各种补助"。[②] 同时，"各校通过表决决定学校预算，做到收支平衡，计划公开"，并接受国家的监督。财政自治使大学可根据本校具体情况，有效利用教育资源，保证学校各项目标的实现。

机构改革是1968年法国高等教育改革的关键，是实施"自治"和"参与"的重要保证。除设立大学校务委员会外，《高等教育方向法》取消了原有的院系建制，组建新的大学基层组织——"教学与研究单位"（Unité d'enseignement et de recherche, UER）。这一新的机构变化被视为是自中世纪创办大学以来，最富有"革命性"的机构改革。各教学与研究单位仿效校务委员会组织本单位委员会，其成员包括直选出来的教师-研究人员、学生、非教学人员和校外人士。有学者认为，"1968年的改革立法者是想在新的机构中推

[①] 瞿葆奎：《教育学文集（法国教育改革）》，人民教育出版社，1994，第167页。
[②] 同上书，第163页。

动各学科之间的功能性联系，结果成功了。以往那些需要联系，但是在旧的学院内无法结合的各类学科的学生、教师和研究人员，如今在制度上能保证他们有机地结合起来"[1]。"多学科性"为不同学科的教师和学生之间开展合作提供了机会。新的教学机构的建立，有利于"多学科性"的发展，使大学办出特色，符合当代学科综合与交叉的发展趋势。

为协调高等教育发展，《高等教育方向法》设立了全国高等教育和科学研究委员会，教育部长出任该委员会主席，其他成员包括各类高等教育机构选举产生的代表，以及代表国家重大利益机构的校外人士代表（占三分之一）。该委员会的主要职责是根据国家发展的近期和长远目标，与政府有关部门合作，制定高等教育和科学研究发展方向；就教育部所属高等学校的教学大纲、经费申请及预算分配提出意见；全面负责大学和其他高等教育机构之间的协调；就授予国家文凭和学位的条件、制定统一的学生留级制度提出意见和建议等。

1968年高等教育改革，对法国大学旧有的管理体制产生了较大的冲击，使旧的大学有望变成自主的、多学科的和共同管理的新大学。但是，由于立法仓促，而且该法几乎是在没有人反对的情况下投票通过的，因此，当时最迫切的问题似乎并不像改革者所建议的那样，如何根据大学在现代社会中的职能去改造大学，而是要急于摆脱"五月学潮"所造成的混乱。尤其是该法许多方面比较含糊，每一条原则都缺乏具体的可操作的内容，实施起来难度大，这也使得改革的初衷大打折扣。"参与"原本是这次改革的重要内容，但是"大学共同管理遇到的第一个困难便是大部分大学生不参加投票"[2]。而且事过境迁，对学生来说，"'参与'只不过是个遥远的回忆，学生们很快就对几乎与他们无关的管理失去兴趣"[3]。讲师和助教作为大学的"二等公民"，实际上并无多大的发言权，尤其在学校重大问题方面，这就使得大学师生实际上参与大学各级管理极为有限。"自治"被说成是将"财权和人事权留给国家管理的自治"。正因为如此，有人批评这次改革的政策是失败的，甚至被称为"假改革"，并指责改革加剧了法国大学系统的刻板性。[4]尽管1968年法国高等教育改革存在这样或那样的问题，改革过后旧的东西也有回潮的表现，但是不可否认的是，这次改革对于转变长期以来法国大学过于集中、僵化的管理体制，建立新的办学机制方面起了很大的推动作用，其影响是深远的，对于战后法国高等教育的长远发展具有重要的里程碑意义。同时，也要看到，由于法国大学传统的管理体制根深蒂固，改革并未全部达到改革者的初衷，法国高等教育改革（包括管理体制改革）任重而道远，不能一蹴而就。此后，20世纪80年代法国教育大力推行的权力下放，应该被视为是这一改革的继续。

---

[1] J. Dehaussy, «Les universitiés de la region parisienne, situation présente et respectives» (paper presented at the Conférence prononcée à la Sobonne, Paris, le 26 septembre 1973).

[2] 瞿葆奎:《教育学文集（法国教育改革）》，人民教育出版社，1994，第211页。

[3] A. Prost, *Histoire générale de l'enseignement et l'éducation en France, Tome IV* (Paris: Nouvelle Librairie de France, 1982), p.211.

[4] 瞿葆奎:《教育学文集（法国教育改革）》，人民教育出版社，1994，第212页。

1974年德斯坦总统上台,全面改组国家机构。国民教育部在管理上划分为两部分:一个负责普通教育,一个主管高等教育和科学研究。高校教育和科研部分由新设置的大学国务秘书分管。1976年大学国务秘书处升格为大学部,与教育部并列,这是法国首次专门设立主管高等教育的政府部门。1981年,左翼的社会党上台执政,大学部随即被取消,高等教育重新回归国民教育部统一管理。

二、战后高等教育机构数量与机构变化

1. 战后高等教育发展迅速

战后随着社会生产和经济建设的恢复和快速发展,法国高等教育领域进入了一个迅速发展时期,学生和教师的数量大为增加,教育层次的多元化和结构合理调整的发展态势尤为明显,这些都成为战后法国高等教育发展的主要特点。

战前很长的一个时期,由于法国国内政治局势动荡不安,多次"改朝换代",高等教育的发展一直很缓慢。以大学生人数为例,从拿破仑第一帝国到第二次世界大战结束的近一个半世纪里,法国在校大学生仅从约4000人增加到不足10万。第二次世界大战结束后,从1945年到20世纪70年代后期,短短30多年,高校教师和学生以空前的速度增长。全国大学教师从战前的1568人(1939),分别增加到7950人(1959)和43193人(1976);同期在校大学生人数从55479(1939)人,分别增加到192128人(1959)和837776人(1976)。[①]这一时期,法国大学教师增加了27倍,在校大学生人数也增加了15倍。这种快速发展的情形在法国高等教育800年发展史上实属前所未有。

战后法国高等教育发展迅速主要有以下原因。

第一,人口出生率提高,为教育发展提供了充足的生源。第二次世界大战结束前夕,戴高乐将军宣称,为了国家前途,法国必须在10年中生出它所需要的1200万个大胖婴儿。战后,法国实行了有效的人口政策,包括人口健康保护和社会保护政策,创立大、中、小学校卫生服务制度;设立妇女产前津贴等福利机构,还设立了全国卫生研究所和人口研究所等研究机构,所有这些都使法国人的出生率明显回升,民众健康状况大为改善。"二战"前的1931年至1935年,法国人口自然增长率仅为年均0.8‰,"二战"期间甚至出现负增长,增长率为-3.4‰。战后的1946年至1965年,法国人口自然增长率平均为6.93‰,[②]到1965年,出生率远远超过两次世界大战期间的水平。1946年至1968年这一时期,法国城市人口增加1200万。战后的20多年里,法国人口增长速度超过这之前的100年,成为法国历史上人口增长最快的时期之一。[③]人口增加意味着对教育需求的

---

① 参见 A. Prost, *Histoire générale de l'enseignement et l'éducation en France* (Paris: Nouvelle Librairie de France, 1982), p.285.
② 费尔南·布罗德尔、欧内斯特·拉布罗斯:《法国经济与社会史(50年代至今)》,谢荣康等译,复旦大学出版社,1990,第9页。
③ 参见 A. Prost, *Histoire générale de l'enseignement et l'éducation en France* (Paris: Nouvelle Librairie de France, 1982), p.18.

增加，同时，也为教育发展提供了生源。

第二，战后社会经济的恢复、重建与发展，为教育发展提供必要的财力支持和物质保证。法国第三个经济与社会发展计划（1958—1961）首次将教育列入国家优先发展项目，各类教育投资达9200亿法郎，其中高等教育1500亿法郎，国家科研中心370亿法郎。1961年，教育经费占国家预算的12.6%，[1]比20世纪50年代初增加1倍。法国第四个经济与社会发展计划（1962—1965）期间，国民生产总值增加24%，而公共事业（包括教育）经费增加72%。法国第五个经济与社会发展计划（1966—1969）对各级教育提出了发展目标：小学义务教育入学率要求达到100%，同时进一步提高幼儿教育入学率（非义务性教育）；高等教育从1972年起应招收20%的应届高中毕业生，其中60%进入大学，其余的进入其他高等学校。[2]这标志着法国高等教育进入大众化发展阶段。

第三，教育和科学研究地位提高。20世纪50年代初，法国国家计划委员会曾经对教育的社会需求进行调查，开始关注教育的发展。法国政府的决策者们也意识到"劳动力的'质量'越来越成为经济发展的重要因素"，而且"工业结构只有在提高工业技术能力的情况下才能得到有效的加强"。[3]实际上，无论是劳动力质量的提高，还是工业能力的加强，都离不开教育和科学技术。因此，努力提高整个法国国民的科学水平和文化素质成为政府应该履行的最重要的国家职责。1954年至1968年，法国的脑力劳动者从100万增加到300万，其中工程师和技术员分别增加了40%和55%。事实证明，教育是一种有效的"投资"，是现代社会各行业专业人才的主要培养场所，也是提高整个社会生产力和生产水平的主要途径。

第四，民众对于高等教育的需求增加，这也是战后法国高等教育迅速发展的重要原因。1959年，法国义务教育年限延长到16岁，取消中学入学考试，促进了中等教育的大发展，在校学生由120万（1951）增加到256万（1961）。而且，"可以说，无论是因为义务教育的强迫性，还是经济和社会的需要，大多数家庭都意识到了教育给他们带来的好处，从而使得人们在无须任何动员的情况下，自愿将义务教育延长到18岁"[4]。结果是越来越多的人要求进入大学学习，这就让大学不再只对上层社会子女开放，也面向广大社会中下层阶级子女。

2. 战后高等教育水平结构变化

战后法国高等教育结构发生了很大的变化，特别是层次结构和科类结构。

中世纪大学时期，对完成学业的学生授予博士学位或硕士学位，以此作为一种职业资格。第一帝国时期，1808年3月17日法令宣布将业士（Bac）、学士和博士确定为国家

---

[1] J. L. Minot, *L'éducation nationale* (Paris: Berger-Levrault, 1979), p.255.

[2] Ibid., p.262.

[3] Ibid., p.145.

[4] Jean Capelle, «L'enseignement moyen», *Repère* No. 1 (1964): 12–13.

学位，由帝国大学授权公立大学颁发，其中业士被确定为第一级大学学位，也就是现在的法国高中毕业会考文凭。从此，大学始终保留对高等教育学位授予的专一权。在法国，自第一帝国时期以来"这种由国家认可并颁发的资格和大学文凭的独特性，至今仍然是法国高等教育的特性之一"。[①]

20世纪50年代以来，法国高等教育的水平结构经过了几次较大的调整变动。1954年，法学院由三年制改为四年制，前两年实施普通教育，后两年从事专业教育；同时设立大学第三阶段理科博士学位。1958年和1963年相继设立大学第三阶段法学博士学位和文科与社会科学博士学位。1966年，改革大学本科教育结构，将原有的4年一贯制改为"2-2"分段制，即第一阶段和第二阶段，学制各两年。前两年学习普通文化和基础知识，合格的文理科学生分别颁发第一阶段的"大学文（理）科学业文凭"；后两年实施专业教育，并设置两个依次相对独立的学位，学士学位和新设置的硕士学位（maîtrise）。获得硕士学位后，可以继续攻读第三阶段的博士学位。这样，大学教育被分为三个阶段，即三个层次。

1966年，在大学内开办了一个特殊的教学单位——两年制的"大学技术学院"，实施短期高等职业技术教育。之前，20世纪50年代开办了中等技术学校升格的"高级技术员班"，也实施短期高等职业技术教育。这两种学校一起构成了法国短期高等教育体系，和大学第一阶段同属一个水平层次。

至此，法国高等教育领域有了大学的本科和研究生教育、大学校的本科和研究生研究、大学技术学院与高级技术员班等不同水平层次的高等教育机构，下面分别加以叙述。

（1）大学系统水平层次

1966年以后，法国整个大学系统实行分阶段教学，分为三个相对独立又相互衔接的教学阶段，每个阶段都设置相应的文凭或学位。按规定，第一、二阶段为大学本科教育，第三阶段为博士生教育。因学科性质不同，文学、理学、法学、经济学、社会学等学科与医学、牙科学的教学分段及学制有所不同。

第一阶段为普通基础教育阶段。设有文学、人文科学、艺术、法学、经济学、自然科学、工程技术、社会与经济管理、神学等九类学科，学生选择其中一类学习。学制两年。修满学分，授予大学普通学业文凭（Diplôme d'études universitaires générales，DEUG）。该文凭有双重功能，或直接进入第二阶段开始专业学习，或进入劳动市场就业。

第二阶段为专业学习阶段。学生根据第一阶段结束时考试委员会提出的指导意见选择专业学习方向。本阶段学制两年。第一年可获得学士学位，之后或升入第四年[②]继续学习，也可以参加国家公务员考试。第二年可获得硕士学位，之后同样有两种选择，可以直接进入第三阶段攻读博士学位（不设入学考试），也可以进入劳动市场就业。获得第

[①] Jacques Verger, *Histoire des universités en France* (Toulouse: BhP, 1986), p.268.
[②] 指本阶段学制的第二年。

二阶段学位者，表明已具备从事某种职业的知识与技能。20世纪70年代初，大学为了增加就业机会，增强与大学校的竞争能力，新增了3种应用性硕士学位：管理应用信息硕士（Maîtrise d'information appliquée à la gestion，MIAGE）、管理科学硕士（Maîtrise des sciences de la gestion，MSG）和科技硕士（Maîtrise des sciences et techniques，MST）。法国大学第二阶段的硕士学位为大学本科层次，与其他国家硕士研究生教育不属同一水平。

第三阶段为博士生教育阶段。在法国，原本没有"研究生教育"一说，大学后教育统称为博士生教育。为适应国际上关于研究生教育的通行说法，20世纪90年代法国引进了研究生教育的概念，并使用一个复合词表示，直译为"大学生－研究人员"（étudiant-chercheur）。尽管如此，法国人仍习惯将大学后教育称之为博士生教育。

第三阶段学制3~4年，包括两个部分。第一部分1年，设置两个平行的文凭，一个是研究型的深入学习文凭（Diplôme d'études approfondies，DEA），另一个是职业型的高级专业学业文凭（Diplôme d'études supérieures spécialisées，DESS）。前者是开始撰写博士论文的必备条件，可视为博士预备阶段；后者则是作为就业的一种高级资格，获此文凭者一般不能申请注册博士学位，除非校长特批。总之，学生可以根据自己的兴趣和实际情况，选择其中一种学习途径。第二部分为博士教育阶段，学制2~3年。学习期间，学生在导师指导下开展科学研究，独立完成博士论文，经答辩后，合格者授予博士学位。

1973年2月27日法令设置两种高级文凭：工程师－博士文凭（Diplôme de docteur-ingénieur）和国家博士文凭（Doctorat d'Etat）。工程师－博士文凭学制3年，与大学第三阶段博士文凭属同一水平层次。工程师－博士文凭是为已取得理科硕士和大学校毕业的工程师，进一步加深其选择的专业知识，更好地掌握严格的推理和实验的研究方法，满足经济发展和企业对从事应用研究和开发研究的技术干部的需求而设置的一种文凭。授予这一文凭的学科有应用数学、信息论、自动化、电子技术、电机与工业电子技术、物理、材料科学、能学、化学、化学工程、生态学与整治、天文与地球物理学、生命科学等。第一年攻读深入学习文凭，进行理论学习和研究方法训练，参加有关的研讨班；后两年博士候选人应到实验室实习和从事研究，进一步加深与工程师职业相关的学科知识，学习严格的推理，撰写博士论文。论文答辩通过后，授予工程师－博士文凭。法国人认为他们的工程师－博士文凭与美国哲学博士文凭水平相当。国家博士为最高一级学位，它是申请大学教授和高级研究员职位的必备条件，其学术地位和价值高于第三阶段博士。一般来说，只有取得大学第三阶段博士学位并积累了一定的工作经验之后才能申请。国家博士文凭无学习年限规定，申请者基本上都是在职人员。攻读国家博士文凭是一项十分艰巨的任务，时间长，一般需要5年以上，有的甚至长达10年或更久。国家博士文凭是对申请人较高的学术造诣、科学文化素养和研究能力的认可。另外，在特殊情况下，经大学校长特别批准后，少数未经过系统学习大学课程，但确做出极为出色研究成果的人，亦可申请国家博士学位。该申请人所提供的论文可以是纯理论性的研究，也可以是其他类型的科学研究成果，论文经答辩委员会严格评估和审查，通过答辩后，可取得国家博士文凭。当时国家博士文凭设有8类学科：法学、经济学、管理学、文学、人文科学、理学、天主教神学、新教神学。

法国医学高等教育（含医学、牙科学和药剂学）是大学教育中较为特殊的，其分段教学和学业文凭与其他学科不同，自成体系。法国医学教育学制长，淘汰率高。不过，学成之后就业率也高于其他学科。1966年法国医学教育率先改革，组建了新的医学教学科研机构——大学医疗中心（Centre hospitalier universitaire，CHU），是一种集医学理论教学、科学研究、实习培训和治疗护理的综合机构。

大学医学教学亦分为三个阶段。第一阶段两年，第一年学习基础科学课程（数学、物理、生物物理、化学、生物化学、生物等），再经过一个淘汰率极高的竞试，一般只有五分之一的学生能升入二年级继续学习。第一阶段结业合格者，取得专业学业文凭（Diplôme d'études spécialisées，DES），即取得进入第二阶段继续学习的资格。

第二阶段四年。第一年进行医疗作用方面的理论和实际基础知识教育，后三年主要学习病理学和治疗学，内容包括理论学习，以及通过参与医治活动开展临床实习。本阶段结束合格者可取得"临床治疗综合证书"（Certificat de synthése clinique et thérapeutique，CSCT），即取得进入第三阶段资格。

第三阶段是医学博士培养阶段，有两种选择：其一，可不参加住院实习竞试，而以门诊实习方式，两年内完成内科学第三阶段学习，撰写博士论文并通过答辩，获博士学位，取得成为内科（普通）医生资格；其二，参加分地区组织的住院实习竞试，进入医学各专科第三阶段，有可能成为某一科类的专科医生，这是成为专科医生的唯一途径。按照专业划分，住院实习竞试包括7类：医师科、麻醉科、外科、精神病科、医学生物科、劳动医学科、公共卫生科。各科录取名额由法国卫生部和国民教育部根据市场调查预测共同确定。住院实习竞试的合格者成为住院实习医生，在指导医生指导下，通过4年或5年时间进一步学习诊断和医治实习，并撰写博士论文。论文答辩通过者，可获得医学博士国家文凭，成为专科医生。在法国，培养一名专科医生一般需要10年时间。

牙科学第一、二阶段学制分别为2年和3年（含实习）。1972年以后设置牙科第三阶段博士学位，包括1年和3年两种学制，前者授予牙外科博士文凭（Diplôme de docteur en dentaire），后者同时授予牙外科博士文凭和牙外科资深住院实习职衔（Titre d'ancien interne en odontologie），获得此职衔者有资格从事相关学科的教学工作。

药剂学第一、二阶段各2年。第三阶段分为2年和5年两种学制。第三阶段第一年，大学医疗中心只接受法国学生或是在法国大学医学专业第一、二阶段学习的外国学生。一年后，学生有两种选择：其一，打算直接就业者，第二年应到一家药房或医院药房间实习6个月，撰写论文并参加答辩，合格者获得药剂学博士文凭。其二，对于打算从事研究和选择企业工作者，通过住院实习竞试者，学习4年，可以在专业药剂科学、生物科学或医学研究中，选择一项进行深入学习和培训，撰写论文，通过答辩，取得药剂学博士文凭。

法国高等医学教育不仅学制长，淘汰率高，竞争激烈，而且对外籍学生（尤其是欧盟以外国家的学生）有诸多限制，尤其对在法国行医控制非常严格。

（2）大学校系统水平层次

自1747年开办巴黎道路桥梁学校以来，经过两个多世纪的发展，大学校已成为法国高等教育的重要组成部分，亦是法国精英教育的主要场所。学科类别包括工程技术、商业与管理、高等师范、行政管理、农林等。在现有的300多所大学校里，工程师学校和商科学校占有较大比例，名牌学校也较多，包括巴黎理工学院（EP）、巴黎路桥学院（ENCP）、巴黎高等矿业学院（ENSMP），以及高等商业研究学院（HEC）、高等经济科学与商业学院（ESSEC）等。这些院校以培养高质量的工程技术人才和商业管理人才享誉国内外。

大学校主要有两种学制：一种是通过大学校预备班招收，学制三年；另一种直接招收获得高中毕业会考证书的高中毕业生，学制四至五年。传统上，大学校不授予大学学位，只颁发职业证书，如工程师证书、建筑师证书、农艺师证书等。20世纪70年代以后，大学校由国家授权颁发高等教育学位，包括博士学位。这样，大学校系统同样形成了预备班（相当于大学第一阶段）、工程师培养和博士教育的三个水平层次。

大学校预备班是进入大学校的主要途径。这是一种设在重点高中、属高等教育范畴的教学机构。学制一般为两年，与大学第一阶段属同一个教育水平层次（实际水平不同）。预备班招收高中毕业生，不设入学考试，但选拔严格。进入预备班要接受学业审查，包括高中最后两年学业成绩，获得专业教师的评语和推荐信。也就是说，只有优秀的高中毕业生才能进入预备班学习。各类大学校都有相应的预备班，如理科类预备班、文科类预备班、商科类预备班等。无论何类专业预备班，教学内容主要为基础课程，采用"大运动量训练方法"，要求十分严格，实行淘汰制。结业时，学生必须参加各类大学校设置的入学"竞试"（concours）。这种竞试难度大、竞争性强、淘汰率高，各学校按照本校标准择优录取。法国大学校入学"竞试"类似中国一年一度的高考，与法国普通大学不设入学考试形成强烈的反差。

通过预备班招生的大学校，一般3年学制，颁发的工程师证书与大学第二阶段的硕士文凭属同一水平层次。但是，工程师证书在劳动市场的价值实际上远远超过大学硕士文凭。取得工程师证书者可直接以工程师资格就业，亦可进入大学第三阶段攻读博士学位。

传统上，法国高等教育学位只由大学系统授予，而大学校系统只授予专业文凭，如工程师证书、农艺师证书等。1968年高等教育改革打破了原有的大学与大学校自成一体的双轨制体系。20世纪70年代以后，由于经济发展和科技进步的需要，大学与大学校在教学与科研，以及学生培养方面开始合作。1973年2月27日颁布了设置博士－工程师文凭的法令，规定经国家授权的大学和大学校可授予此文凭。从此，大学校系统在以往本科教育的基础上增加了研究生教育层次，相应地，加强了对基础理论方面的研究。如今，大学校系统自身也有了三个层次的教育，包括大学校预备班、工程师教育（本科）和研究生教育，并且有权颁发硕士和博士学位。

（3）短期高等教育系统水平层次

法国短期高等教育系统主要包括大学技术学院和高级技术员班两类院校，学制两年，实施高等职业教育，与大学第一阶段同属一个水平层次。另外，还有一些两到三年制的商船学校、文体学校等。短期高等职业教育的培养目标是通过职业教育和技能培训，为生产、服务、开发等行业培养高级技术员或高级技工。

大学技术学院和高级技术员班虽然属于同一个教育水平层次，但是，由于各自具体培养目标不同，在专业设置、教学方式等方面各有特点。

高级技术员班是为适应战后产业结构变化和劳动市场对人才的多样化需要，在原中等技术学校基础上升格而来的，主要培养高级技工。高级技术员班设立在重点技术高中内，招收取得高中（主要是技术高中）[①]毕业会考文凭的高中毕业生。高级技术员班的专业性强，涉及第一、二、三产业，如食品加工、花卉园艺；机械维修、电机技术、工业信息；旅游、旅馆、三语（商业）秘书等。教学和课程设置方面坚持应用性和灵活性，强调专业知识学习，特别注重实际操作和实践能力培养。结业时，为合格者颁发高级技术员证书（Brevet de technicien supérieur, BTS）。获得该证书后可直接就业，也可通过其他渠道（专门考试）进入大学第二阶段或相关学科的大学校（一年级）继续学习。

大学技术学院是1966年高等教育改革的产物之一，也是法国高等教育制度创新的结果，它通过引进比较灵活的淘汰机制使旧的大学结构得以"解冻"。大学技术学院学制2年，招收取得高中毕业会考文凭的高中生，为企业培养技术骨干。学院设立在大学内，是大学所属的特殊"培训与研究单位"，授权单独颁发毕业文凭——大学技术文凭（Diplôme universitaire de technologie, DUT），与大学第一阶段属同一教育水平。获得该文凭可继续注册大学第二阶段，也可以3级技术资格就业。[②] 与高级技术员班不同的是，大学技术学院专业设置口径较宽，主要涉及第二、三产业多个专业，如工程技术、企业管理和新技术等。教学实行强化训练，学生除理论学习外，还必须到企业实习8~10周，实习结束提交由实习单位负责人开出的实习评语，作为是否获得毕业文凭的重要依据。企业专业人员参与学院教学指导，分小组进行实际操作训练，实现知识传授与职业培训的结合。自1966年创办以来，大学技术学院发展很快，尤其是在起初十多年里势头很

[①] 法国高中包括普通高中、技术高中和职业高中三种。每种高中都设置各类学科，如技术高中有：科学与第三产业技术类、科学与工业技术类、科学与实验室技术类、医学与社会科学类。

[②] 法国劳动市场设有6级就业资格：博士、硕士、学士学位和工程师证书为1、2级资格，大学技术文凭、高级技术员证书为3级，高中毕业会考文凭为4级，职业教育证书和职业能力证书（初中毕业）为5级，义务教育结业文凭为6级。

猛，发展到了九十多所。法国大学技术学院被视为高等教育与技术教育结合、大学与效益结合的一种短期而有实效的职业教育机构。

综上所述，随着战后法国经济的恢复发展，产业结构变化，对专门人才的需求增加，高等教育水平结构发生了较大的变化，教育层次增多，学制不同，培养目标也不同，各级高等教育代表不同的教育程度，都颁发相应的文凭或学位。同时，在同一级教育中也可授予不同的文凭，如，大学第二阶段分别授予相互衔接的学士文凭和硕士文凭，而第三阶段第一年又并列设置两个属同一层次但作用不同的文凭（深入学习文凭和高级专业学业文凭）等。这种纵向衔接、横向联通的多样化教育结构改变了战前大学和大学校并存的单一的教育层次。各种文凭和学位的功能也更加灵活多样，几乎每种文凭都可以作为进入下一个学习阶段继续学习或直接就业的准入资格。

3. 战后高等教育科类结构变化

根据法国国民教育部统计年鉴有关高等教育机构及其授予文凭、学位和证书科类的划分，科类结构主要包括法学、经济学、人文科学、自然科学、医学科学、工程科学和农业科学七类。前五类教育和后两类教育分别由大学和大学校实施。

20世纪初到第二次世界大战结束时，第二级高等教育中，工科授予的学位始终位居前列，依次为法律与经济、人文科学、自然科学、药学、农学。第三级高等教育中，医学博士人数独占鳌头，法律和经济次之，人文科学和自然科学的比例一直很少（如表8-1和表8-2所示）。

表8-1 1910年至1945年学士学位的科类比例

（单位：%）

年份	法律与经济	人文科学	自然科学	医学科学*	工程科学	农科
1910	32.9	8.8	8.8	12.0	33.4	4.1
1920	25.5	10.9	6.6	8.3	44.2	4.4
1930	23.9	13.0	10.4	14.3	33.8	4.6
1940	22.1	19.6	14.5	9.4	30.5	3.9
1945	32.1	14.5	16.1	9.6	24.9	2.8

*此处医学科学含医学、牙科学和药剂学。下表医学科学相同。

资料来源：Ministère de l'éducation nationale. Diplômes délivrés par les facultés, année 1900 à 1959; Statistique des diplômes d'ingénieeurs de 1840 à 1958.

表8-2 1910年至1945年博士学位的科类比例

（单位：%）

年份	法律与经济	人文科学	自然科学	医学科学
1910	39.1	2.3	2.4	56.2
1920	9.5	0.1	1.3	89.0
1930	23.1	3.6	4.7	68.6
1940	11.6	2.0	2.8	83.6
1945	19.0	2.2	2.9	75.9

资料来源：同上表。

工程科学文凭作为大学校的"主打产品",在社会上享有很高的声誉;战前大学校未涉足第三级高等教育,也不授予博士学位。

法律作为传统学科,在第二、三级高等教育中一直受到人们重视,尤其是在第二级高等教育中占有重要的位置。

医科教育的第三级高等教育学位一直占据绝对多数,而该学科第二级与第三级文凭之间有着较大差距。产生这种现象的主要原因是,在法国只有取得医学博士学位,才能取得专业医生资格,也就是说医学博士是开业医生的必备条件。

人文科学和自然科学是大学的重要学科,特别是在第二级高等教育中获得学士学位的人数呈持续增加态势。

第二次世界大战结束至20世纪70年代,法国高等教育科类结构也发生了较大的变化,下面分别以表8-3和表8-4加以说明。

表8-3　1950年至1979年硕士文凭的科类比例

(单位:%)

年份	法律与经济	人文科学	自然科学	医学科学	工程科学	农业科学
1950	23.8	14.8	11.6	20.6	26.0	3.2
1955	25.6	17.0	12.6	12.8	28.8	3.2
1960	12.4	21.5	18.9	10.8	34.0	2.4
1965	11.1	26.5	24.5	8.4	27.2	2.2
1970	25.9	24.2	18.0	7.8	20.9	3.2
1975	26.5	22.7	17.0	13.0	18.3	2.5
1979	18.8	22.2	22.7	9.0	23.9	3.3

资料来源:Ministère de l'éducation nationale. Récapitulation des diplômes delivrés par les universités 1952-1982. Nombres des diplômes d'ingénieurs par les écoles d'ingénieurs depuis 1930.

表8-4　1950年至1979年博士文凭的科类比例

(单位:%)

年份	法律与经济	人文科学	自然科学	工程师博士	医学科学
1950	13.8	2.4	5.2	—	78.6
1955	8.4	2.7	8.3	—	80.6
1960	7.0	2.1	17.7	—	73.2
1965	6.7	7.0	25.5	5.0	55.7
1970	8.9	13.7	36.4	4.1	36.9
1975	7.1	12.0	15.6	3.7	61.6
1979	5.7	9.3	14.6	1.8	63.1

资料来源:同上表。

以上情况表明,第二次世界大战后的30年间,法国第二、三级高等教育科类结构的变化主要表现在以下几个方面。

其一，20世纪上半叶（1910—1945），获得第二级高等教育各学科文凭人数平均比例分别是：法律与经济27.3%，人文科学13.36%，自然科学11.28%，医学科学10.72%，工程科学33.36%，农业科学3.96%。其中工程科学和法律与经济比重较大，两者占到总数的60%以上，而农业科学最少。战后到20世纪70年代，上述比例分别改变为：法律与经济20.58%，人文科学21.27%，自然科学17.9%，医学科学11.77%，工程科学25.55%，农业科学2.86%。人文科学和自然科学比例明显上升，工程科学下降较多，法律与经济次之，医学科学变动不大，农业科学继续维持最低比例，且略微有所下降。这种变动反映出不同时期社会对专业人才需求的变化。

其二，工科学生比例同战前相比，下降较为明显，尤其是20世纪70年代前期，更是由战前最高时期的40%以上（1920年44.2%），下降到不足20%（1972年18.1%）。出现这种现象的原因之一，是1968年的高等教育改革对大学产生了深刻的影响和冲击，迫使大学为适应社会经济发展的需要进行改革，特别是人才培养方面。20世纪70年代初，大学又在专业文凭（管理应用信息硕士等）设置方面对大学校发起挑战。战后，大学校系统基本上沿袭传统教育方式，即使是1968年这场战后空前的高等教育改革也未能使之改变。与大学发展相比，大学校表现为停滞不前。

其三，20世纪60年代中期以后，理科博士比例明显增加，同时出现了工程师－博士，表明人们越来越意识到高等学校必须大力发展科学研究，加强高级专门人才的培养，以增强国家的科技能力，增强企业在国际上的竞争能力。有关这方面的情况，下面还将专门阐述。

战后法国高等教育科类结构出现的变化，是由于受社会、经济等诸多因素影响。

首先，国家产业结构的变化。同其他西方发达国家一样，法国第一产业在国家整个经济成分中的份额很小，并逐步有所减少，这无疑会影响第一产业从业人员（包括高级专业人员）数量。战后，第二级高等教育各科类中，学农科的人数最少，所占比例最低。20世纪60年代中期以前，全国农科学生一直只有几百人，人数比例也仅维持在2%～3%，甚至都未达到战前最高年份的4.6%（1930）。20世纪60年代以前，第二产业一直是法国的支柱产业，相应地，获得工程师证书的人数在高等教育各科类总人数中始终保持领先地位，所占比例也明显大于其他学科。然而，从20世纪60年代后期开始，随着第三产业的迅速兴起，特别是社会对管理类和经济类人才需求的迅速增加，高校科类出现明显变化。1969年，法律与经济类硕士比例达到24.7%，接近同年工科硕士的25.3%。到20世纪70年代，法律与经济硕士人数开始超过工科，而且1970年至1979年的10年里，法律类年均学生数达到9352人，而经济类为8787人。可是在前一个10年（1960—1969）里，法律与经济类硕士年均仅3386人，而工科硕士人数却高达6706人，比法律与经济类的多一倍多。

其次，国家研究政策改变和科学技术发展影响。法兰西第五共和国成立后，加速发展科学技术，成立了原子能委员会等一批大型国家研究机构，大力开展空间科学、信息科学和海洋科学等新兴科学研究。加强高等学校科学研究，实现高等教育现代化，并将高等教育作为国家科学研究领域一支重要的生力军，也成为政府关注的重点。这一时期，政府改变以往的研究政策，进一步提升科学研究的地位，使之成为整个国家现代化战略的重要内容，以大力发展科学研究促进工业增长和国家发展。在1956年召开的全国科学研究与教育科学大会上，时任政府总理孟戴斯·弗朗士指出："必须肯定，只有从一开始就伴随我国的科学教育，伴随各级教育的发展和转变，发展研究才能在实际上成为可能。"[①] 会议呼吁高等教育大力发展新兴学科，大力培养科学人才，促进国家科学研究发展。从20世纪50年代末60年代初开始，大学攻读理科的学生大幅度增加，获得理科硕士学位比例由11.6%（1950）迅速上升到24.4%（1959），博士学位比例也由5.2%（1950）快速增加到17.7%（1960）。在此之前，大学理科（硕士、博士）比例一般仅排在农科之前，落后其他学科。进入20世纪60年代以后，获得理科博士、硕士的比例都有较大幅度的增加，一个时期里，理科博士比例接近医学，这在法国高等教育发展中很少见，因为"共和国越来越需要科学家"。

最后，中等教育的师资短缺，促使中等教育需求快速增长，当时法国几乎要"一天（建立）一所市立中学，一周一所市立技术学校，一月一所国立中学"。[②] 这种情况造成中学师资严重匮乏，大大促进了第二级高等教育文理学科的迅速发展。这一时期，大学文理科发展远远超过了其他学科。

三、法国高等教育机构组织形式与管理

战后，法国高等教育的机构组织形式与管理体制都发生了很大的变化。机构组织形式方面，除原有的大学和大学校外，新出现的短期高等职业技术教育机构，加上那些创办时间长、学术声望高的"大机构"，共同构成了法国多样化、多层次的高等教育体系。管理体制方面，拿破仑建立的中央集权管理体制显得陈旧和僵化，不符合战后教育现代化和民主化的发展趋势，体制改革势在必行。事实上，教育管理体制改革成为战后历次教育改革的重点。

1. 高等教育机构发展变化

（1）由单一大学体制到大学与大学校并存的双轨制

从中世纪巴黎大学的创办到18世纪以前，大学是法国唯一的高等教育机构。到大革命时期，全国共开办了25所大学，形成了单一性组织机构的高等教育。但是，一直以

---

① A. Drouard, *Analyse comparative des processus de changement et des mouvements de réforme de l'enseignement supérieur français* (Paris: du CNRS, 1978), p.97.
② 转引自《外国教育丛书》编辑组：《六国教育概况》，人民教育出版社，1979，第173页。

来，学院是办学的实体，而各大学内部并无统一的管理机构，因而大学长期处于"有名无实"的状态。1896年，当局颁布关于大学重组法律，新成立的大学理事会作为各大学统一管理的机构，结束了法国"有学院无大学"的局面。法国现有90多所大学，除少数几所天主教大学外，其余均为国立大学。1968年前，每个学区开设一所大学。1968年高等教育改革，每学区可设一所或几所大学。

18世纪上半叶，法国为了挽救昔日的"国威"，争夺海外殖民地，急需军事人才，1720年国家开办了炮兵学校。一方面，与以往大学主要传授古典人文知识不同，这种新办的学校是一种传授职业知识和培养实用性人才的专门学校。后来拿破仑和法国大革命中的许多著名将领都是从这所学校走出来的。之后，法国又陆续开办了军事工程学校（1749）和骑兵学校（1773），为法国培养军事人才。另一方面，在18世纪的法国，资本主义经济得以发展，包括采矿、冶金、纺织业在内的工业得到较快的发展，也需要各方面的专门人才。在这急剧变化的时代，大学却表现得无能为力，根本不能满足社会发展的新需求，特别在培养经济发展所需要的专门人才方面。在这种情况下，法国当局开办了一些规模不大、便于管理的职业教育的专门学校，先后开办了巴黎桥梁道路学校（1747）和巴黎矿业学校（1783）。大革命时期，又开办了培养工程技术人才的巴黎理工学校（1894）和培养教师的巴黎师范学校（1894）。现如今，诞生在"血与火时代"的这两所学校已成为世界著名高等学府。19世纪至20世纪初，法国又陆续开办了一批工业、农业、商业等方面的专门学校。这类专门学校，逐步发展成为法国从事精英教育和培养精英人才的高等学校，法国称之为"大学校"，意思是"大学中的大学"。新开办的专门学校重科学技术教育，重视实用人才培养，适应经济社会发展需要，为上升时期的资产阶级培养了一批又一批各类专门人才，同时，也改变了几个世纪以来法国单一的大学教育体制，并逐步形成大学与大学校并存的双轨制高等教育体制。

这样一来，法国有了两种高等教育机构——大学和大学校。这就是法国人所说的"一个国家，两种大学"。然而，这又是两类不同的大学。大学是现代高等教育的发源地和象征，高等教育的主体，培养高级专门人才的主要机构；大学又是创造和传播知识的场所，是培养研究人员和教师，以及未来管理人员的主要场所。而大学校则是大学系统以外其他的高等专门院校，是法国实施精英高等教育的场所，与经济界和企业界有着良好的关系，是政府各级官员、企业领导人、工程技术人员、科研人员和其他管理人员的培养场所。大学和大学校有着各自的教育理念和不同的办学风格，自成体系，从而形成了法国高等教育领域独有的双轨制体制。

（2）多层次与多样化的高等教育

为适应战后产业结构的变化和劳动市场对专业人员的多层次需求，20世纪50年代到20世纪60年代，法国先后创办了高级技术员班和大学技术学院，学制2年。这是一种短期高等教育机构，实施职业技术教育，培养高级技术员，在工程师和技术员之间起到桥梁和沟通作用。

20世纪50年代，原中等职业技术中学升格为高级技术员班。这种机构设在1500多所办学条件较好的技术高中，发展较快，到20世纪90年代中期在校学生人数达到23万多（1996）。高级技术员班专业划分较细，专业课比重大，教学内容具体实用，强调培养动手操作能力；专业设置和教学坚持应用性和灵活性，注意市场变化和企业需求，及时调整专业方向和教学计划。高级技术员班涉及农业、工业以及第三产业的140多个专业。学生经过2年专业训练，成绩合格者获得高级技术员证书。高级技术员班学生取得文凭的概率将近60%，高于大学第一阶段。

为克服大学校和中等职业技术教育之间培养目标间隔过大，且两者不能直接衔接的弊端（大学校一般不直接招收中等职业学校毕业生），调整整个职业技术教育结构，1966年，法国开办了大学技术学院。这是一种设在大学内部的特殊的"培训与研究单位"，培养高级技术员，学制2年。教学方面比较接近大学校，小班授课，重实践环节，重知识传授与职业培训相结合。大学技术学院与高级技术员班属同一层次水平，两者颁发的文凭等值，按国家规定的3级技术资格就业。

法国高等教育体系除以上三类高等教育机构外，还有一类被称为"大机构"（grands établissements）的传统文化教育和科学研究机构。这些大机构的历史悠久、师资力量雄厚、文化底蕴厚重，有很高的学术地位和国际声誉，如法兰西学院（1530）、自然历史博物馆（1635）、巴黎天文台（1667）、国立工艺博物馆（1794）、高等研究实用学校（1868）、巴斯德学院（1887）等。这些"大机构"有的既从事正规高等教育，又承担继续教育，在传播文化、从事教育和研究方面具有特殊贡献，是法国高等教育体系中一个非常有特色的部分。

综上所述，大学第一阶段、大学校预备班、高级技术员班和大学技术学院等实施专科层次教育（第一级），大学第二阶段和大学校实施本科层次教育（第二级），大学第三阶段和大学校的博士培养实施研究生层次教育（第三级），加之"大机构"，共同组成了法国的多样化和多层次的高等教育体系。

2. 集权管理与大学自治

法国中世纪大学创办之初，在与世俗王权和教会的明争暗斗中开始显示其自治的倾向，后来在长期的办学过程中逐步形成以大学自治和学术自由为核心价值观的大学精神。法国大革命时期，由于拿破仑中央集权政体的建立，大学自治受到挑战。法国现行的教育管理体制是拿破仑给法国教育留下的遗产。19世纪初，拿破仑建立了中央集权的法兰西第一帝国，同时也建立了由中央统一管理的教育管理体制。拿破仑要以统一的思想，按照统一的模式，为帝国培养治理国家的行政官员、能征善战的军事干才，以及效力帝国的专业人才。从此，教育由国家掌控，实行集中统一管理，并成为重要的国家职能。

第二次世界大战后，世界进入一个新的历史发展时期，现代化和民主化成为法国社会进步与发展的主要趋势，也是教育发展与改革的主线。然而长期以来，中央集权的管理模式主宰着法国的教育领域，使得教育体制僵化，管理过于集中，制度整齐划一，大学结构几乎一成不变。1968 年，法国爆发的规模空前的"五月学潮"，就是要冲破这种遏制，改变过于集中的管理体制，顺应历史发展的潮流。这种改革要求深刻地反映出当年第一帝国建立的"拿破仑式的集权专制观念已经过时"，而 1968 年法国"大学危机正是这种管理体制倾覆的反映"。① 尽管 1968 年学潮有当时国际背景的原因，但是从根本上说，人们对于长期以来教育领域过于僵化的管理体制越来越不满，迫切要求加以改变，使之适应社会发展和大学教育发展的需要，这正是爆发这场"社会性地震"的深刻的内在原因。

1968 年高等教育改革是法国自 19 世纪末大学重组以来，在组织机构和管理体制方面最深刻的一次改革，对于法国高等教育发展，特别是在重建和恢复大学自治、加强高等教育与社会联系等方面具有深远的影响。它确定了大学自治、参与和多学科性的基本办学原则。尽管 1968 年高等教育改革对过于集中的管理体制造成了很大的冲击，但是也必须看到，传统的集权管理根深蒂固，改革者的初衷未必能完全实现。这表明高等教育改革任重而道远，不能一蹴而就。20 世纪 80 年代法国实施的权力下放，可视为是 1968 年法国教育管理体制改革的继续和延伸。

1984 年 1 月 26 日，法国颁布《高等教育法》。该法重申继续执行 1968 年《高等教育方向法》关于大学自治等三项办学原则，同时，还规定公共高等教育机构的组织管理原则和工作原则。按照规定，公立科学、文化和职业教育机构都是国立高等教育和科学研究机构，是自治机构，具有法人资格，在教学、科研、行政、财政方面享有自主权。高等学校实行由全体工作人员、学生和有关校外人士参与的民主管理。大学决策机构是校务委员会，科学审议会和教学与大学生生活委员会是咨询和执行机构。校长由三个委员会全体成员组成的大会，按法令规定的方式，选举产生。校长领导大学，主持三个委员会的工作，任期 5 年，不得连任。

按照规定，大学校务委员会作为大学决策机构，决定本校重大事宜，制定政策，审议本校与国家签订的多年（一般 4 年）合同内容；批准学校预算和决算；按照国家重点，分配国民教育部下达的人员编制；作为初审机构有权对教师 - 研究人员和学生进行纪律制裁；接受捐赠和遗产等。该委员会由 30~60 人组成，各类人员比例为：教师和研究人员代表占 40%~50%；校外人士占 20%~30%；学生代表占 20%~25%；行政、技术、服务人员和工人代表占 10%~15%。大学章程应保证本校各主要专业在校务委员会中的代表性。

大学科学审议会由 20~40 人组成，人员比例是：校内工作人员代表应占 60%~80%，其中至少一半席位分配给教授和其他具有"指导研究资格"（habitation à diriger des re-

---

① C. Debbasch, *L'université désorientée* (Paris: PUF, 1971), pp.65, 98.

cherches）的人①，至少六分之一的席位分配给不属于上述人员的博士学位持有者，至少三分之一的席位分配给其他人员，另有十二分之一的席位分配给工程师和技术员；研究生代表占7.5%～12.5%；校外人士代表（可以是其他机构的教师-研究人员或研究人员）占10%～30%。该委员会的职能包括：就本校科研政策方向和科研经费分配提出建议，对教学（包括继续教育）大纲，空缺或应增补的教师-研究人员和研究人员的资格，颁发国家文凭和学位的资格申请，为教学与科研的联系等重要事宜提供咨询。

教学与大学生生活委员会由20～40人组成，人员比例是：教师-研究人员、教师和学生代表占75%～80%，这两类人员比例相同；行政、技术、服务人员和工人代表占10%～15%；校外人士占10%～15%。该委员会的职能主要有：就学校教育和继续教育的方向对校务委员会提出建议，审查新专业的申请及其计划；制定措施，落实对学生学业方向的指导并使其学以致用，为学生就业提供帮助，支持学生组织的各种文化、体育、社会或结社活动，改善学生的学习和生活条件；特别研究有关学生的补习、食宿、社会与医疗服务、图书馆与资料中心的措施；保障学生在政治与结社方面的自由等。

通过进一步对高等学校法人地位的强化，以及建立相应的管理和咨询机构，特别是赋予大学校长重要的办学权力，使得大学自治在法律上、制度上和组织机构上得到保证。

1989年，法国颁布了针对全国各级各类教育的《教育方向指导法》（*Loi d'oriantation sur l'éducation*）。该法开宗明义地指出：教育应是国家置于优先地位的事业。教育的内容和方法应适应国家、欧洲和世界的经济、社会和文化的发展。这一规定保证了教育在整个国家社会经济发展中的优先地位，同时也明确提出了对教育的要求。高等教育方面，为建立高等教育机构和教育部之间的新型关系，规定双方签订协议。其原则是赋予高等教育机构自治以真实的内容，促进全国高等教育力量的协调一致。这样，既能保证国家对高等教育的宏观调控，也有利于发挥大学办学的自主权和积极性。

可以看出，在法国，从中世纪大学沿袭下来的大学自治早已成为大学的核心价值取向，也是学者们的一种追求；而由拿破仑建立的中央集权管理体制，自19世纪初以来一直发挥着主导作用，至今仍表现为法国教育管理制度的基本特征。第二次世界大战后，民主已成为人类社会不可抗拒的时代潮流，教育民主化也成为教育的发展方向和改革趋势。因此，法国高等教育领域这种集权管理与大学自治此消彼长、相互制约，不断改革和协调，形成了国际高等教育领域具有鲜明法国特色的管理制度。

四、法国高等教育机构的课程设置与教学活动

总的来说，法国高等教育机构的课程设置与教学活动和各类学校的传统与性质有着

---

① 指导研究资格是1988年开始设置的一种国家高级文凭，只有取得博士学位并具有实践经验者才能申请。这一资格是对取得的高水平研究能力和文化素养的认可，也是申请大学教授职位的必备条件之一。实际上，也是以此资格取代以往法国最高的国家博士学位。

直接的关系，它们各具重点和特色。

基于大学自治的传统，大学课程设置由本校决定，其特点是重理论、重基础。大学各学科设必修课、限定选修课和自选课，分别占总课时的45%～75%，5%～35%和10%～20%。课程教学分为理论课（即大课，cours）、指导课（travaux dirigés，T. D.）和实践课（travaux pratiques，T. P.）。教学活动分阶段进行。第一阶段的教学目的是使学生掌握和扩大适用于某一大类专业领域的各门基础学科知识，学会一些工作方法，熟悉研究方法；使学生能够评价本人具备的各种水平和类型教育所需要的基础知识的能力，能搜集为选择职业所必需的信息；指导学生进入第二阶段继续学习，或获得文凭后就业。第二阶段包括组织普通教育（éducation générale）和专业教育（éducation spécialisée），特别要考虑为某种或某一类职业做准备；同时使学生进一步完善知识，加深文化修养，引导他们从事相应的科学研究。第三阶段是"研究性培养和通过研究进行的培养"的阶段，包括实施有创造性的科学工作，以及密切结合科学技术新成果的高级职业训练。按照《萨瓦里法》的要求，大学每个阶段都要依据各自的目标对学生进行学业方向指导和普通教育，使学生获得从事某种职业资格所要求的基本知识；指导科学研究；对学生的个性发展、个人与集体工作中的责任心及能力的发展进行指导。

1968年《富尔法》规定法国公立高等教育机构是科学文化机构，主要任务是发展和传播知识，开展科学研究和培养人才。因此，大学教学重文化知识，重基础理论。巴黎第二大学前校长雅克·罗贝尔在谈及大学新生教育时指出，中学生是在经过一场"临时抱佛脚"的激战后进入大学的，他们以为在大学一切都"自由"了，有的甚至不参加基础课程学习——尽管学校制度不强求学生非上课不可。但是，课堂的理论讲授仍然是一种有效的学习方式，其效果也是一般阅读无法取代的，因此，大学的指导课是必不可少的。同时，罗贝尔主张学生独立地学习，特别要在学习中进行比较，不要满足一种意见或一种判断，应该通过争论，然后提出自己的观点。罗贝尔指出，法律不是被学会的，而只能被理解。法律是巴黎第二大学的重点学科，第一阶段第一年课程设置了宪法学与政治制度，法律研究入门与民法，刑法与犯罪社会学，法律史与制度史，司法结构，现代经济问题（国际关系或政治科学），经济学，行政法与行政管理制度，经济公法引论，信息问题Ⅰ。第二年课程设置了民法，行政法与行政管理机构，公共财政法，商法（Ⅰ、Ⅱ），比较经济政策，信息问题Ⅱ，法律史与古代政治和社会结构，经济人口统计学，管理入门，司法机构史等。

在课程设置与教学方面，大学校与大学有着较大的区别。如果说，大学的课程教学偏重于理论灌输，那么，大学校更重视理论和实践相结合，重视实际技能训练。多年的办学使大学校形成了重视基础理论与应用知识教学，注重"非技术"培养和实践性教学的"多面性"教育特征。基础理论教学除包括继续深化预备班的学习外，主要学习通用科学理论，如电子学、自动化科学、计算机科学等。应用课程教学与理论课程相辅相成，通过实践、实习等,对学生进行应用技术培养。"非技术"培养包括经济、法律、人文社会科学,以及表达能力(口头、书面)和组织能力方面的训练。实践性教学是指学生以不同身份(普通工人、见习技术员、见习工程师)到企业实习,从基层开始,从具体工作做起,学会具体操作,掌握生产流程,了解市场需求,逐步熟悉企业;这一过程中,也使企业了解学生,即未来的职工。企业获得新的人力资源,学生既得到实际锻炼,也增加了就业机会。这种校企合作对双方都有利,大学校与企业界长期保持着紧密的关系。

巴黎理工学校被称为法国"高等教育最壮丽的学府"。该校一年级开设的课程包括:科学类课程,包括数学Ⅰ、Ⅱ,应用数学Ⅰ,力学Ⅰ、Ⅱ,物理Ⅰ、Ⅱ,化学,信息论(含实践课);普通文化课程(每周3.5学时);外语(每周4学时);体育(每周6学时)。二年级包括:科学类课程的数学Ⅲ,应用数学Ⅱ,物理Ⅱ,经济学;普通文化课程(每周3.5学时);外语(每周4学时);体育(每周6学时),人际关系实习等。这种课程设置反映出,面对迅速变化的社会及市场,专业技术人员单凭知识的积累已经不能适应需要,必须通过"多面性"的综合培养适应企业的技术需要,熟练地解决本专业的问题,还能够解决通常由社会学家和伦理学家处理的问题,并且根据经济和市场的需求和变化,毫不困难地从一个专业领域转移到另一个专业领域。显然,这种综合要求是传统的单一专业培养所无法达到的。

法国短期高等教育机构主要培养应用型人才,使其具备一定的理论知识,同时具有较强的实践能力和应变能力。因此,课程设置和教学活动与大学不同,而比较接近大学校。按照全国教学大纲要求,2年教学共2000学时,其中理论教学约占三分之一,实践教学占二分之一,公共课程(包括外语、计算机语言和人文学科)约占五分之一,此外还要到企业实习8~10周左右,实践教学课程比重较大。

以大学技术学院应用生物类学科课程设置为例。第一年学习共同基础课32周,第二年分为农艺等5个专业,学习28周,实习时间因专业不同而各不同。

第一年共同基础课是:数学、物理、化学、生化、卫生,以及法语表达(口头、书面)、外语。第二年分为5个专业:农艺,生物与生化分析,营养学,食品卫生,环境卫生。课程按专业分别开设。

农艺专业主要课程包括:农艺学与土壤学、育苗技术(作物轮作、作物保护)、饲养技术(家禽饲养、兽医卫生学、营养与繁殖)。

生物与生化分析专业主要课程包括:生物功能生化学、微生物学、寄生虫学、免疫学与血清学、药理学与病理学、血液学、显微解剖学、制图学。

营养学专业主要课程包括:营养学、烹调技术、普通营养学与营养卫生、变质处理、营养治疗学、儿科学。

食品卫生专业主要课程包括:食品化学、食品微生物学、医用矿泉学、工业物理(冷冻、液压、工业热处理)、食品技术(生产加工和包装)、制图。

环境卫生专业主要课程包括：自然环境、生态学、毒理学、理化与生物危害。

法国短期高等教育机构教学大纲由学校和企业共同制定，并根据市场和技术变化适时加以调整和修改，更新教材和教学内容。另外，还有一些教学课程反映地方经济发展特点，如里昂地区的纺织制造、圣纳泽尔地区的船舶制造、贝桑松地区的微型机械等，都具有这样的特点。

第二节 英 国

一、高等教育发展的社会背景

第二次世界大战结束至20世纪70年代末，英国社会发展具有以下几个特点，构成了这一时期英国高等教育发展的社会背景。

首先，从经济方面看，战后英国在经济困境中求发展。战后由于战争的影响，英国经济一落千丈，黄金储备空虚，债台高筑。在国际上，英国国际地位进一步下降。在资本主义世界工业生产中所占的比例从1937年的12.5%下降到1948年的11.7%，1953年又下降到8.3%，英国沦为"二国"地位。[1]在国内，老百姓生活水平下降，许多物品实行配给制。发展经济成为当务之急。发展经济必然导致对专业人才的需求上升。高等教育的发展，尤其是技术教育的发展必然成为人们关注的问题。20世纪60年代，随着人力资本理论的广泛流行，人们更加深刻地认识到，"只有当大学和技术教育可以不断地提供发展经济所需要的智力和技术时，经济扩展才有可能性"[2]。这是战后技术教育获得重视以及高级技术学院获得大学地位的重要原因。

其次，从政治方面看，福利国家成为两党基本政策。战后这一时期，英国工党曾3次执政（1945—1951，1964—1970，1974—1979），为了争取民心，宣布实行福利国家政策。后来保守党上台，为了笼络人心，对工党的福利国家政策未做大的调整。在福利国家的社会保障制度中，教育与就业、失业、住房、医疗服务等问题都属于国民享受的福利范围。这种福利教育的思想是20世纪60年代英国加快高等教育大众化步伐的重要原因之一。《罗宾斯报告》（Robbins Report）的出台与这种福利国家的思想有着密切的联系。

最后，从科学技术发展方面看，高等教育发展滞后。原子能、电子技术、信息技术、生物工程、航空航天技术的发展对高等教育质量和规模的发展提出了越来越紧迫的需求。而这一时期英国高等教育发展显然滞后，危机感不断强化。1963年，工党大会发表题为"工党和科学革命"（Labour and Scientific Revolution）的声明，大声疾呼："高等教育正面临空前危机，必须采取断然措施才能避免灾难。"[3]

---

[1] 王章辉：《英国文化与现代化》，辽海出版社，1999，第285页。

[2] Brian Simon, *Education and the Social Order, 1940–1990* (London: Lawrence & Wishart Limited, 1991), p.229.

[3] W. A. C. Stewart, *Higher Education in Postwar Britain* (London: The Macmillan Press Ltd, 1989), p.229.

二、高等教育的发展

第二次世界大战结束至 20 世纪 70 年代末，英国高等教育的发展大致可以分为两段：战后到 1963 年《罗宾斯报告》公布之前为一段，《罗宾斯报告》公布之后至 20 世纪 70 年代末为一段。

（一）第二次世界大战结束到 1963 年高等教育的发展

这一时期英国高等教育引人注目的发展是科技教育的发展。科技人才培养的问题在第二次世界大战前已经开始受到关注。在战争期间，政府还采取一些措施鼓励学理工科和学医的学生留在学校完成学业。科技人才受到重用，进入管理和决策岗位。战争还未结束，有关战后教育重建的讨论已经开始。大学校长委员会（CVCP）、全国学生联合会（National Union of Students）和科学工作者协会（Association of Scientific Workers）都呼吁国家提供必要的资金以促进高等教育的扩展。在这种背景下，英国政府 1945 年公布《珀西报告》（Percy Report），1946 年公布《巴洛报告》（Barlow Report）。

《珀西报告》是由珀西勋爵（Lord E. Percy）担任主席的建立于 1944 年的高等技术教育特别委员会（简称"珀西委员会"）提交的一份调查报告。该委员会受教育署（Board of Education）署长巴特勒（Butler）委托，负责"研究英格兰和威尔士发展高等技术教育的需求，以及大学和技术学院在这一领域各自应做的贡献，并就在这一领域维持大学与技术学院之间的适当合作途径提出建议"。[①] 该报告认为，英国技术教育的规模和质量都存在问题。为了提高技术教育的质量，该报告建议选择一批技术学院开设可与大学技术学位课程在声誉和质量上相媲美的高级技术课程，并尽可能地让这些学院拥有学位管理的权限。在经费上，从由地方资助变为国家提供资助，为教职员提供与大学相当水平的教学条件与服务。该报告还要求制定适当的新生入学资格，以保证技术学院的学术水平和教学质量。报告还提出了发展在职培训课程和研究生水平课程的建议。[②]《珀西报告》提出的建议虽未被即时采纳，但该报告的许多设想还是得到了英国政府的认可。

《巴洛报告》是由财政部第二大臣巴洛爵士（Sir Alan Barlow）担任主席的科学人力委员会（简称"巴洛委员会"）提交的一份调查报告。该委员会成立于 1945 年 12 月。其任务是"研究今后 10 年使用和发展英国科学人才和资源的政策，并尽早就大致的设想提出报告，以便于制定那些有赖于使用科学人力的领域的发展规划"。[③] 委员会的科学家们行动迅速，在 5 个月内便完成了任务，于 1946 年 5 月公布了该报告。在报告中，科学家们兴奋地写道："科学的重要性从来没有像今天这样得到广泛的承认，人们也从来没

---

① 王承绪、徐辉：《战后英国教育研究》，江西教育出版社，1992，第 275—276 页。
② W. A. C. Stewart. *Higher Education in Postwar Britain* (London: The Macmillan Press Ltd, 1989), p.37.
③ 王承绪、徐辉：《战后英国教育研究》，江西教育出版社，1992，第 276 页。

有像今天这样把未来进步和福利的希望如此多地寄托在科学家身上。"根据调查,当时英国科学家总共只有35000人,如果按照当时的培养规模,到1955年时只能达到64000人。报告认为,到1955年时英国实际需要的科学家是90000人,缺口较大。为此报告建议:"培养规模应当翻倍,近期每年应培养出5000名左右合格的科学家。"① 报告撰写人知道,传统观念对大学能否扩展和每年能否培养出这么多的科学家是持怀疑态度的,尤其是对英国有没有这么多具有科学家潜质的青年人持怀疑态度。报告撰写人以心理学家汤姆森(Godfrey Thomson)和怀特(Leybourne White)在苏格兰几所大学和曼彻斯特大学的测试结果为依据,证明英国已经拥有足够的智力资源在提高培养质量的同时使大学的数量翻上一倍。② 与此同时,大学拨款委员会已经要求大学提交扩展计划。巴洛委员会统计了各大学的扩展方案。除了牛津大学和剑桥大学声称要维持1938—1939学年的培养规模之外,其他大学都表示要扩大规模。其中,利兹、曼彻斯特、布利斯托尔和伯明翰等市的市立大学(civic university)计划扩展86%,威尔士大学扩展50%,苏格兰大学扩展32%,伦敦大学扩展53%。全英国大学的扩展比例达到45%。对这样一种发展计划,巴洛委员会仍不满意,认为大学提出的扩展计划还未达到满足成倍地培养科学家的需求。在强调增加培养科学家数量的同时,该委员会还提出,应扩大人文学科大学生的数量,使各学科领域和谐发展,强调科技教育的发展"不能以牺牲人文学科为代价"。巴洛委员会建议,为实现翻倍目标,至少要建立一所新大学,并将诺丁汉、南安普顿、埃克塞特、赫尔和莱斯特等地的5所规模较小的学院尽快升格为大学。巴洛委员会支持了《珀西报告》提出的在部分技术学院开设相当于大学水平的全日制技术课程的建议,该委员会还进一步提出建立全国性和地区性系统,促进技术学院、高级技术学院、大学和工业部门的合作。巴洛委员会认为,即使上述措施都能落实,到1950年时科技人员还会严重短缺,到1955年时科技人员也还会出现供应不足情况。

除了上述两个政府报告之外,还有一个非政府报告也对这一时期的科技教育发展产生过重要影响。这就是在《巴洛报告》公布的几个月后,即在1946年12月,一个由200名议员和来自70家科研院所的科学家组成的"议员和科学家委员会"(Parliamentary and Scientific Committee)公布的《大学和科学人力增长》(Universities and the Increase of Scientific Manpower)报告。该委员会虽非官方组织,却有很大的影响力。它积极地支持《巴洛报告》的有关建议,并要求在今后5年内使注册生规模达到18.8万人;希望政府帮助大学果断地解决一些紧迫的问题,包括大学扩展所需资金和大学生住宿问题;建议成立论坛性质的高等教育委员会(Council of Higher Education)来研讨高等教育的问题。③

这一时期高等教育的发展可以分为三个阶段。第一阶段是从1946年《巴洛报告》公

---

① Brian Simon, *Education and the Social Order, 1940—1990* (London: Lawrence & Wishart Limited, 1991), p.92.
② Ibid., p.93.
③ Ibid., p.94.

布之后到1952年，在这一阶段，英国的大学克服了师资不足和学生住宿等困难，只用4年便实现了《巴洛报告》提出的"基础科学和工程科学毕业生增长一倍"的目标，"而且没有降低学术标准"。① 第二阶段是从1952年到1956年，这一阶段的开端以科学人力委员会发出的警告为标志。1952年，科学人力委员会针对英国大学在校生人数呈下降趋势的情况发出警告：英国科学家和工程技术人员的短缺现象依然存在，应当继续增加化学家、物理学家和工程师的培养数量。②1953年，英国政府决定加强一批大学的理工科系的建设，特别是扩大伦敦大学帝国理工学院的规模。第三阶段是从1956年到1963年，以1956年英国政府公布《技术教育白皮书》为开端，该文件肯定了英国技术教育所取得的成就，并再次强调了英国必须加快技术教育。按照《技术教育白皮书》的说法，英国仍然处于"被别人抛下的危险之中"，"英国工业可能会在竞争中落后"。该文件还回答了技术教育是通过大学还是通过专业技术学院来进行这个问题，认为"大量的全日制和工读交替制课程应在那些专门开设高级技术课程的学院中进行"。③《技术教育白皮书》要求"尽快把技术学院高级课程招生能力从9500人提高到15000人"。该文件的发表对技术学院包括高级技术学院的发展起了重要的推动作用。同年10月，劳动和国民服务部（Ministry of Labour and National Service）与科学人力委员会联合公布一份文件，提出了具体的发展目标：要满足英国工业增长的需要，每年培养的科技人员数量应该达到1万多人，到20世纪60年代末时，数量再翻上一倍。其中，工程技术人员的数量应当多于基础科学人员。④

经过努力，英国这一时期的科技教育与1939年相比有了明显的增长。1939年，大学培养出的基础科学和工程科学的毕业生只有3000人，其中还包括纺织和玻璃等特别技术专业毕业生。1947—1948年度，毕业生达到5600人；1953—1954年度，毕业生近7000人；1954—1955年度，毕业生人数下降到6400人；1955—1956年度，上升到6500人（含400名特别技术专业毕业生）。除了大学培养的毕业生之外，还有一批青年在技术学院完成高级课程学习之后获得大学校外学位，或者在专业学院获得了相当于大学第一级学位水平的资格证书，这一批青年有5600名。这样，英国这一时期总共培养了12000名专业技术人才。⑤

（二）1963年至20世纪70年代末高等教育的发展

这一时期是英国高等教育大扩展时期，英国高等教育的观念和规模都发生了巨大的变化。

---

① Michael Shattock, *The Creation of a University System* (Oxford: Blackwell Publishers, 1996), p.72.
② Ibid.
③ 瞿葆奎、金含芬：《教育学文集：英国教育改革》，人民教育出版社，1993，第240页。
④ Michael Shattock, *The Creation of a University System* (Oxford: Blackwell Publishers, 1996), p.73.
⑤ Ibid.

1.《罗宾斯报告》的背景

《罗宾斯报告》是以罗宾斯（L. Robbins）为主席的高等教育委员会于1963年提交的一份调查报告，形成该报告的主要背景原因有四点。

第一，世界教育改革的形势对英国人的压力。第二次世界大战之后，随着经济的复苏、发展和第三次工业革命时代的到来，科学技术迅速发展，世界各国都加大了教育改革的力度。莱斯特大学教育学荣誉教授西蒙（Brian Simon）在其著作《教育和社会秩序：1940—1990》（Education and the Social Order, 1940-1990）一书中，引用了法国人对世界教育改革的形势所做的一段描述："教育浪潮正在席卷全球。20世纪40年代末以来，从中国到秘鲁，新生入学潮的涌现，教育期望值的上扬，教师需求的增长，形成了一个主流的社会现象——也许是当代所有社会的主流社会现象。"面对这样的形势，英国人感到了教育改革的紧迫性。同时，人力资本理论的出现深化了人们对教育作用的认识。英国教育改革的思想背景已经形成，一场包括高等教育在内的改革浪潮已经势不可当。对此，西蒙写道："20世纪60年代初，各种形势的发展使个人、团体和政府越来越重视教育的价值。教育领域正在跨入一个全面发展的时代。"[①]

第二，中等教育的迅速发展对高等教育的压力。战后到20世纪60年代中期，英格兰和威尔士中等教育发展迅速，学生人数不断增长（如表8-5所示）。

表8-5 英格兰和威尔士各类中学学生数

年份	现代中学	文法中学	技术中学	双边和多边中学	综合中学	其他
1946	719682	488931	59918	—	—	—
1948	960560	511960	71698	—	—	—
1950	1095247	503008	72449	16991	7988	—
1952	1150840	518570	78310	—	8536	—
1954	1185360	534064	90132	—	12306	—
1956	1340591	544119	90746	54099	27315	—
1958	1456960	608034	97485	32759	75081	93503
1960	1637879	672881	101913	38359	128835	143291
1962	1675957	708343	97411	45258	157477	151266
1964	1640549	726075	88501	47903	199245	124474

资料来源：Brian Simon, Education and Social Order, 1940-1990 (London: Lawrence & Wishart, 1991), p.583.

从表8-5中可以看出，中学规模的发展令人惊讶，中学的发展必然要求高等教育相应地同步发展。这一时期，要求为更多人提供高等教育机会的呼声日益强烈，"各种社会组织、政治组织和教育组织的关于扩展高等教育的'论据'潮水般地涌进罗宾斯委员会

[①] Brian Simon, Education and the Social Order, 1940-1990 (London: Lawrence & Wishart Limited, 1991), p.221.

办公室"①。扩展高等教育的主张获得了广泛的支持,进一步扩展高等教育已经是大势所趋。

第三,英国高等教育落后现状的压力。20世纪50年代末到20世纪60年代的英国高等教育与战后初期相比已经有了较大的发展,尤其在1957—1958年度至1962—1963年度的5年间,全日制高等教育学生规模增长了50%。②但是,与其他一些国家相比依然落后,"美国、苏联和其他英联邦国家提供的高等教育大大超过了英国"③。

第四,高等教育改革的舆论准备。《罗宾斯报告》公布之前,一些政党和组织营造的舆论氛围在《罗宾斯报告》诞生的过程中起到了重要的催化剂作用。首先是关于高等教育规模的舆论。全国教师联合会（NUT）谴责了当时颇有市场的"有限能力库理论"（theory of strictly limited pool of ability）,认为正是这种传统的观念造成了整个教育供应的不足,特别是高等教育供应的匮乏。由于全国教师联合会是全国最大的和最具代表性的教师组织,它的批判产生了广泛的影响。商业工会代表大会（Trades Union Congress）对全国教师联合会的观点持积极的支持态度,并且对当时的教育机会做了更为激进的批评,认为教育机会中的阶级偏见十分明显。1963年,工党高等教育研究组在其报告《危机的年代》中大声疾呼:"高等教育必须以前所未有的规模扩展。高等教育应当是一切有能力男女青年的权利,上大学不应受其家庭的阶级、收入和地位的影响。"④为了拓展高等教育的机会,许多党派提出了自己的高等教育发展计划。共产党主张到20世纪60年代中期,各类高等教育学生总数应当上升到大约35万至40万。费边社（Fabians）和全国学生联合会（NUS）设想到1980年时学生总数达70万左右。教育委员会协会（AEC）提出了学生总数为50万人的高等教育发展计划。公学校长组成的校长协商会（Headmasters' Conference）提出25万人的大学学生规模发展目标（不含其他高等教育人数）。与上述建议相比,大学校长的建议和大学教师协会（AUT）的建议更为保守。大学校长认为在未来10年内大学规模可以达到17.5万人,大学教师协会认为到1980年时大学规模应达到20万人。即便按照他们的保守建议,大学规模在20年内也几乎翻了一倍。其次是关于大学、技术学院和培训学院（training college）之间关系的讨论。共产党主张继续保持当时界限分明的三类不同高校体制。商业工会代表大会则坚决主张从分类高校体制向地位平等的一体化体制发展,要求各类高校都应获得大学的地位,并逐渐发展成为综合高等教育体系。大学教师协会主张将新建的高级技术学院（College of Advanced Technology, CATs）完全纳入大学系统,可以颁发自己的学位,这一主张得到了大学校长和技术学院教师协会的赞同。高级技术学院院长们更是坚决反对与大学合并,主张自己颁发学位,甚至颁发高级学位,并建立与大学地位相当的包括纯科学、应用科学、工程学和

---

① Brian Simon, *Education and the Social Order, 1940–1990* (London: Lawrence & Wishart Limited, 1991), p.225.
② Ibid., p.223.
③ 瞿葆奎、金含芬:《教育学文集:英国教育改革》,人民教育出版社,1993,第272页。
④ Brian Simon, *Education and the Social Order, 1940–1990* (London: Lawrence & Wishart Limited, 1991), p.229.

社会科学在内的学部。最后是关于高等教育的控制和协调的争论。商业工会代表大会主张，整个高等教育领域的责任应当属于教育部长。技术学院教师协会（ATTI）建议另设一个更具广泛代表性的拨款委员会来取代大学拨款委员会，负责资助整个高等教育，并直接对内阁部长负责。共产党建议成立一个全国高等教育委员会负责整个高等教育系统的资助和规划问题，同时从教育分权考虑，成立地区委员会，负责地区高等教育规划和协调工作。教育委员会协会希望成立地区委员会来资助和控制较低层次的高等教育。费边社则呼吁彻底地改革管理结构，建立全国和地区性两级管理机构，使高等教育管理系统一体化。大学校长们则对试图削弱大学拨款委员会的企图发出严厉的警告，强调大学拨款委员会只能继续为大学服务。不过，主张建立统一管理体系的舆论占上风，财政部递交罗宾斯委员会的论证材料对这一观点也抱支持态度。①

如上所述，到1961年之前，关于高等教育扩展的思想酝酿已经成熟。而且，人们还形成了一个共识，即高等教育究竟如何扩展和扩展多大规模等问题在决策前必须进行深入的高规格调查。但由谁来调查，人们意见却不同。有人主张由皇家委员会来负责，以此象征调查的重要性。对此主张，来自大学的人士表示反对，他们担心皇家委员会可能会像维多利亚时代的先驱者一样产生过激的行动。讨论的结果决定成立一个部门性质委员会，由财政部委派，但本质又是一个超级部门，由兼任财政部长的首相任命。1961年2月，在获得上议院首肯之后，时任首相兼财政部长的麦克米伦（H. Macmillan）任命了以罗宾斯为主席的高等教育委员会（又称"罗宾斯委员会"）。委员会中12个委员有7个来自大学。主席罗宾斯是伦敦大学经济学院经济学家，其他6位分别是布利斯托尔大学副校长莫里斯（P. Morris）、伦敦大学帝国理工学院院长林斯特德爵士（Sir P. Linstead）、邓迪大学心理学教授德雷弗（J. Drever，1967年成为邓迪大学校长）、爱丁堡大学教授安德森爵士（Sir D. Anderson）、牛津大学研究员加德纳（H. Gardner）和伦敦大学教育学院院长埃尔温（L. Elvin）。另外还有两位来自造船业和石油界的企业家。该委员会的任务是"审查英国全日制高等教育模式，并根据国家需要和资源状况向女皇陛下政府建议长期发展应当依据的原则。建议政府是否应当对高等教育模式进行变革，建议是否需要建立新的院校，建议是否应当对目前的措施做适当修正来规划和协调各类院校的发展"②。

罗宾斯委员会调查收集和分析了大量的资料，还考察了美国和欧洲一些国家的高等教育，用了两年半的时间完成调查任务，并于1963年10月公布了《罗宾斯报告》。

2.《罗宾斯报告》的主要内容

《罗宾斯报告》长达335页，另加2000页的附页。报告首先概要地介绍了委员会工作的指导原则和所做的工作以及报告的主要内容。对此，报告写道："我们先确定调查的指

---

① Brian Simon, *Education and the Social Order, 1940–1990* (London: Lawrence & Wishart Limited, 1991), p.227.
② W. A. C. Stewart, *Higher Education in Postwar Britain* (London: The Macmillan Press Ltd, 1989), p.99.

导原则；接着阐述国内现在的高等教育的结构，并对一些国家进行比较；然后调查1980年前大不列颠可能提出的要求以及应该予以满足的程度。在检查了高等教育与普通教育的关系之后，考虑了现有各种类型高等教育机构的工作以及对今后的建议，探讨了人员配备、教学与经费问题，并进一步研究了高等院校内部管理、学术自由和管理机构问题。最后，提出了急需解决的问题和结论性意见。"①

（1）关于高等教育扩展的可能性

英国教育界曾流行一种上文提及的"有限智力库"观点，即人口中"智力库"容量，认为具有高智商的人群数量是有限的。因此，有能力接受高等教育的人数也是有限的。罗宾斯委员会为了反驳这种对高等教育扩展起着严重阻碍作用的理论，特别邀请了伦敦大学教育学院心理学著名教授弗农（P. E.Vernon）提供智力测量和智力分配的证据，同时邀请著名教育社会学家弗拉德（J. Floud）研究人的能力浪费及其社会学的决定因素。弗农教授在其提交的备忘录中对"有限能力库"的观点做了分析和批判，认为该理论毫无根据，他说："我可以明确地声明，这种理论是荒谬的，根据智力或其他性向测验是计算不出合格学生数量的"，如果人群中只有5%高智商的人进入大学学习，"我们将损失一半以上真正有才能的学生"。尽管接受高等教育的人数比例在不同的社会和种族群体中的确有所不同，但不能以此认定"接受高等教育的人群是由某种不可改变的智力分布所固定的"。大学学生的数量供应取决于社会的和教育的因素。因此他不赞成对大学入学人数作人为的数量限制。②弗拉德也认为，"有限能力库"的概念"在科学上毫无实际的价值"，它只是一个假定，不是实验观察的结果，并且缺乏任何解释的价值。他认为，有潜力学生的数量多少，从本质上说，是由社会变革和社会政策所决定的，可以随之而变化。"昨天只有少数人能做的事今天很多人能做"，任何心理遗传意义上的关于人口质量的问题从昨天到今天都与我们要讨论的问题毫不相干。关于"智力"的全部争论"纯粹是意识形态的争论"。③罗宾斯委员会根据专家们的意见和委员会自己的统计分析和调查，明确地表明了对智力库理论的否定态度。他们认为，在未来的20年内，有能力接受高等教育的人数增长不会受到智力资源短缺的影响。

（2）关于高等教育的原则

《罗宾斯报告》提出的高等教育原则有六条。

①"高等教育的课程应该向所有能力上和成绩上合格的，并希望接受高等教育的人开放。"该报告还强调，这是一条总的原则，希望在这条原则上"少有争端"。

②"同等成绩同等报酬的原则。"这条原则强调，给予学生的报酬应当依据其成绩而不是其毕业的院校。罗宾斯委员会知道要做到这一点并不容易，因为"世界上对于一个

---

① 张泰金：《英国的高等教育历史·现状》，上海外语教育出版社，1995，第71页。
② Brian Simon, *Education and the Social Order, 1940–1990* (London: Lawrence & Wishart Limited, 1991), p.235.
③ Ibid., p.236.

从历史悠久的名牌学校获得的学位,往往看得要比通过比较严格的考试从一个新建院校获得的学位高"。但是,在理论上或形式上承认这种差异"是毫无道理的"。

③ "排除任何在具有同样职能的高校之间造成差异的名称和限制。"罗宾斯委员会强调的是在同类高校之间不应存在差异。不过,"在高等教育宽广的领域里,有必要存在具有不同功能的各类院校"。但是,承认这种功能上差异的存在并非意味着一类院校比另一类院校更重要。

④ "学生有(因为学业成绩和教育的需要)从一个学校转学到另一个学校的机会。"

⑤ "高等教育的体制必须允许高校的自由发展。"罗宾斯委员会认为,高等教育需要某种协调和遵循某种方针原则,需要对稀有资源进行合理分配,但不应以此阻碍高校创造性地自由发展。

⑥ "强调成绩和标准。"《罗宾斯报告》认为,高等教育发展规模和保证质量不是一对不可调和的矛盾:"我们是以重视对规模的要求来开始我们的讨论的。因此,我们必须通过强调成绩和质量的主张来结束这个讨论,这才是合适的。这两个目标不是不相容的。"①

(3)关于高等教育规模的发展

《罗宾斯报告》对1924—1925学年至1963—1964学年的英国高等教育的发展做了统计分析,根据对各种影响因素分析的结果提出了1963—1964学年至1980—1981学年英国高等教育规模发展的建议,并对1981—1982学年至1985—1986学年的发展做了预测,见表8-6。

表8-6 1924—1925学年至1985—1986学年英国全日制高等教育在校生人数(含国外留学生)

(单位:千人)

学年	人数	学年	人数	学年	人数
1924—1925	61(估算)	1964—1965	262	1976—1977	453
1938—1939	69(估算)	1965—1966	290	1977—1978	475
1954—1955	122	1966—1967	312	1978—1979	499
1955—1956	128	1967—1968	328	1979—1980	528
1956—1957	137	1968—1969	335	1980—1981	558
1957—1958	148	1969—1970	339	1981—1982	596
1958—1959	160	1970—1971	344	1982—1983	627
1959—1960	170	1971—1972	356	1983—1984	655
1960—1961	179	1972—1973	372	1984—1985	678
1961—1962	193	1973—1974	392	1985—1986	697
1962—1963	216	1974—1975	412		
1963—1964	238	1975—1976	433		

资料来源:Brian Simon, *Education and the Social Order, 1940–1990* (London: Lawrence & Wishart Limited, 1991), p.237.

---

① 瞿葆奎、金含芬:《教育学文集:英国教育改革》,人民教育出版社,1993,第281—283页。

（4）关于高等教育的结构

建立什么样的结构才能适应高等教育大规模的迅速发展？罗宾斯委员会认为，高等教育的结构应当以大学为主。《罗宾斯报告》建议，在英国建立统一的大学系统。到1981年时，55.8万学额中的34.6万应当是大学提供的。为实现这一目标，现有大学应当扩展，除了已经建立7所新大学之外，还要再建6所到1980年时可容纳3万学生的新大学，将高级技术学院升格为大学，同时对部分地区学院、中央学院（苏格兰）和教育学院赋予大学地位，让这些学校扩招2万学生。在谈到教师教育问题时，《罗宾斯报告》估计到1980—1981学年英国教师教育的学额总数将为14.6万。《罗宾斯报告》建议所有教师教育在行政管理、财政资助和学术等方面都纳入大学轨道。大学应当发展教育学院（school of education），将现在称作教育学院（college of education）的机构并入其中。在谈到技术和高级技术教育时，《罗宾斯报告》提出的主要建议是：发展5所（后来为6所）科学技术教育和研究专门学院（SISTERS），相当于著名的麻省理工学院和苏黎世技术学校。加强伦敦帝国理工学院、曼彻斯特科技学院和格拉斯哥皇家科技学院建设。立即将10所高级技术学院（CAT）升格为技术大学。25所地区学院可按不同的方向发展，其中一些可以仿效高级技术学院获得大学地位。《罗宾斯报告》还讨论了160所左右的地方学院（area college）的发展问题。建议用全国学位授予委员会（CNAA）代替全国技术文凭授予委员会，负责向地区和地方学院颁发学位，以鼓励这些学院发展学位课程。罗宾斯委员会希望通过这些措施促进英国高等职业技术教育的发展。

《罗宾斯报告》还提出了其他一些建议：扩大和加强大学拨款委员会的建设，使其在17年内，即到1980—1981学年时，能够将60所左右的大学纳入资助范围；建立以艺术和科学部（Ministry of Arts and Science）命名的专门的高等教育部；建立高校学生全额资助制度；建议对以公学男生为主要男生生源的古典大学做适当改革。①

3.《罗宾斯报告》的影响

《罗宾斯报告》公布后受到广泛的欢迎，新上任的首相霍姆（D. Home）当天晚上就在电视台发表演讲，向全国承诺政府原则上积极全面地接受报告的建议。第二天，政府发表《高等教育白皮书》，声明要遵循报告的精神。一个被称作"伟大的可塑性时代"到来了。"公众情绪高涨，通常需要几年才能解决的事情，现在不论好歹立即就能决定。报刊、公众和政党都对高等教育，特别是对大学教育热情似火。大量金钱源源不断涌来。"②工党和保守党都积极响应民意，都想争夺高等教育扩展运动的领导地位。保守党政府立即通过《高等教育白皮书》宣布了一个耗资35亿英镑的10年发展计划。同时宣布接受罗宾斯原则，即所有愿意接受高等教育的合格青年都应获得参加高等教育课程学

---

① Brian Simon, *Education and the Social Order, 1940-1990* (London: Lawrence & Wishart Limited, 1991), pp.238-241.
② Ibid., p.241.

习的机会；并承诺扩大规模，预计到1967—1968学年时学生规模达32.8万，到1973—1974学年时达39万。其他被宣布接受的主要建议还有：高级技术学院（包括苏格兰部分学院）升格为大学；建立全国学位授予委员会；按照大学拨款委员会的方式建立独立的机构，作为政府向自治的大学（大学类型的高等教育机构）提供资金的渠道等。①

《罗宾斯报告》提出的建议也有未被采纳的。一个是关于设立艺术和科学部长来负责大学拨款委员会的建议，保守党政府未予采纳，取而代之的是在1964年4月1日成立教育和科学部。另一个是关于将独立设置的教育学院纳入大学教育学院统一管理的建议，工党政府上台后也未采纳。英国学者认为，《罗宾斯报告》还存在不足。这个不足表现在对技术学院的关注不够，影响了这些学院后来的发展。这个不足的原因在于罗宾斯委员会组成人员中没有一个技术学院代表。委员会成员基本上来自大学，他们缺乏在技术学院教学的经验。②但是，《罗宾斯报告》对20世纪60年代中期后英国高等教育的影响是巨大的。正如有的学者说："尽管到1964年年底，甚至在罗宾斯公布其开创新纪元式的报告1年之后，还出现了一些令人不安的发展，但在整个高等教育领域一场有计划的连续的大规模扩展之风已经刮起，所向披靡。"③

（三）高等教育双重制

1965年4月27日，教育和科学部大臣克罗斯兰（Anthony Crosland）在伍尔维奇多科技术学院发表演说，宣布在高等教育领域实施"双重制"（binary system，亦称"双元制"）。

按照双重制，英国高等教育被分为两部分。一部分是以大学为代表的自治部门，另一部分是以技术学院和教育学院为代表的公共部门。克罗斯兰宣布说，政府采纳双重制是一种基本正确的选择。他声称，统一的高等教育制度应按照阶梯原则实行分层，大学在上层，其他院校在下层。两类院校的最重要的区别是：大学是自治的，可以获得大学拨款委员会的资助，且有学位授予权；而公共部门的院校则属于地方管理，经费由地方资助，且自身无学位授予权。双重制政策出台后招致一片批评声。不少工党成员和许多左翼人士对强行实施这样一种蛮横的具有分裂性质的高等教育政策感到震惊。罗宾斯本人在上院的辩论中谴责了双重制政策。大学校长委员会以及许多认同罗宾斯统一的高等教育制度的民主进步性的人士都对政府这一政策提出了批评。大学校长委员会对政府在决策前未与之协商十分不满。5年后，克罗斯兰本人在和旁人的一次谈话中承认当时有关双重制政策的考虑并不成熟，"犯了一个令人吃惊的错误"④。双重制的实施对《罗宾斯

---

① Brian Simon, *Education and the Social Order, 1940–1990* (London: Lawrence & Wishart Limited, 1991), p.241.
② Ibid., p.233.
③ Ibid., p.246.
④ Ibid., p.249.

报告》提出的统一高等教育制度的思想来讲是一次沉重打击。双重制政策实行了27年，直到1992年才被取消。

(四) 本阶段高等教育的实际发展

这一阶段英国高等教育的发展表现在以下几个方面。

首先，学生入学人数迅速增长和入学率显著提高。从这一方面看，这一阶段又大致可分两段：前一段从1964年至20世纪70年代初，后一段从20世纪70年代初至20世纪70年代末。前一段是大发展时期，后一段为调整收缩时期。20世纪60年代中期至20世纪70年代初，注册学生数迅速增长，之后到20世纪70年代末和20世纪80年代初，学生人数增长相对趋缓（如表8-7所示）。

表8-7 1965—1966学年至1981—1982学年高等教育注册生人数

(单位：千人)

		1965—1966学年	1970—1971学年	1975—1976学年	1980—1981学年
大学	全日制	173	235	269	307
	部分时间制	13	43	82	101
多科技术学院和学院	全日制	133	221	246	228
	部分时间制	110	121	137	191
合计		429	620	734	827

资料来源：Maurice Kogan and Stephen Hanney, *Reforming Higher Education* (London: Jessica Kingsley Publishers, 2000), p.50.

从18~21岁青年的大学入学率来看，1967—1968学年比1962—1963学年上升4.6%，1972—1973学年比1967—1968学年上升2.4%。后一阶段的入学率虽有起伏，但与1962—1963学年相比，依然高得多（如表8-8所示）。

表8-8 18至21岁部分学年英国国内青年大学入学率

1962—1963学年	7.2%
1967—1968学年	11.8%
1972—1973学年	14.2%
1977—1978学年	12.7%
1982—1983学年	13.5%
1984—1985学年	14.0%（估算）

资料来源：W. A. C. Stewart, *Higher Education in Postwar Britain* (London: The Macmillan Press Ltd, 1989), p.278.

其次，大学规模和数量发展迅速。这一时期与20世纪50年代或20世纪60年代初相比，大学规模和数量都有明显发展（如表8-9所示）。到1961—1962学年时，28所大学中，3000人规模以下的大学占大学总数的60%左右，其中，2000人以下的有13所，8000人和9000人的大学各有一所，万人大学一所也没有。校均规模只有4040人。而到了20世纪70年代初，学校数量和规模都有了很大的发展，万人以上大学就有2所，校均规模5000人以上。之后在调整期内，学校数量未再增加，但校均规模依然有较大的提高，达6000多人。

表8-9 部分学年大学的规模与数量

	1953—1954学年	1961—1962学年	1971—1972学年	1981—1982学年
1000人以下	8	1	1	1
1000～1999人	8	12	4	—
2000～2999人	4	4	15	6
3000～3999人	3	3	11	9
4000～4999人	2	2	2	9
5000～5999人	—	2	4	8
6000～6999人	—	2	3	2
7000～7999人	2	—	1	4
8000～8999人	—	1	2	2
9000～9999人	—	1	2	2
10000人以上	—	—	2	4
校均规模	2080	4040	5000	6390
院校数量	27	28	47	47

资料来源：W. A. C. Stewart, *Higher Education in Postwar Britain* (London: The Macmillan Press Ltd, 1989), p.275.

再次，教师教育和培训有了突破性进展。早在1944年，英国就公布了《麦克奈尔报告》（*McNair Report*），要求改革师范教育体制，培养合格教师。这一时期英国又公布了与教师教育相关的三个重要文件，即《罗宾斯报告》《詹姆士报告》（*James Report*）和《教育：扩展的框架》（*Education：A Framework for Expansion*）。

在《罗宾斯报告》公布前，教师的培养主要是2～3年的训练课程，与学位不挂钩。为提高教师资格的水平，《罗宾斯报告》提出创立一种新的四年制学位——教育学学士（BEd）的建议。这对当时的大学是一种挑战，每一所大学都围绕着建议召开了研讨会。讨论的问题主要有：办学特许状允不允许开设教育学学士学位？如果允许，我们是否开设？如果开设是否会影响大学学位的质量？一旦颁发全日制课程的教育学硕士学位，涉及部分时间制课程学位的质量问题会更多，如何解决？结果，多数大学做出了妥协。到1964年3月时，除了伦敦大学、苏塞克斯大学、牛津大学和剑桥大学外，其余大学都表示原则上接受罗宾斯建议。形势发展很快，到1968年夏季，已有5所大学率先颁发了教育学学士学位。到1969年时，就有不少于21所大学向1388名申请者颁发了教育学学士学位。①这样，从1963年《罗宾斯报告》提出建议到1969年的短短几年间，教育学学士学位已经成为大学学位制度的组成部分。

《詹姆士报告》是詹姆士勋爵（Eric James）担任主席的教师教育和培训调查委员会提交的报告。20世纪60年代末，中小学教师的教学能力和方法问题已经引起了工党政府的关注。1970年，保守党政府赢得大选后，于1971年组建了该委员会，调查英国教师教育和训练方面的问题和情况。1972年，委员会提交了《教师教育和培训调查委员会报告》。在报告中，詹姆士提出了著名的教师教育与培训的三阶段思想。按照他的观点，第一阶段为期两年，学生完成课程后授予高等教育文凭（Diploma in Higher Education，DipHE），是进入下一阶段学习的凭证。第二阶段也是为期两年，第一年是职前训练，进行理论学习；第二年实习，主要在中小学按照合格教师（licensed teacher）要求进行校本训练。两年结束后，合格者授予文学学士（BA）专业学位（教育）。教育学学士学位不再是职前学位，而是作为在职培训课程的学位予以保留。第三阶段属于在职培训。所有教师每七年都应当获得一个学期的带薪脱产学习机会。在适当的时候，每五年带薪脱产学习一学期。《詹姆士报告》还提出了教师教育体制的管理问题，如取消以大学为依托的地区培训组织；设立15个教育学院和教育系地区管理委员会（RCCDEs），建立全国教师教育和培训委员会（NCTET），负责文学学士学位和所有在职培训专业证书的授予工作。对于《詹姆士报告》，英国有人认为它具有某种政治含义，是学校教育质量遭受批评的产物，从管理角度看，它为高等教育双重制的完全实施提供了机会。②但《詹姆士报告》确实引起较大的反响，因而受到了政府的高度重视。从教师教育的发展来看，它促进了人们对教师专业化的认识，同时，对英国教师在职培训的发展起到了积极作用。教育和科学部的白皮书《教育：扩展的框架》是1972年12月公布的，对《詹姆士报告》做出了反应，建议有的被拒绝了，有的被采纳。在教师培养方面，白皮书没有接受《詹姆士报告》关于设文学学士学位（教育）的建议，而是希望维持当时的做法，即三年制课程颁发普通教育学学士学位，四年制课程颁发荣誉教育学学士学位，作为合格教师的文凭。但白皮书又同意，如果教育学院的40%入学者未达最低入学要求（入学成绩中至少有两门达到A），或者短期内合格教师数量供不应求，可以临时开设证书课程。白皮书也未采纳《詹姆士报告》关于建立地区性教师教育管理机构的建议，而是主张：学术认可继续由大学或全国学位授予委员会负责，新教师专业能力的鉴定（professional recognition）由培训机构的教学专业人员负责，成立一个地区性机构负责有关协调工作，成立教师培训和供应顾问委员会负责教师培训和供应事务。白皮书接受了关于设立两年制高等教育文凭的建议。但这一建议未能落实，因为它给人一种二流高等教育

---

① J. B. Thomas, *British Universities and Teacher Education* (London: The Falmer Press, 1990), p.59.
② Ibid., p.75.

的感觉，大学不愿意开设。① 白皮书接受的建议中对后来产生深远影响的是关于教师在职培训和继续教育的建议。教育和科学部准备在 1974—1975 学年启动大规模的教师在职培训计划，拟到 1981 年时，每年有 3% 的在岗教师能够接受一次专业的继续教育。白皮书的公布在英国教师在职教育和培训（In-service Education and Training of Teachers，INSET）的发展中起了积极的作用。

最后，开放大学在这一时期破土而出。开放大学是 1969 年批准成立的，1971 年开始招生。开放大学发展很快，1971 年招生 2.4 万，20 世纪 70 年代中期达到 5 万。②2008 年时，开放大学已拥有本科生 15 万，研究生 3 万，其中含 1 万学习有障碍的学生。此外拥有众多的非学历生，是英国最大的大学。开放大学实行开放学习，采用广播电视录像作为主要的教学手段，但也有教师负责指导。学校遍布欧洲，在世界其他地方也设有教学点，有外国学生 2.5 万人。开放大学招生无严格的年龄和学历限制，实行开放录取。录取有两条原则：第一，年满 18 岁；第二，如果是其他学校在校生，应当获得所在学校同意。学生中，最小的 18 岁，最大的 94 岁，大多数学生年龄在 25—45 岁之间。学生中 70% 为全日制在职人员。开放大学虽然实行开放录取，但对教学质量一直严格管理，根据《星期日泰晤士报》（*Sunday Times*）"2004 年大学指南"的排名，开放大学名列第五，位于前列。开放大学的建立和发展为英国高等教育大众化做出了重要贡献。它的建立"是 20 世纪 60 年代英国高等教育具有深远国际影响的重大革新"，无论在英国还是在全世界，它都是"20 世纪最重要的教育和社会发展之一"。③

第三节 德 国

一、高等教育发展的社会背景

根据《雅尔塔宣言》（*Yalta Declaration*），战败后的德国被划分为四个区，分别由美国、英国、法国、苏联占领统治。为协调四国之间的关系，在柏林设立了战后德国的最高权力机构"盟军联合管制委员会"（the Allied Control Council）。与此同时，又组成了一个"协调委员会"（Coordinating Committee），专门负责解决各种具体问题，该委员会下又设立了许多分会，教育分会就是其中之一。

教育分会每月举行一次例会，主要讨论、制定过渡期各占领区的教育改革政策，实际上，在这一特殊的历史时期，教育分会扮演了临时"教育部"的角色。

1945 年，对战败之后的德国大学来说，面临着许多严峻的考验。如优秀教师的流

---

① J. B. Thomas, *British Universities and Teacher Education* (London: The Falmer Press, 1990), p.76.
② 张泰金：《英国的高等教育历史·现状》，上海外语教育出版社，1995，第 207 页。
③ 王承绪：《世界教育大系：英国教育》，吉林教育出版社，2000，第 501 页。

失、学生数的锐减，以及学校建筑、试验室和藏书所遭受的严重破坏。第一次世界大战结束时，普鲁士教育部长贝克（C. H. Becker）曾说过一句名言："德意志大学的核心依然健在。"而第二次世界大战后的德国，同样在这一名言的激励下，着手开始了复兴、改造德国大学的活动。

最初的改革是在四国占领军的指导下进行的。改革的共同点是"非纳粹化"。首先，采取措施留住了相当数量的大学教师；其次，废除了纳粹时期的所有命令规则。另外，四国占领军的改革活动又各具特色。如美军在1947年发表的《施瓦尔贝基准》（*Schwalbacher Richtlinien*）改革案中，提出要强化大学的自治和管理，包括解体"正教授大学"在内的大学内部秩序；英军在1948年公布的《青色鉴定》（*Blaue Gutachten*）改革方案中，提出了要向社会开放大学门户、加强和大学以外的职业教育机构的合作、吸收企业界人士加入大学评议会等；在法国占领区则出现了两种新型大学，即由法国和德国州政府共同管理的新大学和接受大学本科毕业生的行政高级大学；在苏联占领区的大学，柏林大学的一部分教师和学生提出了抗议并最终脱离大学，设立了柏林自由大学。柏林自由大学在管理运营方式上的特色是预算上拥有很大的自主权，向校内有关学术机关派遣学生代表。

在占领期即将结束的1948年，为了协调各州之间的关系，各州共同设立了州文教部长联席会议（KMK）。1949年，又成立了处理各大学之间共同问题的西德大学校长联席会议（WRK），新的高等教育体制逐渐完善、充实起来。

1948年6月20日，美国、英国、法国占领区合并。1949年5月23日，在美国、英国、法国控制的西区公布了《德意志联邦共和国基本法》，9月4日，德意志联邦共和国（BRD，以下简称西德）成立。不久，美国、英国、法国的占领军撤出了西德。在当年由英军出面组织调查、撰写的《青色鉴定》中记载着这样一句话："西德的大学史现在刚刚拉开帷幕。"

1948年10月7日，东部的苏联占领区相应成立了德意志民主共和国（DDR，以下简称东德）。德国从此正式分裂为两个主权国家。

二、高等教育的规模和结构变化

（一）规模的扩大

进入20世纪50年代，德国迎来了适龄人口入大学的高峰期，同时，越来越多的人希望提高自身的社会地位，寻求获得理想职业所必需的各种高等教育文凭。在双重因素的影响下，从20世纪60年代初开始，德国的高等教育经历了一次数量上的大扩张。1950年，西德高校新生入学人数占同龄人口（19—21岁）的比率约为4%，到了1960年，这一数字则增至7.9%，1980年达到19.1%。在校生人数增长也很快。1960年，西德高校的在校生人数约为29万人，1970年达到约51万人，1980年增加到104万人，与20年前相比约增加了3.6倍。[①]可以说，这30年，西德高等教育的性质发生了根本的改变，即从传统的精英阶段跨入了大众化阶段。也正因为如此，具有光荣历史的德国高等教育终于摆脱了自1930年来一直落后于其他一些西方国家的窘境。

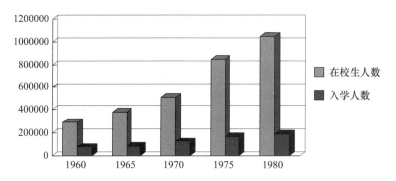

图8-1　1960年至1980年高校在校人数和入学人数的变化

资料来源：根据金口恭久："西ドイツの高等教育と学術研究の現状"（1990年2月），第26页有关数据制图，该资料是金口恭久教授撰写的赴德调研报告（1987年10月至1988年3月）。

如此快的发展速度，除了人口入学高峰和满足国民要求获得各种高水平资格的因素之外，还和西德政府大力推行的高等教育扩张、开放政策密不可分。

其实，在战后世界高等教育规模空前扩大的背景下，德国高等教育已经失去了中世纪时代的风采，教育本身受到了来自社会各方面的指责和批评。如1964年，匹希特（Georg Picht）在其撰写的《德国教育的破局》一书中尖锐地指出，在应克服德国经济面临的诸多问题和提高德国的国际竞争力的时候，德国的教育制度却显示出许多不足之处。该书发行后引起了很大的反响。此外，达伦道夫（Ralf Dahrendorf）的《教育是公民的权利》一书，也对制定扩大高等教育机会的政策产生了相当大的影响。

西德是由11个州组成的联邦国家，各州拥有相当大的自治权，特别是在教育、文化方面。教育体制的基本特点被称为"文化联邦主义"（Kulturföderalismus）。即联邦政府通常并不干预各州高等教育政策的制定，也不存在国家一级的教育部，制定高等教育政策的主体是各州州政府。但是，随着战后德国经济的逐渐复兴，国民接受高等教育的需求不断扩大，这一制度开始发生变化。主张通过联邦政府和各州间的协作共同实施高等教育事业的"新文化联邦主义"思想被引入了西德高等教育体系中，并且在高等教育的扩张过程中发挥了重要的作用。

在20世纪50年代，由西德大学校长联席会议（WRK）牵头，西德各大学开始协

[①] 金口恭久："西ドイツの高等教育と学術研究の現状"（1992年2月），第26頁。德文原始数据出处：BMBW: Grund und Struktur-Daten 1988/89.

商、制定共同的高等教育发展政策。此外，一些独立的基金会，如德国研究协会（Deutsche Forschungsgemeinschaft，DFG）和德国学术交流服务中心（Deutscher Akademischer Austausch Dienst，DAAD）也为德国大学科学研究的开展提供了经济上的援助。为了适应战后出现的世界性范围的高等教育大众化趋势，1956年开始，联邦政府从财政方面介入了高等教育的发展。主要的财政措施包括提供研究经费、投资基础建设和支付奖学金等。到20世纪60年代中期，各州政府更是通过和联邦政府缔结行政协定，将以往一直暧昧的这一财政关系明确下来。

在联邦政府介入制定高等教育政策过程中具有划时代意义的事件是1957年科学审议会（Wissenschaftsrat）的成立。根据联邦政府和各州政府间缔结的行政协定共同设立的科学审议会，由学术界、各州和联邦政府代表组成，主要任务是为高等教育发展提供政策咨询。它的成立，标志着国家和学术界之间关系的制度化，在之后德国高等教育的扩充和制度的形成过程中发挥了决定性作用。

科学审议会于1960年创立初期即发表了《关于扩大学术组织的劝告》，提出了要扩大各大学的收容力，减轻现存大学的负担，创办新大学等改革方案。同时，在由该审议会发布的《关于到1970年前扩充学术型大学的劝告》（1967）以及联邦政府的《1970年教育报告》（1970）中，也强调了要扩大高等教育的规模。

1969年修改后的《基本法》，提出了高等教育机关的新设和扩充，是联邦政府和各州应该共同承担的职责。与此相关的经费由联邦政府和各州各承担50%。《基本法》的修正，既表明了向纯粹的文化联邦主义的告别，也表明了由联邦政府和各州相互协助的新体制，即新文化联邦主义的创立。

1977年，高等专科学院的创设带来了新一轮的高校扩张。联邦政府和各州为此又共同制定了一项《开放决议》（Öffnungsbeschluβ），该决议提出要尽可能地开放高等教育机构，并采取一些临时措置来解决部分大学超负荷运转所带来的问题。1980年，高校新生入学人数占同龄人口的比例达到了近20%，可以说，德国的高等教育正在逐渐远离传统的精英教育，开始逐步构建大众化高等教育体系。

（二）结构的变化

1.西德

20世纪60年代末，在新的政治、经济、人口形势下，西德传统的高等教育结构已经不能适应需要，结构改革势在必行。如前所述，科学审议会于1960年发表了《关于扩大学术组织的劝告》，提出了要扩大各大学的收容力等改革方案。1962年，该审议会又发表了《关于新型高等教育机构类型的建议》，提出了要围绕专业领域建设重点大学的构想。除此之外，在联邦政府于1970年发表的类似教育白皮书的《1970年教育报告》中，提出了设立综合制大学、扩大高校招生规模等建议。并且，在1973年由联邦、各州教育计划委员会制订的《教育综合计划》中，提出了扩充短期（3年）学习课程、保障各地区公民接受教育机会的权利、扩充和结合既存的大学向综合制大学转变等改革提案。

这一时期，除了对既存的高等教育机构的规模进行扩充，又建立了若干所新大学，如康斯坦茨大学、卢贝克大学等。同时，设立综合制大学的设想也逐渐成为现实。

20世纪70年代初，为了适应高等教育人口不断增多的趋势，为了确保高等教育机会的均等性，出现了综合制大学和高等专科学院两种新型的高等教育机构。此外，技师学校等一些短期高等教育机构也升格成为高等专业学院。为了解决教师数量不足的问题，师范类的高等教育机构得到了扩充，其中相当数量的师范学院（Pädagogische Hochschule）被编入了综合大学。

（1）综合制大学

1967年，巴登-符腾堡州以达伦道夫为主席的高等教育规划委员会提出了关于综合制大学的第一份详细的计划，其核心方案是把综合大学、师范学院、高等专科学院等各种类型的高等教育机构合并或联合在一起，成立新型的"综合制大学"（Gesamthochschule），希望以此为学生提供更广泛的学习机会。该计划迅速得到了政党、政府、高等教育机构和产业界人士的一致赞成。当时，人们对这一模式寄予了很大的希望，甚至有人认为这就是德国高等教育改革的未来发展模式。1971年，黑森在其北部的卡塞尔（Kassel）正式成立了西德第一所综合制大学。到20世纪70年代中期，西德共建立起11所综合制大学。1976年1月26日，在联邦政府颁布的《高等教育总纲法》（*Hochschulrahmengesetz*）的第五条第一款就成立综合制大学做出了明确的规定。但是，《高等教育总纲法》颁布后，西德却没有再诞生新的综合制大学，关于这方面的讨论也偃旗息鼓了。1985年《高等教育总纲法》第三次修改时，废除了这一条款，失去了法律基础的综合制大学也因此失去了成立初期显赫的地位。①11所综合制大学中仅有6所保留了下来。②

（2）高等专科学院

结构改革中引人注目的是20世纪60年代末至20世纪70年代初设立的21所"高等专科学院"（Fachhochschule）。它们是由原来存在的技师学校（Ingenieurschule）和高级专门学校（Höhere Fachschule）升格而来的新型高等教育机构，主要为联邦和州培养中级官吏。20世纪70年代后半叶设立的行政管理专科学院（Verwaltungsfachhochschule）也属于高等专科学院的范畴。高等专科学院的创办，标志着西德高等教育改革迈出了本质性的第一步。

---

① 徐小洲、张敏：《中德高校联合办学比较研究》，《比较教育研究》1999年第4期。
② Teichler, Ulrich：『ヨーロッパの高等教育改革』，馬越徹・吉川裕美子監訳，玉川大学出版社，2006。

表8-10 1960年至1980年西德不同类型大学的数量

类型	1960年	1965年	1970年	1975年	1980年
综合大学	33	33	40	49	55
综合制大学	—	—	—	11	9
师范学院	约77	约95	32	19	13
教会大学	17	17	14	11	11
艺术学院	25	27	27	26	26
高等专科学院	—	—	—	99	95
行政管理学院	—	—	—	3	20
合计	约152	约172	113	215	229

（注：1960年和1965年师范学院的统计数字包括师范学院和其他师范教育机构。）

资料来源：根据金口恭久："西ドイツの高等教育と学術研究の現状"（1990年2月），第26页有关数据制图，该资料是金口恭久教授撰写的赴德调研报告（1987年10月至1988年3月）。

2. 东德

东德建国初期只有6所综合大学，除此之外，根据重工业、电气工学、建筑、外交等不同专业的需要，设立了众多的单科专门大学。各大学平均学生数只有2500人，而同期的西德大学平均学生数则为6400人。和西德高等教育相比，东德高等教育主要有以下特色。

其一，科学研究的任务主要由科学院承担，大学的任务则是以教学为主，在大学内部，研究并未得到充分重视。

其二，原来的6所综合大学均维持原来的规模，没有设立新的综合大学，只是设立了一些单科的专门大学，如机械、电子工学、化学工学等方面的单科大学。而在西德，直至20世纪70年代才设立了类似的单科专门大学。到20世纪60年代末，东德又陆续设立了一些技师学校和技术大学。之后，这些学校被扩充到了工科大学中去。

其三，重视马克思、列宁主义教育。如马克思、列宁主义是学生的一门必修课，同时还重视俄罗斯语的教学和军事教育。

三、高等教育课程设置与教学活动

德国大学的各个专业都有各自的法定学习年限，本科阶段一般为8～12个学期（Studiensemester），即4～6学年（Studienjahr）。每个学年又分为两个学期，即10月15日开学的冬季学期（Wintersemester），和4月15日开学的夏季学期（Sommersemester）。学生实际平均在校学习时间是7年，共14个学期。医学专业的学生在完成法定学习年限后还必须参加若干年的临床实践活动。

根据《高等教育总纲法》的规定，德国大学的课程（studiengang）通常包括两个阶段，即基础课程（Grundstudium）阶段和专业课程（Hauptstudium）阶段。基础课程阶段教授各学科的基础知识，通常，中期考试合格与否意味着是否完成基础课程的学习。专业课程阶段教授各学科的专业知识，通过了国家考试、文凭考试（Diplomexamen）或其他资格考试后，即标志着该专业课程学习的结束。

教学的基本形式是课堂讲授（vorlesung），以教授、讲师们的单方面知识传授为特点，另外还包括师生共同研论、练习（übung）和实验（experiment）；根据学校和专业的不同，还实施现场实习（praktikum）、集体学习、个别指导等灵活多样的教学方式。实习不仅包括赴企业实习，也包括作为授课一环的实验室实习和野外实习，以及计算机课程。除了上述的传统方式之外，很多学校向学生提供当天来回或者花费数周的研修旅行（exkursion），在部分专业还被设定为必修课。同时很多学校还采用了学长制（Tutorium）。在讨论课上由学长对新生进行指导。20世纪70年代的课程改革引入了新生入学教育这一新型的教学方式。由于完全中学（Gymnasium）的课程设置并非专门针对大学课程而设置，部分大学新生在开始课程学习前尚缺乏一些必要的知识储备，为此，许多大学专门开设了预备课程（brückenkurse）。

各大学都制定了学习规程和考试规程。它们详细规定了各专业的必修科目、学生在每门课程中必须取得的证书、期中和期末考试的范围和形式。如果某大学需要对课程进行调整的话，它必须提出学习规程和考试规程的新提案。提案首先递交大学评议会进行讨论，但是该评议会无权对提案提出赞成或否定意见，这一权力归属于各州高等教育部。[①]

教师可以自主决定笔试、小论文或口述等考试方式。通常，在完成一半的教学任务后实施中间评价。毕业考试包括专业论文、笔试和口试，最终成绩对学生就职具有举足轻重的作用。

四、高等教育的组织和管理

（一）政府管理机构

如前所述，西德是联邦制国家，各州在高等教育领域有立法和行政管理权。为保证各州高等教育发展能基本协调一致，《基本法》于1969年赋予联邦政府以高等教育原则立法权。1976年在西德诞生了第一部《高等教育总纲法》，该法确定了国家高等教育发展的总体框架。各州也应该根据该法精神调整自己原有的高等教育法。除总体立法权外，联邦政府在高等教育方面的管理权有限，参与范围主要是向学生提供贷学金、与有关州共同资助学校建设和促进大学科研及对外合作。除法律外，协调高等教育发展的主要机构有各州文教部长联席会议（KMK）、大学校长联席会议及联邦和各州教育规划和促进科研委员会。高等教育发展的重要咨询机构是科学审议会。

---

① Teichler, Ulrich,『ヨーロッパの高等教育改革』，馬越徹・吉川裕美子監訳，玉川大学出版社，2006，108頁。

战后，西德联邦政府和各州政府以多种方式参与了对高等教育的管理。并且在不同的历史时期表现出不同的特点。

1. 高等教育管理体制的再建

在对第二次世界大战进行反省的过程中，主张非集权化的呼声越来越高。在这一背景下，联邦政府对教育、研究的权限也仅仅被限制在法律制定、学术研究和文化的国际交流上。

1948年，各州就设立州文教部长联席会议（KMK）达成了统一意见，该机构在成立初期主要是作为各州交换信息的中介机构。从1955年开始，该机构开始承担起在制定统一教育政策时的协调责任。不过，在当时，这一调整权是相当薄弱的。

西德大学校长联席会议（WRK）、德国学术交流服务中心（DAAD），以及德国研究协会等若干全国性规模的协调高等教育发展的管理机构，均是在这一时期成立的。

2. 高等教育扩充期

在20世纪50年代后期开始的高等教育大扩张中，联邦政府扮演了积极的角色。首先，于1957年成立了第一个国家级的高等教育发展重要咨询机构——科学审议会。该机构对有关高等教育建设和发展的重要方针方案事先从专家的角度做出审议，也会经常主动就高等教育的重要问题发表意见和建议。不过，当时科学审议会关心的重点主要集中在高等教育的规模、结构、组织的发展上。其次，联邦政府对高等教育的财政投入有了实质性的增加，主要集中在建筑、设备、研究的促进和对学生的财政援助方面。

3. 联邦政府进一步加强了对高等教育的控制

1969年，联邦《基本法》得以修正，在这一基础上，1970年联邦政府制定了《大学建设促进法》（HBFG），该法规定，大学建设费的50%由国家承担。同时，新成立的社会民主党和自由民主党联合政权，为了强化国家的教育机能，改组并成立了联邦教育科学部（Bundes Ministerium für Bildung und Wissenschaft: BMBW）。1970年，联邦政府又新设置了联邦州教育计划研究推进委员会（BLK），主要制订一系列教育发展的长期计划。

根据1976年制定的《高等教育总纲法》，联邦政府于第二年1977年批准成立教育课程改革委员会（Suddien Reform Komission）。该机构主要负责协调全国高等教育机构的课程改革中出现的一系列问题。

4. 联邦政府的协调和导向作用开始减弱

从20世纪70年代后期开始，联邦政府对高等教育的协调和导向作用开始减弱。究其原因，大致可以归纳为以下两点。

第一，是政治上的影响。20世纪70年代后期，基督教民主同盟在萨克森州和西柏林州获得了执政权。而由社会民主党和自由民主党组成的联邦政府提出的改革提案，往往在由联邦和各州组成的联合委员会上很难获得三分之二或四分之三的多数支持。

第二,联邦政府对高等教育的财力支持,主要针对高等教育的扩充和改革,当高等教育进入相对平稳的发展阶段后,再加之政府支持高等教育的实际财力的下降,联邦政府许诺对高等教育的义务和责任开始发生了动摇。

（二）大学内部行政管理机构

通常,各大学都设有全学会议（Konvent）[①]和大学评议会（Senate）两个重要的协议型管理机构。全学会议的主要任务是选举校长和副校长、制定学校有关规则、处理大学内部学术事务管理中出现的各种问题。《高等教育总纲法》制定初期,特别强调该管理机构的集团代表制原则,换句话说,教授并未占据拥有表决权的议席的绝大多数。大学评议会主要负责大学日常事务的管理,下设委员会和专门委员会。

此外,大学内部还有各种常设组织。以黑森州为例,各大学内设有5种不同类型的委员会:教学委员会、组织研究委员会、财政委员会、图书委员会和计算机中心委员会。

理事会（Kuratorium）也是西德大学内部管理机构的另一种重要形式,尽管在《高等教育总纲法》中并没有对此做出任何规定。柏林州在20世纪50年代初就在州内的若干所大学中设立了理事会,并将其作为一种典型模式写入了1968年学术审议会发表的劝告中。

[①] 各州对"全学会议"的称法不同,如"大评议会"等。德文名称包括:Großer Senat, Konsistorium, Konvent, Konzil, Versammlung。

第九章　战后苏联、美国和日本高等教育的发展与改革

（1945年至20世纪70年代）

第一节　苏　联

一、高等教育的政策

经过列宁和斯大林"苏维埃化"约30多年的高等教育改革历程，苏联的高等教育已经形成了一种独特的模式。随着第二次世界大战的结束，美苏之间的冷战旋即开始；由此，作为俄罗斯传统文化之一的军事思维特征便在这样的冷战格局下得以凸现。这一时期的苏联高等教育便也紧紧围绕着如何与美国争霸而进行，其思维特点便是对抗性的军事思维。尽管，这一时期的高等教育的大发展与复员军人的涌入、国民经济的恢复与发展以及国际科学技术的进步有直接的关系，但深层次的原因还在于苏联的军事思维和由此带来的以军事发展为目标的高等教育政策。该思维饱含着对国家安全的忧虑，以及由此不断进行的反对外部和内部威胁的斗争。随着时间的推移，这种根深蒂固的防备思想就促使苏联始终将国家安全问题放在首位，用军事来武装、强大与保卫自己。这一时期苏联人民的物质、政治和精神需求正是苏联共产党领导为军事目标而加强的工业化推动产生的。

作为苏联人民精神需求之一的高等教育，在这一时期的发展自然也是以军事思维来运作的，即以美国为比照对象，以国家安全为宗旨，以军事强势为目标，以重工业发展为依托，以工科专业为内容。这种高等教育的军事思维呈现出逻辑线索：国家的安全威胁来自美国，保卫国家安全的办法是加强军事力量，军事力量的加强依赖于科学技术和重工业的发展，科学技术和重工业的发展则需要工科和尖端技术方面的专业人才，所以，高等教育的最终目的、任务或内容都在于培养能与国民经济发展相适应的专门人才。为此，以法律形式固定下来的1958年高等教育改革及其所形成的高等教育政策，既是对1958年以前的高等教育发展思路的总结，又是对1958年以后高等教育发展方向的引出；从而使得这一时期的高等教育重点就在于"教育与生产和科学一体化"，也即加强与国民经济生活的紧密联系，培养高质量的、能跟上科学技术发展新形势的"现成专家"。

1958年赫鲁晓夫提出了《关于加强学校同生活的联系和进一步发展国民教育制度的

建议》，11月12日苏共中央和苏联部长会议根据这个建议颁发《提纲》，经全民讨论，于12月24日经苏联最高苏维埃通过成为"法律"，即《关于加强学校同生活的联系和进一步发展苏联国民教育制度的法律》。其主要内容有：[1]

第一，高等学校应该根据专业范围、学生成分、民族和地方特点加强与实际生活和生产劳动的结合。应该调整全国教育布局，使之靠近生产，设立工厂式高等学校，或高等学校附设工业企业和车间，由学生生产产品。

第二，最好采取夜校和函校的办法，在一、二年级就把教学与生产结合起来；而对一些因复杂的理论课程研究而必须做许多实验工作的学生则最好在最开始的2～3年里脱产学习。

第三，加强函授高等学校和夜课制高等学校教学能力，通过在日课制高等学校的基础上发展夜校和函授高校网，通过直接在大型工业企业和农业企业里组建夜校和函校高校等办法，大力改进和扩大夜校和函校学习网。

第四，要特别注意为最新技术部门培养工程干部，以便进一步开展科学和设计工作。

第五，综合性大学尤其要培养数学、物理学、化学、生物学等领域中的新学科的专门人才；加强学生的理论学习和实践锻炼；大大提高综合大学在解决最主要的自然科学和人文科学课题中的作用；学级编制及教学与劳动的结合，使学生在学习过程中能获得专业工作的技巧。

第六，必须提高高等学校在具有高度理论水平的，以及对国民经济、科学和文化的发展具有重要意义的科学研究中的作用；应在高等学校里设立科学研究所和实验室；给综合大学和高等工业学校的实验室增添电子计算机、加速器和其他新型设备；应使某些科学研究机关同高等学校联合起来；有关部门应帮助高等学校推广科研成果和进行试生产。

第七，培养农业专门人才必须在以大型国营农场为基础成立的、拥有强大的示范教学农场的学院里进行，涉及的农业劳动由学生自己进行。在培养音乐、绘画、戏剧等方面的高级专门人才时，应更多采用不脱产学习方式。而高等医科学校主要招收在医疗机关和防治机关担任过初级服务人员而具有实际工龄的青年，其学习应同在医疗卫生机关中不间断的实习结合起来。

1958年的高等教育改革所确立的高等教育政策，使高等教育更加接近国民经济和生活，也使生产和劳动走进了高等学校，从而也就使高等教育更加工业化和专业化。尽管20世纪60年代后对1958年的改革有不同的修正，但1958年的改革精神却使得这一时期的高等教育对国民经济的发展、对军事工业的发展产生了相当大的作用。

---

[1] 参见瞿葆奎：《苏联教育改革（下）》，人民教育出版社，1988，第15—19页；参见王义高、肖甦：《苏联教育70年成败》，北京师范大学出版社，1999，第200—201页。

二、高等教育的数量与结构变化

为了配合军事思维运作下的高等教育政策，苏联加大了对高等教育的投资。

一方面，国家大大提高了国家财政预算对高等教育的拨款，从1950年的7.21亿卢布提高到1970年的21.88亿卢布，增长了3倍。[①]另一方面，社会各企业、机构和团体为高校提供的经费以及高校自筹资金的比重也大大加强。于是，苏联高等教育在数量和结构上都得到了长足的发展。

（一）高等教育的数量发展

战后，苏联的高等教育在数量上得到了极大的发展。以高校数量和相应的在校学生人数为例，1945年为789所高校和730273人，1951年为880所高校和1247000人，1956年为750所高校和1866993人，1970年为805所高校和4580000人，1978年为861所高校和5037000人，1979年为870所高校和5110000人。[②]并且这一阶段高校的数量分布也得到了改善。1970年高校数量和相应的大学在校生人数在全苏联的分布见表9-1。

表9-1　1970年苏联高等学校的数量及其布局

加盟共和国	高校数（所）	在校生人数（人）
俄罗斯	457	2671000
乌克兰	138	806600
白俄罗斯	28	140100
乌兹别克	38	232900
哈萨克	44	198900
格鲁吉亚	18	89300
阿塞拜疆	13	100100
立陶宛	12	57000
拉脱维亚	10	40800
吉尔吉斯	9	48400
塔吉克	7	44500
亚美尼亚	12	54400
爱沙尼亚	6	22100
土库曼	5	29100

资料来源：王清华：《苏联高等教育的历史和现状》，吉林教育出版社，1985，第24页。

尽管高校数量还存在地区上的巨大差异，但在总体数量发展的同时，这一时期的高校布局已基本在全苏联形成了一个网。并且，805所高等学校中，综合大学有51所（其

[①] 顾明远：《战后苏联教育研究》，江西教育出版社，1991，第281页。
[②] 华东师范大学外国教育研究所：《外国高等教育——参考资料选编（上）》，1981，第69页。

中 13 所是在 1972—1974 年间创办的），工业和建筑类学校 201 所，运输和交通类 37 所，农林类 98 所，经济和法律类 50 所，卫生体育类 99 所，教育和文化类 216 所，艺术和电影 53 所。① 其中，工科院校就占了高校总数的四分之一。尤其值得一提的是，无论就学习工科的学生数还是工科的专业数而言，高等工科教育的数量发展都是迅速的。1950 年到 1960 年，工科专业的学生从 320700 人增加到 2400000 人，十年时间学习工科专业的学生人数提升近 8 倍。从 1960 年至 1965 年工科高校毕业生人数占高校毕业生总人数的 36%，1966 年至 1975 年占 42.6%，1979 年则占 43.5%。而且，1956 年全国高校 271 个专业，其中工科有 143 个，占 53%；1965 年全国高校 369 个专业，其中工科有 245 个，占 66.4%；1975 年全国高校 378 个专业，其中工科有 223 个，占 59%。② 高等学校以及工科高等学校和工科专业的迅速发展与这一时期高等教育发展的军事思维和相应的政策是一致的。

与此相应，为了培养不脱产干部，函校和夜校高等教育的发展也相当快。苏联宪法明确规定，发展夜课制和函授制教学是苏联人民享有受教育权的最重要保证之一。自 1938 年函授教育被正式列入高等教育体系后，函授毕业生一直与全日制毕业生享有同等待遇——接受组织形式和方法完全一致的教学、获得统一格式的毕业证书、享有同等的就业机会。这也是刺激苏联业余高等教育发展的一个重要因素。此类高等教育的在校生从 1945 年占大学生总数的 28% 增至到 1959 年的 49%，整个 20 世纪 60 年代都超过全日制大学生，占总数的 52%~55%；而毕业生从 1950 年的 3.1 万人增至 1970 年的 29.6 万人，增长了 8 倍。③ 到 1979 年，苏联已有专门的函授学院 14 所，高等学校函授部（系）692 个，学生总数达 160 万人，占高等学校学生总数的三分之一；而在夜校高等教育系统中，高等夜校有 2 所、工厂高等技术学校有 3 所，夜课部（系）374 个，学生总数达 653200 人。④

（二）高等教育的结构

这一时期的高等教育不仅规模扩张，而且类型结构和层次结构也有了长足的发展。

1. 类型结构

这一时期高等教育的类型结构可以从专业面和学校性质两个角度来划分。按专业面，苏联的高等学校可以划分为八类：综合大学、工业高等学校（综合的和部门的）、农业高等学校、专业性的人文科学高等学校（经济学院和法学院）、师范学院、医学院、体育学

---

① 王清华：《苏联高等教育的历史和现状》，吉林教育出版社，1985，第 25 页。
② 参见李家宝等：《俄罗斯高等工科教育及其改革》，哈尔滨工业大学出版社，1996，第 67 页。
③ 顾明远：《战后苏联教育研究》，江西教育出版社，1991，第 283 页。
④ 叶留金：《苏联高等学校》，张天恩等译，教育科学出版社，1983，第 176 页。

院和文化艺术学院。每一类高等学校都作为高等教育的专门部类显示出自己特有的发展规律和趋势。按学校性质划分,除单独的军事学校外,苏联的高等学校主要分为三大类:综合大学、工业大学和专业学院。

综合大学学制为5年或5年半。综合大学以它的理论性和学术性成为苏联高等学校的主导部门,其任务是培养有一定理论水平和知识面的科研人员和各类学校的基础课教师。所以,一方面,每所大学往往都设有4~16个系,主要是文理科性质的,其中有代表性的系科是:历史、语文、法律、经济、数学、力学、化学、生物土壤、生物、物理、地理、地质等。当然,随着社会的需求,高校的专业设置也在不断增加。另一方面,综合大学要培养三分之一以上的副博士和大部分博士,综合大学也成为全国基础科学研究和现代科学技术研究的主要阵地和相应课题的组织者,同时也是当地的教学和科研中心。[①]

工业大学,即通常所说的多科性工学院或工程技术学院,学制为5年或5年半。工业大学担负着为跨部门和一些需求量不大的部门培养各种不同专业的工程师,属多系科性质的学校,如当时的列宁格勒工业大学就设有9个系:水利工程系、电机系、自动化管理系、动力机械制造系、力学机械制造系、物理力学系、物理冶金系、生产经济管理系、无线电电子学系,共52个专业。由于工业大学直接参与解决国民经济建设的理论和实践问题,所以它是苏联高等学校最活跃的部门。自1862年在里加成立了第一所工业大学,其就一直是苏联高等工科教育的主力。到1979年,工业大学分布在苏联的61个城市。[②] 到1976年,工业大学有189所,其设置的专业有220多个,每年约有30万毕业生。[③]

专业学院,即部门学院,包括工学院、农林学院、政法学院、财经学院、医学院、师范学院、体育学院、艺术学院,以及性质特殊的军事学院,学制4~6年。它们的任务是培养各部门的高级专业人员。除此之外,这一时期还出现了一种新型的工学院——厂办工学院,由大工厂和联合企业开办,主要为本单位的生产服务,学制为6年。自1959年通过的《关于组织厂办工学院》决议出台后,它就与专业性工学院和多科性工业大学共同构成了苏联的高等工科教育。在这些专业学院中,工学院和师范学院最多。

除上面提及的三大类普通高等学校外,苏联还有一支自成系统的高等军事院校,包括炮兵学院、海军学院、空军学院、军工学院、军政学院、空军工程师范学院、军事化学学院、军事运输学院、军事通讯学院、军事经济学院、军事外语学院、坦克学院、军医学院等。不仅如此,一些普通高等学校也设有军事系,用来培养各兵种的军官和军事技术人才,以满足保障国防安全的需要。

---

① 参见王清华:《苏联高等教育的历史和现状》,吉林教育出版社,1985,第40页。
② 叶留金:《苏联高等学校》,张天恩等译,教育科学出版社,1983,第109页。
③ 王清华:《苏联高等教育的历史和现状》,吉林教育出版社,1985,第40页。

2. 层次结构

进入20世纪50年代以后，苏联便把低于本科教育而又高于一般中等教育的、相当于过去专科教育的那些中间教育，都划归为中等专业教育。从而，这一时期的高等教育只有两级——本科生教育和研究生教育。本科生层次的高等教育，即专家教育，培养具有高深的专业理论知识和必要的实际技能的高级专门人才。这一层次的高等教育在普通高等学校施行，学时一般为5年，毕业后获得各种专家资格证书而无学位。而研究生层次的高等教育是培养在某一专业领域能独立从事科学研究的高级专门人才。这一层次的高等教育由规模较大的高等学校和科学研究机构所设的研究生部来施行，学时一般为3～4年，毕业后将获得科学副博士学位。随着高等教育的发展，1925年便在高等学校开设的研究生部，逐渐形成了四种类型：第一种是脱产面授研究生院，学制三年；第二种是不脱产的函授研究生院，学制四年；第三种是特设研究生院，学制三年，主要为单位定向培养人才；第四种是一年制研究生院，学制一年，主要招收在实践工作中就某一科研题目已取得大量研究成果的人。[1]

值得一提的是，苏联还有一级非高等教育施行的学位——科学博士学位，即大博士学位。在1988年前，苏联还无专门培养博士的博士生院，科学博士学位不是经过在校学习获得，而是提交已发表的在实际工作中做出的、对科学和实践有重大贡献的研究成果，并答辩后批准授予。[2] 截至1967年年底，苏联共培养了副博士约15.2万名，博士1.7万名；在读研究生约10万名，数量相当可观。[3]

三、高等教育的组织形式与管理体制

苏联的军事思维在国家实行计划经济的条件下得到了最充分的运行，这一时期的高等教育组织形式和管理体制完满地显现了军事思维与计划经济结合的高度统一性和管制性。

（一）高等教育的宏观组织形式及其管理体制

实际上，这一时期苏联高等教育的宏观管理更趋"工"字形，即纵向的中央条状管理和横向的部门块状管理。这既是对上一个时期高等教育管理体制的继承，更是凸显军事思维在高等教育管理上的运作。

1. 纵向的中央条状管理

除苏联最高苏维埃作为国家执行机构保证苏联高等学校活动的合法性外，苏联高等

---

[1] 符娟明：《比较高等教育》，北京师范大学出版社，1988，第376页。
[2] 郭玉贵：《美国和苏联学位制度比较研究——兼论中国学位制度》，复旦大学出版社，1991，第45页。
[3] 北京师范大学外国教育研究所：《苏联高等和中等专业教育法令汇编》，北京师范大学出版社，1983，第136—143页。

教育是由苏联政府的最高机关——苏联部长会议统一管理。而部长会议主要确定高等教育的根本政策以及全局性的重大问题，如有关高等教育的发展规划和一些重大改革等，其对高等教育的具体领导和管理则主要由苏联高等和中等专业教育部这一机关施行。从中央垂直下来，各加盟共和国也分别设立了相应的高等和中等专业教育部来领导和管理盟内的高等教育。重点高等学校直接归苏联高等和中等专业教育部，以及中央各专业部管理，而90%以上的高等学校由各加盟共和国高等和中等专业教育部和其他业务部门管理。① 可见，加盟共和国高等和中等专业教育部要接受苏联高等和中等专业教育部的领导，但中央级的苏联高等和中等专业教育部，则要通过地方级的加盟共和国高等和中等专业教育部来领导所属为加盟共和国的高等学校。

苏联高等和中等专业教育部的主要管理内容有以下几点：①根据国民经济对干部的需求制定发展国家高等教育的措施、规划，包括高等学校的地区布局，专家培养的年度计划和远景规划，以及高等学校的专业设置等。②保证高等学校对高度熟练专家的培养，包括培养专家的形式、招生计划、教学计划和大纲，以及有关教学的书籍出版等。③制定和完善高等学校科学干部和教学干部的培养、补充、提升和使用的条例，包括高校教师的业务进修计划、高校校长的选择、高校各种职务的任用等。④全面管理高等学校科学研究工作，包括科研项目的确定与鉴定，以及科研成果在国民经济中的应用等。⑤开展高等教育的对外联系工作，包括与其他机关的合作协定、国际交流等。⑥解决高等学校教学物质基础和学校的技术装备，包括统一的科学技术政策等，并且还设立了全苏国家高等学校设计院以具体负责高等学校这方面的工作。⑦监督和检查所有高等学校的教学、教育、科研和教学法工作。② 苏联高等和中等专业教育部再下设高等学校委员会，发挥改善全国高等学校管理和协调它们工作的作用。

2. 横向的部门块状管理

高等学校除了要接受从中央到地方的高等和中等专业教育部的直接和间接的管理，同时还要接受中央或地方业务部门的管理。横向的部门块状管理，即是国民经济各部门直接领导高等学校，并根据自身发展需要来设计、组织和计划高等学校的工作。部门管辖的高等学校只为本部门所属的企业、组织和机关培养干部，大约有80多个部门对口分管高等学校。部门管理的具体实施是由各部门所设的高等学校管理总局、管理局和管理处等管理机关执行。这些部门主要的管理内容是：设定专业课程，组织与生产应用有关的科学研究，负责建立、巩固高校的物质技术基础并保障学校正常的经济活动，组织大学生的实习等。所以，部门管理与高等和中等专业教育部的管理重点各有侧重。

---

① 王清华：《苏联高等教育的历史和现状》，吉林教育出版社，1985，第144页。
② 参见叶留金：《苏联高等学校》，张天恩等译，教育科学出版社，1983年，第470—475页；符娟明：《比较高等教育》，北京师范大学出版社，1988，第521—524页。

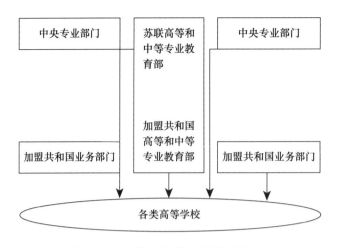

图 9-1　苏联高等教育的管理体制

从图 9-1 可以看出，有四种类型的上级管理机关来领导和管理高等学校：一是苏联高等和中等专业教育部，二是各加盟共和国高等和中等专业教育部，三是各中央专业部，四是各加盟共和国业务部。其中，苏联高等和中等专业教育部对国家所有高等学校（不论其隶属关系如何）在组织、招生规则、标准教学计划和大纲、方法以及国际联系等方面实行总的领导，对各加盟共和国高等学校通过加盟共和国高等和中等专业教育部进行职能领导，对部属高等学校则进行直接管理。由此，每所高等学校都要受到苏联高等和中等专业教育部的领导，或职能领导或直接领导，这体现条状管理；中央和地方各部门各自对高等学校的领导则又体现了块状管理。而"条"与"块"在彼此分割的同时，也存在着一定的交织，以至于不少高等学校既要接受"条"的管理又要接受"块"的管理。因而，我们只是从模式角度将苏联的高等教育管理体制笼统且简明地描述为"条"与"块"的分割式结合。

（二）高等教育的微观组织形式及其管理体制

高等学校的组织由分校、系与专业、教研室、教学辅导站、科学研究机构、实验室、图书馆等附属部门构成。其中，分校是高等学校的组成部分，系是高等学校的教学、研究和行政单位，教研室是高等学校（分校、系）的基本教学和科研单位，教学辅导站是高等学校为帮助函授生学习的部门。这样的组织形式所形成的管理体制仍然是垂直性质的。

高等学校的内部管理实行"一长制"，即由校长统一领导并负责，这也是对上一个时期高等学校管理特点的继承，但在这一时期里又有所发展。1969 年苏联部长会议颁布的《高等学校条例》明确规定："高等学校的全部各自由校长负责领导。校长由该校隶属的部和主管部门从拥有学位学衔、具有实际工作经验和业务水平最高的教学人员中委任。校长主持高等学校的全部工作，并负有完全的责任。高等学校校长有权代表学校的一切机构与组织，以学校的名义采取行动，可以国际现行法律，调配学校的财产和资金，签订合同，进行人事安排，在银行开立学校的账户等。校长在其权限内，可以发布关于高等学校的命令，根据劳动立法任用或辞退工作人员。"① 同样，高等学校分校的工作由分校主任领导，分校主任由所隶属的高等学校校长从具有实际经验的教学人员中任命。

为了更好地管理高等学校教学，在校长一级成立校长领导下的校务委员会，该委员会在高等学校的实际工作中占有特别重要的地位。校务委员会由校长（担任主席）、副校长、系主任、各社会科学教研室主任和主要的普通学科教研室主任、教员代表、高等学校各社会团体的代表，以及有关企业、机关的著名学者、专家组成。为了明确校务委员会的职责，苏联高等和中等专业教育部于1961年专门批准了《高等学校校务委员会条例》。归纳起来，由校长领导的校务委员会，其职能在于：①对培养专家的质量进行管理，如审查教学计划和教学大纲草案，依据本地区的自然、经济条件来确定选修学科和某些专业学科，并通过教学计划合理规定这类学科的教学时数，同时还要审查协调出版教科书等；②充实学校的教学人员并负责他们的晋升等；③负责审查高等学校的各项工作计划，包括科学研究、思想教育和总务工作计划，以及学校主要部门和全校工作总结报告等。② 与此相应，在系一级设立了以系主任为领导的系务委员会，由系主任（担任主席）、副系主任、教研室主任，以及各社会团体代表，与本系工作有关的机关、企业的学者和专家构成。苏联高等和中等专业教育部也在1961年批准了《高等学校系务委员会条例》，规定系务委员会的主要任务有：①团结全系人员，努力执行党和政府关于保证提高专家的专业和理论水平、开展科学研究工作等方面的决议；②制订和组织完成系的各种工作计划；③负责审议本系的科学研究工作与思想教育工作计划和本系教授、教学人员进修计划；④积极影响教研室集体的生活，并定期对每个教研室的工作进行总结；⑤负责干部的编制等事宜。③

各系的工作由系主任领导，系主任由高等学校校务委员会用不记名投票方式在教授和最有经验的副教授中选举产生，系的职能包括：按照系的专业培养大学生和研究生，提高国民经济部门领导人员和工程技术人员的业务水平，以及指导教研室的科学工作。④ 教研室由直属高等学校的校长或所在系的系主任领导，但具体工作由教研室主任直接管理。教研室在这个管理体制中虽属最底层，却是高等学校的主要教学和科学研究机构，负责一门或几门同类科学的教学、教学法指导和科学研究工作，以及学生的教育工作和科学教育干部的培养及其业务进修。教研室由教授、助教、主任教员、教员、高级和初级科学

---

① 北京师范大学外国教育研究所：《苏联高等教育文件选编》，上海外语教育出版社，1986，第58页。
② 参见北京师范大学外国教育研究所：《苏联高等教育文件选编》，上海外语教育出版社，1986，第67页；叶留金：《苏联高等学校》，张天恩等译，教育科学出版社，1983，第483页。
③ 同上。
④ 叶留金：《苏联高等学校》，张天恩等译，教育科学出版社，1983，第486页。

研究等人员组成。教研室主任一般从有教授学衔或科学博士学位的科学教育干部中以竞试的方式选举产生。①

苏联高等学校的管理体制可通过图 9-2 来展示，图 9-2 明显地反映出校长掌握最高权力，苏联高等学校的管理体制是典型的校长负责制。

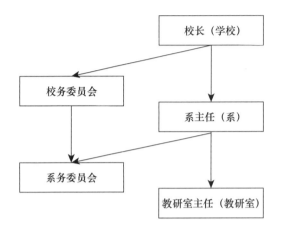

图 9-2　苏联高等学校的管理体制

四、高等教育机构的课程与教学活动

战后，苏联进行了专业与课程设置以及教学形式等方面的改革，在这些改革措施中仍然能看到军事思维的影子。毕竟，战后的美苏对抗正好处于科学技术发展的时代背景下，这自然使得苏联的军事发展必须依靠自身的科技发展。针对上一个时期苏联高等学校在专业设置、课程安排比例等方面存在的过多、过细和科技含量不够等问题，苏联进行了相应的高等教育改革，如 1954 年、1958 年、1963 年和 1971 年等多次有影响的高等教育改革，从而把高等学校的教学发展推上了一个新台阶。

（一）调整专业设置和课程结构

1954 年苏联政府在重新审定高等学校专业后，将专业设置总量从 660 个减少到 274 个。②但在减少的同时，专业也在随着时代的不同而有所更新。整个 20 世纪 50 年代尤为重视核物理和无线电电子学专业，20 世纪 60 年代加强了经济、建筑等方面的专业设置，而到了 20 世纪 70 年代专业数又增加到了 400 个。其中，自动化控制系统专业、应用数学专业、电子计算机设计和生产专业等发展特别快（如表 9-2 所示）。③

---

① 叶留金：《苏联高等学校》，张天恩等译，教育科学出版社，1983，第 486 页。
② 顾明远：《战后苏联教育研究》，江西教育出版社，1991，第 302 页。
③ 参见王清华：《苏联高等教育的历史和现状》，吉林教育出版社，1985，第 29 页。

表9-2　1956年和1975年苏联各高等学校的专业设置

(单位：个)

	1956年	1975年	增加数
工科矿业类	13	18	5
工科动力类	4	11	7
工科冶金类	7	9	2
工科机械与仪器类	43	47	4
工科电子与电气类	12	34	22
工科无线电与通讯类	4	7	3
工科化工类	12	24	12
工科森林、木材与造纸类	3	6	3
工科食品加工类	10	13	3
工科轻纺工业类	8	12	4
工科建筑类	12	16	4
工科测绘类	4	4	0
工科水文与气象类	3	5	2
工科运输类	9	17	8
农林	14	18	4
医药	5	5	0
师范	17	18	1
政法	1	3	2
文科	18	21	3
理科	14	15	1
财经	31	46	15
体育	1	2	1
艺术	26	27	1
总和	271	378	107

资料来源：哈尔滨工业大学高等教育研究所编译：《苏联高等学校专业设置、培养规格、教学计划选编》，哈尔滨工业大学出版社，1987，第3—16页。

从表9-2可以知道，1956年到1975年苏联高等学校设置的专业增加了107个，且以工科类型专业增加数量为最多，约占整个所增专业的三分之一。其中，增加专业超过10个的三个专业类，分别是工科电子与电气类、财经类和工科化工类，各自增加了22、15、12个专业，而工科就占据了34个。专业设置的增加方式有两种：一种是将原来的专业进行再细化，如原来的"电机与电器"专业被细化为两个专业——"电机"和"电器"；另一种是设置新的专业，如"工程电物理""热工过程自动化""信息测量技术"。两种方式中的后者居主要地位。

随着专业设置的变化，课程的门数和结构也相应做出了调整，而调整的重点主要在两个方面：一是课程的总门数，二是基础课和专业课的比例。除减少课程总门数的做法外，在基础课（基础课、专业基础课）和专业课方面，则不断减少专业课的分量，加强基础课的教学。例如,莫斯科高等技术学校的机械制造专业,其基础课和专业基础课占总学时的56%,专业课只占30%;哈尔科夫工学院的基础课和专业基础课占总学时的80%;列宁格勒工学院,其基础课占总学时的31%,专业基础课占50%,而专业课只占11.1%。① 据统计,这一时期苏联高等工科专业的教学计划中,由于削减了专业课分量,基础课知识总量增加了32%~40%。②

至于如何合理地安排三种课程的比例问题,各高等学校的做法往往是以模拟专家的职业活动领域为基础来确定,直到1978年,一个相对正式的决议将这些经验加以固定,这就是《关于完善专家培养的计划工作和改进高等和中等专业学校毕业生在国民经济中的使用》决议。其内容涉及高等学校教学工作的各个方面,包括对毕业生应掌握的知识、技能和技巧的基本要求,以及毕业生将担负的工作职责和发展方向等。这一文件实际上就是各专业的专家质量标准,课程的设置与结构比例的安排都以此为依据。③

(二)将教学引向实际运用

将教学引向实际运用主要表现在两个方面:一是加强教学与实际生产的联系;二是加强教学与科学研究的联系,两者相辅相成。

1958年苏联通过了《关于加强学校同生活的联系和进一步发展国民教育制度的法律》,此法规定:高等学校应当接近实际生活、接近生产;高等学校与实际生活、与生产劳动对象结合的具体形式,应取决于专业范围、学生成分、民族和地方特点;应调整全国高校网,使之靠近生产,设立工厂式高等学校,或高等学校附设工业企业和车间,由学生生产产品。④ 1963年通过了《关于进一步发展高等和中等专业教育及改进专门人才培养和使用办法的决议》,要求克服人才层次和专业同实际脱离的弊病,改进高等学校高年级学生的生产劳动和生产实习,根据学生所学专业提供相应的岗位,使之获得工艺学、经济学和组织生产等方面的知识;并强调加强学生的独立活动以使之更积极地参加科研工作。⑤ 1964年又通过了《关于进一步开展高等学校科学研究工作的决议》,正式将高等学校的科研工作作为国家科学研究工作的组成部分之一,并有机地纳入全国科学技术的发展计划。这又强化了高等学校教学与科研的联系。1971年苏联通过了《关于进一步改进全国高等教育的措施的决议》,在认为某些高校毕业生的理论和专业知识水平不符合提高了的科学和生产的要求基础上,责成有关部门于1973—1974学年改进教学计划、教学大纲、教科书和教学参考书,原则是使高等学校的整个教学适应现代生产的需

---

① 王清华:《苏联高等教育的历史和现状》,吉林教育出版社,1985,第56页。
② 顾明远:《战后苏联教育研究》,江西教育出版社,1991,第303页。
③ 叶留金:《苏联高等学校》,张天恩等译,教育科学出版社,1983,第216页。
④ 王义高、肖甦:《苏联教育70年成败》,北京师范大学出版社,1999,第200页。
⑤ 同上书,第224页。

要；同时要加强学生一般科学和技术科学的学习和实习，改进高等学校学生的生产实习，包括联络固定的企业、生产联合体、科研和设计机构给文化机关作为实习基地。①

如此，一方面，苏联高校建立起与企业、科研单位的"教学科研生产联合体"教学组织形式，将一部分教学搬到生产现场。另一方面，加强生产实习。一是拉长生产实习的时间，如高等工科院校的实习时间不低于18～28周，后来还提升到23～35周。二是增多实习的次数，一般为3～4次。以莫斯科高等技术学校为例，第一次实习是在教学工厂进行教学实习，学习生产毛坯的技能；第二次是学生在车间和设计室作为工程师助手进行实习，让学生了解机器的制造过程；第三次是让学生作为主管人员助手和代理人员直接参加生产工作，将专业知识用于具体的实践以掌握实际技能；第四次是学生临近毕业的一次，实习的方式根据学生的毕业设计而个别进行，目的在于为毕业设计做好准备和进行技术与经济分析，同时借此直接参与解决当时的生产问题。三是改进实习条件。1966年通过的《关于改善专家的培养和改进对全国高等和中等专业决议的领导的措施》，明确规定要为学生的生产实习设置固定的实习基地，所固定的基地期限不得少于5年，而且还要加强企业对生产实习的组织管理。此外，逐渐使更多的大学生参加科研活动。应该说，苏联高等学校科学研究工作的突出特点就是与教学过程有着紧密联系，即大学生参加科研工作。如1966—1967学年，全国参加科研的大学生占高等学校全日制学生总数的28%，1975—1976学年则占到55%。②而教学与科研结合的主要方式有：把科学研究成分或具有研究性质的部分纳入实验室作业、课程设计和在生产实习过程中应完成的课题中；准备共同课、专业基础课和专业课方面的介绍性学术报告；完成教学计划规定的专业方面的教学和研究任务；在做毕业设计过程中完成科学研究任务等。③这些形式共同保证了每个大学生在整个学习期间不断地参加科学技术创作活动。

这一时期是苏联高等教育历史上一个多变的时期，却又是苏联高等教育极其稳定的时期。一方面，高等教育经历了斯大林、赫鲁晓夫、勃列日涅夫的执政，从而也经历了1954年、1958年、1963年和1971年等多次重大的改革。但另一方面，高等教育却始终稳定地沿着列宁开创的、斯大林规范的模式发展着，即将无产阶级性质弥漫于高等教育活动的每一个环节，实行中央高度统一管理与各经济部门单独管理相结合，强调教学与国民经济的生产相联系并进而与科学研究相联系，大力发展工科高等教育，重视所培养人才的专业化等。正是这些变化中透出的稳定，形成了苏联高等教育自己的特色，从而也就呈现出苏联高等教育的独特做法：学生接受全免费高等教育并全由国家包分配，杜

---

① 王义高、肖甦：《苏联教育70年成败》，北京师范大学出版社，1999，第232页。
② 参见顾明远：《战后苏联教育研究》，江西教育出版社，1991，第306、308页。其中有关四次实习的不同形式则参见王清华：《苏联高等教育的历史和现状》，吉林教育出版社，1985，第60页。
③ 叶留金：《苏联高等学校》，张天恩等译，教育科学出版社，1983，第349页。

绝非国立高等教育的存在；关注学生专业知识和技能的学习与获得，将学制定为五年，而不是四年；设置十分细化的专业；不给大学毕业生授予学位而只给予专家称号；把类似于美国初级学院、法国短期大学的中学后教育列为中等专业教育，而不是高等教育；把博士列为大学后教育而不是高等教育；将高等业余教育与全日制高等教育同等待遇地发展，而不是作为一种辅助形式等。这些特色与做法经过30多年的演变逐渐形成为一套严格、严密的系统，甚至形成一种"苏联模式"，使苏联在整个冷战时期能雄居世界高等教育的一极，并为其他国家，尤其是第三世界国家所仿效；但也正是这些特色与做法构成了下一个时期俄罗斯高等教育必须变革的缘由。

第二节 美 国

第二次世界大战结束后，美国成为全球政治、经济实力最强大的"霸权国家"。战争及空间领域的军备竞赛一度引起了人们对教育和科学技术的广泛关注。教育被看作是有助于加强国防、促进经济发展、科技进步的有力工具。在此背景下，高等教育获得了迅速发展，规模不断扩充，结构、职能进一步完善。哈佛大学校长普西（Nathan M. Pusey）将这一时期称作美国高等教育的"黄金时代"（the Gold Age，1945—1970）。[①] 进入20世纪70年代，由于国内外局势的变化，美国高等教育陷入财政紧张状态，由此带来了高等教育领域内新的变化。

一、高等教育发展的"黄金时代"

（一）《退伍军人权利法案》及其对高等教育的冲击

1944年5月，美国国会通过《退伍军人权利法案》。在该案付诸实施的初期，美国国内没有人预料到会有那么多的退伍军人像潮水一样涌入高等学校。根据军事部门1943年、1944年、1945年所做抽样调查显示，估计进入高等学校的人数总计约70万。当时教育专家的意见也与上述估计基本一致。

但在该法案的激励，以及由军人生活向平民生活过渡需要借助教育之"桥"等因素的作用下，自1945年开始到1956年，进入高等学校的退伍军人是预计数量的3倍，总共达到了2232000人。仅在1947年的高峰年，在高校注册学习的退伍军人总数就达115万，占该年美国高校在校学生总数（约233万）的49%。自1946年到1948年连续三年的高校男学生中，大多数是退伍军人。

退伍军人的大批涌入给高等学校的教学、管理和生活带来了大量新的课题。从各高等学校到全国的各类高等教育协会普遍设立了专门的退伍军人协会，作为退伍军人教育

---

① Nathan M. Pusey, *American Higher Education 1945–1970: A Personal Report* (Boston: Harvard University Press, 1978), p.1.

的咨询、规划和联络机构。高等学校采取了一系列措施来帮助退伍军人适应校园生活、顺利完成学业。而退伍军人进入高等学校后表现出色，同样出人意料。

美国著名高等教育学者戴维·亨利（David Henry）把"二战"以后由于退伍军人大批入学而引起的高等教育的重要变化归纳如下：①高等教育已经非常明显地成了实现国家目标的工具，这也为联邦大规模地介入、资助高等教育奠定了基础。②平民青年很快意识到要把高等教育作为他们新的优先选择的目标，进入高等学校能够大大提高他们未来职业选择的灵活性。③对于那些关心扩大教育机会的人们，特别是那些来自弱势群体的青年人，大批退伍军人进入高校为他们提供了联邦政府资助的价值和可行性的全国性先例。④资助学生成为联邦政府以最低程度的控制介入高等教育的适当方式，这种方式也为高等学校乐于接受。⑤公众把对退伍军人作为可靠的、成熟的和有良好动机的优秀学生的印象逐步变为对大学生的普遍评价，这种评价一直持续到20世纪60年代中期。⑥高等教育的新发展，扩大了对优秀的青年人接受高等教育的不断增长的数量需求。⑦一些大学为了容纳大量退伍军人学生而临时得到的校外场所，为新建大学、社区学院，以及在一些州形成公立大学体系、多校区院校、学院群和开放大学创造了条件。⑧大学校园生活的基调发生了变化。⑨高等学校为了适应退伍军人学生的需要而进行的许多尝试、政策和服务工作演变成了长久的做法，如招生、教学方式、兼职教师、高校与外部社会的新联系等。[①]

总之，由于《退伍军人权利法案》的实施，大批退伍军人进入高等学校，不但使大量由于战争而失去受教育机会的青年接受了高等教育，为战后美国培养了成千上万的各种专门人才，而且极大地促进了美国高等教育的发展和高等教育观念上的许多变化，为后来美国高等教育的进一步扩展奠定了基础。

（二）高等教育的大发展、大变革

20世纪50年代初期，由于冷战加剧和退伍军人陆续离校，高等学校在校生数量一度出现了连年减少的趋势。直到50年代中期，由于下述因素的推动，高等学校才普遍感到了新的大学生入学浪潮即将到来。①战后经济和科学技术的迅速发展迫切需要大量的各级各类人才。②中等教育的广泛普及使得高中毕业生人数大量增加。③自1940年以来，美国历史上生育高峰期出生的儿童开始陆续步入学院就读年龄期。④20世纪50年代中期兴起的大规模"民权运动"使得高等教育民主化的要求空前高涨。⑤由于高等学校在第二次世界大战期间做出的重大贡献和战后初期在接受和培训众多退伍军人中所获得的巨大成功，它们的社会地位明显提高，被政界和公众普遍看作是增强国家实力和解决社会急迫问题的具有特殊性的机构。

[①] David D. Henry, *Challenges Past, Challenges Present: An Analysis of American Higher Education Since 1930* (San Francisco: Jossey-Bass Publishers, 1975), pp.66–68.

在第二次世界大战期间及战后初期,美国的许多高校、各类地区和全国性的教育协会,以及联邦政府和州政府纷纷设立战后教育规划委员会,研究和拟订有关战后教育的建议。其中关于高等教育的发展问题,最著名的报告是美国总统高等教育委员会于1948年发表的《为美国民主社会的高等教育》(Higher Education for American Democracy)报告,是美国历史上第一个由政府任命的委员会系统地提出和阐释关于大众高等教育基本原理和美国未来高等教育发展前景的报告。该报告的主导思想是消除所有影响人们教育机会的障碍,以使"每一个公民青年和成年人都能得到鼓励,在他的天赋能力所允许的范围内获得最大可能的正规或非正规的教育"。该报告确信,"至少有30%的人具有完成高级文理教育或专业教育的能力",并预计从1948年到1960年在校生将翻一番。[①]这一报告及其他一系列相关报告为后来高等教育的大发展提供了理论准备。但是,直到1957年苏联人造地球卫星上天,才极大地震惊了美国朝野,使教育问题成为举国上下关注的中心,从而揭开了此后十余年美国高等教育大变革和大发展的序幕。

1. 一系列重要教育法案的颁布实施

较长时期以来,尤其是第二次世界大战以来,美国的经济和科学技术一直处于世界领先的地位,美国各界也一直为"美国科技至上"而陶醉。但1957年10月4日苏联第一颗人造地球卫星成功发射,在一夜之间打破了美国人的优越感,使美国政界、军界、科技界、教育界乃至公众感到一片恐慌。继而人们纷纷提出疑问:为什么苏联的科技实力超过了美国?论争的结果是,美国教育落后。许多重要人士都主张,摆在美国人面前的紧迫任务就是要加强教育和科学研究。仅在1957—1958年度,美国国会就通过了至少80项涉及教育的法案,其中最重要的是1958年8月颁布的《国防教育法》(National Defense Education Act)。该法授权联邦政府拨款2.8亿美元给州立学校,以加强自然科学、数学、现代外语和其他紧要科目的教学。该法还规定,向在科学、数学、工程和现代外语方面高禀赋的本科生、研究生或立志毕业后从事中小学教学工作的学生提供学习资金,规定每年向1500名研究生提供国防奖学金等。尽管《国防教育法》在解决美国教育面临的种种问题方面仅是一个"小小的步骤",但它却是联邦政府在高等教育事业中发挥作用的里程碑;是使高等教育与国防紧密结合起来,成为而后十余年国家优先发展的战略重点的起点和标志。

继《国防教育法》之后,美国国会又在20世纪60年代通过了一系列专门的教育法案和涉及教育问题的法案,大力促进高等教育的优先发展。这些法案主要包括:1963年的《高等教育设施法》(Higher Education Facilities Act of 1963)、1964年的《公民权利法》(Civil Rights Act of 1964)和《经济机会法》(Economic Opportunity Act of 1964),1965年的《高等教育法》(Higher Education Act of 1965)及其在1968年的修正案等。1957年至

---

① G. F. Zook, *Higher Education for American Democracy: A Report of the President's Commission on Higher Education* (New York: Harper & Brothers, 1947), p.41.

1969年间,美国政府把发展教育事业摆在优先战略地位,国会通过了大量的相关法案。这一时期,美国高等教育改革与发展不但对于美国国防及社会的"繁荣与幸福"具有决定性的意义,而且被作为扩大公民权和"向贫穷作战"的基本手段。

2. 来自各种渠道的高等教育投资大量增加

随着高等教育日益成为联邦政府优先资助和发展的战略重点,以及日益被社会各界所公认为是促进美国经济增长、增强国防实力和促进社会平等、实现个人抱负的重要途径,也由于这个时期美国经济的繁荣和人们收入水平的普遍提高,美国政府和社会各界对高等教育的财政投入出现了前所未有的迅速增长的局面。仅从1959—1960年度到1969—1970年度,整个高等学校的财政收入即由57.9亿美元增加到了215.2亿美元,十年间增长了将近300%。高等学校财政收入占GNP的比例也由1.4%上升到了2.6%。[1]这一时期,联邦政府通过上述一系列教育立法,采取多种途径和手段,向高等教育投入了大量经费。例如,资助某些重要学科的发展,资助新型院校的发展和高校某些新职能(如推广教育计划、社区服务等)的发展,资助高等学校基础设施建设,向大学生和研究生提供多种形式的贷款、助学金和奖学金,联邦政府许多部门还通过签订各种研究合同大力资助高等学校的科学研究。这一时期,来自州政府、地方政府及社会团体和个人对高等教育的资助也有了空前增加。

(三)高等教育大发展、大变革的表现

美国高等教育事业从1958年到1968年出现了前所未有的大发展和大变革的局面。这一时期高等教育的发展与变化主要体现在以下几个方面。

1. 学生数量激增

从1958年到1968年,美国高等学校在校生人数由322万以上猛增到692万以上,平均年增长率达7.9%。高等学校的学生人数在18~24岁人口中所占的比例由21.2%上升到30.4%(如表9-3所示)。

表9-3　1958年至1968年美国高等教育发展概况

年份	高等学校数(所)	注册学生数(人)	注册学生占18~24岁人口的百分比(%)	教师数(人)	高等学校总资产(百万美元)
1958	2011	3226000	21.2	260486	16947
1960	2008	3582700	22.2	283080	20225
1962	2040	4174900	23.7	312687	24403
1964	2132	4950100	26.4	358153	30229
1966	2230	5928000	27.8	438000	35617
1968	2483	6928100	30.4	574000	39343
1958—1968年均增长率	2.1%	7.9%	—	8.2%	9.8%

资料来源:NCES, *Digest of Educational Statistics*, 1971, p.67.

---

[1] 陈学飞:《美国高等教育发展史》,四川大学出版社,1989,第158页。

高等学校在校生人数的激增，使学院和大学面临着一系列变革的挑战。美国学者马丁·特罗在《精英高等教育向大众高等教育转变中的问题》(*Problems in the Transition from Elite to Mass Higher Education*)报告中曾指出：在任何一个发达国家，高等教育所出现的问题都是与它的规模扩张相关联的。扩张导致了高等教育系统内部以及支持它的社会系统的种种问题的产生。这些问题涉及高等教育的财政，行政管理，学生选拔，课程与教学方式，教职员聘用、培养及交流，质量标准的确立与保持，考试方式，授予的文凭的性质，学生的住宿条件及就业前景，学生的学习动机及道德品行，科研与教学的关系，以及高等教育与中等教育、成人教育的关系等。扩展影响到高等学校的活动和表现的各个方面。[①] 20世纪60年代美国高等学校学生倍增，正是这一时期高等学校内部一系列重大变革的基本促动力量。

2. 学校数量增加及规模扩大

为了接纳迅速激增的青年进入高等学校，这一时期，一方面高等学校数量有了较大幅度的增加。经过正式鉴定认可的高校数量由1958年的2011所增加到1968年的2483所。其中高校增长最快的时期是在1965年至1968年，三年新增291所，平均每星期新建两所高等学校。另一方面，高等学校的规模普遍扩大。第二次世界大战以后，尽管有大量的退伍军人进入高等学校，但当时高校的规模一般都比较小。直到1955年，美国仍有约50%的高等学校学生数不足500人，千名学生以下的学校所占的比例达70%以上，万名学生以上的院校数量不多，仅占高等学校总数的2.2%。到了1968年，500名学生以下的高等学校数量已经减少到高校总数的约25%，千名学生以下的院校数量下降为高校总数的约50%，而万名学生以上的院校数量已增加到179所，在高校总数中的比例已达7.2%。美国高校平均拥有学生数由1951年的1134人、1955年的1428人扩大到了1968年的2790人。也就是说，20世纪60年代美国高等学校新增学生的绝大多数并不是进入新建的高等学校，而是被已有学校扩大的规模所容纳。

3. 高等教育层次结构发生了显著变化

美国高等学校历来以四年制的本科生教育为主体。但自第二次世界大战以后，这种传统的高等教育层次结构模式受到了日益严重的挑战。特别是到了20世纪50年代中后期和20世纪60年代，随着两年制学院教育和研究生教育的急剧发展，高等教育的层次结构发生了显著的变化。

美国的两年制学院由于自创建起即以向学生提供以转学为目的的教育为重点，因此以往一直不被公认为是一种独立的高等教育水平层次。战后两年制学院除了继续提供转学教育以外，越来越重视社会急需的职业教育、补习教育和成人教育的扩展。1960年的《加利福尼亚州高等教育总体规划》(*California Higher Education Master Plan*)，在美国历

---

① Martin A. Trow, *Problems in the Transition from Elite to Mass Higher Education* (Paris: OCED, 1973).

史上首次把高等教育划分为两年制的社区学院系统、四年制州立学院系统和授予博士学位的大学系统三个层次，从而使两年制的学院教育开始成为高等教育体系中一个公认的重要组成部分。美国联邦政府，以及许多州和地方政府也大力资助两年制学院的发展。并且，随着高等教育民主化浪潮，许多两年制学院自20世纪60年代初期开始实行"开放入学""免费入学"或降低学费的政策，使得过去没有机会进入高等学校的青年大批涌入社区学院。到1968年，在社区学院就读的学生人数已达128万，约占高校学生总数的五分之一。

这一时期，以培养大学教师、科研人才、管理人员和其他高级专门人才为目的的研究生教育受到特别重视和资助。研究生教育的发展速度略慢于两年制学院教育，却几乎是本科生教育发展速度的2倍。1955年，美国高等学校约有研究生25万人；到1968年，研究生人数已达103万。研究生与两年制学院学生在高校学生总数中所占的比例，由1955年的21%上升到了1968年的34%。

4. 高等教育基本目标与职能发展

1973年卡内基高等教育理事会在其报告《高等教育的目的与成就》（The Purpose and the Performance of Higher Education）中，曾把美国高等教育在历史演变过程中形成的基本目的归结为人的培养、经济、政治和社会服务四个方面。随着内外环境的变化，美国高等教育的这些目的有了许多重要发展。在人的培养方面，已由历史上着重学生的道德训练或着重为某些专业或职业培养人才，逐步转向强调学生对于迅速变化着的工业和技术社会的适应性。在教育与经济的关系方面，人力资本理论日益受到重视，发展教育被普遍视为是一项"最好的投资"。高等学校也越来越注重为国家的经济和科学技术的发展以及社会福利的增加而进行教学和科研。在政治方面，高等学校努力为青年和公众提供尽可能多的教育机会，以图通过扩大高等教育民主来促进社会平等。在为社会服务方面，高等学校已由"赠地"运动以后开始的着重为农业和工业生产服务、第二次世界大战期间的为国家的战争努力服务，逐渐扩展到为各级政府、工商企业、城市建设、环境保护等社会各个方面服务，并通过开放图书馆、实验室、体育设施和开展其他活动努力成为周围社区的文化和娱乐中心。

高等教育基本目的的变化促使传统的美国高等学校的教学、科研和社会服务三项主要职能有了新的发展。

在教学方面，高等学校已由提供本科生教育、研究生教育和两年制基础或职业教育，扩展到广泛地提供成人教育、继续教育、补习教育、远程教育、独立学习和留学生教育等。高等学校尤其是社区学院在一定程度上成了"人人能入学，为人人服务"的机构。这个时期科学研究的地位和职能在高等学校变得尤为重要和突出。

由于大学的科学研究在第二次世界大战期间所发挥的巨大作用，联邦政府为了应对苏联在空间科学领域的挑战而再次把大量的科研任务交付给大学。大学从联邦政府获得的科研经费,由 1957 年的 2.17 亿美元猛增到 1968 年的 15.09 亿美元。大学获得的科研经费在全国科研经费中的比例,由 1957 年的 15% 上升到了 1968 年的 28%。1965 年美国学校从事科研与发展(R&D)的科学家和工程师总计约达 18 万人。由高等学校负责管理的 36 个联邦研究与发展中心雇用了 11000 余名科学家和工程师。在 20 世纪 60 年代,美国的大学以及与其相联系的研究与发展中心承担了全国大约 60% 的基础研究和 10%～15% 的应用研究任务。由于联邦政府对于高校科研的大力资助,到了 20 世纪 50 年代末期,美国出现了一批以从事科学研究和博士教育为重点的研究型大学。美国著名教育家克拉克·克尔(Clark Kerr)甚至把这些大学称为"联邦拨款大学",并把联邦政府自"二战"以来对高校科学研究的资助称为是美国现代高等教育体系形成的最重要的推动力量之一。[①]也正是这些研究型大学,在 20 世纪 60 年代逐步演变成为一批规模巨大、学科众多、目标和职能更为多样,组织更为复杂的巨型大学(multiversity)。

在社会服务方面,这个时期高等学校不仅更加依赖并且服务于各级政府和周围社会,而且大大加强了与企业界的联系。20 世纪 50 年代,以斯坦福大学率先进行的固体电子学等方面的跨学科研究为开端,大批电子工业公司陆续在该校周围建立起来。大学用自己在师资、研究生和尖端技术方面的优势为这些公司提供服务,工业公司则以自己的资金和设备大力资助大学的科研和教学活动,从而到 20 世纪 60 年代初期以斯坦福大学为中心、由数十家高技术公司组成的电子工业基地,即全美第一个科学园(硅谷)开始形成。而后这个科学园又发展成为以斯坦福大学、加利福尼亚大学和加州理工学院为主干的旧金山-帕洛阿尔托科学工业中心。除了西海岸的这个中心之外,20 世纪 60 年代在美国的其他地区还形成了一批大学-工业中心。20 世纪 60 年代美国大学与工业界新的密切关系的建立,不仅使大学在国家经济和科技发展中的地位有了空前提高,同时也给大学的科学研究和学生培养带来了巨大的动力和活力。

5. 高等学校科类及课程设置的新变化

这一时期,美国高等学校在科类和课程设置方面也出现了许多新的变化,主要体现在以下三个方面。

(1)研究生教育开始成为大学的工作重点

由于《国防教育法》的实施和研究生数量的急剧增加,同时也由于科学研究的职能在大学变得日益重要,研究生教育开始成为大学的工作重点。大学和教授的声誉越来越取决于科研成果与研究生的数量、质量,以及获得科研经费的多寡。从事科学研究、培养研究生,日益成为大学教授们追求的目标。

(2)通识教育得到加强

美国高等学校在本科生培养中特别注重通识教育的传统。但自美国独立特别是南北

---

① Clark Kerr, *The Uses of the University* (New York: Harper & Row, 1963), pp.44-46.

战争以后，以培养实用人才为目的的职业与专业教育得到迅速发展。在本科生培养中，许多大学对专业课学习时数的要求已超过了基础课的要求。20世纪30年代虽然出现了以赫钦斯为代表的"永恒主义"教育思潮，但并未能阻止通识教育削弱的趋势。战后以哈佛大学1945年发表的《自由社会的通识教育》（General Education in a Free Society）为开端，高等学校曾出现了"恢复基础教育运动"。但除了一些小型文理学院在坚持基础教育计划方面较为成功之外，"这次运动在多数地方都是短暂的"。20世纪50年代末，许多高校再次开始加强对本科生的通识教育计划，增加通识教育的课时。据美国学者德塞尔（Paul L. Dressel）对322所大学本科生课程设置进行的调查证实，1967年这些学校对学士学位课程的要求是：基础课占37%左右，专业课占25%左右。[①] 又据卡内基教学促进基金会的调查，1967年美国各类高校本科生通识教育所用的学时，大体都占总学时的40%以上。尽管本科生通识教育在这一时期普遍得到了加强，但由于高等学校，特别是那些有声誉的大学自19世纪后半期以来已经高度系科化，各系科的主要兴趣在于自身的发展；对于教师来说，专门化已经成为一种时尚、潮流，越是专门化往往越被当作是有学问；加之"教授明星制度"（faculty star system）在这个时期的出现，"明星"教授能够得到研究资助，主要致力于科学研究和培养少数天赋高的研究生。这些"明星"教授人数虽然不多，却是学院和大学的主角，对大学教育方向有着重要的影响。由于这些重要因素的作用，致使从20世纪60年代末期开始，通识教育课程在本科课程中的比例再次呈现缩减的趋势。

（3）大量设置新的学科，开设新的课程

经济社会和科技发展的需求，以及高等学校职能变化、学生和教师的激增等，促使高等学校普遍开设新的学科和课程。在新设学科方面，有计算机与信息科学、空间科学、生物科学、环境科学、图书馆学、管理，以及地区研究、都市研究、少数民族及妇女问题研究等。由于科学知识的互相融合与交叉发展，这个时期高等学校出现了许多跨人文学科与社会科学、人文社会科学与自然、技术科学等新学科。例如，仅在麻省理工学院就设有30多个跨学科的研究和教学机构，开设诸如科学与政策研究、科学技术与国际事务和对外政策、科学技术与管理、美国研究、俄罗斯研究等方面的新课程。随着新课程的不断增加，新课程的淘汰率也明显增加。美国学者赫弗林（Hefferlin）对1962年至1967年间的110所四年制学院的课程设置进行统计研究之后指出："按照推论，本科生课程内容的彻底更新至少需要22年。"然而，调查的结果却是在此期间，旧课程平均每年淘汰率为5%，新课程每年的淘汰率高达9%。[②]

卡内基教学促进基金会曾把美国高等学校科类及课程形式的变化归结为种种因素导

[①] Clifton Conrad, *The Undergraduate Curriculum: A Guide to Innovation and Reform* (Bonlder: Westview Press, Inc, 1978), pp.54, 94.

[②] Ibid., p.245.

致的结果。高等学校外部因素与内部因素在不同的历史时期，以不同的方式，在不同的程度上作用于学校的课程。有的时期某一种或几种因素起主要作用，另一个时期则是其他一种或几种因素起主要作用。20世纪60年代推动美国高等学校科类课程设置新变化的最主要原因，则是联邦政府的大力资助、公众舆论压力和政治经济发展的新需求。

6. 高等学校教师经济、社会地位持续提高

随着高等教育规模的日益扩大、职能的日益增多、科类和课程的不断增加，高等学校对教师的需求也日益成为一个紧迫的问题。早在20世纪50年代中期，美国的一些著名学者如沃尔夫、汤普森等，就曾预测20世纪50年代后期到20世纪60年代美国的中小学和大学将需要补充大量的教师。但由于高等学校教师的经济地位比其他专业职位低得多，造成大量优秀人才乐于去其他行业而不是在大学谋求职位。

美国总统高等教育委员会在战后曾指出，到1947年大学教师们的实际购买力平均下降了约25%，有50%的大学教师感到收入太少，以至于不愿意继续从事教育工作；同时，经费上的种种困难也影响着他们的工作质量。[①]1957年，美国总统中学后教育委员会更加明确地指出：教育"是唯一的一种在20世纪经济地位相对恶化、高衔阶层经济地位绝对恶化的主要职业。它或许也是唯一的一种在过去十年或更长时间的繁荣中没有获得较大利益的行业……相当普遍的是，进入工商界的年轻大学毕业生的起薪比培养他们的富有经验的教师工资还高。……高等学校吸引或接受大量的学生而没有充足的胜任的教师，将是全国性的错误和灾难"[②]。该委员会建议，在未来5年或10年内要使高等学校教师的平均收入增长一倍。

随着高等教育日益成为全国发展的战略重点和经费的大量增加，高等学校教师工资于1958—1959年度恢复并开始超过了战前的水平，并在其后的10年里得到了持续稳定的增长。到1968年，美国四年制学院和大学教师的年平均工资，已由1958年的6015美元增加到了10235美元。

高等学校教师经济地位的稳步提高以及从事高校教育工作所具有的其他优越条件，开始使大学教师的职位成为大批博士学位获得者和其他许多专门人才追求的目标职业。从1957—1958学年到1967—1968学年的10年间，高等学校具有博士学位的教师所占比例，由1957年学院的33%、大学的41%分别上升到了1969年的42.8%和56.3%。大学教师经济、社会地位的明显提高以及教师队伍素质相应的改善，为美国20世纪60年代高等教育事业的发展和改革提供了人力资源上的保障。

除了上述几方面的发展变化之外，这个时期也是美国的全球性教育政策得以确立、

---

① G. F. Zook, *Higher Education for American Democracy: A Report of the President's Commission on Higher Education* (New York: Harper & Brothers, 1947), p.101.

② David D. Henry, *Challenges Past, Challenges Present: An Analysis of American Higher Education Since 1930* (San Francisco: Jossey-Bass Publishers, 1975), pp.105–106.

国际教育迅速发展的时期。为了加强全球性的政治、经济和科学技术的竞争以及对别国的控制，继1958年《国防教育法》之后，美国国会于1961年通过了《共同教育和文化交流法》，1966年通过了《国际教育法》，建立了国际发展总署（AID）与"和平队"，大力资助高等学校国际问题和区域问题研究、有关人才的培养和进行国际性的教育交流。美国先后在贝鲁特、开罗等地区设立了海外大学，鼓励大批教师和学生到国外从事教学与研究，积极吸引各国的人才到美国就业或学习。据统计，1962—1963年度美国在国外的教师为2907人，到1969—1970年度已达5310人。1957—1958学年美国在国外的留学生为10200人，到1968—1969学年已达25117人。来美国求学的留学生增加得更为迅速：1957—1958学年仅有43391人，1968—1969学年增至121362人。此间移居美国的科学家、工程师的数量也明显增加，1949—1965学年平均每年增至14000人。这些人员不仅成为美国科学技术力量的重要组成部分，而且许多人在大学任教，为美国培养了大批高级专门人才。

在美国高等教育大发展、大变革中，也存在一些危机。如进入20世纪60年代中后期，大学生民权运动、自由言论运动热情高涨，部分学生由于反对越战而走向政府的对立面，大学生吸毒、生活放纵现象层出不穷。

二、高等教育的"危机年代"

在经历了20世纪50年代后期到60年代的巨大扩展之后，美国高等学校面临的内外部环境开始恶化，严重的财政危机迅即来临。高等学校被迫在办学方向、招生对象、教学计划、学校管理等诸方面进行了一系列调整，使得1970年至1980年的美国高等教育出现了许多新的重要变化。

（一）高等教育危机的出现

1968年前后，美国高等教育大发展时期财政入不敷出的倾向开始明显表现出来。到了1970年，几乎每一家媒体都认为高等教育处于财政不景气之中。1971年美国学者蔡特（E. F. Cheit）所著的《高等教育的新萧条》一书出版。蔡特指出：美国高等教育事业已经完全呈现另外一种发展趋向……仅仅在几年以前，新的学院和大学校长的主要目标还是为建设学校制订种种发展规划，而今的新校长很可能发现，不断恶化的财政条件迫使他首先是要削减学校的各种计划，甚至学校的规模。[①] 到了1973—1974学年，几乎所有的美国高校都在努力控制支出。尽管如此，从1969—1970学年到1974—1975学年，有132所高校被迫关门，其中私立院校104所、公立院校28所。

高等教育的这次危机，是伴随着整个美国的社会危机、经济危机和公众信任危机而

---

① David D. Henry, *Challenge Past, Challenge Present: An Analysis of American Higher Education Since 1930* (San Francisco: Jossey-Bass Publishers, 1975), pp.39–41.

来的。20世纪60年代初期，美国介入越南战争，1965年夏季开始进入大规模参战状态，导致国内反战示威不断高涨，加之风起云涌的民权运动、妇女运动和学潮，使美国社会的危机日益加深。迫于越南战争和经济危机等压力，美国联邦政府自1968年以后实际上已经放弃了优先发展高等教育的战略。联邦政府除了对社区学院和医学等专业教育的资助有所增加之外，其他方面的教育拨款都在持续减少，因为对于各级政府来说，资助高等教育"在1970年显然已经变成了不利的政治了"。

这一时期，广大公众对包括高等学校在内的社会机构以及工商企业的信任危机，也不断加深。公众在20世纪60年代对高等教育的信任态度，很大程度上是来自于苏联卫星上天而引起的对于高等教育与国防的紧密关系的关注。随着大学生行动主义（学潮）的兴起，以及大学生吸毒、性混乱现象的蔓延，特别是在一些著名大学和难以计数的其他校园不断出现的暴力事件，使人们对大学的期望开始幻灭。许多政界人士和社会人士大声疾呼，要求恢复大学校园秩序。由于人们对高等教育已经不再抱幻想，加之经济危机和通货膨胀带给人们经济上的不安全感，公众对于国防、福利、失业、卫生保健、犯罪预防和其他公益事业的关注明显优于高等教育，公众对政府的高等教育开支普遍持抵制或反对态度。

高等教育危机还与高校学生增长速度的放慢有关。高校注册学生的年增长率由1960年至1965年高峰期间的10.6%逐渐下降为1965年至1970年间的7.7%、1970年至1975年间的5.4%、1975年至1980年间的1.6%。高校入学人数增长率降低的原因在于：劳动力市场不景气，包括学术职业市场的严重萧条和高校文凭的普遍"贬值"，使接受高等教育不再是满意的就业机会的保证；1973年美国义务兵役制的终止，使得20世纪60年代大学生迅速增加，也使得20世纪70年代高校学生增长速度放慢；适龄高等教育人口占总人口的比例下降，导致高校生源受到影响，如18～19岁大学生占适龄人口的比例从1970年的35%下降到1980年的28.8%。

（二）"学生消费者至上"观念及其成因

面对严重的财政危机、适龄青年入学人数的减少和教育设施的相对过剩，许多高等学校除了进行调整、缩减，以及加强校内外的合作之外，还采取了种种策略与其他院校、社会机构为获得财政资源而开展竞争。其中，高等学校之间、各系科之间，以及高等学校与非正规教育组织之间争夺学生的斗争尤为激烈。20世纪70年代，美国高等教育最引人注目的趋势之一是迅速增长的非教育组织纷纷提供中学后教育计划。据估计，大约有5000余万名美国成人正在进行系统的学习，其中约有1200万人是在学院和大学中学习，约有4600万人是在其他机构，如工商企业等学习。许多学者预言，非正规中学后教育的迅速发展对于传统正规高等教育的影响可能是革命性的。

正是这种对于学生市场空前激烈的竞争，导致了20世纪70年代以来高校与学生之间关系的重大变化，高等教育界产生了被美国学者普遍称作"学生消费者至上"（student consumerism）的观念。美国著名教育家克尔指出：20世纪60年代后期到20世纪70年代，在美国高等教育界，教师影响力下降，学生市场至上。"这种从注重学术的价值到注重学生消费者的转变是美国高等教育史上两次最重大的方向上的转变之一。另一次转变发生在一个世纪前现代大学取代古典学院。"①

所谓"学生消费者至上"，是以把学生与院校的关系作为买方与卖方为前提的，是一种注重和保障学生对学校权益（如获得知识权、对学校与专业的选择权、提出诉讼权、安全保障权等）的"市场管理哲学"。里斯曼（David Riseman）指出，"学生消费者至上"观念"包括日益增多的学生对学院的诉讼和联邦政府通过加强对院校的控制以努力保护学生的利益"。②

美国高等教育学者阿瑟·列文（Arthur Levine）等把高等学校学生地位的变化归结于以下七种因素的影响。③

第一，1971年宪法第六条修正案降低了选举年龄，使98%的大学生获得了合法的选举权；加之学生院外集团的出现，使得政府与大学在形成教育决策时不能再忽视作为有重要利害关系的学生群体。

第二，随着第二次世界大战以来高等教育发展与稳定时期的结束，对学院和大学来说，财政和生源的困难已经导致有利于买方（学生）的教育市场。在高等教育增长时期，市场则有利于卖方（学校）。

第三，联邦政府增加对学生而不是学校的财政资助的政策，加强了教育设施使用者，而不是教育供应者的地位。

第四，与20世纪60年代的学生运动有关，20世纪70年代的学生能够更多地接近院校的领导阶层，并且有更多的机会参与学校管理，通常对学校事务更为了解。

第五，超龄、已婚和已就业的非传统学生增多，意味着更多的学生有在学校之外进行竞争的种种需求。这些学生在他们有限而宝贵的时间和金钱投入中，选择性更强。

第六，20世纪70年代以来的大学生比以前更以自我为中心。

第七，公立中学教育更为松弛，伴随而来的是学生成绩的普遍下降，结果带来高校中有更多知识较少但要求很多的学生。

实际上，早在20世纪60年代，由于许多高等学校提供课程的大量增加以及对于学生的相关要求的降低，高等学校就经常被描绘成是教育"超级市场"。照此类推，高校学生被看作是教育"消费者"。

---

① David Riesman, *On Higher Education* (San Francisco: Jossey-Bass Publishers, 1980), p.xiv.

② Ibid., p.xv.

③ Arthur Levine, *When Dreams and Heroes Died* (San Francisco: Jossey-Bass Publishers, 1980), pp.80–81.

（三）"学生消费者至上"观念的影响

1. 高等学校采取了应对策略

对于美国高等学校来说，"学生消费者至上"是在财政、生源和信誉危机时期所采用的一种求生存求发展的策略。高等学校纷纷借鉴工商企业的销售技术，以便弄清顾客群（学生）和各个服务领域，严格地评价本组织所提供的教育服务，测定本组织在竞争中的实力、弱点，把本组织置于适当的位置，以加强竞争力。

为了应对适龄学生的减少，保持和扩大学生的数量，美国大多数高校在20世纪70年代都采取了下述扩大生源的策略：①增加专职招生工作人员，尽力扩大招生对象和范围，鼓励人们进入高等学校；②增加对学生的财政资助；③利用各种大众媒介做广告宣传，扩大公共关系，增强社区意识；④扩充各种需求量大的课程、教学方式和系科，增强学生的选择性；⑤发展各种校外的、夜间的或周末的方便教育计划。此外，其他策略还包括改善对学生的服务工作，改善教学工作，改善日间课时安排，以及改善学校交通条件，等等。

2. 引起了一系列高等教育变革

高等学校所采取的扩大生源的种种努力，是使整个20世纪70年代美国学院和大学在校生数量不仅没有减少，反而一直保持增长势头的重要原因。同时，这些以满足学生消费者需要为目的的种种努力，也引起了高等教育本身的一系列重要变化，主要体现在以下四个方面。

（1）高等教育进一步向求学者开放

进入20世纪70年代，传统的进入高等学校的壁垒进一步被打破，使人们能够更为容易地进入高等学校学习。根据1978年的一项全国性调查，约有一半的高校（其中68%为社区学院）接收90%以上的入学申请者；许多四年制院校接收申请者的比率也超过90%，其他学院和大学的接受比率一般在70%~80%之间。即使在竞争性很强的著名学院和大学，申请者入学的比率也逐年提高。[1]

（2）"新型"学生和非传统学生大量增加

20世纪70年代以来，美国高等学校的学生队伍构成，即教育对象发生了显著的变化。学院和大学只招收适龄、成绩优异的高中毕业生的时代已经过去。高等学校转向招收"新型"学生（那些在高中学习成绩一般或较差的学生、少数族裔学生、低收入家庭出身的学生）和非传统学生（non-traditional students，年龄在22岁以上的学生、参加非正规教育计划的学生等）。1977年秋季，美国高校中，黑人学生由1969年的49万增至110万，女性学生由1969年的约300万增长至480万，1979年女生在高校学生中所占的比例首次超过了男生，达到50.7%。1972年，25岁及25岁以上的学生在高校学生中所占

---

[1] Verne A. Stadtman, *Academic Adaptations* (San Francisco: Jossey-Bass Publishers, 1980), p.6.

比例为 27.9%，1980 年这一比例达到 34.4%。高校中部分时制学生由 1970 年的 32.2% 增长到 1980 年的 41.3%。高校学生队伍构成的变化说明，自 20 世纪 70 年代以来，美国高等教育在方向上已经发生了重大变化：正规的高等教育正在向非传统的、普及性的高等教育过渡，向妇女、少数族裔等弱势群体的学生开放，实施终身教育成为高等教育的一项基本职能。

（3）高等学校教学形式更为灵活，学生的选择性大为增强

各类高等学校不仅在招生方面采取灵活态度和措施，同时对本科生的课程设置、专业设置、学习时间安排等也比以前灵活。到 20 世纪 70 年代末，追求使学生在规划自己修习课程方面有更大的自主权并且使教育与工作更好地结合起来的课程计划，在许多高校已经建立起来：三分之二的高校实行延长不超过一年的弹性学制，43.5% 的高校允许本科生选择适应他们个人需要的主修计划，52% 的院校为本科生设有合作教育或校外工作计划。

在向本科生提供灵活的教育计划的同时，许多高校注重通过提供校外或业余时间的学习来吸引大批超龄学生，如开设夜间课程、周末课程、短期课程、夏季课程等。

（4）职业教育大大加强

与 20 世纪 60 年代相比，20 世纪 70 年代美国的大学生具有更为明显的职业倾向。越来越多的本科生把为就职准备作为上大学的首要目标。为了适应学生的需求及其他环境因素的变化，美国高等学校在 70 年代兴起了一场"职业教育运动"。这场运动带来的影响主要表现在：大量学生从基础性的文理教育计划转入职业性、专业预科性和专业性的教育计划；许多文理学院增设了职业、专业系科；专门化的职业技术院校与"学术性"院校中带有职业倾向性的教育计划之间的界限已经变得更为模糊；职业技术课程得到了学院和大学的接纳。

综上所述，20 世纪 70 年代是美国高等学校适应财政危机、公众信任危机和学生来源危机而采取在调整中求发展策略的时期。"学生消费者至上"观念的兴起、学生生源的扩大、职业教育的发展，以及学院和大学在招生和教学方面日益增加的灵活性，成为这一时期高等教育的显著特征。这些变化既预示着高等教育更加的普及化，同时也潜藏了高等教育质量日益下降的新危机。

三、战后高等教育思想

第二次世界大战结束后，面对急剧变革的社会和大规模发展的高等教育，美国高等教育思想研究进入了有史以来最活跃的时期，思想纷呈，蔚为丰富。

（一）代表性思潮

在这一时期，一些教育家和学者试图将社会科学成果运用到高等教育理论研究之中，从而极大地丰富了高等教育思想的内容，导致了许多思想流派和学说的出现，其中具有

代表性的高等教育思潮有三种。

1. 工具主义

战后，尤其是进入20世纪60年代后，随着社会政治、经济、文化及高等教育自身发生的巨大变化，一批代表工具主义高等教育思想的论著纷纷出现。如黑斯（R. Heyns）的《作为社会活动工具的大学》（1968）、克尔的《大学的功用》（1963）、路瑞尔（S. E. Luria）的《大学的作用：象牙塔、服务站还是前沿阵地》等。在这些论著中，工具主义者们所表达的核心思想就是把高等教育视为促进国家发展、服务于国家需要的有效工具。

2. 存在主义

由于社会的巨变，新旧两种大学组织范式的冲突明显加剧，传统和现代两种大学理念不断相互碰撞，美国的高等教育面临严峻的考验和挑战。尤其是随着20世纪60年代末反主流文化的兴起，大学的身份认同危机暴露愈加明显。在这种情况下，一些哲学家试图用存在主义的观点解释和解决大学所面临的新的困境和问题。沃尔夫、艾肯就是两位最具有代表性的人物。他们出版的《大学的理念》《理性、高深学问与善好社会》等著作，被誉为"存在主义高等教育哲学的经典之作"。[1]

3. 相对主义

从20世纪60年代末到20世纪80年代初，道德相对主义盛行。从文化相对主义解释道德和教育现象的代表人物首推哈佛大学校长德里克·博克（Derek Bok）。在博克看来，道德本身具有相对性、易变性的特点，在道德判断上不应该存在一个普遍永恒的标准和原则。他指出："今日的应用伦理课程与其说应当向学生传授系统的道德真理，不如说应当努力鼓励学生对复杂的道德问题进行认真的思考。"[2]他告诫教育者，对当代大学生不要进行简单的说教、灌输，不要向他们直接说明"正确的答案"，而应该通过积极的引导，促使他们自己得出正确的道德判断。

（二）通识教育思想

在美国高等教育史上，先后发生过四次通识教育运动。第一次发生在19世纪初，是由一些致力于对传统学院古典课程改造的学者和改革家们所倡导；第二次发生在20世纪二三十年代，是由少数推崇理性主义大学教育的教育家和学者所发动；第三次发生在战后不久，是一次由政府机构以及推崇人本主义、要素主义的教育家和学者发动的，全社会和学界所共同参与的活动；第四次发生在20世纪70年代后期，是由一些新人文主义者所倡导的一次课程改革运动。[3]以色列学者本－戴维（Joseph Ben-David）指出："战后

---

[1] John.Brubacher, *On the Philosophy of Higher Education* (San Francisco: Jossey-Bass Publishers, 1977), pp.141-142.
[2] Derek.Bok, *University and the Future of American* (Durham: Duke University Press, 1990), p.67.
[3] 参见施晓光：《美国大学思想论纲》，北京师范大学出版社，2000。

时期是通识教育的鼎盛期。"①吊诡的是，这次通识教育的鼎盛期也是美国高等教育的职业倾向大大增强的时期。

1944年，全美教育协会教育政策委员会发表题为《为美国全体青年的教育》的报告，拉开了第三次大学通识教育运动的帷幕，美国社会、政府和学界许多人士都把目光集中到通识教育上来，参与讨论。哈佛大学校长康南特（James B. Conant）主持撰写的《自由社会的通识教育》（1945）报告书（又称《哈佛红皮书》），以及祖克（G. Zook）领导总统委员会撰写的《为美国民主社会的高等教育》（1946）总统咨询报告等先后出版。这些重要报告和著作论述的主要内容就是通识教育在大学中的地位和作用问题，在当时具有较大的影响。20世纪60年代末，美国大学生对通识教育课程的兴趣明显减弱。在这种情况下，一些学者开始反思通识教育自身的不足和缺陷，以图改之。社会学家丹尼尔·贝尔（Daniel Bell）于1965年出版的《通识教育改造》一书在当时最具有代表性。尽管他的一些计划没有得到较好的实施，但是它为20世纪70年代中后期的核心课程（core curriculum）改革奠定了思想基础。

（三）院校自治思想

战后，尤其是在20世纪五六十年代，约翰逊政府和肯尼迪政府都强调联邦政府对国家事务的干预，强调联邦政府介入高等教育改革与发展，使高等学校越来越多地受到政府的监控。与此同时，随着高校规模的扩大，传统的依靠私人捐资和学生学费维持高校正常运行的办学投资模式陷入困境。高校为求得生存也不得不主动与外界接触，与企业联合，所有这一切变化都使传统的院校自治（institutional autonomy）观念受到严重的冲击和挑战。院校自治问题成为战后美国高等教育界激烈辩论的问题之一。

围绕该问题的讨论分成以下几个具有代表性的观点。

1. 理性主义

理性主义以赫钦斯、古德曼（Paul Goodman）和普西（N. M. Pusey）等为代表。作为院校自治传统最坚决的捍卫者，他们认为，大学始终如同"象牙塔"，远离喧嚣的都市和世俗社会，努力排除功利和经济的诱惑，使高等教育始终按照自身的内在逻辑向前发展。如赫钦斯指出："失去了自治，高等教育就失去精华。"②古德曼认为，一个理想的大学就应该是"学者的社会"，探求"真知的场所"，应该完全消除"外界的控制、管理、科层机制以及其他使我们学者社会陷入困境的多余物"。③

2. 工具主义

工具主义以考利（W. H. Cowley）、威尔逊（Logan Wilson）和克尔（Clark Kerr）为

---

① G. E. Miller, *The Meaning of General Education* (New York: Teachers College Press, 1988), p.116.
② 约翰·布鲁贝克：《高等教育哲学》，王承绪等译，浙江教育出版社，1987，第28页。
③ Paul Goodman, *The Community of Scholars* (New York: Random House, 1962), p.168.

代表。作为院校自治的怀疑者，他们认为，高等教育不过是社会改造的一个工具，是建造完美民主社会的重要途径。作为高等教育机构的大学和学院自然就应像社会其他机构一样被置于政府的监控之下，并且主动地争取与校外企业、公司进行联合。1962年，考利发表《关于教授、校长和董事们的某些神话》，认为大学自治不过是一些学者的幻想而已，从历史上看，不论是博洛尼亚大学，还是巴黎大学，基本上都是由政府或教会控制的。在20世纪60年代，克尔是一位最有影响的大学教育改革家。1963年，他在《大学的功用》一书中，通过分析联邦拨款大学的现状，肯定了联邦政府介入高等学校事务、资助高等教育发展的合理性。

3. 折中主义

折中主义以布鲁贝克和加德纳（J. W. Gardner）等为代表。他们既是院校自治思想的维护者，也是院校自治思想的改造者。布鲁贝克在1969年发表《院校自治：学者王国如何独立？》一文，在考察西方高校性质及其功用的发展历史之后，指出院校自治是现代高等教育活动的基本准则和核心价值，有益于促进社会文明和进步，有益于发展科学、造福人类；但是，他又告诫人们，高等学校发展到今天，传统的范式业已发生变化，院校要想继续保持原有的自治传统已经变得不现实和不合时宜，院校自治是一种有限的自由，否则它将是一个抽象的概念。加德纳的高等教育思想也具有典型的折中性，他在《政府与大学》一文中指出政府与大学的联系是社会发展的必然结果，必须最大限度地理解双方的关系，必须关心政府的有效治理，必须非常了解保持自治的技巧，继续作为独立的发动思想的中心而存在。

第三节 日 本

一、高等教育发展的社会背景

1945年的日本，到处是断壁颓垣，灰土瓦砾。战后，日本经济至少倒退了25年。

第二次世界大战结束后，以美军为首的联合国军占领当局，通过日本政府对日本实施间接统治。日本在占领当局主持下实行了一系列改革，1946年颁布了新宪法。新宪法不再承认天皇主权，国会成为国家权力的最高机构，内阁总理必须从国会议员中任命。[①]新宪法还向全世界宣告永远放弃对外战争，因而被称为"和平宪法"。此外，新宪法还实行农地、税制改革，将财阀解体，承认妇女有参政权，保护劳工权利，等等。1950年6月，朝鲜战争爆发，此后日本通过为美军生产战争用品而从这场战争中获得了经济恢复的最初动力。1952年4月，《旧金山和平条约》和《日美安全条约》同时生效，美国联合国军开始从日本撤军（至今仍有部分美军未撤，不过名义已从"占领"

---

① 正村公宏:『世界史の中の日本の近現代史』，東洋経済新報社，1996，第241頁。

改为"保护"日本），日本获得独立，开始集中精力发展经济。到1955年，日本经济基本恢复战前水平。

1956年，日本被获准加入联合国。1959年以后，日本国内围绕《日美安全保障条约》，革新和保守势力的斗争逐渐尖锐化，环境污染等社会问题也日渐突出。1960年，池田勇人内阁登台执政。为了稳定政局，缓和国内矛盾，增强日本的经济实力，池田表示要实行"新政策"，对内要为"国民经济的繁荣"和"社会福利的增长"而努力，对外要"丢掉从属于美国的屈从思想"，"对一切国家都采取睦邻友好政策"。20世纪60年代和70年代，日本以钢铁、造船、汽车、化学等重化学工业为主导，经济高速增长，国民生产总值的年平均增长率分别为10.5%和5.5%，高居世界各先进工业国榜首。1950年日本的国民生产总值仅占世界1.5%，到1970年上升为6.5%。日本的国民生产总值1966年超过法国，1967年超过英国，1968年超过联邦德国，成为仅次于美国的资本主义世界"经济大国"。到1971年，日本国民生产总值由1960年的430亿美元增加到2184亿美元。日本还相继成为国际货币基金组织八大会员国之一，同时也加入了经济合作与发展组织（OECD）等，在世界经济活动领域之中，逐渐占有重要的地位。1964年，东海道新干线举行了通车仪式，东京成为亚洲首个举办奥运会的国家。1972年，日本技术出口额首次超过进口额。

经济的高速增长，使产业结构发生了很大变化（或者反过来说这一变化促进了经济增长，它们互为因果）。第二次世界大战结束时，日本第一产业的就业人数还在50%以上，1955年为41%，到1975年下降到14%；第二产业的就业人数从1955年的24%上升到1975年的34%；第三产业的就业人数比例增加更快，1955年为36%，1975年发展到52%。在经济高速增长时期，大量农村人口迅速向城市移动，1945年日本的都市人口还只有总人口的28%，1955年上升到56%，1975年达到76%。

1973年，日本经济受到国际性石油危机的冲击，增长速度放慢，转入"稳定增长"时期，但增长率仍然是主要资本主义国家中最高的。

二、高等教育的政策

1945年9月15日，根据联合国军占领当局的要求，日本文部省公布了战后的第一个教育改革的法令性文件——《新日本建设的教育方针》，提出要"废除以前基于服从战争需要的教育政策，实施以培植建设文化国家、道义国家之根基为目标的文教政策"[①]。占领当局设立了"民间情报教育局"（CIE），对战后初期日本高等教育的改革有着很大的

---

① 海后宗臣:『教育改革』，东京大学出版会，1975，第40页。

影响。① 此外，1946 年，美国赴日教育使节团向占领当局提交了日本教育考察报告，提出日本高等教育必须彻底清除军国主义的影响；打破帝国大学的特权，给所有有才能的人享受高等教育的权利；克服偏重专业教育的弊端，加强一般教育。这份报告提出的许多观点后来直接转化为战后初期日本高等教育改革的政策。

以法律为依据，是战后日本高等教育体制改革的一个鲜明特色。1947 年 3 月，日本国会通过战后第一个教育法律——《教育基本法》，规定"教育必须以形成人格，培养热爱真理与正义、尊重个人价值、勤奋而有责任感、充满自主精神、身心健康的国民及和平国家与社会的建设者为目标"②。这和战前教育以服从国家需要、培养驯服臣民为根本目的大不相同。同时颁布的《学校教育法》第五章为"大学"，对大学的目的、大学组织、学习年限、大学招生、大学教师、研究生教育、学位、短期大学等做了规定。"大学，作为学术中心，以广泛传授知识，研究专门学问，发展人的智力、道德及应用知识能力为目的。"短期大学则"以传授与研究专门学艺，培养职业与实际生活能力为主要目的"。③ 与 1918 年《大学令》相比，大学的目的不同，学制不同，大学设立批准之程序不同（向大学设置审议会咨询成为批准设立大学的必要程序）。1956 年，文部省颁布了《大学设置基准》，具体规定了师资队伍、授课科目、校园、校舍、设备等大学设置必备条件的最低标准。

成立于 1952 年 6 月的中央教育审议会，是法定的文部省政策咨询机构。1963 年 1 月，该审议会向文部省提出了第一份全面论述大学教育的咨询报告《关于改善大学教育》。该报告分为大学的目的和性质、大学的设置与组织结构、大学的管理运营、学生的福利与学生指导、大学的入学考试、大学财政六部分。

报告指出："社会对于高等教育机构的要求，伴随着科学技术进步、产业经济发展、社会生活水平提升，以及国民大众教育水平的提高，呈现出广泛、多样的态势。"以此为背景，大学的性质与功能也发生了很大的变化。"大学的目的、使命与国家、社会的要求也愈来愈紧密地联系在一起。一方面，大学必须面对激烈的国际竞争，不断回应社会进步所提出的要求，实现开展高水准的学术研究、为提高社会文化水平做贡献之传统使命；另一方面，为了回应与民主社会的发展相伴而来的教育民主化的要求，大学还必须完成为各阶层民众提供高水平的职业教育和市民教养之新的重要任务。此外，还应该注意到

---

① 大崎仁：『大学改革 1945—1999』，有斐閣株式会社，1999，第 4—190 頁。
② 細谷俊夫等：『新教育学大事典（7）』，第一法规出版株式会社，1990，第 122 頁。
③ 田畑茂二郎等：『戦後の歴史と基本法規』，有信堂，1970，第 186—188 頁。

高等教育的对象已经从被选拔出来的少数人转向广泛阶层的多数人。"①

报告指出:"我国的高等教育伴随着科学技术进步、教育民主化、人口增长以及国民收入的提高,得到显著的扩大与普及。高等教育机构的入学志愿者人数逐渐增加,1962年高中毕业生中升学志愿者比例约为28%,实际进入高等教育机构的人数约占升学志愿者总数的67%。此外,高等教育机构的在校生人数已占到同龄人口总数的13%。今后,这种高等教育机构在校生人数增加的倾向将不断加强,高等教育规模将进一步扩大。"②"作为一种社会制度的高等教育机构,它的专业领域构成及其学生数量必须适应社会对人才的需求,特别是适应以技术革新为核心的产业、经济、社会发展对人才的需求,这一点至关重要。"③因此,必须增设理科类的高等教育机构,扩大理科类的学生数。

报告还指出:"大学的管理运营离开大学自治就无从谈起,而大学自治离开学问研究自由也无法考虑。但是,以学问研究的自由与进步为核心的大学自治不能被看作是一成不变的,应该在保持其本质与传统的同时,适应迅速变化的大学内外环境,使其作为一种有效的、富有弹性与活力的制度得到现实的发展。"④这里关键是要改变在大学管理运营与社会关系上存在着的某种"闭锁"的缺陷。

1971年6月,中央教育审议会向文部大臣提出了《关于今后学校教育整体扩充改善的基本政策》咨询报告。报告指出,在今后10年内,高等教育的入学率将超过30%,"今后的学校教育应在规模扩张的同时注意适应质的变化"⑤。报告认为,高等教育的迅速普及和社会的高度复杂化对高等教育提出了以下一些方面的要求:①高等教育的大众化与学术研究的高度化。大学一方面要满足相当数量的人的各种教育要求,另一方面必须不断提高学术研究水平,并着力培养科学研究的后备力量。②教育内容的专门化与综合化。大学既要对学生实施高度的专门教育以使他们适应将来的工作需要,同时还必须培养学生解决综合问题的能力和适应时代发展的教养。③学术研究的自由与有效的管理。一方面,必须保障开展教育、研究活动的自由环境;另一方面,随着组织的日益复杂和规模的日益巨大,必须从整体上重视组织的合理性和管理的有效性。④确保大学的自主性,排除"闭锁性"。在保障大学研究与教育活动自主性的同时,要避免产生自主性强调过头,脱离社会,陷于闭锁状态的倾向。⑤尊重大学的自身努力与国家有计划的支持与调整。

报告提出,要建立一个由培养目标和课程结构各有不同的5种类型、层次的高等教育机构构成的高等教育体系,以实现高等教育的多样化。⑥一是本科大学,包括"综合领

---

① 田畑茂二郎等:『戦後の歴史と基本法規』,有信堂,1970,第94—95页。
② 同上书,第98页。
③ 同上书,第98页。
④ 同上书,第101页。
⑤ 細谷俊夫等:『新教育学大事典(7)』,第一法規出版株式会社,1990,第194页。
⑥ 大崎仁:『大学改革1945—1999』,有斐閣株式会社,1999,第262页。

域型""专门体系型"和"目的专修型"三类课程体系。综合领域型课程体系重在开设综合性课程，使学生具有广泛的职业适应性。专门体系型课程体系以某一专门领域的学科体系为基础，教授学生系统的专门学科知识与技术。目的专修型课程体系以获得从事某一特定职业的资格与能力为目标，重在开设与职业相关的学科理论知识与技术课程。二是短期大学，包括教养型和职业型两类课程体系。教养型体系重在开设综合性课程，培养学生较高的社会教养；职业型课程体系以获得从事某一特定职业的资格与能力为目标，重在开设与职业相关的知识与技术课程。三是高等专门学校，招收初中毕业生，实行5年一贯制教育，培养学生从事某一特定职业所需的资格与能力。四是研究生院，招收本科大学毕业生，实施2～3年的高等学术教育。五是研究院，是培养博士研究生的高等教育机构。在研究生院与研究院，应建立教育组织与研究组织既相互区别又相互协作的体制。报告还提出，所有高等教育机构应该提供传统之外的"接受高等教育"的形式。为了促进高等教育发展、提高高等教育水平，国家根据一定的规定对私立高等教育机构实施财政援助。对于受益者负担的学费额一是要在适当的范围内，二是避免因学校或学科不同产生太大的差距。为了实现教育机会均等，必须认真研究国家奖学金制度。

关于国立和公立大学设置形态的问题，报告提出，要改变设置形态，在接受一定数额的经费支持的情况下，让大学成为真正自主运营的新形态法人。确立大学管理运营的责任体制，明确设置者与大学之间的关系，改革大学管理组织。加强在学校教育、财务、人事、学生指导等重要问题上以校长、副校长为中心的管理机构的计划、调整、评价的功能。在录用教师、评价教师时应该听取校外专家的意见，应该限制录用本校毕业生（研究生）的数量。

关于大学入学考试制度的改革，报告提出，要将高中的学习成绩作为大学选拔新生的基础依据；利用统一测验的方式来弥补各高中学生成绩评价的差异；各大学可根据需要分专门领域对学生进行面试或其他形式的测试，并将上述材料综合起来作为大学录取新生的依据。

上述报告为日本政府制定高等教育政策提供了基本依据。其中的许多构想在20世纪70年代的高等教育改革实践中得到了具体的落实。

1974年6月，文部省制定了省令《研究生院设置基准》，拓展了硕士学位课程的教育目的，突破了只培养研究型人才的局限，把培养具有专门性职业能力、具有高水平的专门职业人才列入了课程目标；修改了博士学位课程的教育目的，使之变得更加实际、易于操作（以前认为获取博士学位是一个研究者取得相当造诣的标志，现在则只视为研究者的开始）；强调了研究生教育组织的多样性，规定可以成立拥有专任教师的独立的研究生教育组织，可以设立仅有博士课程的研究科，可以成立没有本科生的研究生院大学。此前《学校教育法》也做了相应修改，这反映了日本政府促进研究生教育发展的基本政策。

此外，1949年颁布的《私立学校法》首次提出了作为学校经营主体的"学校法人"

的概念，确保了私立高等教育机构的自主权；1970年颁布的《日本私学振兴财团法》和1975年颁布的《私立学校振兴助成法》，规定由国家给予私立高等教育机构年度经常费一半以内的资助，是对它们在促进高等教育大众化方面的作用的肯定。①

在这一个时期，日本政府加大了对高等教育的投资。1950年至1980年，日本的实际国民生产总值增加了10倍多，而政府的教育费增加了26倍，高等教育经费增加了45倍。

三、高等教育的数量与结构变化②

从1948年开始，日本着手进行高等教育改革。原有的帝国大学一律取消（更名及增设新的学部，特别是增设教养学部，废除大学预科制度，大学本科多由三年制改为四年制），原有的水平较高的师范学校、专门学校升格为大学或并入大学，条件稍差的则保持原状或改称"短期大学"。这样改组的结果，使战前培养少数英才的大学变为向群众开放的大学，使战前复杂多样的双轨制高等教育体系变为单一化的新制大学体系。

新制大学特别是国立新制大学多由几所旧制高等教育机构合并而成。截至1952年，507所旧制高等教育机构组成了226所新制大学。其中，72所新制国立大学由268所旧制国立大学、高等学校、师范学校、专门学校等高等教育机构分别组成（另外新设1所），34所新制公立大学由56所旧制公立高等教育机构分别组成，120所新制私立大学由183所旧制私立高等教育机构分别组成（另外新设2所）。其中国立高等教育机构的合并力度较大，原因主要是国立大学改革比较坚决地贯彻了"一府县一大学"的原则，在某一府县范围内的几所旧制国立高等教育机构顺理成章地合并组成为1所新制国立大学，而公立大学和私立大学改革不受"一府县一大学"原则的约束，加上私立大学的设置者均为独立的学校法人（不像所有的国立大学的设置者均为国家政府），由于办学风格、财产所有等问题而难以合并。新制大学的组成类型可以分为两大类：一类是组成新制大学的旧制高等教育机构中包含了大学的，另一类是不包含大学的。前者为84所（其中26所国立，14所公立，44所私立），后者为137所。226所新制大学包括98所综合大学，51所文科大学，33所医药大学，16所工科大学，10所农科大学，8所学艺大学，3所语言大学，6所艺术大学，1所体育大学。

战后初期，日本还在占领当局意图的主导下，引入了课程制研究生院的概念。③1950年，关西地区4所私立大学率先成立研究生院，当时仅有研究生189人。国立大学设立研究生院开始于1953年（这年才有新制大学毕业生），最初是12所，包括7所旧帝国大学，及东京教育大学、东京工业大学、一桥大学、神户大学和广岛大学。1960年，设立

---

① 大崎仁：『大学改革 1945—1999』，有斐阁株式会社，1999，第160、175、282页。
② http://www.mext.go.jp/b_menu/toukei/index.htm. [2020-09-15]. 本小节所引数据资料，除特别注明者外，大多来自日本文部科学省网站，部分数据由笔者根据原始数据计算所得。
③ 大崎仁：『大学改革 1945—1999』，有斐阁株式会社，1999，第113—117页。

研究生院的大学增加到 84 所，占大学总数的 34%。其中 25 所国立大学，占 30%；11 所公立大学，占 13%；48 所私立大学，占 57%。

1955 年，日本共有研究生 10174 人，其中国立大学 5022 人，公立大学 409 人，私立大学 4743 人，私立大学研究生占 46.6%；1980 年，共有研究生 53992 人，其中国立大学 32728 人，公立大学 2386 人，私立大学 18878 人，私立大学研究生占 35%。1980 年研究生人数是 1955 年的 5.31 倍。

1955 年，日本共有 228 所大学，其中 72 所国立，34 所公立，122 所私立，私立大学占 53.5%；共有大学本科生 513181 人，其中国立大学 181033 人，公立大学 24527 人，私立大学 307621 人，私立大学本科生占 59.9%。1980 年，共有 446 所大学，其中 93 所国立，34 所公立，319 所私立，私立大学占 71.5%；共有大学本科生 1781320 人，其中国立大学 373916 人，公立大学 49696 人，私立大学 1357708 人，私立大学本科生占 76.2%。1980 年大学本科生数是 1955 年的 3.51 倍。

1952 年，日本经营者团体联盟代表产业界提出了《关于重新研究新教育制度的要求》，批评战后在美国人强制性指导下实施的新教育制度，无视日本的实际情况，"过多地强调了对社会成员的普通教育，则明显地忽视了与此相并行的职业乃至产业教育"。新大学"在教养学科和专门学科之间缺乏一贯性"。[①]1954 年 12 月又提出《关于改革当前教育制度的要求》，"从接纳毕业生的产业界的立场出发"，强烈要求"设法充实和加强高中、大学的专门教育"，"尽快纠正大学偏重法文系统（法律、经济和文科）的现象"。"要使大学分别把学术研究、职业专门教育、培养教员等作为重点，使其各有特长，排除全国的划一性"。[②]1956 年 11 月提出《关于适应新时代要求的技术教育的意见》，批评战后由于工业专科学校都升格为大学，使中级技术员的来源处于空白状态，为了填补产业人员构成上的空缺，建议"设立必要的专科大学"，并要求"有计划地压缩法文系统的大学学生定额，扩充理工系统的大学（包括专科大学）。同时，对理工系统大学应积极采取由国库支付及增加补助款的措施"。[③]

日本科学技术厅也在 1961 年 3 月向文部省提出《关于培养科学技术人才的建议》，指出："为了振兴我国的科学技术，从量和质两方面确保科学技术人才的培养实属当务之急。如果不能有计划地培养科学技术人才，就难以实现'国民所得倍增计划'的目标。"[④]因此，科学技术厅建议改善国立大学、私立大学的相关条件，大幅度增加理工科的学生人数。后来，日本经营者团体联盟和科学技术厅的意见被文部省采纳，日本 1957 年至 1960 年和 1961 年至 1964 年先后实施了理工科扩大招生 8000 人和 20000 人的计划（实

---

① 海后宗臣、寺崎昌男：『大学教育』，東京大学出版会，1969，第 234 頁。
② 田畑茂二郎等：『戦後の歴史と基本法規』，有信堂，1970，第 65—66 頁。
③ 同上书，第 235 頁。
④ 同上书，第 70 頁。

际比原计划提前1年完成)。政府有计划地扩大了理工科规模,使高等教育的学科结构发生了一些变化,例如,工学类本科学生从1960年占12个类别全部学生的15%上升到1970年的21%,到了1980年仍然有19%。

在战后的大学改革中,为了扩大高等教育机会,保证新制大学的教育水平,解决部分高等学校、专门学校、师范学校的出路问题,有人建议设立两年制或三年制大学,使用区别于四年制大学的名称,如短期大学,并将其视为一种终结教育。1949年5月,日本国会通过了关于短期大学的《学校教育法》修正案,允许当时实际存在的学制为2或3年的短期大学"暂时"保留,待其达到国家规定的标准后,再升格为正式的大学。1950年第一批149所短期大学成立并开始招生,开始时仅有学生15098人,1951年发展到180所(其中50所附设在本科大学内),其中84%是私立短期大学,国立短期大学则仅有4所。短期大学多为私立,偏重文科,女生占多数。例如1960年,私立短期大学占短期大学总数的76%,学生人数占总数的79%;短期大学工学类学生仅占11%,其余绝大多数为文科生;短期大学的女生占68%。1964年,《学校教育法》再修改,使短期大学作为永久性教育制度被固定下来。[①]

1955年,日本共有264所短期大学,其中17所国立,43所公立,204所私立,私立短期大学占77.3%;共有短期大学学生77885人,其中国立3637人,公立11080人,私立63168人,私立短期大学学生占81.1%。1980年,共有短期大学517所,其中国立35所,公立50所,私立432所,私立短期大学占83.6%;共有短期大学学生371144人,其中国立14685人,公立19022人,私立337437人,私立大学短期大学学生占90.9%。1980年短期大学学生数是1955年的4.77倍。

20世纪60年代,日本政府为了迅速发展经济,积极实施《国民收入倍增计划》,并开始将高等教育的发展纳入经济发展计划。据当时测算,为了完成这一计划,全国急需1.7万高级科技人才和160万熟练的技术工人。于是,高等教育必须进一步改革,才能满足经济发展的需求。当时,本科教育和研究生教育的任务是继续提高教学质量,扩大办学规模,争取为企业输送更多更好的毕业生。与此同时,为了培养企业急需的专门人才,一方面发展介于高中和大学之间的高等专门学校,另一方面发展两年制的短期大学。高等专门学校也就是日本经营者团体联盟20世纪50年代一再呼吁成立的偏重于实用理工科教育的"专科大学"。高等专门学校成立于1962年,招收初中生入学,学制为5年,后2年属于高等教育范畴。高等专门学校的建立,在法律上突破了所谓单一四年制本科大学的高等教育制度。1962年,高等专门学校初建时仅有19所(其中12所国立,2所公立,5所私立),学生3375人(其中国立1549人,公立703人,私立1123人),到1980年,已发展到62所(其中国立54所,公立和私立各4所),学生46348人(其中国立39211人,公立4018人,私立3119人)。和短期大学相反,高等专门学校以国立的为

[①] 大崎仁:『大学改革 1945—1999』,有斐閣株式会社,1999,第203頁。

主，主要培养理工科学生，绝大多数为男生，女生真正是凤毛麟角，1962年创办时只占全部高专学生的1%，1980年也只占2%。

进入20世纪70年代以后，日本经济的高速增长阶段已经过去，劳动力市场开始萎缩，大学毕业生的就业受到影响。1975年时，大学毕业生的就业率下降到74.3%。但是，第三产业的振兴引起了社会产业结构的新变化，也给社会对专门人才的需求增加了许多新内容。就是说，社会不仅需要各种专业技术人员，而且需要各种受过职业训练的、适应性比较强的实业人才。当时的劳动力市场发生的新变化，要求高等教育采取新的对策来应对。于是，日本政府一方面开始限制大学和短期大学的发展，另一方面研究进一步发展职业教育的新措施。1975年日本国会通过《专修学校法》，1976年文部省颁布了《专修学校设置基准》，从法律上承认了开设"专门课程"的专修学校具有与短期大学和高等专门学校相同的地位。由于专修学校比短期大学和高等专门学校更能灵活地适应经济和社会对专门人才的需要，所以发展得很快，迅速成为日本高等教育系统中的重要的一环。1976年，共有893所专修学校（其中未计入文部省以外的省厅设立的国立专修学校有148所），其中46所国立，28所公立，819所私立，私立专修学校占91.7%；共有131492名专修学校学生，其中国立3481名，公立4641名，私立123370名，女生占全部学生的79.4%。1980年，共有2520所专修学校，其中国立187所，公立146所，私立2187所，私立专修学校占86.8%；共有432914名专修学校学生，其中国立15843名，公立20628名，私立396443名，女生占全部学生的66.5%。根据每年4月1日入学者的情况推算，1976年专修学校的学生中15%学习高等课程，14%学习一般课程，其余71%学习专门课程；1980年学习专门课程学生的比例进一步提高到78%。

此一时期开办函授教育的全为私立大学和私立短期大学。1972年有11所私立大学，共计98588名学生，8所私立短期大学，共计43253名学生。1980年，有12所私立大学，共计101812名学生（相当于全日制学生的5.72%），9所私立短期大学，共计86706名学生（相当于全日制学生的23.36%）。

在各类机构接受高等教育的学生总人数，1955年为601240人，1980年约为2778975人（包括函授教育学生在内，根据专修学校的学生，按学习专门课程的比例估算），是1955年的4.62倍。

高等教育三个层次学生——专科生（包括短期大学及函授短期大学、高等专门学校和专修学校学习专门课程的学生）、本科生和研究生的比例，1955年分别为12.95%、85.36%和1.69%，1980年分别为30.29%、67.77%和1.94%。其中专科生的比例提高了17.34个百分点，本科生的比例下降了17.59个百分点，研究生的比例提高了0.25个百分点。

四、高等教育的组织形式与管理体制

《学校教育法》规定："国立学校为国家设立的学校，公立学校为地方公共团体设立的学校，私立学校为学校法人设立的学校。""学校设立者负责管理其设立的学校，并且负担学校经费（法令规定的特殊情况除外）。"①在日本的高等教育体系中，国立、公立、私立高等教育机构因设立的主体不同在行政管理制度上存在着一定的差异。其中由于国立高等教育机构是由国家设立，与中央政府的关系历来是人们议论的焦点之一。

1946年11月制定的日本宪法规定要"保障学问自由"。而对于大学来说，保障学术自由要以承认大学自治为前提。根据1949年5月制定的《文部省设置法》，文部省的大学行政管理工作主要包括三个方面：第一，批准大学的设立、停办、更改设置者，从学校数量上把握高等教育发展的规模，同时在审批新设大学的过程中控制高等教育的质量；第二，根据有关规定制订国立高等教育机构的财政预算方案，并提交国会讨论对有关高等教育的诸多领域（如学术研究、函授教育、大学教师及研究人员的在职培养等）提供必要的经费支持；第三，制订全国性的大学教育计划、学术振兴计划、大学教师及研究人员的在职培养计划等。至于具体设置哪些课程、如何开展教学活动、怎样办学，由各大学在法律规定的范围内自行决定，大学自治的原则在《文部省设置法》中得到了具体的落实。

1947年7月，作为民间组织的大学基准协会成立，最初的会员有46所大学，其中17所国立大学，2所公立大学，27所私立大学。同年12月，大学基准协会公布了《大学基准》，协会判定一所大学是否具有会员的资格，但事实上这一基准后来成为日本文部省大学设置委员会审查大学设置申请的主要依据。

1947年12月成立的大学设置委员会，是文部省的咨询机构。日本《学校教育法》规定："在审批大学设置时，主管厅必须向大学设置委员会咨询。"该委员会的委员包括政府有关部门人员，大学校长、教授，高等学校、专门学校及师范学校的教师，政治、文化、企业等社会各界人士。文部大臣在受理大学设立的申请时，根据大学设置委员会的咨询意见决定是否批准。由于《大学基准》是申请设置四年制大学的审批标准，因此大学设置委员会还先后制定了其他层次、类型高等教育机构（例如短期大学、研究生院）等的审批标准，完善了高等教育机构的审查规定。大学设置委员会1950年8月改名为大学设置审议会，成为"审议会行政制度"中的一环。除了大学设置委员会之外，根据私立学校法的规定，1950年10月文部省还设立了私立大学审议会。文部大臣在做出关于私立大学设置、停办的决定之前，必须征得私立大学审议会的意见。这样，在私立大学提出设置申请时，必须同时接受上述两个审议会的审查，有时难免会发生需要协调的问题。

战后初期的高等教育改革中，占领当局曾经试图将日本的国立大学划归地方管理，试图在国立大学设立由中央和地方政府代表等组成的管理委员会，但这些努力均因遭到日本高等教育界的强烈反对而未成功。②

---

① 田畑茂二郎等：『戦後の歴史と基本法規』，有信堂，1970，第185頁。
② 大崎仁：『大学改革1945—1999』，有斐閣株式会社，1999，第128—130，144—145頁。

1952年4月美军占领时期结束之后，在日本教育行政管理制度中出现了一种文部省的权限逐渐增大、中央集权色彩逐渐增浓的倾向。在大学行政方面，这种倾向最突出的例子是1956年10月文部省制定并颁布的省令《大学设置基准》。"这一以省令形式制定的设置基准，是设立大学时所必须具备的最低标准。"①它从学校内部组织、教师资格、学生人数、课程、教学、学分、校舍、设备等各个方面对大学设置做出了具体的规定，条款远远多于《大学基准》(是其3倍)，规定得更为详细、更为具体。《大学基准》强调的是大学的自主性，而《大学设置基准》则处处体现出一种法规的特性。《大学基准》在有关学校内部事务的决定上强调了教授会的作用，而《大学设置基准》中对教授会的作用没有明确表述。《大学基准》强调要注意各大学不同的办学特点，而《大学设置基准》则将此条完全省略，其对大学办学的方方面面所做的详细规定导致了大学办学的同质化。《大学设置基准》公布后，大学的设置由学界主导的审批制度向由政府主导的审批制度转变。

1949年1月20日，日本国会通过《教育公务员特例法》。"这一法律依据通过教育为全体国民服务之教育公务员职责的特殊性，规定教育公务员的任免、身份、惩戒、服务及研修等有关事项。"②该法律有相当篇幅对大学教师的录用、升任，以及校长及学部长的选任方式、程序做了具体的规定，赋予了有关大学管理机构很大的权力。这里的所谓"大学管理机构"，是指大学中的协议会、评议会与教授会，前二者为全校性组织，后者为学部内的教师组织，它们分别在大学与学部的人事等重要问题上发挥决定性的作用。

校长是大学的最高行政责任者，评议会则是全校的决策机构。评议会的评议员包括校长、各学部长、各学部的两名教授和各研究所所长，由文部大臣根据校长的建议任命，任期2年。评议会审议的主要事项包括：学校规则及其他重要规则的制定、修改与废除，学校预算的方针，学部、学科及其他重要机构的设置、废止，人事基准，学生人数，学生的福利、指导及身份等，学部及其他机构的关系调整，其他关于大学运营的重要事项。协议会由评议会的评议员加上学部长以外的其他部局长构成。校长的选考与审查由协议会进行。《学校教育法》规定："为了审议重要事项，大学必须成立教授会。教授会可以吸收副教授及其他职员参加。"③学部的教授会负责学部长的选考和教师的录用。这样，得到法律保障的教授会对于学部长的选考与教师录用的决定权（评议会对此没有发言权）和协议会对于校长选考的决定权就构成了战后日本自治的大学管理制度的基本内容。也可以这样说，战后日本大学自治的实质是"学部自治""教授治校"。

讲座是日本大学中的基本教育与研究单位，若干讲座组成学科，若干学科构成学部。一个讲座基本上由一名教授和一名副教授组成，还有若干助手（经常流动，非讲座正式成员），教授对一个讲座具有相当大的权限，从法律上说，副教授只是辅助教授，讲座

---

① 大崎仁:『大学改革1945—1999』，有斐閣株式会社，1999，第195頁。
② 田畑茂二郎等:『大学の自治と管理運営』，有信堂，1972，第149頁。
③ 同上书，第187頁。

外的各种势力不可干涉讲座的运作。一个讲座一旦确定下来，一般在相当长的时期内不会轻易变动，讲座成员的地位也具有永久性的特点，即他们可以做到退休时为止。

20世纪60年代后期，日本许多大学曾发生"校园纷争"。1969年4月，中央教育审议会在《关于处理当前大学教育问题的政策方法》中指出："当前大学纷争的基本问题之一是由于大学的规模急速扩大，组织日益复杂，学生的社会意识发生了很大的变化，加之学生、教职员、管理层三者之间沟通不畅，学生反映正当要求的渠道不通，因此积压了不少不满情绪，误解也逐渐增加，校园里流动着相互不信任的空气。"[①]所以让学生参与大学教育、管理被认为是改变这种状况的一种有效途径。此后，一些大学、学部在学生参与大学管理方面做了一些尝试。例如立命馆大学成立了"全校协议会"，由理事会、教授会、有关教学机构、教职员工会、研究生协议会和本科生代表组成，负责审议学校发展与教育的基本问题；采取由选举人选举校长的间接选举方法，大学的理事、监事、评议员、教师和学生都具有被选为选举人的资格，在125位选举人中，学生选举人有28人，获得选举人总数三分之二以上的票数者方可当选校长。名古屋大学医学部成立的"教授选考委员会"成员中有学生代表。东京大学教养学部成立了由教师、学生和职员参加的"课程委员会"，负责确定科目名称、教学内容和时间安排。

1973年10月由东京教育大学迁校、改组而成的筑波大学，在文部省的主导下，第一次抛弃了传统的学部－学科－讲座的组织体系，而以"学群"为教育组织，以"学系"为研究组织，本科生属于各个学群，教师属于各个学系。各学系教师按照所负责的课程分别参与有关学群的教育工作。由学群内的任课教师组成的教师会议负责学群的课程编制、新生招收、学生成绩评定、毕业资格认定等教育组织和管理工作。不再设立教授会，增设副校长（以前各国立大学都无副校长），加强学校一级的权限，改大学管理的分权制（教师人事权等在教授会）为集权制（评议会也由过去的决策机构改为咨询机构），让校外人士参与管理（设立参与会负责审议大学运营的重要事项）。为筑波大学的改革，国会还专门修改了《学校教育法》《国立学校设置法》《教育公务员特例法》等相关法律。[②]1976年文部省新创办的长冈技术科学大学、丰桥技术科学大学（这两所大学主要生源为高等专门学校毕业的企业技术骨干，并实行从本科三年级到硕士毕业的四年一贯制教育）和同一时期成立的一批单科医科大学，在大学管理方面也按筑波大学模式运行，因而被统称为"新构想大学"。[③]

五、高等教育机构的课程与教学活动

日本战后高等教育课程改革的最主要的内容，是将"一般教育"引入大学课程，并使之

---

① 田畑茂二郎等：『大学の自治と管理運営』，有信堂，1972，第29頁。
② 大崎仁：『大学改革 1945—1999』，有斐閣株式会社，1999，第275頁。
③ 同上书，第277—278頁。

具有与专门教育同等重要的地位。一般教育课程被认为是构成新制大学特征的基础课程。

在战后的日本高等教育改革中,关于高等教育课程改革的理念以及将一般教育引入大学课程的主张,首先出现在第一次美国教育使节团报告书中。该报告书批判了战前日本的大学和专门学校课程过分专门化的倾向,指出"日本高等教育机构设置的课程中,很少有普通教育的内容,过早地以及过分狭窄地专门化,而且职业色彩也过分浓厚"[1]。其次,报告书明确指出了在大学实施一般教育的重要意义。"为了给予自由思考提供更多样的背景和为职业训练打下更好的基础,必须培养广泛的人文科学态度。这将丰富学生的未来生活,并使他们了解今后从事的职业及工作怎样在人类社会中发挥作用。"[2]报告书还将培养具有人文科学态度的青年人作为"自由社会"中大学的三大任务之一,即大学应该培养"理解一切社会、一切民族的思想精华,在提高家庭与社会生活水准、使产业与政治运行更加有效且富有人情味、推行国际理解与友好合作等方面居于指导地位、富有才能的青年人"[3]。

1947年7月,大学基准协会制定的《大学基准》对新制大学的课程设置做了明确的规定,要求各大学从人文科学、社会科学和自然科学3类一般教养科目中各选3门以上开设。《大学基准》还规定,获得学士学位的最低标准有以下几条:①授予学士学位的最低标准为在学4年、取得120学分。其中包括毕业论文或毕业设计。学分如何计算由各大学自行决定。②在文科类大学或学部学习的学生,必须履修10门以上的一般教养课程(其中包括一门外语以及前述3类课程中的各2门以上)和15门以上的专门课程,取得一般教养科目40学分以上,专门科目80学分以上。③在理科类大学或学部学习的学生,必须履修9门以上的一般教养课程(其中包括一门外语以及前述3类课程中的各2门以上),取得一般教养科目36学分以上,专门科目84学分以上。[4]1950年,大学基准协会又对《大学基准》中有关一般教育的规定做了一些重要修改,将文理科学生履修一般教育课程的学分统一为36学分以上,三大类课程各12学分。[5]

文部省在1948年发表的《日本高等教育的再组织》中也阐述了关于一般教育的理念与政策,指出:"由于各大学设立的目的或目标不同,因此各大学为实现自己的目的或目标而开设的学科课程当然各异。但是各大学的课程中必须包括一般教养科目和为实现各自目标而开设的专门科目。这两类科目如何在课程中组合、安排由各大学自行决定。"文件还指出,要"保证学生在大学学习期间获得社会科学、人文科学和自然科学这些人类思考的三大领域的方法和知识。因此,大学前两年的课程应以这三个领域的广泛而又基本的学科为主,一般第一、二学年每个领域至少开设2门以上课程。大学的前两年是培

---

[1] 细谷俊夫等:『新教育学大事典(7)』,第一法规出版株式会社,1990,第148页。
[2] 同上书,第149页。
[3] 同上书,第146页。
[4] 海后宗臣、寺崎昌男:『大学教育』,東京大学出版会,1969,第480—481页。
[5] 大崎仁:『大学改革1945—1999』,有斐閣株式会社,1999,第104页。

养学生智力兴趣与专门研究基础的重要时期,所以也要给学生提供选修各自专门领域两三门课的机会"。①在这里,提出了大学课程设置实行一般教育与专门教育"二·二分段"(大学4年分为前2年的一般教育和后2年的专门教育)的初步设想。

在政府政策的引导下,以实施一般教育为核心的课程改革在各大学逐步展开。东京大学是较早实施改革的学校之一。在《大学基准》制定3个月之后的1947年10月,东京大学就做出了组建担任全校一般教育课程的教养学部的决定,学生入学后先在教养学部学习两年的一般教育课程。当时各大学实施一般教育的组织形式可以分为设立专门负责一般教育实施的教养学部和不设教养学部两种。所设立的教养学部,又有实体和虚体两类,前者拥有开设一般教育课程的专任教师,后者则主要由各专门学部的教师分担一般教育课程的教学工作。1963年3月,经国会通过,修改后的《国立学校设置法》规定:"根据文部省令规定,拥有数个学部的国立大学可以设置实施各学部共同的、一般教养教育的组织机构——教养部。"②此后几年内,共有31所国立大学成立了专事一般教育的教养部。教养部的成立使"二·二分段"模式从组织形式上完全固定下来。

根据1951年4月大学基准协会对203所大学的调查,被调查的多数学校(国立大学的85%,公立大学的90%,私立大学的57%)都规定必须履修36学分或48学分的一般教育课程。大学开设的一般教育课程门数大多为规定学分的2倍左右,也有在4倍以上,甚至达到8倍的。70%以上的学校开设的一般教育课程中,社会科学、人文科学和自然科学各占三分之一。③

1956年10月,文部省又制定并公布《大学设置基准》,对一般教育的原理和内容做了一些重要修改。例如:"大学应该开设的课程按内容划分有一般教育课程、外国语课程、保健体育课程和专门教育课程。""除上述规定的课程之外,在有些学部或学科还可以开设基础教育课程。""一般教育课程按内容划分为人文科学、社会科学和自然科学3类。"各大学须从人文科学、社会科学和自然科学3类一般教育课程中"各选3门以上加以开设,开设总数应不低于12门"。人文科学类包括哲学、伦理学、历史、文学、音乐、美术等课程;社会科学类包括法学、社会学、政治学、经济学等课程;自然科学类包括数学、物理学、化学、生物学、地学等课程。"除了上面所列课程之外,必要时各大学也可以增加其他被认为适合作为一般教育科目的课程。"各大学根据有关规定开设的"基础教育课程为一般教育课程中与各学部专攻领域相关的课程。""各类课程的学分根据以下规定设置:一般教育课程原则上每门课程4学分,外国语课程8学分(在开设2门以上外语课程的大学,第一外语8学分,第二外语不低于4学分),保健体育课程4学分(理论学习2学分,技能训练2学分),专门教育课程以及基础教育课程每门课不低于

---

① 大崎仁:『大学改革1945—1999』,有斐閣株式会社,1999,第485—486頁。
② 天城勲:『新しい大学間の創造』,サイクル出版会,1978,第136頁。
③ 海后宗臣、寺崎昌男:『大学教育』,東京大学出版会,1969,第435—436頁。

4学分，但必要时也可开设3学分或2学分的课程。""毕业的基本条件是在学4年以上，根据以下规定取得124学分以上。一般教育科目，在第20条所列的3类课程中各选3门，合计9门课程以上，获得36学分。在以实施专门教育为主的学部，所要求的一般教育学分中可以包括最多8学分的基础教育课程；外语课程，第一外语8学分；保健体育课程，理论学习与技能训练4学分；专门教育课程76学分以上。"[1]

概而言之，此一时期日本大学的课程由一般教育课程、外国语课程、保健体育课程和专门教育课程4大类组成。一般教育课程包括人文科学、社会科学和自然科学。在所有课程中，一般教育课程占29%（36学分），外国语课程占6.5%（8学分），保健体育课程占3.2%（4学分），专门教育课程占61.3%（76学分）。除了上述4大类课程之外，在以实施专门技能教育为主的学部，还可以设置基础教育课程。

《大学设置基准》一经制定并公布，便成为日本大学课程改革与实施的基本指导文件，以此为基础形成的"二·二分段"模式成为此后相当长一个时期日本大学教育（特别是国立、公立大学本科教育）的主要特征之一。

不过，这一课程模式在大学内外一直受到批评，人们认为它存在下列一些问题：首先，大学课程的整体性、系统性不足，普通教育课程与专业课程之间缺乏有机的联系，有的甚至严重脱节。其次，普通教育课程的编排以对所有大学本科生实施同样的普通教育为基本出发点，没有考虑各专业之间的差异，使得以专业学习为主要目标的学生在前两年只能学习远离所学专业的普通教育课程，一定程度降低了其学习积极性。最后，普通教育中的教学与科学研究相脱离，普通教育课程的教师虽然也进行科学研究，但很难与自身的教学结合起来。

此一时期日本的高等教育虽然难以彻底排除前一时期的影响，但毕竟有了许多根本的不同，尤其是在高等教育的对象、内容及组织管理的民主化方面，应当说变化比较大。伴随着1955年至1973年的经济高速增长，此一时期日本高等教育的规模发展也很快，1947年日本高等教育入学率仅为6%，1963年超过15%，1970年达到24%。日本在此时期实现了高等教育的大众化，同时高等教育机构也由初始时的单一化向多样化转变。特别需要指出的是，包括私立短期大学在内的整个私立高等教育在日本高等教育大众化方面做出了非常突出的贡献，扮演了主要角色。如果说20世纪60年代日本的高等教育是"迅猛发展"，那么20世纪70年代可以用"平稳发展"来概括。

此一时期日本高等教育为日本各行各业培养了数以千万计的优秀人才，尤其是在培养工程技术人才方面不遗余力。例如1980年，日本获得工程学位的毕业生共8.7万人，美国只有7.8万人，而当时美国人口却是日本的2倍。日本工科大学的毕业生几乎全部进入民用工业部门工作，而美国的工科大学毕业生将近一半从事与国防（军事）有关的工作。由此可见，战后日本经济奇迹的出现绝非偶然。

---

[1] 田畑茂二郎等：『戦後の歴史と基本法規』，有信堂，1970，第197—199頁。

第十章 法国、英国与德国高等教育的发展与改革

（20世纪80年代至今）

第一节 法　国

20世纪80年代以来，国际社会发生了许多重大变化，国际竞争越来越激烈。竞争主要表现为各国的经济竞争，而经济竞争的关键是人才，基础在教育。知识经济的提出，使人才培养的极端重要性受到普遍的、从未有过的重视，为此，各国都将发展教育作为强国兴邦的战略。高等教育由于其特殊的功能和作用，更是成为各国关注的重点，并且采取各种相应的政策措施，加大改革与发展的力度。这一时期，法国社会也发生了一些"二战"后从未有过的重大事件，如左翼执政、左右翼共治等。政治格局的变化不仅影响到法国的政治生活，同样也影响到经济生活以及社会生活的各个方面，当然，教育领域也不例外。20世纪80年代，法国高等教育领域发生了一些较大变化，特别是高等教育的性质、权力下放、高校管理、国际化（包括欧盟成员国）、知识创新等方面。

一、权力下放与高等教育管理体制改革

1981年，密特朗（F. Mitterrand）在法国总统大选中获胜，左翼社会党上台执政，这是法兰西第五共和国自1958年建立以来的首次。人心思变是社会党在这次大选中获胜的重要原因之一。社会党获胜之后，为推行"法国式的社会主义"政治纲领，巩固和加强自身在国家政治生活中的地位，对国家行政体制等领域进行了一系列重要改革，以此兑现大选中对选民的承诺。

按照政治纲领的精神，社会党在政治改革方面提出实行"权力下放"。1981年8月，国民议会通过了《权力下放法案》，将原先由中央掌管的部分权力下放到地方，以发挥地方政权的作用。社会生活方面，提出以"社会公正"和"分享劳动"为目标的社会改革。教育方面的改革同样是社会党行动的重点，并提出以"放权、现代化和适应"为目标的改革指导思想。放权，就是改变传统的集权管理体制，实行权力下放，让地方和学校享有更大的自主权，充分调动其办学的积极性和主动性。"现代化"是指革新教学内容，改进教学方式，建立现代化的教育体制。"适应"就是要在教育领域建立适应社会经

济发展和科技进步、适应世界不断变化的有效机制，建立适应青少年个性成长、有利于他们成功进入劳动市场的有效机制。可以看出，教育领域关于权力下放的政策与1968年的参与和自治的原则，基本精神是一致的，即改革以往过于集中的管理制度，发挥国家和地方积极性，促进教育发展，使教育在国家和社会发展中发挥更大的推动作用。对于一个中央集权传统的法国而言，实行权力下放无疑是符合社会发展、建立和完善现代教育制度的有效途径。2002年10月，前总统希拉克在阐述国家政治生活改革时，同样强调法国应该全面推行权力下放政策。

为落实放权的指导思想，改革教育管理制度，1983年法国国民议会颁布第83-663号法案，重新调整中央与地方各级教育行政部门的职权范围，国家将行政、财政、人事和教学等方面的部分权力逐级下放给学区、省、市镇和学校。1985年《非集中化法》明确规定，国家教育部负责制定教育方针，编制教学大纲，负责教师招聘及职位设置；学区管高中，省管初中，市镇管小学。调整国家与地方教育管理机构的关系，国家在大政方针上加强对教育的宏观管理和方向指导，加强教育评估工作。高等教育方面，设立国家大学评估委员会，对高等学校办学情况进行评估并公开发表评估报告，促使国家对高等教育宏观管理的针对性和有效性。同时，通过下放权力，促进地方（企业）与大学的广泛合作；促使大学在为地方服务中能够发挥更大的作用，改善办学条件，促进高等教育的发展。

经过较长时间的激烈争论，1984年国民议会颁布了《高等教育法》。负责该法起草的是时任教育部长萨瓦里，因此1984年《高等教育法》亦称《萨瓦里法》（*Loi de Savary*）。这是战后法国颁布的第二个有关高等教育的国家法律，该法重申了1968年《富尔法》关于大学办学三原则，同时再一次强调高校管理中实施权力下放和民主管理的方针政策。

《萨瓦里法》明确规定，公立高等教育机构具有法人资格，享有教学、科研、行政、财政的自主权；高校全体工作人员、学生和校外人士有权参与高校民主管理；高校是自治机构，在国家法律规定范围里，有权确定本校的教学、科研、财政等。该法第三条规定，公共高等教育是世俗的，不受任何政治、经济、宗教和意识形态的支配；尊重知识的客观性，尊重不同观点；应为教学和研究工作提供发展的自由、创造的自由和批评的自由。这些条文体现了权力下放和民主管理的理念，有利于贯彻执行大学自治和发扬学术自由精神。

按照规定，大学设立三个校级管理机构：校务委员会、科学委员会、学习与大学生活委员会。各委员会成员包括校内外相关人员，并按照一定的比例构成。

①校务委员会由30~60人组成：教师-研究人员代表占40%~50%，学生代表占20%~25%，行政、技术、工人代表占10%~15%，校外人士占20%~30%。作为本校决策机构，校务委员会主要负责制定本校发展政策，特别是审议与国家签订的多年性合同

内容，表决和批准学校预、决算，授权校长采取法律行动等。

②科学委员会由 20～40 人组成：校内人士代表占 60%～80%，其中至少一半应是教授或其他有资格领导科研的人员，研究生代表占 7.5%～12.5%，校外人士（可以是外校的教师－研究人员）占 10%～30%。科学委员会的主要职责是就本校科研政策发现及科研经费分配，对于学校教学（包括继续教育）大纲，教师－研究人员资格，文凭颁发等提出建议。

③学习与大学生活委员会由 20～40 人组成：教师－研究人员和学生代表占 75%～80%（师生代表人数各一半），行政、技术、工人代表占 10%～15%，校外人士占 10%～15%。该委员会针对教学、设立新专业，以及学生就业、社会活动等向校务委员会提出建议。

建立对大学进行全国性评估机构和评估程序。根据 1985 年 2 月法案，成立了"全国评估委员会"（Commité national d'évaluation, CNE）。这是一个由学术界 15 名知名专家学者组成的权威评估机构，每年公开发表一份大学评估报告。这项工作受到欢迎，许多大学都要求评估。1987 年，该委员会公布了第一份高等教育评估报告——《大学向何处去？》。报告就法国高等教育现状、如何开展高等教育评估、高等教育第一阶段、高等教育第二阶段、法国的科学研究、高等教育领域的继续教育，以及高等教育管理等方面，首次进行了全面评估。按照 1985 年 2 月法令规定，每年的评估报告都要呈送共和国总统，以便对高等教育的改革和发展采取相应的措施，包括改善高等教育管理。

1989 年，法国颁布的《教育方针法》再次重申 1968 年和 1984 年的两个高等教育改革法案关于实行大学自治、扩大高等学校办学自主权的规定。经过战后几次改革，法国高等教育管理体制发生了一些明显的变化，大学实行自治：行政自治（选举校长），财政自治（大学经费独立核算），教学自治（有权设立新的专业，授予新的文凭），并根据大学教师的自由选择，设立新的大学等。参与机制使教师和学生对学校事务有了更多的发言权，特别是校外人士的参与，促进了高等学校与社会的合作与联系，增加了办学的活力。诚然，法国教育管理体制依然维持着中央集权的基本特征，但教育民主化又是当今法国社会发展中一种不可逆转的趋势，因此，法国高等教育管理体制的这种独特性，表现为中央集权与大学自治此消彼长，国家统管与地方分权各有其位，各司其职。

二、《萨瓦里法》与高等教育职业化

1981 年 5 月法国社会党在大选中获胜后，为兑现对选民的承诺，社会党在社会生活诸多方面进行了一系列改革。高等教育领域方面，主要是改革大学教育长期脱离社会、脱离实际的弊端，使之适应经济社会发展的需求，特别是满足社会经济和企业对人才的需求，增加大学生就业等。

1984年1月，法国国民议会颁布了《萨瓦里法》，其是"二战"后全面改革法国高等教育的又一重要立法。与1968年《富尔法》快速立法不同的是，《萨瓦里法》是在经过国民议会及社会各界近两年的激烈争论之后才出台的，除了重申1968年大学"自治、参与和多学科性"的办学原则外，还重新确定了高等教育性质等重要事宜。

同1968年《富尔法》相比，《萨瓦里法》将高等教育职业化放在了一个突出位置。按照《萨瓦里法》的规定，法国国立高等教育机构被确定为"科学、文化和职业机构"，应同时提供科学的、文化的和职业的教育培养，具有法人资格，在教学、科研、行政、财政方面享有自主权等。新的法律意在改变以往将高等教育机构，特别是综合大学当作纯学术机构的传统思想，强调要增加大学的职业教育功能，加强实用型技能人才培养，提高大学生的就业率，以增强大学的竞争力。增加高等教育的职业教育性特征既是新的高等教育法的重要内容，也是法国高等教育新一轮改革的重要内容。

由于历史和传统的原因，长期以来，法国大学教育无论在课程设置、教学方法，还是人才培养方面，一直偏重于理论教学，培养目标主要定格为教师和研究人员，较少考虑企业对人才的实际需要，与经济界和企业界的关系远不如大学校那样紧密，不能满足社会的人才培养需求，也因此受到各方面的批评，甚至发出"救救大学"的呼声。在制定《萨瓦里法》过程中，大学的职业教育成为争论的焦点之一。争论是有其深刻的社会背景的。当时，法国国内失业率已创战后新高，在200多万的失业大军中，25岁以下青年占了近一半，其中绝大多数没有任何专业文凭，这种现象引起社会广泛不满。社会党上台后，把解决就业问题放在社会改革的优先位置，"改革大学教育，加强高等教育职业化"是其中一项重要措施。萨瓦里在谈到高等教育职业化的作用时强调，高等学校的教学和研究应该广泛地面向经济、社会和文化的现实，帮助政府同失业做斗争，振兴法国。然而，长期以来法国大学教育与就业之间缺乏强有力的联结，大学教学过于理论化，大学的毕业生与劳动市场要求的人才存在较大的差距。同时，萨瓦里也指出，尽管不能要求大学的教育培养与社会上的专业一一对应，但是，当代大学教育必须考虑职业部门的变化，尽量避免因职业化把学生引向较为狭窄的、前途未卜的专业资格。实际上，作为一个优秀的专业人员应该受到良好的通才教育，这样有利于其个性品质的养成，有利于为青年继承我们的文化和技术敞开大门；同时，按照他们各自的能力、兴趣和社会需要，为青年更好地选择专业方向和在进入劳动市场就业时加以方向指导也是完全必要的。这正是高等教育职业化的具体内涵。事实上，在高等教育进行职业教育及专业人才培养方面，法国的大学校有着丰富的经验，而且与企业界一直保持着十分密切的关系。著名的巴黎高等矿业学校（1783）声称，其创建的200多年就是该校与企业界紧密合作的200年。而1984年法国高等教育改革的立法者，就是想要将大学校这方面成功的办学经验扩展到整个大学教育系统，使大学教育更好地适应经济社会发展的实际需求。

为促进高等教育职业化、将大学校的办学经验引进大学系统，重点是改革大学第一阶段教学与培养，这样做的原因有以下三点：其一，第一阶段是大学教育的重头，学生比例大。以在校大学生数为例，1983—1984学年，全法大学在校学生总共93万，其中第一阶段学生43.9万，占总数的47.2%；1986—1987学年，全法大学生为90.6万，第一阶段学生44.3万，占总数的48.89%。其二，大学的三个阶段中，第一阶段淘汰率最高，平均为30%～50%，法律、医学等学科淘汰率更高，造成教育资源的浪费。其三，第一阶段文凭缺少专业性，也缺乏社会认可度，这一阶段的学生理论上可以到社会上就业，但事实上仅持有第一阶段文凭的学生就业很困难。针对以上情况，法国决定加强对大学第一阶段的学生在信息和职业方向上的指导，增设新的第一阶段国家文凭——大学科技学业文凭（Diplôme d'Études Universitaires Scientifiques et Techniques，DEUST）。取得这一文凭，表示通过第一阶段学习，学生获得了必要的职业专长、科学方法和基本语言（计算机语言和外语）训练。该文凭的设立可以为那些不打算继续接受长期高等教育的学生提供一种可取得技术资格的职业教育。不过，开设这一文凭是有条件的。首先，开设科技学业文凭的大学，应该就新的专业设置、培养目标、教学内容及社会对该专业人才需求状况，向国民教育部提交申请报告。教育部在征求全国高等教育与科学研究最高审议会和该校所在的学区高等教育审议会意见后，以法令形式公布，并与该校签订合同，合同一般为4年。通过一段时间的实施，新设的大学科技学业文凭取得初步成果，具体表现在第一阶段学习成功率有所提高，为学生提供了更多的选择机会，有助于他们进入劳动市场。如，格勒诺布尔第一大学"结构与材料科学"专业取得第一阶段文凭的学生由30%增加到50%，"自然科学与生命科学"专业学生取得文凭的比例也由35%增加到60%。兰斯大学取得第一阶段文凭的学生上升到28%，以往仅为18%。因此，这一时期大学第一阶段教育改革被视为是"一种有效的培训"。

为了加强高等教育职业化的改革力度，进一步改变大学传统的教育模式和培养目标，更好满足市场对工程技术人才的需求，增加青年就业机会，加强大学同企业界的联系，增强大学自身的竞争能力，1991年，法国大学系统开办了"大学职业学院"（Institut Universitaire Professionnel，IUP）。这是一种长期的高等职业教育机构，学制3年，招收读完大学一年级学生或取得短期高等教育学业文凭且具有一定实践经验者。大学职业学院的教学内容和培养方式由学校和经济部门（包括企业）共同确定，教学亦由双方人员（大学教师和部门专业人员）联合实施。3年学习期间，学生到企业实习不少于6个月，并依据学习情况，先后颁发大学职业学业文凭（Diplôme d'Études Universitaires Professionnalisées，DEUP），大学职业学院学士文凭（Licence de l'IUP）和大学职业学院硕士文凭（Maîtrise de l'IUP）。大学职业学院的这三种文凭与大学第一、二阶段原有的三种文凭等值，但是其专业性和实用性更强，这样有利于学生进入劳动市场就业。同时，大学职业学院三年级还设置了"工程师－技师资格证书"。大学希望通过颁发这一个层次较高、应用性较强、接近大学校工程师文凭的资格证书，提高大学在学生就业方面的竞争力。

开办大学职业学院须经全国大学职业学院委员会审批,该委员会由企业界(全法雇主委员会)负责人和大学界人士共同组成。开办大学职业学院被当作是法国大学界首次与企业界双方开展职业教育方面的合作,得到了社会各方面的大力支持。新开办的大学职业学院陆续开设了法律、经济、电子技术、商业管理、信息与通讯、新材料、工业技术、生命科学、应用化学,以及人文与社会科学等多种学科专业。专业设置方面强调适切性、应用性和有效性。毕业生要求掌握两门外语,尤其是欧盟国家使用的语言,为学生在更大范围内就业创造了条件。大学职业学院创办后发展较快,仅几年时间就从1991年的23所发展到1995年的130所,在校学生增加到1.5万多人。大学职业学院的开办是进一步实行大学教育职业化的尝试,其目的是改变大学传统"单一的理论教育"和"大学教育不适应企业的实际需要"的现状,促使大学积极参与社会经济发展。

尽管法国学界对于高等教育职业化的争论并未结束,但是,改革大学教育,加强与企业的联系与合作,增强大学竞争力,为适应经济社会发展培养更多的应用性专业技术人才,已达成广泛的社会共识。

三、"左右共治"与高等教育变革

法国人历来有着关心国家政治生活的传统。1948年,法兰西第二共和国创立了普选制,选举和投票成为法国人政治生活中的一件大事,包括选举国家最高领导人。战后法国政局基本上由右翼政党掌控,然而,1986年至2002年,法国政坛出现了三次空前的左右翼政党共同执政。在长达16年的"左右共治"时期,由于左右翼政党执政理念和大政方针相左,尤其是国内政策方面的对立,影响到法国社会的各个方面,教育领域也随之处于变革之中。

1986年3月,法国举行5年一度的国民议会选举,结果右翼的保卫共和联盟和法国民主联盟所组成的反对派联盟以微弱多数(仅多出半数的3票)获胜,组建新政府,保卫共和联盟主席希拉克(J. Chirac)出任总理,于是出现了自1958年法兰西第五共和国建立以来,首次由左翼总统和右翼总理"共治"国家的局面。这种政治格局很快影响到教育领域。尽管现如今法国左右翼政党的划分已经不像历史上那样泾渭分明,但是双方的政治主张和政策制定,尤其是国内政策方面仍然存有明显的差异。

1986年4月,政府总理希拉克在国民议会发表讲话时指出,高等教育的自治原则应体现在新生入学时的选拔和毕业时的颁发文凭等方面。实际上,这是希拉克为新政府高等教育政策定下的基调,即高等教育要实施自治与竞争。政府在国民教育部增设一名主管高等教育与科学研究的部长级代表,全面负责原大学部(1974年设立)的工作。6月,新上任的高教与科研部长级代表阿兰·德瓦盖(A. Devaquet)拟定出高等教育改革法案,即《德瓦盖法案》。法案的基本原则是实行大学的自治与竞争,着力提高办学效率,主要内容包括：大学有权制定本校新生招收标准和招生数量；颁发代表本校水平和特点的学业文凭和学位；提高注册费；可组成类似以往拥有自治权的学院联盟等。按照该法案的规定，大学可自行决定招生标准和数量，择优录取，减少淘汰率，提高办学效率。显然，《德瓦盖法案》所确定的大学自定招生标准改变了法国高中毕业生仅凭高中毕业会考文凭上大学的传统做法，提高了大学入学的门槛。客观地说，该法案的思路是针对法国大学的实际问题进行改革，特别是要提高大学的教育质量和竞争力，提高办学效率，促使大学的发展和提升，以更好地适应经济社会发展的需求，具有积极的意义。但是，这些改革措施直接冲击了教育领域传统的做法；更重要的是，改革触及收费上大学和入学机会等敏感的社会问题，因而新法案一经提出便立即遭到大学生和高中生的强烈反对。左翼社会党也表示坚决反对，并尖锐地指出，大学实施择优录取与社会党提高大学入学率的目标相左[①]。于是，围绕《德瓦盖法案》，法国各种社会力量之间展开了激烈的交锋。1986年11月18日至12月8日，巴黎及外省几十座城市的上百万大中学生罢课，上街游行示威，甚至发生流血事件。这是1968年"五月学潮"之后法国爆发的又一次声势浩大的学生运动。学生的举动得到了包括学生家长和一些社会人士的支持。他们指出，法国高等教育已经分为两个部分，一个是"开放"的大学，占有61%的份额，另一个是"择优"的大学校及类似机构，占31%。提高学费只能进一步加深教育机会不平等，增加普通家庭的经济负担，这样做与"消除社会不平等"背道而驰。更严重的是，大学实行择优录取，自行颁发文凭，无疑会使得"服务于大众"的大学之间造成"野蛮的竞争"，从而引发大学职责和教育民主化的倒退，因此，《德瓦盖法案》是"一个无人需要的法案"，是"一个政治上危险的法案"。可以看出，不同党派之间的争斗，进一步加剧了这场由高等教育变革所引发的争论。持续三周的学潮不仅造成了社会秩序的严重混乱，也使得当时已不太景气的法国经济雪上加霜。在强大的社会舆论和经济压力之下，1986年12月8日，政府被迫宣布撤销《德瓦盖法案》，德瓦盖本人也因此辞职。总之，法国的教育问题历来都是一个涉及面广且十分敏感的社会问题，任何变革都必须谨慎处理和妥善对待，否则就会引发社会"地震"。1986年的学潮是法国"左右共治"仅8个月时间内，高等教育问题所引发的又一场激烈的社会动荡。

1988年密特朗蝉联总统，社会党重新单独执政，标志战后法国第一次"左右共治"结束。社会党原第一书记利昂内尔·若斯潘（Lionel Jospin）出任国民教育部长，在政府中，其地位仅次于总理，被视为内阁第一部长。1989年7月4日，若斯潘主持起草的《教育方向指导法》经国民议会通过，7月10日由密特朗总统签署，正式颁布实施。与以往不同的是，这次颁布的教育改革法案没有沿用以法案起草者命名的习惯做法，以此表

---

① 按照1984年《高等教育法》规定，到20世纪末，获得高中毕业会考文凭的毕业生比例应达到高中毕业生总数的80%。

明改革者自身的改革姿态。

作为指导全国教育事业发展与改革的《教育方向指导法》，共设六编36条，另带有一个附加报告，确定了教育总的指导原则、发展方向及至20世纪末应实现的主要教育目标。在强调教育的重要性、加大重点教育区（即教育后进地区）的支持力度、加强同学业失败做斗争等方面，表现出改革者们的变革新思维。该法第一条开宗明义地指出："教育是国家置于优先地位的事业。"这一规定无疑是要确保教育在国家发展中的优先战略地位，以使教育更好地"适应国家、欧洲及世界的经济、技术社会与文化的发展"。[①]

保障青少年受教育的权利，与学业失败做斗争，是《教育方向指导法》的重要内容。该法确定的目标是，到20世纪末，取得高中毕业会考证书者应占高中毕业学生总数的80%，其他学生至少应取得"职业能力证书"或"职业教育证书"。[②]该法要求接受高等教育的高中毕业生都被接纳入学。一些年来，学业失败是法国学校教育十分普遍且突出的问题。法国全国教育改革咨询委员会主席罗歇·富鲁（Roger Fauroux）指出，学校造成了太多的失败，从小学到中学，从中学到大学，都存在这种现象。在升入初中的学生中，每7人中就有1人不能很好地阅读，每4人中就有1人没有掌握要求达到的运算技能；初、高中学生中，每5人中就有3人有过重读记录，还有10%的学生离校时没有取得任何毕业文凭或证书；大学生中，能够获得大学学业文凭或学位的也只有一半（大学第一阶段淘汰率尤其严重）。这一时期，与学业失败做斗争，成为各级学校教育教学改革的重中之重。为此，大力加强师资队伍建设成为提高教育质量的重要措施。按照教育部的部署，将各学区原来所属的师范学校和地区教育中心，合并改建成一所师范大学（Institut universitaire de formation des maîtres，IUFM），学制2年；提高入学资格，招收已取得大学学士学位者，从事中小学教师的职前教育培训以及教师在职进修。提高师范大学入学资格，要保证师范生既能够接受系统的高等教育，又能接受作为教师必备的专业知识和技能培训。开办以来，师范大学的发展受到各方面好评，对提高学校教育质量起到了积极作用。

针对高等教育（主要是大学）存在的问题，《教育方向指导法》要求高校保持"适应性、创造性、教学内容的迅速变化，以及职业教育与普通文化教育之间的平衡"。要求高等教育机构与国民教育部签订协议，使双方建立新型的关系，包括赋予高等教育机构具有真实内容的自治，保证全国高等教育力量协调一致，迎接当今时代提出的知识创新与传播的挑战。《教育方向指导法》对于这一时期高等教育的改革与发展起到了重要的指导作用。

1993年3月，法国政坛出现第二次"左右共治"，直到1995年5月希拉克当选总统，才得以结束。然而，1997年4月希拉克宣布提前解散国民议会时，立法选举中左翼议员

[①] 转引自瞿葆奎：《教育学文集（法国教育改革）》，人民教育出版社，1994，第651页。
[②] 这是法国技术高中和职业高中颁发的两种学业证书，获得该文凭可以4级职业资格从业。

成为多数派，社会党总书记若斯潘被任命为政府总理，于是，法国又开始了第三次"左右共治"。有所不同的是，前两次是左翼总统和右翼总理，而这一次是右翼总统和左翼总理。无论如何，"左右共治"是20世纪最后20年法国政坛的大事，没有人曾预料法国政治生活中会出现这样的可能性。由于"左右共治"不可避免地引起政局的变化，影响上届政府制定政策的连续性，而这很大程度上会影响整个社会发展，教育改革的走向无疑也会受到影响。

本来，若斯潘政府经过长时间的准备，于1997年4月颁布的教育改革法令，预计从1997—1998学年度开始实施。不料，1997年6月，由于政府更迭，情况发生变化，新上任的教育部长阿莱格尔并不认同前任的改革法案，因而另起炉灶。法国人常说，在法国，每位新走马上任的教育部长都有一番抱负，以变革展示其宏图大志。但是，历史的经验值得注意，自1824年法国任命教育部长以来的180多年里，更换过160多位部长，每位部长在职时间平均不过一年多，其间，不乏由于政府更迭或政见不同，出现前后政策相左的局面。但是，毕竟社会的发展进步是大势所趋。尽管法国教育改革前途不会一帆风顺，然而，不管政局如何变化，左派上台也好，右派掌权也罢，或是"左右共治"，改革与发展的总体方向是不可逆转的，任何人都难以改变。应该说，法国现政府推行的教育改革，强调知识创新和创新人才培养，鼓励产学研结合，保护和支持科技人员等，符合社会发展和时代进步的要求。更重要的是，法国的政治家们也都清楚知道，今日之世界，国际竞争越来越激烈，要想在未来社会里立于不败之地、在知识经济的大潮中始终占据世界主流地位，只有顺应社会发展的步伐，把改革不断推向前进。尽管这一时期，法国社会生活中不断出现一些不协调的局面，甚至局部还表现得较为激烈，但是1958年的宪法如今容许出现多数派的民主变革，同时又保证了国家制度的稳定性，这表明法兰西第五共和国的机构运转能够适应法国社会政治生活的各种变革。

2007年5月法国大选中，作为法国传统右翼代表的尼古拉·萨科奇（Nicolas Sarkozy）当选，右翼再次执政。萨科齐先后在巴黎第十大学和巴黎政治学院学习，获法律硕士学位。这位二战后出生的爱丽舍宫的新主人是一位"直言敢干"的政治家。他在竞选中承诺，社会方面强调"国民性"，扩大就业，降低青年的失业率；经济方面支持自由市场经济，改善经济增长；教育方面，要使法国的教育机构获得更大的自主权，大学也将获得更大的自主权，教育的现代化和民主化仍将是法国教育领域未来发展与改革的主导方向。法国将在世界舞台上怎样发挥独特的作用，法国社会将如何发展，教育领域如何改革与发展，人们拭目以待。

四、创新与高等教育改革

20世纪90年代以来，面对世界政治格局的重新调整，全球经济一体化的影响，特别是当今科学技术领域的快速发展与创新，各国都依据本国国情调整战略对策。法国人认为，在当今国际社会的竞争中，所有挑战无一不是国家实力的较量。一个国家要想不降为别国的附庸，不被排斥在世界主流之外，就必须实施创新战略，包括思想创新、制度创新、知识创新、科技创新。法国前国民教育、研究和技术部部长阿莱格尔在阐述法国未来科研改革目标时指出，科学研究是 21 世纪经济发展的关键已成为不争的事实。法国科研整体水平在欧洲名列前茅，有些领域与美国不相上下，这得益于戴高乐政府制定的科研政策，应归功于高等学校不断参与科研和国家科研中心实验室在大学的建立。① 同时，阿莱格尔也明确指出，法国的科研正面临队伍老化、创新不够、科研成果未能充分实现经济效益等主要问题。为此，阿莱格尔提出新的科研机构职位录用、公共与工业部门职位录用和博士论文指导计划，要求科研机构和大学优先招聘年轻的理工科博士，开辟更多的博士后职位，以利于青年学者在经济和工业部门任职。另外，国家要制定青年科研人员风险基金项目，支持博士和博士后青年科研人员更多地创业。实际上，从 20 世纪 80 年代开始，法国就制订一系列科技发展计划，集中各方面优势力量，打破研究机构、高校研究机构和企业研究机构之间的壁垒，大力开展全国性的研究与发展。当时，动员了全国国家重点科研机构、高等学校和国家重要技术中心数以百计的骨干企业的 30 多万研究人员、大学教师和工程技术人员通力合作，在空间、能源、信息、生物、电子、海洋等重点领域展开攻关研究，振兴法国和欧洲共同体的经济，加速先进技术的工艺化和商业化，以抗衡美国和日本。1985 年，密特朗总统曾代表法国率先提出建立欧洲技术共同体——欧洲研究协调机构计划，即著名的"尤里卡计划"。在代表法国首批参加尤里卡计划的机构中，有巴黎第六大学、第七大学、第十一大学，以及巴黎理工学校等一批实力雄厚的高等学校。在法国，高等教育机构已成为推动国家经济社会发展和科技进步的发动机。

面对 21 世纪的挑战，法国和欧盟更加强调必须依靠科技创新和发展教育，快速和持续的经济发展，大力提高竞争能力，以确保其在新世纪进程中的发展态势。欧盟在第三个《科研与技术发展框架规划》（1990—1994）中拟定了建立"欧洲科技共同体"的宏伟目标，通过重新调整欧盟的科研发展战略，进一步加强基础研究，发展高科技，使基础科学研究和实用技术开发"比翼双飞"，以保证赢得未来世界的经济战争。为实现跨世纪的宏伟计划，欧盟各国树立以教育为立国之本的战略思想，更加强调对教育战略投资的重要意义，并采取切实可行的措施加强人才开发，包括加快成员国之间高等教育学历及文凭的相互承认，广泛开展对公民的终身教育，为职工进行终身培训。作为欧盟的轴心国，法国为落实欧盟的战略发展计划，加大高等教育改革力度。1990 年夏季，法国召开了"2000 年大学会议"，这是法国高等教育界一次规划 20 世纪最后 10 年、展望 21 世

---

① 法国国家科研中心（相当于中国科学院系统）所属专职研究人员一半以上都常年在该中心设在高等学校的国家科研中心实验室工作，并与所在高校开展合作研究。如巴黎第十一大学 80% 的实验室与国家科研中心有合作关系，物理方面 24 个实验室中的 20 个隶属国家科研中心。

纪初法国和世界发展的重要会议。会议通过的"全国高等教育发展规划"确定了此后10年法国高等教育发展方向，包括开办一批由国家与地方共建的大学，改变国家单一投资的做法，扩大招生规模，改善办学条件；促使整个高等教育更加适应经济社会发展，积极参与和服务地方经济建设；改革管理体制，新大学可根据自身需要组建不同类型和规模的教学和研究机构，使其具有更大的灵活性，努力提高办学效率；建立高等学校联络网络，保持高校之间在科研、博士课程、特色教育和国际交流方面的密切合作关系，大力发展科学、技术和管理教育，加紧高新技术的研究与开发，加紧具有竞争力的高素质人才培养，增强国家的实力、竞争力和创新能力；加速欧盟成员国间在高等教育领域的交流与合作，建立大学联合机构，以集中和重组欧盟成员国的教学和科研力量，以保持法国在世界格局变化和欧洲共同体中的主流地位。

1996年5月，法国国民议会召开专门会议研究高等教育改革与发展。时任教育部长贝鲁指出，当今的信息社会必须加强高等教育传播知识的作用，加强工艺技术教育和对学生方向指导，加强高等学校与研究机构、企业之间的密切合作，加强与欧盟及世界其他国家的国际合作。贝鲁特别强调应借鉴德国的经验，重新评价工艺技术教育，注重发挥企业的作用，开展高质量的职业培训；同时，企业也应该更有眼光，将投资教育当作自身利益所在。同年6月，法国全国教育制度未来咨询委员会提交了关于"学校教育制度现代化"的报告。报告指出，改革法国现行垂直的、集权的、僵化的、无特色而又不透明和臃肿的组织机构，改革过时的教育结构，精简庞大的教育行政管理机构，已经刻不容缓。同时提出了改革教育的21条建议，涉及高等教育的主要内容有：保证所有青年学生掌握必需的基本知识，指导他们选择职业方向；花气力改革大学第一阶段教学，消除学生学业失败过早的现象；进一步实施权力下放，切实扩大高校办学自主权；大力促进产学研合作，提高国家整体科研创新能力；加强工艺技术教育，使职业教育文凭具有多种价值；同欧盟国家以及其他国家在高等教育领域开展国际合作等。报告建议，企业可通过合同形式接受更多的工读交替学生到企业实习，实习时间不少于4个月。到20世纪末，企业和公共部门接受实习学生人数在已有的基础上扩大10倍，以大力提高学生的实践能力和创新能力，适应当今高新技术的快速发展与变化。

科技创新与知识创新关系密切。20世纪90年代中期，国际经合组织提出，人类社会正在从工业经济形态向一种新的知识经济形态转变。知识经济是一种以知识为基础的经济增长模式。这种增长模式预示着经济的增长更直接地取决于知识的投资，知识可以扩大传统生产要素的生产能力，提供调整生产要素创造革新产品和改进生产程序的能力。新的经济增长模式鼓励创造新知识和在经济发展中传播新的技术手段。与以往依靠资本积累为核心的传统经济增长方式最大的不同，就在于知识经济更多地是以知识创新来促进经济增长。为了适应这一新的经济形态的出现，欧盟提出建设"知识化社会"的战略发展计划，要求各成员国在制订本国发展规划时，应进一步从宏观上努力实施科教兴国战略，将教育置于知识经济的中心位置，依靠科技和教育，持续并加速地发展经济。在这一大背景下，大力鼓励科技创新、知识创新和教育创新，加快科技进步，促进经济社会发展，成为法国实施科教兴国发展战略的重头戏。

1998年5月，法国国民教育部和工业部联合召开了规模空前的国家科技创新大会。时任教育部长阿莱格尔在大会上明确指出，创新是未来社会的主旋律，创造性智慧将处于经济发展的中心，在21世纪的经济竞争中将发挥关键作用。创新意味着发明新的产品、新的工艺、新的学科和新的组织方式。而当今资本流通和产品流通的世界化，也是思想的世界化，以及教育和培训的世界化，也即创新的世界化。阿莱格尔强调，国家不仅要大力支持大型的科学研究项目，同时也要积极扶持创新性的小企业，这些企业更有利于技术创新。为此，必须着力克服官僚主义的科研体制，重视法国科研队伍年轻化问题，因为新技术的诞生经常出自那些不拘泥传统知识的人。这位大学教授出身的教育部长一再强调创新的重要性和紧迫性，正是因为他洞察到在知识经济社会里，教育创新和知识创新具有重要的先导作用和推动作用。

在这次大会上，若斯潘代表政府重点阐述了关于创新的观点。他指出，创新对法国这样一个具有悠久传统的国家而言有着更重要的促进作用，政府将采取各种重大措施，包括设立1亿法郎的技术创新启动基金和6亿法郎的风险投资基金，3年内再增加10亿法郎贷款，以保证知识创新与传播；制定相关政策以促进公立科研机构与经济界的密切合作，同时鼓励私有企业的创造性，为其发展提供优惠的技术创新条件。若斯潘强调，国家在保证创新与发展的同时，要使人人都能得到实惠，使社会凝聚力得到增强，以保证整个国家民族的团结。

为进一步促进教育创新和高等教育改革，同年7月，在巴黎召开了全国大学改革研讨会，国民教育部和大学校长联席会议发表联合声明指出，人们的智慧和创新是当今社会发展的核心，大学在促进社会变革与民主化、在开创新型职业等方面应发挥战略性作用。大学和教育部要采取各种有力措施，积极鼓励创新、负责和协商精神，加强大学的自主权，给予科研人员，特别是青年科研人员必要的自由研究空间，充分发挥他们的聪明才智和创造精神；支持有利于创新产品的技术研究与开发；促进大学的开放与国际化，改善大学人力资源管理；除继续增加教育投资外，还鼓励高等学校通过技术转让等多种渠道扩大经费来源，增加其"造血"功能。

1999年7月12日，法国颁布了《创新与研究法》，目的是鼓励科技创新，打破扼杀创造性的枷锁，充分发挥科技人员的潜能，促进科技成果的迅速转化，使国家从研究成果中获得最大利益。这是法国首次颁布此类国家法律，充分表达了国家支持科技创新和知识创新的愿望和意志。为保证上述目的的实现，该法在科研人员流动、科研机构与企业合作、创新性企业的投资环境、创新性企业的法律保障等方面做出了具体规定。

关于人员流动，该法规定大学教授、科研机构研究员、工程师和技术人员以及青年博士，可以以合作者或经理身份创办企业，实现其科研成果的价值。科研人员亦可将其科研成果参与企业投资，参股比例最多为企业资本的15%。同时，科研人员可以不承担经营责任，以此避免由于某些利益纠纷影响他们的科研工作。教师和科研人员可以在半年之内对其今后的去向做出选择，或继续留任企业或返回原单位。在规定的期限内，可保留原有的公职。

关于科研机构与企业合作，该法规定，高校和科研机构可以作为"孵化器"，促使创新型企业的开办和大型项目的建设。高校和科研院所通过向有关机构（工商职业协会等）缴纳福利基金，以解除教师和科研人员的后顾之忧；同时这些机构应负责与企业或地方当局签订科技合作合同，既促进企业的发展，也保证教师和科技人员的切身利益，使双方都能获利，做到双赢。

关于创新型企业投资环境，该法更改以往普通企业必须持有75%股份才能成为企业法人的规定，创新型企业只需持有25%股份即可成为企业法人；并鼓励"创新投资公共基金"对创新型企业在资金方面实施优先和倾斜政策。

关于创新型企业法律保障，该法规定，对于具有高风险和发展潜力的新型企业，可以不受有关股份公司的现行条文限制；允许所有创新型企业享受简单股份公司待遇，可实现自由快速累计资本，吸引更多资本并继续保持对公司控制权，亦可与单一合作者组建公司。

上述法律的出台，从扩大高校自主权到加强产学研合作，从打破限制创造性的条条框框到鼓励大学教师和科技人员利用科技成果开办创新型企业等，都体现了为适应知识经济发展，法国在科技创新、知识创新和教育创新中做出的具有重大意义的改革与调整，表明法国决心以新的强有力的大国形象，在21世纪大力增强实力和科技竞争力，保持经济强国的地位，并始终处于国际社会主流之中。

五、国际化背景下的高等教育改革

高等教育国际化是当代高等教育发展进程的主要趋势，各国都必须学会在教育国际化的大潮中谋求共存和发展。在当今世界舞台上，法国是一个主张多元文化的国家，是世界上接收外国留学生最多的国家之一，其高等教育的国际化程度是很高的。

早在欧洲中世纪大学创办之初，作为世界现代高等教育的发端，拥有"大学之母"美誉的巴黎大学就开始显现出国际化的特征，成为当时学术界的国际中心。起初，这种国际化特征主要表现在教学语言、师生来源和大学校长人选等方面。当时巴黎大学教学和学术语言使用通用的拉丁语，以致巴黎大学及巴黎圣母院周围一带市区被称为"拉丁区"，至今这一带仍是高校密集区。当时在巴黎大学执教的学者多是来自欧洲各地的饱学之士，学生则由来自不同国度和地区的四个"民族团"组成，除法国人外，还有英国人、日耳曼人、斯堪的纳维亚人等。13世纪至16世纪间，曾有4名丹麦人、2名英国人、7名德国人、4名荷兰人、1名斯拉夫人和1名葡萄牙人先后出任巴黎大学校长一职。其中一位名叫纪尧姆·费歇的德国人在任期间,于1470年为巴黎大学安装了法国第一台印刷机,并出版了法国首批使用机器印刷的书籍。在以后几百年间,法国高等教育国际化程度不断扩大。战后,特别是近些年来,美国、英国等国大量吸纳外国留学生,法国也跟随趋势加大高等教育改革力度,实行更加开放和国际化的政策,既重视扩大同欧盟成员国之间的交流与合作,又积极采取措施,广泛加强同世界其他国家和地区的交流与合作,以吸引更多的外国留学生和青年学者到法国留学和开展科学研究。

法国高等教育国际化发展与欧盟及其前身欧共体的发展同呼吸、共命运。早在20世纪80年代中期,欧共体通过制订"伊拉斯谟计划""欧共体教育与技术培训计划"等一系列教育培训计划,加强成员国之间的合作交流。法国作为轴心国和主要倡导者,在促进加强成员国之间教育合作与交流方面,发挥着主导作用,也是欧共体内部留学生的主要接收国和派遣国。1990—1991年度,欧共体国家共有28个,500名大学生到其他成员国大学学习或实习,法国派出留学生6000人,交流经费近5亿法郎。1993年,在原有欧共体基础上,成立了欧洲联盟,简称"欧盟",随着欧盟的不断扩张,各国教育领域展开了全面的合作,交流更加广泛。2004—2005年度,欧盟国家参与"伊拉斯谟计划"的大学生增加到144037人。法国是派出和接收大学生最多的国家之一,其中派出大学生21516人,接收20519人,派出和接收人数分别占伊拉斯谟计划该年度计划的15%和14.2%。经过多年的发展,欧盟国家高等教育的交流有了长足的进步,法国高等教育国际化程度明显提高。

1995年起,欧盟开始实行两项为期4年的各类教育技术培训计划,即"苏格拉底计划"和"达·芬奇计划"。高等教育方面,"苏格拉底计划"提出建立欧盟成员国高校间校际网络系统,共同开发新课程;推行欧洲学分转移制度,相互承认学制及文凭;通过多种渠道,为教师和大学生到别的成员国学习和深造提供必要条件等,该计划经费为60亿法郎。"达·芬奇计划"主要用于教育与技术培训,内容包括进一步调整欧洲大学之间的科学和工艺技术教育交流,青年职业入门教育和继续教育培训、交流;加强成员国之间的产学合作,努力改善和提高职业教育和培训质量,引进新技术;支持跨国的试验性先导计划等,计划经费40亿法郎。

20世纪90年代后期,法国与欧盟其他主要成员国加快了统一高等教育制度的步伐,并取得一系列重要成果。1998年5月,法国、英国、德国和意大利4国教育部长在巴黎发表了《索邦大学共同声明》,旨在统一协调欧盟高等教育体制,体制改革迈出了实质性的第一步。紧接着,次年6月,欧洲29国教育部长集合在意大利,共同发表了《波隆涅宣言》,同意进一步扩大欧洲高等教育合作共建范围。2001年5月,在捷克首都布拉格会议上,欧洲国家教育部长发表联合声明,重申《波隆涅宣言》精神,并制定了到2010年欧洲国家高等教育共同实施的六项目标。2003年德国柏林会议上,俄罗斯宣布正式加入"欧洲高等教育共同圈"(Espace Européen d'Enseignement Supérieur)。至此，法国、德国、英国、意大利、俄罗斯等欧洲主要国家，也是高等教育强国，共同组成了"欧洲高等教育共同圈"，成为目前国际上最大的高等教育联合体。

按照布拉格会议发表的《欧洲国家高等教育联合声明》，到2010年，"欧洲高等教育共同圈"成员国完成的六项目标是：①采用一种能使各成员国大学学业文凭更加清晰透明，并能相互比较的学制；②设立以"LMD"①架构为基础的高等教育课程体系，学制分别为3年、5年和8年；③建立"欧洲学费转移制度"（ECTS），亦称"欧洲学分学历评价制度"，即在欧洲各大学之间可以自由流通和转换"欧洲学分"的制度，以此促进"欧洲高等教育共同圈"国家的大学生到其他成员国的高等学校学习和从事研究；④减少行政方面的障碍，促进大学生、教师、研究人员和行政管理人员在全欧范围内的自由流动和开展合作；⑤合力开发欧洲高等教育共同的教学质量评估工具与方法；⑥广泛开展网络合作，强调大学课程教学内容的欧洲标准。②可以看出，欧洲高等教育的6项目标主要是从相关制度着手，建立统一的高教体制。然而，由于欧洲各国许多方面存在差异，建立一个统一的体制并非易事，2005年欧盟宪法被法国和荷兰否决就是一例。不过，建立统一的高等教育共同圈毕竟不像宪法那样牵涉甚广，何况此举也是多数欧洲人的愿望，是其应对日益激烈的国际竞争，特别是面对美国、日本的挑战的一种选择。

进入21世纪后，为实现"欧洲高等教育共同圈"的发展目标，法国高等教育经历了自1968年改革以来最大的结构性变革。变革的主要内容是将战后实行多年的大学三阶段学制改为欧洲高等教育共同结构的"3-5-8学制"（LMD学制），即学士－硕士－博士三级学位制度。新的大学教育学历等级以取得高中毕业文凭（Bac）为起点，具体为：

Bac + 3年 = 新学士学位（180个欧洲学分）；

Bac + 5年 = 新硕士学位（300个欧洲学分）；

Bac + 8年 = 新博士学位。

新的大学学制意味着法国大学原有的三阶段学制可分别以欧洲其他国家大学相互认可的欧洲学分计算，修满不同数量的欧洲学分即可获得相应的大学文凭或学位。具体而言，获得60个欧洲学分就等于修满原大学一年级课程；获得120个学分相当于完成大学第一阶段课程；修满180个欧洲学分，可获得新学制的学士学位。以此类推，修满300个欧洲学分，即可取得新的硕士学位，并取得继续攻读博士学位资格。攻博期间，博士候选人研修满规定的课程，撰写博士论文，答辩通过后获得新的博士学位。

2005年秋季开始，在前两年试行基础上，法国所有大学全面执行新的LMD学制。与以往大学三阶段相比，新学制具有以下特点：其一，新的欧洲学分实行积累制，且可

---

① LMD分别代表3种学位，它们是：Licence（学士学位），Master（硕士学位），Doctorat（博士学位）。

② Edufrance, *L'enseignement supérieur français*, 2005, p.16.

在欧洲高等教育共同圈国家高校之间流通转换，也就是说，在法国高等学校获得的欧洲学分为共同圈国家高校承认。反之亦然。这样既有利于欧洲国家高等教育学历之间相互比较，也有利于成员国大学生的相互交流和学业流动。其二，新学制有利于与欧洲其他国家开展高等教育和科研领域里的互相协调和交流，保证高水平教育在更大范围获得认可，提高法国高等教育的国际化程度，进一步扩大其国际影响。

接收外国留学生是高等教育国际化的重要指标。据统计，2003年全球留学生已达212万，在法国学习的留学生占10%，落后于在美国的28%、在英国的12%和在德国的11%，居全球第四位。面对庞大的留学生市场以及美国、英国等国的竞争，近年来，法国各方面齐心协力，采取多种措施吸引留学生赴法学习。

第一，成立专门机构。为使更多的外国留学生赴法学习和从事研究，从官方到民间，从政府到高校，多方协调，共同努力，建立专门机构。1998年，由法国外交部和教育部发起，法国大学校长联席会议和全国工程师职衔委员会共同参与，成立了"法国教育国际协作署"（Edufrance）。该机构主要职责是负责对外宣传和推介法国高等教育，并提供相关信息；协助政府驻外机构办理外国留学生赴法留学手续，推广招生，筛选学生，促进院校交流；帮助高等学校制订国际规划；按地域分析大学生的需求和竞争国家的举措等。现在，法国教育国际协作署已在40个国家设立了80个办事处，其中亚洲29个，非洲有20个。另外，教育部、巴黎工商会等联合组成了"企业管理教育国家基金会""法国教育资源输出公司""法国－亚洲－校园集团"等机构，大力开展招收留学生的活动。

第二，采用商业化策略扩大招生。法国前外长韦德里纳曾指出，我们的盎格鲁－撒克逊竞争对手，在人才培养市场上积极推销他们系列的培养机构，他们的大学习惯于去"找"大学生，而法国这方面明显落后。为改变这种状况，法国人应采用适应市场的方法，利用各种机会，积极到国外举办和参加教育沙龙展，努力扩大法国高等教育影响。为吸引更多的研究人员和大学生来法国学习和从事研究，政府在2004年给世界著名研究人员空出15个优秀人才席位，使他们能够享受优厚的、有助于今后达到世界级水平的待遇，获得25万到50万欧元的启动创新项目经费，组建他们的科研组。

第三，实行留学生来源多样化政策。传统上，赴法的留学生大多来自欧洲和非洲。近年来，法国开始将注意力投到世界上最具发展潜力的地区，如亚洲、南美洲等，更多地吸引这些地区的青年到法国留学。为方便更多的外国留学生入境，在发放签证方面，法国采取了比过去更加灵活的政策，使近年来赴法的留学生有较大幅度的增加。近几年，中国每年赴法的留学生成倍增长。中国赴法国的留学生已过万。2004年，赴法留学的外国学生达245000人，位居欧洲第三，世界第五。①

第四，学习的国际化。这是法国高等教育实行开放和国际化的重要内容。联合国

---

① 弗洛朗斯·雷纳尔：《欧盟让年轻人走动起来》，《今日法国》2006年第一季度，第30页。

教科文组织1995年的《关于高等教育的变革与发展的政策性文件》指出,"高等教育的国际化,首先是教学与科研的全球性的一种反映","让更多的学生、教师和研究人员在国际环境中从事学习、教学、科研、生活和交流,是当今高等教育国际化的总体发展趋势"。在法国人看来,以往当人们要研究巴尔扎克或学习法国烹饪艺术时,自然会想到去法国深造,然而,对于学习科学技术则是另外一番景象。现在应该让习惯于英国、美国标准的人们了解,法国同样拥有世界一流的教育制度。法国高等学校,特别是那些具有国际知名度的高等学府,在人才培养、教学大纲,以及大学生和教师的管理方面,大力推行国际通行的做法,培养未来所需要的国际通用人才。隶属巴黎商会的高等商业学校,高等经济与商业学校等,同40多个国家的高校签订了200多个培训交流协定。按照协定,教学大纲由双方协商,学制14个月,招收已受过3年高等教育、打算获得企业管理硕士学位的学生,采用双语(英语、法语)教学,学习期间到国外实习。目前,就读于各商学院的外国留学生占这类院校学生总数的15%,其中巴黎高等商业学校的比例达到20%,巴黎路桥学校的留学生更是高达60%。以培养高级行政管理人员著称的法国国立行政学校,近年提出一项专门培训计划,每年扩招40名外国留学生。该校还培养了数以千计的外国高级官员,其名单犹如一部"各国名人录",其中有外国政府部长、驻外大使,美国国会的"核心人物",德国前政府总理科尔的高级顾问,波兰负责私有化运动的高级官员。为尽量消除学习语言障碍,法国高等学校已有300多个专业提供英语教学。为了在人才市场和国际市场上更具竞争力,法国人决心在发扬光大文学、艺术、工艺品等传统领域优势的同时,大力加强经营管理、企业管理、经济学和商法,以及行政科学和工程师科学等学科,发挥法国在人才培养中的传统优势,特别是研究精神和创新精神方面的独创性。

面对当今经济全球化的世界,法国采取现实主义态度,发扬首创精神,坚持多元文化发展的理念,力争在国际事务中发挥独特的、更大的作用和影响。进一步加强高等教育领域的国际交流与合作是法国对外政策的重要内容。为此,近年来,法国不仅通过各种渠道更多地吸引外国留学生到法国学习,而且通过"走出去"的方法与国外大学"联姻",采取"法语系列教学"、开办学校和名牌大学设立分校等方式,开展广泛的高等教育国际合作,并取得成功。

"法语系列教学"是由一所或多所法国的大学与国外当地大学实行合作,主要是对大学第二阶段,即大学本科高年级学生进行教学。2005年,共有11000名外国学生在全球167个法语系列教学中注册入学。

从20世纪90年代开始,由法国政府部门大力资助,采用法国的教育技术,在国外开办新的大学,进一步扩大法国的影响。现在,在埃及、亚美尼亚、土耳其、黎巴嫩等国,都开设这种新的大学。这些大学完全按照法国的标准和规定,开展从大学一年级到博士阶段的"一揽子"教学培养,为成绩合格学生颁发法国和当地的双文凭。贝鲁特的圣-约瑟夫大学（1992），亚美尼亚大学（2000），开罗大学（2002）等，已招收数千名大学生，学生在大学里学习法语、法律、经济、管理、工程、人文科学和传播学等学科专业。土耳其伊斯坦布尔的加拉塔萨雷大学19世纪初由法国耶稣会教士开办，1992年开始，该校与法国30多所大学开展合作，教授多种学科专业，其中部分专业可授予硕士学位。

名牌大学到国外开办分校是法国扩大高等教育国际合作的第三种方式。2005年10月，应阿联酋要求，巴黎大学在该国境内的阿布扎比开设一所分校，其教学要求与获得的文凭同巴黎大学本部完全保持一致。2005年是中国的法国年。当年法国4所著名的中央理工大学校在北京航空航天大学开设一所分校。该校课程设置为6年，全部课程由法国教师授课。第一年学习法语，第二、三年作为大学预科，后三年进行工程师培养。第一期百余名学生中，三分之二都是成绩拔尖的学生。法国政府为此项合作项目提供经费支持，并希望能为法国的中国企业提供高质量的人才，或是为在中国的法国企业提供高水平的中国员工。

在开展高等教育国际合作中，法国非常重视教育质量。法国外交部科学、大学合作处的处长安托万·格拉森强调，外国学生越来越注重教育质量，为满足这些要求，法国对本国的教育实行永久性"重新评估"。2006年，法国所有设在国外的教育机构都签订一项质量协议，以保证其教育质量。

可以看到，积极而广泛地开展同各国高等教育领域的交流与合作，大力推进高等教育国际化，已经成为法国在全球经济一体化中始终保持世界主流地位的一个有力推手。

第二节 英 国

一、高等教育发展的社会背景

构成20世纪80年代以来英国高等教育发展的社会背景因素主要有以下几点。

其一，管理理论和公共政策的因素。20世纪80年代初以来，英国高等教育的发展受到政府的公共政策改革的影响越来越明显。80年代初，新公共管理（New Pubic Management，NPM）和评估性国家理论（Evaluative State）开始流行。这种新的国家管理理论主张国家的管理应采取分权和评估模式，将更多的权力下放给公共机构，减少直接的干预和控制，国家对公共机构的管理主要通过评估来进行，以市场运作机制替代福利国家运作机制。新公共管理理论有8个要点：削减成本（cost cutting）、压缩预算（capping budgets）和增加资源分配透明度（transparency）、将传统的科层组织化解成独立的机构、将管理权限分权给公共机构、购买和供应功能分离、引入市场和准市场机制、要求工作人员完成工作目标、从终身雇佣制和国家标准薪金制向任期合同制和绩效酬金制（Performance Related Pay）过渡。同时，强调服务质量和环境以及"顾客的反映"。① 这种管理理论受到1979年上台的保守党政府首相撒切尔夫人（Margaret Thatcher）的支持。1979年保守党上台时，英国经济正处于严重滞胀状态。1970年至1979年，英国经济年平均增长率仅为2.2%。② 撒切尔夫人以及后来担任首相的保守党人梅杰（John Major）先后采取紧缩政策，控制货币供应量的增长速度，压缩财政开支。其中包括收缩福利范围的政策，以削减公共经费。面对这一政策，其他公共机构虽然受到削减经费的影响，但也有收获，它们获得了自治权。而同样作为公共机构的大学由于本来就有自治权，因此它并未从政府的分权政策中获益，却受到了削减经费的影响。据大学拨款委员会和大学校长委员会当时统计，1981—1982年度至1983—1984年度经常费削减了11%～15%。③ 经费的减少是20世纪80年代初英国高等教育"收缩"的重要原因之一。

其二，教育人口统计学的因素。潜在学生数量的增长是影响高等教育政策的重要因素之一。英国学者认为，制定高等教育政策要考虑教育人口统计学的两个因素：一是适龄青年数量的增长，二是由学生、政府和雇主的需求构成的复合因素。从分析来看，对20世纪80年代中期后高等教育扩展产生影响的是第二个因素。1978年教育和科学部棕皮书《发展至20世纪90年代的高等教育》（*Higher Education into the 1990s*）发现，英国18岁青年数量的波动较大：1960—1961年度为70万人，1965—1966年度为90.6万人，1969—1970年度降到74.1万，1982—1983年度又上升到94.1万，然后再次下降，到1995—1996年度时为62.2万。④ 而学生规模的实际发展表明，20世纪80年代初18岁人口数量呈上升趋势时，高校在校生增长并不显著；1995—1996年度，18岁人口下降时，在校生规模反而猛增。因此，适龄青年数量的增减不是这一时期影响高等教育规模的主要因素。而由学生、政府和雇主的需求构成的复合因素才是引发20世纪80年代中期后高等教育大众化加速的原因。

其三，平等主义（egalitarianism）思想的因素。高等教育中的平等主义思想是一个复杂且模糊的问题。前教育和科学部大臣克罗斯兰1962年在《保守主义的敌人》（*The Conservative Enemy*）中用"软性均等机会"一词描绘了平等主义概念的特征。⑤ 但是，这一思想在"二战"后高等教育发展进程中的确起到了重要的作用。当《罗宾斯报告》提出为所有合格的申请者提供高等教育机会的政策时，平等主义的信念第一次正式地得到了承认并被广泛接受。1984年，大学拨款委员会和全国咨询委员会（National Advisory

---

① Maurice Kogan and Stephen Hanney, *Reforming Higher Education* (London: Jessica Kingsley Publishers, 2000), p.32.
② 王章辉：《英国文化与现代化》，辽海出版社，1999，第336页。
③ 王承绪：《世界教育大系：英国教育》，吉林教育出版社，2000，第522页。
④ Maurice Kogan and Stephen Hanney, *Reforming Higher Education* (London: Jessica Kingsley Publishers, 2000), p.49.
⑤ Ibid., p.65.

Body）再次阐述了这一原则，强调"高等教育的课程应当面向所有希望参与学习并从中获益的人开放"①，并以学生需求为依据，要求继续扩展高等教育。平等主义观念为20世纪80年代中期后高等教育加速大众化提供了思想基础。正如一位资深决策者所说："开放机会是发展高等教育动机的真正基础。"②不断扩大青年接受高等教育的机会成为保守党和工党基本政策。保守党首相梅杰在1991年高等教育白皮书《高等教育框架》的前言中对保守党执政期间的政策做了如下总结与前瞻："在1979年，英国青年升入高等学校的比例为8∶1。今天，已经提高到5∶1。与过去相比，现在我们在利用更多的资源提供更多的升学机会。我们正在走向2000年我们的目标是达到每三个人中，便有一人受到高等教育。"③1997年，上台的工党政府首相布莱尔（Tony Blair）也提出，要在今后8年内，大幅度增加高等学校的人数，使30岁以下的年轻人中至少有一半的人能够受到高等教育。④

其四，责任制或绩效（accountability）和质量保证问题的因素。过去英国高等学校责任制度分大学和学院两种：大学自负其责，政府很少过问，对大学的审计制度也直到1966年才迟迟引入；而多科技术学院等则由政府负责，经费由地方教育当局提供，学术监督由全国学位授予委员会（CNAA）负责。然而新公共管理（NPM）模式理论的流行改变了一切。撒切尔政府上台后积极推行新公共管理模式，在公共机构管理方面接受了经理人（managerialism）理念。撒切尔政府明确承诺削减公共机构规模，增加政府效率，为达此目的，政府在首相办公室下设立了一个权限很大的部门——效率处（Efficiency Unit），负责检查政府部门的工作。与此相关的责任制于是受到了高度重视。大学和国家之间的关系也由于责任制的流行而变得紧密了。尽管大学在学术方面，如课程、研究目标和方法等，依然拥有自主权，但这种学术责任制模式在悄然发生变化。过去，大学教师一般只做教学、管理等工作，教师拥有大量的时间自由地去做自己的学术研究和咨询工作。但20世纪80年代中期后，英国高等教育大众化进程再次加速，使大学面临吸引资源和承担大批学生教学工作的双重压力，大学教师自由支配的时间受到影响。规模的扩大和教学工作量的增加，引起人们对质量保证（quality assurance）问题的重视。1997年，工党政府上台后，也强调经济效益和市场作用，实行适度从紧的财政经济政策。高等学校的效率和质量也自然受到关注。责任制和质量保证问题出现是20世纪80年代中期后英国加强高等教育质量管理的重要原因之一。

---

① Maurice Kogan and Stephen Hanney, *Reforming Higher Education* (London: Jessica Kingsley Publishers, 2000), p.73.
② Ibid., p.66.
③ 吕达、周满生：《当代外国教育改革著名文献（英国卷·第二册）》，人民教育出版社，2004，第4页。
④ 王章辉：《英国文化与现代化》，辽海出版社，1999，第346页。

二、高等教育的发展

（一）高等教育数量和规模的发展

20世纪80年代以来，英国高等教育的发展大致可分为两段。20世纪80年代初为第一段，这一阶段和20世纪70年代末一样，依然处于调整收缩期；20世纪80年代中期后为第二段，高等教育大众化进程再次加速，尤其是《1992年继续教育和高等教育法》（*Further Education and Higher Education Act*）公布之后，高等教育规模空前发展。

第一，学生规模迅速扩大。1985—1986年度高等教育学生规模只有93.7万，1997—1998年度则高达180万，增长了一倍（如表10-1所示）。

表10-1 20世纪80年代中期后英国高等教育学生人数发展

（单位：千人）

		1985—1986	1990—1991	1995—1996	1997—1998
大学	全日制	310	370	1108	—
	部分时间制	120	154	612	—
多科技术学院和学院	全日制	289	377	—	—
	部分时间制	216	274	—	—
	合计	935	1175	1720	1800

资料来源：1985—1986至1995—1996年度数据：Maurice Kogan and Stephen Hanney, *Reforming Higher Education* (London: Jessica Kingsley Publishers, 2000), p.50；1997—1998年度数据：Higher Education Statistics Agency, *Higher Education Statistics for the United Kingdom 1997–1998* (London: Higher Education Statistics Limited, 1999), p.5.

第二，适龄青年入学率20世纪80年代中期后迅速上扬。1970年到1986年间，21岁以下青年的高等教育入学率一直在15%左右徘徊，之后，入学率一路上扬，1990年达到20%，1994年30%左右。[1] 到20世纪末时，入学率高达33%。[2]

第三，大学数量增多。1992年时，英国只有50所左右的大学，到20世纪90年代中期已达到90所左右。包括具有500年以上历史的古典大学6所，即英格兰的牛津大学和剑桥大学，苏格兰的圣安德鲁斯大学、格拉斯哥大学、阿伯丁大学和爱丁堡大学；19世纪建的红砖大学（又称老市立大学或城市大学等），如利兹大学、布利斯托尔大学和曼彻斯特大学等；第二次世界大战后由学院升格的大学，如纽卡斯尔大学和莱斯特大学等；第二次世界大战后新建的大学，如肯特大学和斯特林大学等；由前高级技术学院升格的大学，如阿斯顿大学等；1992年后升格的大学，含所有的多科技术学院、6所中央学院和2所高等教育学院，如哈德斯菲尔德大学、格拉斯哥喀里多尼亚大学和卢顿大学等。[3]

---

[1] Maurice Kogan and Stephen Hanney, *Reforming Higher Education* (London: Jessica Kingsley Publishers, 2000), p.51.

[2] Ibid., p.65.

[3] Donald Mackinnon and June Statham, *Facts and Figures in the UK* (London: Higher Edncation & Open University, 1999), pp.98–99.

第四，师资队伍迅速扩大，师生比明显降低。师资队伍以教授数量发展为例，1993年时，教授5392人，[①] 到1997—1998年度时，教授数量已达9905人。[②] 同时，全日制师生比降低也很明显。老大学的师生比从1981—1982年度的1∶9.5下降到1993—1994年度的1∶14。全部大学的师生比从1971—1972年度的1∶8.1下降到1994—1995年度的1∶17。[③]

（二）高等教育研究的发展

高等教育的历史十分漫长，但高等教育研究作为一个领域在世界范围内受到人们的重视也就是20世纪90年代以来的事。在英国，关于高等教育的研究也是在20世纪90年代才受到重视并迅速发展的。

1. 英国高等教育研究蓬勃发展及其原因

20世纪90年代以来，英国高等教育研究蓬勃发展，突出地表现在两个方面。

其一，高等教育研究阵地迅速拓展。到2003年，仅在英国出版的专门研究高等教育的杂志就有13种。如《高等教育的活动学习》（Active Learning in Higher Education），《高等教育评估与评价》（Assessment and Evaluation in Higher Education），《欧洲高等教育》（Higher Education in Europe），《高等教育政策》（Higher Education Policy），《高等教育季刊》（Higher Education Quarterly），《高等教育研究与发展》（Higher Education Research and Development），《高等教育评论》（Higher Education Review），《国际学术发展》（International Journal for Academic Development），《高等教育地理杂志》（Journal of Geography in Higher Education），《高等教育政策与管理》（Journal of Higher Education Policy and Management），《高等教育质量》（Quality in Higher Education），《高等教育研究》（Studies in Higher Education），《高等教育教学》（Teaching in Higher Education）等。

其二，高等教育研究成果丰硕。除了大量论文之外，还出版了大批专著。英国学者泰特（M. Tight）曾对1987年到2000年英国8家出版社（出版5本以上高等教育专著的出版社）出版的高等教育专著做了一次统计后发现，仅这8家出版社就出版了284本被确定为研究高等教育的专著。其中，开放大学出版社一家就出了111本。[④] 而且，大部分著作是20世纪90年代出的（如表10-2所示）。表中数据表明，1995年以后出版的就达200本之多。这一情况也反映了高等教育研究的蓬勃发展是从20世纪90年代中期后开始的。

---

① Donald Mackinnon and June Statham, *Facts and Figures in the UK* (London: Higher Education & Open University, 1999), p.134.
② Higher Education Statistics Agency, *Higher Education Statistics for the United Kingdom 1997–1998* (London: Higher Education Statistics Limited, 1999), p.48.
③ Maurice Kogan and Stephen Hanney, *Reforming Higher Education* (London: Jessica Kingsley Publishers, 2000), p.80.
④ Malcolm Tight, *Researching Higher Education* (London: Higher Education & Open University Press, 2003), p.41.

表 10-2　1987 年至 2000 年英国 8 家出版社出版的高等教育专著数量

(单位：本)

1987	1988	1989	1990	1991	1992	1993	1994	1995	1996	1997	1998	1999	2000	总计
2	2	6	10	6	11	14	33	21	23	30	30	54	42	284

资料来源：Malcolm Tight, *Researching Higher Education*. (London: Higher Education & Open University Press, 2003), p.43.

20 世纪 90 年代以来，英国高等教育研究之所以蓬勃发展，原因是多方面的。首先，在高等教育大众化的时代，高等教育涉及越来越多人的利益。高等教育的公平与否和质量能否得到保证等问题"迫使"人们越来越关注高等教育的发展。其次，在今日的知识社会中，科学技术发展、经济全球化和愈演愈烈的国际竞争等都对一个国家的高等教育发展提出了更高的要求。按英国学者的说法，高等教育已经成为"庞大的生意"（big business）[①]，其发展健康与否，已经关系到一个国家社会所有领域和部门的发展。最后，随着高等教育投入越来越大，为了确保投入和产出的效益，高等教育的投资者（国家、社会和个人）以及高等教育的管理者（校长、院长）也需要了解怎样才能确保投入的资源得到有效的利用，达到产出效益最大化。上述的这些原因构成了英国高等教育研究蓬勃发展的背景。

2. 英国高等教育研究方法

英国高等教育研究方法有以下几个特点。

（1）研究方法多样化

从研究方法方面来看，英国高等教育学者运用的方法呈现出多样化态势。根据统计，高等教育研究方法达到 8 种之多，呈现百花齐放的状态。有文献研究法、比较研究法、访谈研究法、变量统计法（multivariate）、概念研究法、批判研究法、传记研究法和现象学研究法。其中，文献研究法是采用最为广泛的方法，访谈研究法也受到了重视。

（2）研究方法随研究内容的差异而不同

人们发现，研究者采用的研究方法与研究的问题密切相关。泰特一共统计了 406 篇论文。其中，149 篇是采用文献法作为研究方法的论文，研究的问题主要是系统政策（54 篇）、课程设计（34 篇）、院校管理（26 篇）、质量（14 篇）、学术工作（12 篇）等，而采用文献法研究教学的只有 2 篇。采用比较法的 24 篇文章中，研究系统政策的就有 17 篇，而没有用比较法研究教学的。采用访谈法的 71 篇文章研究的问题主要有课程设计（21 篇）、学术工作（17 篇）、教学（10 篇）。[②]

（3）英国高等教育的研究兴趣动态

英国高等教育研究的兴趣动态表现在英国高等教育研究者研究的问题上。这些问题

---

① Malcolm Tight, *Researching Higher Education* (London: Higher Education & Open University Press, 2003), p.4.

② Ibid., p.22.

大致可分为八类。

①关于教与学的研究。围绕着教与学,英国学者感兴趣的问题有:实用的教学方法有哪些以及如何在不同的教学环境中有效地使用这些方法?学生是怎样学习的以及影响学生学习的变量有哪些?教师如何鼓励学生按照教师希望学生采用的方式学习?不同个性学生的学习方法确有差异吗?新教师应怎样才能胜任教师角色的工作?[①]

②关于课程设计的研究。这一类的主要问题有:能够公正并有效测评学生成绩的方法有哪些?怎样促使学生掌握未来雇主所需要的迁移性技能(transferable skill)?发展中的信息和通信技术对高等教育的影响有多大?哪种学习方法可以使各门学科课程(course)建立起联系?高等教育课程(curriculum)是什么,应当像什么?[②]

③关于学生经验的研究。在研究这一类问题时,下列问题是人们关注的焦点:学生是如何选择院校的?影响学生课程学习成败的因素有哪些?学生群体中的性别、阶层、民族、年龄的差异对学生生活经验的影响有哪些?高等学校应当为学生提供哪些支持?怎样解决高等教育与就业的矛盾?怎样处理好高等教育与继续教育及培训之间的衔接?[③]

④关于质量的研究。这类研究的核心问题有:如何评价学术人员的学术工作?实用的高等教育质量保证措施有哪些?高等教育制度中学位的标准应当一致和一成不变吗?高等教育经费资助如何落实依据效绩资助(performance-based funding)的原则?高等教育管理者如何了解和掌握质量保证措施的效果?评估工作、评估标准和质量三者之间有必然的联系吗?[④]

⑤关于高等教育系统政策的研究。这类研究的主要问题有:管理政策的变革有何效益?管理政策是如何制定出来的?各国高等教育政策异同有哪些?高等教育资助的最佳途径有哪些?如何处理好政府、政府代理机构与大学的关系?大众化进程中的高等教育政策有哪些变革?高等教育的国际化特征有哪些?[⑤]

⑥关于院校管理的研究。研究的核心问题有:高等教育管理者的任务,高等院校的院系管理,学术管理者的角色以及作为管理者的学术人员的角色定位,高等教育管理者的管理生涯以及如何改进高等院校的管理等。[⑥]

⑦关于学术工作的研究。研究的核心问题有:学术人员在干什么?他们为什么做这些工作?学术人员之间、学科之间、院校之间学术工作有哪些差异?学术工作是怎样变

---

① Malcolm Tight, *Researching Higher Education* (London: Higher Education & Open University Press, 2003), p.60.
② Ibid., p.74.
③ Ibid., p.90.
④ Ibid., p.108.
⑤ Ibid., p.120.
⑥ Ibid., p.137.

化的，以及学术人员对变化的态度如何？学术人员的学术生涯如何？学术人员有其他兼职吗？学术人员在院校、部门和国家之间的流动性如何？怎样才能使学术人员的职前培养、入门培训和发展最佳化？学术人员对自己的角色与其他角色之间关系的认识如何？[①]

⑧关于知识的研究。研究的核心问题有：不同学科的有效的知识有哪些？不同学科之间的实习有哪些差异？科学研究是如何生产知识的？高等教育的研究功能与其他学术功能，如教学功能是怎样联系的？高等教育或大学在当代社会的作用和意义是什么？[②]

从上述的情况来看，这一时期英国高等教育研究兴趣具有两个明显的特点：其一，越来越强调问题研究的针对性，所研究的问题大都是高等教育现实需要解决的问题。研究的目的在于促进高等教育质量的提高，上述的8类问题每一类都与高等教育质量有关。其二，研究兼顾宏观和微观两个层面，但微观研究越来越受重视。比如微观到研究这样的问题：学术人员在干什么？他们为什么做这些工作？

三、高等教育的管理

（一）重要的高等教育政策

从1981年开始，英国政府公布了一系列的文件、报告和法规，其数量之多前所未有，主要有：《贾勒特报告》（Jarratt Report）、白皮书《高等教育：迎接挑战》（Higher Education: Meeting the Challenge）、白皮书《高等教育：一个新的框架》（Higher Education: A New Framework）、《1992年继续教育和高等教育法》和《1992年苏格兰继续教育和高等教育法》等。这些报告和法规反映了英国高等教育宏观管理政策的变化。

1.《贾勒特报告》

《大学效率研究指导委员会报告》（Report of the Steering Committee for Efficiency Studies in Universities），简称《贾勒特报告》。20世纪80年代初，受经济紧缩政策影响，为了帮助大学应对财政困难并调查了解大学的行政管理效率，1984年大学校长委员会组建了"大学效率研究委员会"（Steering Committee for Efficiency Studies in Universities），任命贾勒特（Alex Jarratt）担任该委员会主席。委员会领导成员经验丰富，具有代表性和权威性：4位来自工商界，其中2位是曾在工商界工作过的大学校长，5位有着大学系级管理经验的学术领导人，1位大学行政管理人员，还包括大学校长委员会主席和政府效率处处长。贾勒特本人是伯明翰大学名誉校长（chancellor），曾在工业和银行界工作过，还担任过公务员。委员会主要任务是调查大学行政管理的效率，并就财务管理、耐用消费品的采购以及校舍场所的维修、服务和分配三项专题进行调研。《贾勒特报告》共有7

[①] Malcolm Tight, *Researching Higher Education* (London: Higher Education & Open University Press, 2003), p.153.
[②] Ibid., pp.168–169.

个分报告和1个总报告。总报告就大学问题向政府、大学拨款委员会、大学校长委员会和大学提出了若干建议。该报告建议政府超脱于事务性管理之外，回到为大学拨款委员会提供政策指南方向上来，使大学拨款委员会和大学能够自己制订长期发展计划和战略。政府只需负责检查大学拨款委员会的功能、结构和人事安排等就可以了。人们认为，《贾勒特报告》字里行间向教育和科学部以及政府传递了一个明确的信息，这就是在大学拨款委员会和大学校长委员会的帮助下，大学可以而且应当自己管理自己的事务，不需要一个集权的管理组织。[①]《贾勒特报告》的建议还涉及大学的政策和管理结构问题，包括大学校务委员会（council）的作用、学术和院校发展计划、大学校长（vice-chancellor）作为学校首席执行官的地位以及财务管理等问题，对后来的高等院校管理产生了较大的影响。大学投入产出的效率问题开始受到关注。

2. 白皮书《高等教育：迎接挑战》

这份白皮书是1987年4月英国教育和科学部大臣以及威尔士、北爱尔兰和苏格兰国务大臣联名向议会提交的报告，主要内容有五点。

第一，关于高等教育的目的和目标，白皮书明确地指出："政府赞成高等教育应有广阔的目标，支持罗宾斯委员会的提法：教授技能，普遍提高智力，增进学识，传递公民的共同文化和共同准则。"[②] "高等教育必须更有效地为经济发展服务；进行科学研究与增进人文学科的学术成就；同工商界建立更密切的联系，并促进各项事业。"[③]

第二，关于就学机会，白皮书分析了1979年以来英国高等教育的发展情况和未来高等教育学生的需求趋势，重申了英国政府发展高等教育的原则，即"坚持修改后的罗宾斯原则，凡有足够的智力、动机与已经成长得能受益于高等教育的人，并自愿升学者，应都能升学"。白皮书还提出了进入高等教育的途径问题，认为学生可以通过三条途径进入高等院校学习，即，取得传统的第六学级毕业资格，获取职业教育证书或文凭，攻读完"升学课程"。此外，一些学生还可以攻读某些特定课程。白皮书认为，由于"愈来愈多的学生将沿着第二条途径升入高等院校"，政府"必须采取积极步骤增加获得如商业与技术员等职业教育文凭的新生人数"。[④]

第三，关于质量和效率，随着高等教育规模的扩大，高等教育的开支明显上升。白皮书对此做了统计："1986—1987年度英国政府在高等教育上的支出达37亿英镑，占政府开支的2.6%或国内生产总值的1%……实际上，1979年以来，除学生生活补贴外的高等教育开支增长了3.2%……英国用于每个学生的高等教育费用多于大多数发达国家。"

[①] W. A. C. Stewart, *Higher Education in Postwar Britain* (London: The Macmillan Press Ltd, 1989), pp.233-234.
[②] 国家教育发展研究中心：《发达国家教育改革的动向和趋势（第二集）》，人民教育出版社，1987，第679页。
[③] 同上书，第676页。
[④] 同上书，第679页。

白皮书认为，政府投入巨额资金应该获得更大的收益，而要"使所用的钱产生更大的收益就意味着既追求质量，又追求效率"。谈到质量时，白皮书强调，高等教育的质量主要靠自身的监控和维护，"外界既不能直接提高质量，也不能强使高等院校提高质量"。但政府可以"建立适当体制以促使高校负起提高教育标准的责任，并对其进行监督"。白皮书认为，高等院校的质量可从以下几方面来评定："课程的设计与内容所反映的学术标准，课程是否符合教育目的，要求学生学会什么与如何适应企业界的需要；教学质量；学生的成绩，既要看其在高等院校时期的成绩，也要看日后他们工作时的成就；科研的质量。"[1]至于效率，白皮书强调："政府既关心每所高等院校的效率，又关心国家整个高等教育系统的效率。"高等院校的效率反映在师生比、单位成本支出、科研补助和收入、受赞助的学生获得高级学位的比率，以及毕业生初次就业情况等方面。[2]

第四，关于高等教育的结构和规划，值得注意的动向是20世纪60年代中期形成的高等教育双重制开始受到质疑。按照双重制，多科技术学院和其他学院被称作"公共高等教育系统"。白皮书认为："这样的称呼往往使人误认为在大学与同样主要以政府资金办学的其他高等院校之间有着根本的分界线。政府还认为'公共系统'这个词这样用全然无益，而且同政府要求所有高等院校尽可能吸引私人资助的愿望不一致。"[3]白皮书强调尽量不用这个词，而代之以"多科技术学院及其他地方学院系统"。白皮书主张，由于在任务、规划和行政管理等方面新的情况和问题的出现，多科技术学院和地方学院应当脱离地方政府。比如在任务方面，这些学院已经不局限于为地方服务，课程开设除医学外门类齐全，且学生规模超过大学。在规划方面，地方规划已不再适宜，需要中央统筹考虑。在管理方面，地方政府过于烦琐的管理妨碍了学院的发展。[4]

第五，关于资助渠道。1987年，白皮书接受了《克罗汉姆报告》(Croham Report)的建议，决定改组大学拨款委员会为大学基金委员会(UFC)，建立多科技术学院和学院基金委员会(PCFE)，分别负责各自的资金筹措和分配。《1988年教育改革法》公布后，两个基金委员会正式成立。建于1919年的大学拨款委员会终于完成了其作为政府和大学之间"缓冲器"的历史使命。

3. 白皮书《高等教育：一个新的框架》

1991年5月，英国教育和科学部公布的这份白皮书是战后影响美国高等教育发展的重要文件之一。时任首相梅杰提出，到2000年时三分之一英国人要能接受高等教育。为了达到这一目标，白皮书建议废除高等教育双重制，建立单一的高等教育框架。这个新

---

[1] 国家教育发展研究中心:《发达国家教育改革的动向和趋势（第二集）》，人民教育出版社，1987，第697—698页。
[2] 同上书，第707页。
[3] 同上书，第711页。
[4] 同上书，第712—713页。

框架主要有以下特征。

①建立一个大学、多科技术学院和高等教育学院的统一的拨款结构。

②在英格兰、苏格兰和威尔士分别成立高等教育基金委员会，负责分配国家提供的教学和科研经费。设置新的联络机构，以继续与北爱尔兰现有的统一机构保持密切联系。

③扩大规模较大的高等学校的学位授予权，结束全国学位授予委员会工作。

④使愿意采用大学名称的多科技术学院改称"大学"，并制定相应标准，符合这些标准的其他规模较大的高等学校也可易名。

⑤由各高等学校自身建立一个全英质量审计机构，对全国高等学校进行质量及外部检查。

⑥在各基金委员会内部设置质量评定机构，对各高等院校的相对质量进行指导。

⑦各基金委员会合作，以维持共同的质量评定方法。[①]

白皮书提出的许多建议很快在第二年公布的《1992年继续和高等教育法》中得到体现，并对20世纪90年代以后的高等教育发展和管理起到重要的影响作用。

4.《1992年继续教育和高等教育法》和《1992年苏格兰继续教育和高等教育法》

1992年英国颁布的《1992年继续教育和高等教育法》和《1992年苏格兰继续教育和高等教育法》宣布成立英格兰高等教育基金委员会（HEFCE）、苏格兰高等教育基金委员会（SHEFC）和威尔士高等教育基金委员会（HEFCW），同时撤销大学基金委员会、多科技术学院和学院基金委员会。在三个基金委员会下设质量评估委员会负责高等教育质量评估事宜。《1992年继续教育和高等教育法》还宣布解散全国学位授予委员会，废除高等教育双重制，授予多科技术学院大学地位。对于《1992年继续教育和高等教育法》的意义，有专家认为，这一法案的公布，标志着英国高等教育大众化框架的形成，高等教育领域一场新的革命静悄悄地展开了。[②]

（二）高等教育质量管理

1.高等教育质量理论研究

什么是质量？什么是高等教育质量？英国高等教育界的认识是不统一的，学者们见仁见智。有的学者甚至说，"质量像'自由''正义'一样令人难以捉摸"[③]。还有人认为，对高等教育质量的认识就像葡萄酒评酒师评酒一样在于个人的感觉。20世纪90年代，英国有关高等教育质量的研究蓬勃开展，提出的不少有价值的观点，对英国高等教育质量管理起到了推进作用。

---

① 吕达、周满生：《当代外国教育改革著名文献（英国卷·第二册）》，人民教育出版社，2004，第5页。
② 朱镜人：《英国高等教育"大众化"述评》，《高等教育研究》1997年第6期，第95页。
③ Diana Green, *What Is Quality in Higher Education* (London: SRHE and Open University Press, 1994), p.12.

英国是具有精英教育传统的国家，长期以来形成了一种传统的质量观。有学者认为，传统的质量观强调的是，产品（服务）应当与众不同、特色鲜明，往往赋予拥有者或使用者某种身份地位。凡质量上乘的产品（服务）或因造价昂贵或因材料稀有，一般百姓是无缘消受的。因此，传统的质量概念中隐含着"独占性"（exclusivity）。[①]就高等教育而言，人们在谈到质量时，往往以牛津大学和剑桥大学为典范。这两所大学的确在学生质量、研究方法和成果等方面与众不同，特色鲜明，且表现出较明显的"独占性"，即两校学生一直是上层社会子弟求学场所。即便在今天，其入学门槛也较高。英国学者认为，用这种传统的质量观去衡量大众化时代所有的高等学校教育质量是不合适的。这是因为，在高等教育大众化时代，人们是不可能将所有的高等学校都办成牛津大学和剑桥大学的。于是，人们提出了一些新的高等教育质量观，概括起来，有四点。

（1）质量应与产品的说明和标准一致。这一观点源于工业生产的质量观。在工业生产中，有关产品（服务）的说明和标准是测定质量的标尺，符合说明和标准的则视为质量合格。

有的学者认为，将这种质量观运用于高等教育质量评估有其优点也有其不足。优点在于通过设立不同层次和类型的学校办学目标和标准，可以为所有的院校提供"追求质量"的机会。不足在于，弹性的质量标准会使院校间的质量难以比较。理论上就会出现诸如"是牛津大学、剑桥大学的质量高呢还是另一所不知名大学的质量高？"之类的问题，因为它们都符合各自的标准。

（2）质量应与目的或目标相适应。更多的学者认为，高等教育的质量应与高等教育的目的一致。他们认为，离开了产品（服务）的目的或目标，质量就无从谈起。质量是对产品（服务）达到目标程度的裁定。按照这一观点，不同层次和类型的高等学校质量应当依据其办学目的或目标来评定。不过，按照这一原则评估高等院校的教育质量需要注意：第一，随着社会的发展，高等院校的办学目的或目标会不断地修订，质量评估的标准也需要不断调整；第二，高等教育目标的多元化隐含着目标之间的相互冲突，如强调人发展的目标和为经济发展以及社会其他方面的发展服务的目标之间的矛盾，如何处理这些矛盾，是高等教育质量评估需要研究的问题。

（3）质量与高等院校达标过程中的效率一致。该观点认为，一所高质量的院校应当能够清楚地阐明自己的使命或办学目标，并且能够在达标的过程中取得效益和效率。英国大学校长委员会（CVCP）的学术监控部（AAU）曾明确表示，高等教育质量评估不实行"金本位"制度，即不实行统一的质量标准，标准由院校自行决定。学术监控部的任务是检查学校制定的质量标准和质量保证措施能否实现其办学目标，以及所实现的办学效益和效率。

---

① Diana Green, *What Is Quality in Higher Education* (London: SRHE and Open University Press, 1994), p.13.

（4）质量在于满足消费者明确表达的和隐含的需求。20世纪70年代以来，企业界在评定产品或服务的质量时，不仅要看产品（服务）是否符合规定的标准（目标），还要看其满足消费者需要的程度。甚至在产品（服务）标准的设计时，企业就已经将消费者的需求作为重要的因素考虑在内。用这种原则评定高等教育质量可以促进高等教育与实际社会生活的联系，但会碰到下列的问题：谁是高等教育的消费者？是高等教育的受教育者？是为子女交纳学费的家长？是政府或企业雇主？还是全体纳税人？或者上述的人员都是消费者？他们各自的需求如何鉴定？有的学者提出，在诸多需求中，受教育者（学生）的需求最难鉴定。这是因为存在着学生是否真正具有了解和表达其需求能力的问题。对此，有的学者提出，不能将学生的需求（needs）和近期的要求（wants）混为一谈。两者是有区别的。前者着眼于学生的未来，而后者则强调眼前的利益。[①]

2. 高等教育质量保证措施

20世纪80年代以来，为了保证高等教育大众化时代的英国高等教育质量，英国采取了一系列实质性措施，加强了国家与社会和高等院校自身两个层面的高等教育质量管理。

人们认为，英国国家和社会对高等教育的监控是从20世纪初开始的。1919年建立的大学拨款委员会（UGC）和1964年建立的全国学位授予委员会（CNAA）都曾起到过质量监控的作用。但真正采取强化措施还是在20世纪80年代以后的事。在20世纪80年代后，英国公布了一系列文件和法律，组建了有关机构，对高等教育质量的监控采取了强化措施。

1984年至1986年，公布《雷诺兹报告》（*Reynolds Report*），采用新的学术标准，在大学正式推行质量保证（quality assurance）制度；

1985年，公布关于公共部门院校学术地位认可的《林多普报告》（*Lindop Report*），将质量保证的责任逐渐从大学拨款委员会下放给获得认可的院校；

1987年，公布教育和科学部白皮书《高等教育：迎接挑战》，建议扩展高等教育，收回地方教育当局对多科技术学院和其他学院的管理权；

1988年，公布《教育改革法》，多科技术学院与其他学院合并重组，建立大学基金委员会（UFC）、多科技术学院与其他学院基金委员会（PCFC），宣布实施依据质量资助经费的政策；

1990年，大学校长委员会（CVCP）设立学术监控部（Academic Audit Unit），对大学质量保证制度的运行实施监控；

1991年，公布教育和科学部文件《高等教育：一个新的框架》，宣布即将废除高等教育双重制，进一步扩展高等教育，宣布将对多科技术学院进行质量评估，将评估合格

[①] Diana Green, *What Is Quality in Higher Education* (London: SRHE and Open University Press, 1994), p.17.

者升格为大学；

1992年，公布《继续教育和高等教育法》，设立英格兰、苏格兰和威尔士高等教育基金委员会以取代大学基金委员会、多科技术学院与其他基金委员会，设立高等教育基金委员会（HEFC）负责教育质量监控，废除皇家督学的高等教育督察权；撤销全国学位授予委员会；

1992年，英格兰高等教育基金委员会设立教学质量评估委员会（Quality Assurance Committee）检查教育教学质量（质量分优秀、满意和不满意三个级别）；

1992年，高等教育质量委员会（Higher Education Quality Council）建立，取代大学校长委员会下属的学术监控部，强化监控力度；[①]

1997年，建立高等教育质量保证局（Quality Assurance Agency for Higher Education）取代高等教育质量委员会。

其中，质量保证局（QAA）是1997年后非常活跃的高等教育质量评估机构，它发挥了原先大学校长委员会的学术监控部、高等教育基金委员会的教学质量评估委员会等机构的功能。其主要任务是：

①与高等院校合作制定有关标准促进高校教育质量的提高；

②为学生、雇主和其他关心高校质量的人士提供有关高等教育质量的准确信息；

③与高校合作制定资格标准；

④在学位授予权和大学冠名方面提供建议；

⑤编制学科教学大纲的起点标准（benchmark）；

⑥颁布学科教学指南（code of practice），提供教学范例；

⑦制定院校评估和学科评估的程序。[②]

质量保证局的评估程序为：第一步，被评估的学校首先要递交一份自查分析报告（analytical account），简要介绍该校办学目标、办学层次、学术质量标准，以及质量保证策略和机制等；第二步，在正式到学校评估之前，质量保证局要组织人员到该校进行先期调查，调查该校自查报告所提供的证明材料，并将调查结果书面通知评估组所有成员；第三步，评估组全体成员到该校评估，检查所有与自查报告相关的原始材料，召开教师和学生的座谈会；第四步，撰写评估报告，内容要介绍评估的方法和程序、被评估学校在质量监控方面采取的措施（包括维护学术和教学质量方面的政策、制度等），还要对被评估学校如何保证质量实现其办学目标情况做出结论。

---

① Diana Green, *What Is Quality in Higher Education* (London: SRHE & Open University Press, 1994), p.4.
② The Quality Assurance Agency About QAA [EB/OL] [2001-01-12]. http://www.qaa.uk.

(三)高等院校的自我监控

高等院校教学质量的自我监控在英国高等教育质量保证体系中发挥着重要的作用。高等院校一般都比较重视自身的质量建设,小心翼翼地维护和提高自己的质量声誉,具体表现在以下几个方面。

1. 建立质量保证体系

该体系由学校和院系两级质量保证机构组成,两级机构各司其职。现以卡的夫大学(Cardiff University)为例说明。在学校一级,卡的夫大学设有"质量监控中心委员会"(Central Quality Committee),由250多名成员组成。下设"学术质量保证委员会"(Academic Quality Assurance Committee)、教学质量委员会(Teaching and Learning Committee)和研究生质量委员会(Graduate Board)。其中,学术质量保证委员会是大学质量政策的主要决策机构,由各院系负责人组成;在院系一级,也设有"学术委员会"(Department Board),负责教学方案设计、实施与评估。

2. 制定学术标准

标准是衡量质量高低的重要依据。标准高质量相应就高,标准低就谈不上高质量。英国大学十分注意制定与其学术地位相适应的学术标准。为了保证学术标准的制定水平,有的大学还聘请相关学科的专业委员会成员参与学术标准的制定,并建立校外审查员制度(external examiner system),请校外专家监控学校的学术质量。

3. 广泛宣传,使师生人人了解学校的学术标准

例如,卡的夫大学为了让师生了解学校的学术标准,专门编印了《师生学术规章手册》(Academic Regulation Handbook for Students and Staff),使教师和学生人人了解学校的标准,从而自觉维护学校的学术声誉。

4. 加强校内教学评估

卡的夫大学每年都要采取问卷方式了解学生对模块课程的意见,并且定期要求教师提交足以证明自己教学和科研能力的材料。对于准备晋升高级讲师的教师,学校还要求他们出示能够证明其是某一学科的"佼佼者"的材料。

5. 把好学生入门关

为了维护学校质量声誉,卡的夫大学把本国学生录取标准定在成绩为平均A水平以上,作为保证学校教育质量的措施之一。到1998年,该校24个院系中已有21个达到了这一标准。[①]

---

① 朱镜人:《英国高等教育的数量发展和质量监控》,《安徽教育学院学报》2002年第5期,第86—89页。

第三节 德 国

一、高等教育发展的社会背景

1990年8月31日，东德和西德在柏林签署两德统一条约，10月3日正式合并。统一后的德国发展迅速，在政治、经济、科技、文化、教育领域均有不俗表现，一度被誉为欧洲"经济发动机"，现已成为欧盟中举足轻重的国家之一。但是，从20世纪90年代后期开始，这一"发动机"的运转速度开始减缓，由于德国在高新技术领域方面的发展不足，以及东德和西德统一后所带来的后续效应，德国经济发展陷入窘境。20世纪90年代以来，德国经济的平均年增长率长期徘徊在1%至2%之间[1]，而2001年的经济平均年增长率仅为0.6%，这是20世纪90年代后德国最低的经济增长率。和社会、政治、经济发展密不可分的高等教育事业，也显示出了于此相对应的明显的时代特征。在20世纪80年代后的各个不同阶段，以各具特色的多样化的高等教育改革为手段，德国大学依然在执着地探索着重塑历史辉煌的良策。

二、高等教育的规模和结构变化

尽管在20世纪六七十年代高等教育规模大扩张的过程中产生了诸如教学和研究条件恶化等许多问题，但是，20世纪80年代以来的德国高等教育的规模依然保持着不断扩大的趋势。以原西德为例，1980年高等学校在校生数占同龄人口（19～26岁）的比率是15.9%，1990年上升到22.0%，1995年更是达到30%（如图10-1所示）。从另一指标也可以看出这一发展趋势：1980年，高等学校新生入学者人数占同龄人口（19～21岁）的比率是19.1%；进入20世纪90年代，超过了30%；1992年达到了35.7%。[2] 但是必须指出，德国获得接受高等教育资格的学生人数依然要低于其他工业国家，如芬兰、瑞典等国家的高校新生入学率已经达到了60%。[3] 这表明，德国高等教育还面临着很多问题，要真正实现高等教育的大众化，还需要走很长的路。

---

[1] 胡劲松、周丽华：《传统大学的现代改造——德国联邦政府高等教育改革政策评述》，《比较教育研究》2001年第4期，第6页。

[2] H. パイザート、G. フラムハイン：《ドイツの高等教育システム》，小松親次郎、長島啓記等译，玉川大学出版社，1997，第256页。

[3] 唐伦亿等：《"未来教育"重塑德国形象》，《中国教育报》2002年8月31日第4版。

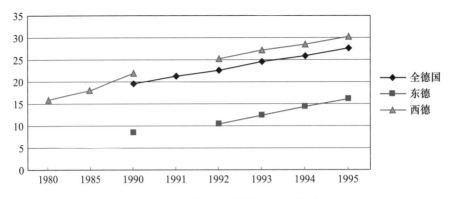

图 10-1 1980 年至 1995 年德国高等学校在校生人数
占同龄人口（19～26 岁）比率的变化

资料来源：根据 H. パイザート、G. フラムハイン：《ドイツの高等教育システム》，小松親次郎、長島啓記等译，玉川大学出版社，1997，第 256 頁有关数据制成。

从结构类别看，与 20 世纪 70 年代相比较，高等教育的结构没有发生什么变化。整个高等教育结构主要包括 7 种类型：综合大学（即传统型大学，包括工科大学等同等资格的大学）、综合制大学、师范学院、教会大学、艺术学院、高等专科学院和行政管理专科学院。1985 年新修改的《高等教育总纲法》第一条就对此做出了明确的规定："本法所称的大学，是指根据州法律设立的国立大学，具体包括综合大学、教育大学、艺术大学、专门大学及其他高等教育设施。"这里之所以没有提到综合制大学，是因为根据州的法令，综合制大学被看作是综合大学，同时，总纲法中也没有提到神学大学，这是因为神学大学是由教会设立的。1995—1996 年度冬季学期各类高等教育机构的数量及在校生人数见表 10-3。

表 10-3 1995—1996 年度冬季学期各类高等教育机构数量及在校生人数

类别	学校数（所）	在校生数（人）
综合大学	83	1213773
综合制大学	7	145759
师范学院	6	17148
教会大学	17	2796
艺术学院	46	29906
小计	159	1409382
高等专科学院	138	397942
行政管理专科学院	35	51104
小计	173	449046
合计	332	1858428

注：根据联邦教育科学部的统计数字，非国立高等教育机构（教会大学及一些私立大学）的数量和在校生数分别为 63 校，约 3 万人。

资料来源：H. パイザート、G. フラムハイン：《ドイツの高等教育システム》，小松親次郎、長島啓記等译，玉川大学出版社，1997，第 255 頁。

东西德统一后,东德的高等教育开始向西德模式转轨。在结构转轨方面,根据当时的国家协议,由统一后划分的新的州政府决定将原有的东德大学重新改组以后纳入该州的管理范围。而且,必须在1990年12月31日前决定是否接管原有的高等教育机构。这一结构上的转轨过程表现出以下几点特征:一是重新调整高等教育布局。对原东德的高等教育机构采取了全部接管、部分接管和不接管三种做法。例如所有的教育大学以及各大学的哲学系、社会科学系、社会主义计划经济系等都被关闭。新的高等教育布局,均在很大程度上反映并适应了各州的实际情况和市场需要。最终,原东德有7所大学被较完整地保留下来。二是原东德各专门科学院的再改组。原东德的大学以教学为主要任务,科学研究则由各专门科学院承担。这一结构也使得在东德大学内部,科学研究并未得到十分的重视。统一后,许多原东德专门科学院,如教育科学院均被解体;只有少数的科学家以参与某种学术研究项目的形式被吸纳进相应大学的各系科中,大部分人则被解雇了。

三、高等教育的组织形式和管理体制

(一)1985年《高等教育总纲法》的修订

西德政府于1983年初设置了一专门委员会(Expertenkommission),负责《高等教育总纲法》(后简称《总纲法》)的修订事项。1985年完成了《总纲法》的修订。新的《总纲法》,就高等教育的大学的组织形式和管理体制提出了一些新的规定。

1. 教师组织形式

旧的《总纲法》规定,大学教师的构成包括:教授(Professoren)、大学助手(Hochschulassistenten)、学术协力者和艺术协力者(wissenschaftliche und künstlerische Mitarbeiter)、特别任务教师(Lehrkräfte für besondere Aufgaben)四种类型(第四二条)。专家委员会在调查报告中认为,这一组织形式已经不能适应时代对高等教育教学和科研提出的新要求。新的总纲法废除了大学助手这一职务,并新设了几种教师职位(第四七条,第四八条a至四八条d)。除了医学之外,这几种新的职位均有任期限制(4~6年):①学术助手·艺术助手(Wissenschaftliche und künstlerische Assistenten);②上级助手·上级技师(Oberassistenten, Oberingenieure);③大学讲师(Hochschuldozenten)。

设立这三种新职位首先是因为,当初设立大学助手这一职位是以取得教授资格(Habilitation)为主要目的,这就促使大家将主要的精力投入到了个人研究中去,违背了"助手"这一设置时的初衷。新增设的学术助手则直接隶属某一特定的教授,它更强调助手的功能。其次,旧的《总纲法》并没有为那些虽然取得了教授资格,却因为定员的限制无法立即被聘为教授的教师们提供从事其他职务的机会。上级助手、大学讲师等职位

的设立,为这些教师们创造了在一定时期内安心从事教学、研究的机会。

2. 校内管理体制

(1) 总长制和学长制

旧的《总纲法》规定大学外部人士(非大学教师者)可以担当大学校长,即所谓的总长制(Präsidialvetfassung)。在今后究竟采用总长制还是学长制(Rektoratsverfassung)这一问题上,新的《总纲法》第六二条第一项做出了明确的规定,即大学可以任意选用学长制(Rektor)或总长制(präsident)中的任何一种模式。尽管《总纲法》做出了以上的规定,但是实际情况是,大多数的西德大学已经实施了学长制的大学管理模式。即使对那些采用总长制的州来说,总长的人选在大多数情况下也是从该大学内部的教授中选举产生的。总纲法还规定学长的任期至少2年,总长的任期至少4年。

校长(总长)以及其校级领导成员(副校长、事务局长)均由大学协议会(Konzil)选举产生。《总纲法》规定,在大学协议会中,教授拥有"绝大多数的议席和表决权"(第六三条a)。制定这一条款是因为,作为担负着大学的教育和科研的重大责任的校级领导机构,理应得到大学教授们的广泛信赖。

(2) 集团代表原则和专门代表原则

旧的《总纲法》有一重要的特色,即从构成大学的集团,如教授、学生、大学助手,以及其他职员中分别选派代表加入大学的各级协议机构,共同实施对大学的管理,也就是所谓的集团代表原则(Prinzip der Gruppenvertretung)。这次《总纲法》的修订,在维持这一原则的同时,又将其和专门代表原则(Fachvertretungsprinzip)结合起来。所谓专门代表原则,是指为了充分听取并吸收担当教学、科研实质性任务的系级部门的意见,吸收系主任(Fachbereichssprecher)加入大学评议会,以便大学校方和各系之间更好地协调各项工作。

同时,《总纲法》还规定,在处理教师人事事项时,不仅各系评议会的构成人员拥有表决权,该系所有的教授也应该具有表决权。(第三八条第五项)

如果进行简单的总结,从以上两点改正可以看出,在新《总纲法》之前,西德各州的高等教育法中,并没有专门的条款体现出一些精神,例如在对一些特定事项做出决定时,应该充分尊重所有教授的个人意见;也忽视了要吸收系一级的代表加入到大学评议会中来。

(二) 统一后的德国高等教育管理体制的改革动向

两德统一后,两种不同的大学制度,究竟应该如何和谐地融合在一起,成为关键问题。实际上,东德原有的高等教育管理体系在向西德模式过渡时,是以最终建立起与西德相适应的高等教育的文化联邦主义的管理模式为目标的。在这样一种指导思想下,东德所有高等教育领域的学术设施，均由原来"高等教育省"的中央集权管辖转变为由各州政府管辖。

但是，西德模式是否就是十全十美的模式呢？在这一问题上，尚存在许多不同的看法。其实，西德政府本身在1980年至1990年的10年间，就已经对高等教育管理体制做了不少的改革尝试，但不是中途夭折就是收效不大，许多人把原因归结为传统模式过于强大。不过，近年来引入高等教育管理机制的新机构——大学委员会（Universitätsräte或Hochschulräte）的出现，被很多人视为是迄今为止对传统高等教育管理模式的最大挑战。

德国各大学一般都设有大学理事会（Kuratorium），它的成员来自社会不同阶层，均为知名人士。由于联邦政府在对大学拨款时，通常不经过大学直接拨给各讲座的教授，所以大学理事会所具有的权力非常有限，只是作为大学和社会互相联系的桥梁，对大学校内和校外的各种问题提供参考和咨询意见。但是，大学委员会的出现对德国大学这一传统管理模式产生了一定的冲击。在巴登-符腾堡州（Baden-Württemberg）和萨尔州（Saarland），大学委员会不仅能够参与学术规划、经费预算和学科建设等大学发展的重大议题，而且对此具有否决权。而在此之前，这些行政权力只属于联邦和州政府。

大学委员会的组成人员由大学评议会提名并选举产生，并报联邦教育科学部正式任命。根据巴登-符腾堡州2000年2月通过的《高等教育法》规定大学委员会的组成人员为13名，其中6名应为校外人士。在大学委员会的第一次会议上选举产生主席并制定一系列规章制度。通常该委员会每学期举行两次会议。大学的领导层，以及联邦和州教育部的代表可以列席会议并发表意见，但是没有最终投票权。作为教授控制与联邦和州政府监督这一德国大学传统管理机制中的缓冲器，大学委员会被认为将在建立高效率的大学管理机制方面发挥更大的作用。

四、高等教育的改革政策

尽管德国的高等教育受到国际上的赞誉，但在国内，人们对大学现状的不满情绪却越来越强烈，原因是德国的高等教育当前面临着众多问题。而且，今日德国高等教育入学者人数已经占到适龄者的三分之一以上，但是，高等教育的构造、组织，以及大学教师的意识，依然停滞在"大学是培养少数精英的机构"这一传统观念上。通过高等教育的结构改革，重建高质量的高等教育体系的呼声越来越高。

1988年，德国科学审议会发表了《面向90年代的高等教育政策》，同年，大学校长联席会议也发表了《大学的未来——高等教育政策研究》的改革提案。并且，进入20世纪90年代，又陆续出台了一系列的改革提案。如大学校长联席会议于1992年发表的

《关于德国高等教育机构发展的构想》，1993年1月科学审议会发表的《关于高等教育政策的10个论题》，1993年10月联邦教育科学部发表的《教育、政策研究的各项原则》。这一系列的改革提案内容大同小异，涉及的内容主要有缩短修业年限、明确划分本科和研究生阶段、扩充高等专科学院等。

此外，改革者也要求进行大学评价，即设立所谓的大学排名榜。1990年10月东德和西德统一之后，除了对旧东德高等教育的再编这一紧迫的事务之外，如何构建适应欧洲一体化的高等教育体制，也成为优先考虑的重大课题。

（一）缩短修业年限

高等教育规模的扩大使长期滞留在大学内的学生人数开始增加。根据德国高等教育制度的规定，一般学生在大学经过7～8年的学习，28岁或者29岁左右毕业；学生在高等专科学院经过约5年的学习，27岁左右大学毕业。这就产生了很多的问题。首先，入学年龄偏高。由于德国大学入学前的教育年限为13年，所以入学时的年龄至少为19岁。加上法律规定男子有一年服兵役的义务，这样入学年龄则达到了20岁。此外，德国没有全国或全州的高校入学考试，十三年制或相当于十三年制的完全中学（Gymnasium）毕业生在其中学毕业的同时即获得普通大学入学资格。按各州达成的协议，大学有义务接受所有取得这一资格的年轻人入学。并且，原则上新生可以自由选择所学专业。随着入学人数的逐年增加，不少专业已人满为患，导致部分大学某些专业不得不限制入学名额，这主要涉及医学、法学、企业经济学和心理学等热门专业。于是就出现了部分学生为了进入自己理想的大学而宁愿再等上好几年的现象。此外，学生在进入大学前就已经接受过职业训练也是德国高等教育中一种普遍现象。

表10-4　1983年各类高等教育机构学生的平均在学年限和毕业年龄

类别	平均在学年限（年）	毕业年龄（岁）
传统型大学	7.4	28.1
综合制大学	6.0	27.2
教育大学	5.6	26.4
神学大学	7.0	27.5
艺术大学	6.2	26.5
高等专科学院	4.5	26.2
平均	6.3	27.4

资料来源：長島啓記:「各国高等教育の動向-西ドイツ」,『大学と学生』1986年239期，第51页。

表 10-5　1990 年大学和高等专科学院各专业学生的在学年限和毕业平均年龄（西德）

	大学		高等专科学院	
	在学年限（学期）	修业时的年龄（岁）	在学年限（学期）	毕业年龄（岁）
言语·文化科学	15.0	29.4	8.8	25.9
体育	14.2	28.1		
法学·经济学·社会科学	13.0	27.8	8.2	26.8
数学·自然科学	14.0	27.7	10.2	26.9
农学·林学·营养学	12.4	27.8	9.0	27.0
工学	14.0	27.9	10.2	27.1
艺术	14.2	28.5	11.0	27.5
平均	13.8	28.1	9.2	26.9

注：一年 2 学期制。
资料来源：转引自長島啓記：「德国高等教育的扩充和改革提案」，『教育と情報』1994 年第 1 期，第 15 页。

法令并没有对德国的大学、高等专科学院的就学年限做出明确的规定。但各大学不同的专业制定的所谓标准学习年限（学期数）并没有成为大家严格遵守的基准。比如，大学的标准学习年限一般为 9~10 个学期，但实际上学生现在平均需要 14 个学期，即 6~7 年才能毕业。高等专科学院的正规学习时间最长是 8 个学期，但实际上学生需要 10 个学期或更多的时间。加上德国大学历来有崇尚"学习自由"的传统，造成大学超负荷运行，教育条件急剧恶化，政府为此在财政措施上没有做好充分的准备。

以上问题一直困扰着德国的高等教育，至今仍没有觅到良丹妙药。从表 10-4 和表 10-5 中可以看出，德国各专业学生修业时的平均年龄普遍偏高。尽管在以往的改革中，也试图解决这一问题，但收效不大。例如，在制定《总纲法》时，就有超过修业年限者的学籍登录应被视为无效的规定［第 17 条（2）~（4）］。可是这些规定又在 1980 年 3 月《总纲法》修订时被删除了。

20 世纪 80 年代的改革提案中提出了在标准学习年限内接受毕业考试后不合格的学生有再次参加考试的机会，并且取消了以往只有两次考试机会的限制，部分州已经在法学专业实施了这一改革，预料今后将在更多的专业中实施。

此外，政府试图通过征收学费来达到缩短修业年限的目的。从 20 世纪 60 年代后期开始，为了推进高等教育的大众化，几乎所有州立大学均实施了免收学费的政策。通过征收学费，不仅可以缓和日益恶化的高等教育财政困境，而且能促使学生更积极地投入到学习中去，争取尽早通过毕业考试。关于征收学费的对象存在两种不同的意见：一是对所有学生征收学费；二是只对那些过分拖延修业年限的长期在学者征收学费。科学审议会针对这两种不同的意见，提出了只对长期在学者（超过标准修业年限 2 学期以上的学生）征收学费的提案，而在当初拟定的草案中，曾设想过对州立大学和高等专科学院的所有学生每学期收取1000马克，即每学年2000马克的学费，由于社会激烈反对而不得不放弃。

（二）明确划分本科和研究生阶段

一部分大学生希望毕业后立即就职，也有一部分大学生以成为一名研究者为奋斗目标，而目前的大学教育体制还不能很好地满足学生这种多样化的要求。目前的大学教育中，知识性的基础教育、与职业相关联的教育和学术后继者的培养三种类型混杂在一起，本科阶段的教学和研究生阶段的教学内容并没有明确地区分开来。而且，在德国，课程制的研究生教育尚未形成制度，传统的导师制形式的研究生培养模式依然占据主流。

在这样的背景下，出现了要求明确本科阶段和研究生阶段角色定位的呼声。尽管同样的建议早在20世纪60年代后期就已经被反复提出，但是现在的改革更强调明确区分培养具有扎实基础知识的职业人才的阶段和培养学术后继者的阶段的必要性，具体要明确两个阶段各自要实现的任务和于此相适应的不同特色的教学内容。

早在1966年科学审议会发表的《关于学术型大学修业新规定的劝告》中，就提出把大学修业区分为以职业教育为主的4年修业（Studium）和以研究生教育为重点的2年上级修业（Aufbaustudium）两阶段。在《总纲法》中，也有关于上级修业的相关规定［第10条（5）］。

作为培养学术后继者的一环，德国研究协会（DFG）引入了博士后课程制度（Graduiertenkolleg），被批准的申请者由德国研究协会提供专项研究经费。

（三）扩充以高等专科学院为代表的职业教育

高等专科学院是目前德国高等教育改革中备受重视的领域，扩充高等专科学院这一说法也因此在近年来的各项高等教育改革提案中频频出现。高等专科学院是根据1968年10月31日西德各州间签订的《联邦共和国各州统一专科学校协定》，由当时的工程师学校及经济类、社会科学类、设计类和农业类等中等技术学校升格而来的。"与大学相比，高等专科学院以面向职业、技术应用性强和学制短而见长。"[1] 高等专科学院不需要特殊的入学资格，高级专科学校的学生在通过了毕业考试后，就获得了高等专科学院的入学资格。此外，入学时只需要接受过12年的学校教育，与大学入学相比要短1年。修业年限通常为3年或4年（后者多了一些有实习内容的课程），而在一般大学获得第一学位（a first degree）需要花费约7年时间。1998—1999学年的冬季学期，高等专科学院共有学生403074名，比5年前多了近16000名学生。

---

[1] 朱绍中：《德国高等专业学院办学模式分析》，《同济大学学报：社科版》2002年第2期，第80页。

前任联邦教育科学部部长认为，未来的目标应该将高等专科学院在校生数量提高到整个高等教育机构在校生总数的 40%。大学校长联席会议也提出，大学入学者人数和高等专科学院的入学者人数的比率应该维持在 2∶1。学术审议会则认为，将来在高等教育机构就读的 125 万人中，高等专科学院人数应该占到 35 万人。而且，许多的改革提案中还指出，应该将高等专科学院所提供的课程扩大到法学、自然科学、语言学等领域。而目前大多集中在工学、经济学领域。可以说，人们普遍相信对高等专科学院进行的改革能够在一定程度上缓和目前大学所承受的过重压力。

除了发展高等专科学院之外，另一些高等院校也能提供适应产业需求和劳动力市场的职业教育。它们包括巴登－符腾堡州和石勒苏益格－荷尔斯泰因州的职业学院（vocational academies；Berufsakademien）以及由企业提供的多种多样的高级职业培训计划。① OECD 将它们定义为是高等教育的第三部分（third sector）。当然，在这些机构学习的学生数量还无法与高等专科学院匹敌。

人们普遍相信，对高等专科学院等主要从事职业教育的大学而言，类似的改革能够在一定程度上缓和传统大学所承受的过重压力。

（四）各州的具体做法

为了解决高等教育所面临的各种课题，有必要对联邦政府制定的阐述高等教育制度的一般原则的《总纲法》以及各州有关高等教育的诸法令进行修正。20 世纪 90 年代以后，各州致力于有关法令的修正。例如，柏林州于 1993 年 8 月对州大学法进行了修改，决定对超过标准修业年限 4 学期（2 年）的在校生每学期征收 100 马克的学费；对超过 6 学期（3 年）的在校生每学期征收 200 马克的学费；如果超过标准修业年限 20 学期（10 年）的在校生，则将被征收 600 马克的学费。

除此之外，各州已经实施的或准备实施的主要改革措施包括：①不具备大学入学资格的一些职业工作者，如名人（Meister）等，将被允许进入大学学习；②在录用大学教师时，不仅要考察其科研业绩，同时也认真考虑其在教学方面的能力；③各高等教育机构应撰写改善大学教育的报告书；④引入竞争机制，建立以各高等教育机构的教学、科研业绩为基础的经费分配方式。

（五）1998 年《总纲法》的修改

1998 年修改后的《总纲法》体现了未来的改革方向。其引人注目的改革措施包括：国家对高校的拨款与学校教学科研及培养科学后备人才的成绩挂钩；建立学分制，以方便学生到国外大学以及在德国各大学之间转学；允许高校授予国际通行的"学士"

---

① Claudius Gellert. "Recent Trends in German Higher Education," *European Journal of Education* 31, No.3. (1996).

（Bachelor）和"硕士"（Master）学位，以提高德国高校对外国学生的吸引力；允许大学自行录取部分新生；强调大学教授必须有教育学和教学法能力；为保证高等教育质量，引进有学生参与的科研教学评估体系；缩短标准学制，高等专科学院的学制缩减为4年，大学学制减少到4.5年；高校不仅有教学和科研任务，还要负责为新生提供学习咨询服务等。

五、博士生教育的改革

从20世纪60年代后半期开始，德国的博士生教育（Doktorandenstudien）开始快速发展。1970年，西德博士学位获得者的人数由十年前的约6000人上升到13000人左右。[①]但是，从20世纪80年代至20世纪90年代初的博士生教育则处在一个相对平稳的发展阶段（如图10-2所示）。当然，从数量的绝对值看，博士学位获得者的数量还是从1980年的12222人（西德）上升到了1995年的22387人（统一后的德国），增加了约83%。[②]

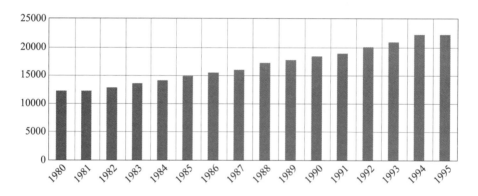

图10-2 1980年至1995年德国大学博士学位获得者数量的变化

资料来源：Beate Baldauf, "Doctoral Education and Research Training in Germany: Towards a More Structured and Efficient Approach?" *European Journal of Education*, Vol.33, No.2 (1998). 1992年前的数据仅指西德，1993年及之后的数据指统一后的德国。

1992年的数据显示，在博士学位获得者总数中，数学和自然科学（Mathematics and Natural Sciences）和技术科学（Technical Sciences）专业的份额最高，分别占到30.6%和30.0%，其次分别是占比18.6%的教育学（Pedagogics）、占比17.9%的医学（Medicine），以及占比2.9%的农学（Agriculture）。需要指出的是，获得医学专业文凭的学生中，博士生所占的比例最高（63.4%），这也反映了博士学位在医学职业中的价值；法律、经济和社会科学领域的博士生比例比较低（10%）。

[①] 李盛兵：《德国博士生教育高水平的历史原因探因》，《高等教育研究》1994年第2期，第65页。

[②] Beate Baldauf, "Doctoral Education and Research Training in Germany: Towards a More Structured and Efficient Approach?" *European Journal of Education*, Vol.33, No.2 (1998).

与其他欧盟国家相比，在德国留学的外国学生数量相对较少。人们通常将此归咎于德国大学的组织和学习年限。在1980年至1995年，每年只有约6.8%的博士学位被授予外国留学生，专业大多集中在自然科学、医学和工程学领域。

德国历来崇尚学徒制培养模式，这种模式长期以来也一直是德国博士生培养的主要形式。但进入20世纪80年代后期，它的地位开始有所松动，人们怀疑这一传统模式是否适应现代社会的发展步伐。1988年，以促进科学研究、改善博士生教育为宗旨的德国两大学术性机构之一的科学审议会通过一项草案，建议成立一种新型研究生院。1989年联邦和各州政府达成一致意见，决定于1990年开始正式实施这一培养博士生的新模式，新型研究生院的财政来源于联邦政府（65%）和各州政府（35%），德国研究会（DFG）负责对其进行具体的管理运作。

该研究生院建立的程序是："若干专业相近的教授（来自同一学校或同一地区不同高校，也可包括同一地区其他科研机构的科研人员）在一起拟订一项研究生和博士生培养方案，并向州主管部门提出建立研究生院的申请，州主管部门批准后直接把申请报至德国研究会（DFG）。德国研究会对报来的申请进行分类和比较性专家评估，然后决定是否提供资助。批准与否的主要依据是所报来的研究方向是否具有一定的基础和优势，不考虑专业、高校、地区平衡问题。"[1]

德国式研究生院的创新主要体现在以下几点。

首先，它不是一个永久性的机构。申办者在申请中必须说明预定的期限。通常德国研究会对研究生的资助以9年为期。开办3年后，应接受评估，对于达不到要求的研究生院可以中止资助。

其次，规模不大，研究经费充足。通常此类研究生院拥有5～15名教授，以及15～30名的在编博士生，其中包括1～2名博士后研究人员。学生们可以得到一笔相当数量的研究经费。如1994年，他们接受了1400马克的基本研究费和200马克的图书资料费。对于已婚或有小孩的学生来说，获得的资助将更多，因此被视为是一项具有非常吸引力的"工作岗位"。此外，在工程、情报等热门专业，基本研究费可高达2240马克，以此来吸引优秀人才。不过，近年来这一政策有所变化。

再次，研究生院是以其研究方向命名的。如布伦瑞克工业大学的"物理和技术计量学"研究生院。由于博士生的科研工作以跨学科、边缘学科的科学研究为主，因此需要不同学科的教师共同参与，如埃森大学"纯数学的理论和实验方法"研究生院的教授就分别来自代数、几何、数论等数学领域，以及信息科学和电子科学等其他相关领域。

最后，也是新型研究生院区别于传统模式最大的突破，即在培养过程方面，除了要求博士生撰写博士论文，参与到与论文相关的更大范围的科研项目中去，他们还必须接

---

[1] 陈洪捷：《德国研究生教育的新发展》，《比较教育研究》1993年第5期，第41—56页。

受系统的课程训练，且课程内容不仅仅限于论文范围之内。

在新型研究生院成立后的第三年，即1993年，科学审议会对其做了一次全面的评估，得出的结论是令人鼓舞的：尽管尚有诸如财政等方面的问题有待解决，但是，应该继续推行、完善这一研究生教育的新模式。

从最初的51所发展到三年后的200所，截至1997年4月，德国这种新型研究生院的总数已经达到了300所。从地域分布看，45所位于新地区（new Länder）；从专业分布看，自然科学96所，人文和社会科学80所，生物学80所，工程学41所。根据德国研究会1996年的统计数据，学生总数达到了4400人，研究生院平均学生数也从1992—1993年度的16人增加到1996年的21人。①

尽管围绕着这一培养模式依然存在着不少争论，但可以肯定，从其良好的发展势头和政府、高校的积极态度来看，德国这一研究生培养模式在未来还会有较大的发展。

---

① Beate Baldauf, "Doctoral Education and Research Training in Germany: Towards a More Structured and Efficient Approach?" *European Journal of Education*, Vol.33, No.2 (1998).

第十一章 俄罗斯、美国与日本高等教育的发展与改革

（20世纪80年代至今）

第一节 俄罗斯

20世纪80年代至90年代初，苏联高等教育仍按前一个时期的基本政策和基本做法在发展。1991年苏联解体，长达半个多世纪的冷战结束了，俄罗斯的高等教育进行了整个体制上的变革，从而使高等教育出现了与往日完全不一样的变化。所以在这里，我们以苏联解体后的俄罗斯高等教育为阐述对象。

一、高等教育的政策

冷战的结束意味着一直占据苏联主要地位的军事思维必然被淡化，俄罗斯要走上经济发展道路。俄罗斯经济改革的目的，就是要在俄罗斯长期高度计划经济的土壤上建立起自由贸易的市场经济。高等教育所处的生存和发展的背景发生了翻天覆地的变化——高等教育机构从依赖于包揽一切的政府转而直接面对由市场经济主导的、充满竞争的社会。于是，俄罗斯高等教育变革的总出发点就是面向市场经济。高等教育既要在目的上满足市场经济的发展要求，又要在手段上适应市场经济的活动规则。也即，它一方面必须走出那种在国家计划中悠闲构筑专业"象牙塔"的心理状态；另一方面必须真实走近社会，参与市场竞争，接受市场挑战。为此，这一时期的高等教育运作所持的是经济思维，其政策走向是根据市场经济发展的需要，使高等教育增强"职业性"，具体做法为以下几点。

第一，用法规的形式将高等教育锁定在职业教育（профессиональное образование）范畴内。俄罗斯在1992年《俄罗斯联邦教育法》中将高等教育纳入了职业教育大纲中；而且整个法律中的用词都是用"高等职业教育"（высшое профессиональное образование）取代以前的"高等教育"（высшое образование）或"高等专业教育"（высшое специальное образование）。教育大纲总共分为两类：普通教育大纲和职业教育大纲。普通教育大纲包括学前教育大纲、普通初等教育大纲、普通基础教育大纲和普

通中等（完全）教育大纲；而职业教育大纲则包括初等职业教育大纲、中等职业教育大纲、高等职业教育大纲和大学后职业教育大纲。按《俄罗斯联邦教育法》第24条的规定，高等职业教育是在培养和再培训相应水平的专家，以满足个人在普通中等（完全）、中等职业教育基础上提高受教育程度和深造的要求；同时又规定，高等职业教育在高等职业教育机构（高等学校）中进行。可见，俄罗斯的高等教育，包括本科教育和本科以上的大学后教育，都被纳入了职业教育的范畴。

第二，在管理上将普通教育、中等教育、职业教育和高等教育统统归为一个部——"普通教育与职业教育部"（Министерства общего и профессионального образования Российской Федерации）。这不仅仅是出于管理上的简便，以及对普通教育与职业教育、高等教育与职业教育的衔接，更出于以职业教育认定高等教育范畴的做法，即对高等教育进行职业性质的理解。于是，高等教育不再只是一种专业教育，更是一种职业教育。而职业教育与专业教育最大的区别在于，前者的划分标准是社会分工，后者的划分标准是科学分类；职业教育偏重社会的变化，专业教育则偏重科学知识的发展。很明显，过分强调高等教育的学科知识专业性，就容易脱离社会的实际需要。①

对高等教育归属和管理归类的处理，表明俄罗斯高等教育要转变以前过于专注科学知识的专业学习而忽视社会变化需求的状况，从而使高等教育更注重市场需要的实际。那么，面向市场经济而带有职业特征的高等教育就不再仅仅是国家和高校的事情，而是整个社会都必须关心和参与的事情。这样不仅可以改变国家完全把控高等教育的局面，还可以调动社会举办高等教育的积极性；不仅可以增强高等教育培养人才的社会适应性，还可以打破计划分配工作的传统。所以，变革的总出发点和对高等教育属性的重新认定就是要推动俄罗斯高等教育从计划性的整齐划一向多元化发展，要以"多"代替原来的"一"。也即，经济思维下走向市场的高等教育政策，采取的是"非单一化"变革策略。国家对高等教育实行包揽一切、统治一切的时代一去不返了。

二、高等教育的数量与结构变化

（一）高等教育的数量发展

俄罗斯自1992年来一直采取各种措施扩大招生规模。1992年的《俄罗斯联邦教育法》以及1996年颁布的《高等职业教育和大学后职业教育法》都规定，国立高校和地

---

① 1991年伏尔加格勒工学院教授佩尔申和皮霍夫尼加曾做过一个关于大学生如何对待专业学习的使用价值的调查研究，结果表明：对于基础性科目、普通工程学科目和普通技术科目分别有65%、42%和45%的被询问大学生认为很少用得上；有93%的被询问大学生认为以工程技术训练为目的的电子计算机程序设计与运用课程脱离实际；而且还有71%的被询问大学生认为大学的毕业设计与实际的生产任务毫无联系。见 Н. Першин, Е. Пиховкина, "Кого и чему мы учим?" *Вестник высшей школы*. 1991г. № 3.

方高校可以在办学许可证规定的范围内和在联邦预算提供经费的国家招生任务之外，根据有关协议培养人才，学费由自然人和法人支付。如此，高校招收的学生就形成了三种类别：一是占高校招生控制数70%的免费生，其学费由国家提供，毕业后自主择业；二是占高校招生控制数30%的定向合同生，其学费由与之签订合同的企业、机关、组织提供，毕业后回定向单位工作；三是不占高校招生控制数的自费合同生，其学费由学生自己负担，只不过要有一家企业或单位作为中间人来与高校签订培养合同，毕业后自行就业。此外，1992年叶利钦签署了一项决定，使高校可以根据自己的师资和设备随意与合作者签订合同，数量不限。因为这些法规政策，俄罗斯高等教育的规模得到发展，尽管不少年份因经济低迷而未如人意，但总的招生数额不断上升，年平均增长率为7.54%（如表11-1所示）。

表11-1　1993年至1998年俄罗斯国立高校的招生规模

（单位：千人）

	1993	1994	1995	1996	1997	1998
全日制数额	359	369	375	403	422	460
夜校制数额	33	31	35	39	41	47
函授制数额	129	143	158	187	211	241
招生总数	521	543	568	629	674	748
当年在校生总数	2638	2543	2534	2655	2802	3046
招生总数年增长率	—	4.2%	4.6%	10.7%	7.2%	11.0%
在校生总数年增长率	—	−0.3%	−0.4%	4.8%	5.5%	8.7%

资料来源：Госкомстат России, *Россия в цифрах 1998* (Москва: Официальное издание, 1998), C. 98.

从表11-1可以看出，俄罗斯每年的"当年在校生总数"虽然在1994和1995两年里有所下降，但1996年至1998年间却以年平均6.33%的速度增长。整体而言，1998年的招生人数比1993年的招生人数增长了43.6个百分点，在校生人数增长了15.5个百分点。可见，俄罗斯的招生规模在不断扩大。如果依照这些数据来计算的话，俄罗斯每万名居民中的在校大学生分别为1993年的178人，1994年的171人，1995年的172人，1996年的179人，1997年的190人和1998年的207人，[①]均已超过了法律规定的170人。而假使加上非国立高校的学生数，则每万名居民中的在校生人数还会更多，毕竟到1997年非国立高校已有302所，其在校生人数达20.18万。[②]如同俄罗斯教育部部长菲利波夫在1999年所说的那样：现在每一万人中有256个大学生，这是从前的俄罗斯和苏联都没达

[①] Госкомстат России, *Россия в цифрах 1998* (Москва: Официальное издание, 1998), C.25.
[②] Ibid., C.95.

到过的；而这又是在国家预算很少的情况下发生的，非国立高校功不可没。① 可以说，俄罗斯高校招生规模的扩大在很大程度上是靠非国立大学的学生、国立大学的收费生和非全日制学生的增长。

在转向市场经济的改革中，俄罗斯产生了严重的失业问题。因此，俄罗斯采取了和其他市场经济国家在经济危机时期所采取的一样的行为：让年轻人进一步接受高等教育以延缓他们进入劳动力市场的时间和减缓由此带来的社会冲击。1996年的《俄罗斯联邦教育发展纲要》就明确表示："在向市场经济转轨和生产下降的条件下，高等学校和中等职业学校扩大了招生数，这在很大程度上缓和了社会需求，降低了失业率。在已经拥有大量学生的情况下再补充培养一部分学生，从社会和经济角度来看，都比发放失业补助划算得多。"所以，招生规模在一定时期内还会持续扩大。

（二）高等教育的结构变化

苏联解体后，俄罗斯高等教育的结构在类型、形式和层次上都发生了非常大的变化。

1. 类型结构

1996年《俄罗斯联邦高等和大学后职业教育法》第二章第九条规定，俄罗斯联邦高等院校共分三个类别：综合大学（университет）、学术学院（академия）、专业学院（институт），并对三种类型作了任务划分。② 综合大学的任务是按照广泛的培养方向实施高等教育和大学后职业教育计划，对已经具有高级专业资格的科研人员、科学-教学人员进行培训与再培训以提高其专业资格，就广泛的科研方向进行基础研究和应用研究。学术学院的任务是实施高等和大学后职业教育计划，为在某一领域科研和科学-教学方面具有高级专业资格的工作人员提供培训、再培训或进修，在科学和文化的某一领域进行基础研究和应用研究，充当在本专业领域领先的科学与方法研究中心。专业学院的任务是实施高等职业教育计划和一些大学后职业教育计划，对从事某一领域专业活动的工作人员进行培训与再培训，进行基础的或应用的科学研究。实际上这三种类型的高等学校与前一个时期的高等学校类型大体是相同的，只不过学术学院与原来的工业大学在职责任务上略微宽泛些。目前俄罗斯的高等专科学校（колледж）③ 类型也在不断发展。

不同类型的高等学校必须为国家所委任或认可。俄罗斯委任认可制规定，新办的学校被准予办学后就要申请委任以确定属于何种高校类型；老学校要改变自己的所属形式时也必须申请委任更名。申请更名的过程要求该高校准备丰富的文件以仔细描述该高校

---

① 新星：《俄教育部长谈今年高校招生考试及录取政策》，《俄罗斯研究》1999年第4期。
② Федеральный закон от 22 августа 1996 г. N 125-ФЗ г. Москва "О высшем и послевузовском профессиональном образовании," *Российская газета* 29-08-1996 г.
③ 高等专科学校是由苏联的高等职业学校演变而来，并在之后发展起来的一种介乎于中等技校和高等学校间的职业性学校。

的活动、课程设置和科学研究成果，同时还要附上主管该高校的专业协会和地方政治执行委员会的评语。一旦被俄罗斯联邦科学高等教育和技术政策部高等教育委员会（简称"高等教育委员会"）接受，该申请将交给合适的科学议会厅审查并获通过。一般来说，一所大学比一所学院的社会声望要好得多，所以申请更名为"大学"的高校特别多。再加上从1994年开始，高等教育委员会宣布更名不再需要地方的官方评语，更加重了"更名热"，并且许多学校在自己的名字前加上"国立"二字以示与私立学院的区别，并希望以此获得更多的经费支持。在1992年的250所学院中只有41所被官方认定为大学。可是一年以后，自称为大学的学院数目升到了92所。20世纪90年代，俄罗斯掀起一波大学更名（高校地位提升）浪潮，大学数量在1986年至1997年从40（1992年为85所）增加到236。专业学院数量明显减少。①

表11-2　1992年至1995年学院更名例示

原名	更名
莫斯科鲍曼高等技术学院	莫斯科国立技术大学
列宁格勒工业学院	圣彼得堡技术大学
莫斯科航空学院	莫斯科国立航空技术大学
莫斯科航空工艺学院	莫斯科国立航空工艺大学
莫斯科钢铁学院	莫斯科国立钢铁工艺大学
莫斯科机床工具学院	莫斯科国立工艺大学"机床工具"
莫斯科动力学院	莫斯科动力技术大学
圣彼得堡精密机械与光学学院	圣彼得堡国立精密机械与光学技术大学
乌拉尔工业学院	乌拉尔国立技术大学
哈巴罗夫斯克工业学院	哈巴罗夫斯克国立技术大学

同时有很多工程建筑学院更名为土木建筑大学，如喀山工程建筑学院、萨马拉工程建筑学院、秋明工程建筑学院、伏尔加格勒工程建筑学院等；还有许多师范学院更名为师范大学，如莫斯科列宁师范学院、列宁格勒赫尔岑师范学院、喀山师范学院、奥尔洛夫师范学院、莫斯科开放师范学院、奔萨师范学院、图拉师范学院等。

2. 形式结构

目前，俄罗斯高校除军事院校外，均实行多位举办者体制，即非单一国家主体办学体制。1992年颁布的《俄罗斯联邦教育法》规定教育机构的举办者可以是：国家政权管理机构和地方自治机构；本国、外国和境外的企业，以及各种所有制形式的机构及其所属的团体和协会；本国、外国和境外的各种社会和个人基金会；在俄罗斯联邦境内注册

---

① Еникеева С.Л., Панкратова В.П., *Организационно-экономические аспекты высшего образования в России* (Москва: ТЕИСМ, 1998), С. 7—8.

的各种社会宗教组织；俄罗斯联邦及其他国家的公民。[①] 于是，国家权力机关、地方自治机关、本国和外国各种所有制形式的企业与机关及其联合公司与协会、已注册的各种社会组织与宗教团体、俄罗斯与其他国家的公民等都可以举办高校。这一体制在1996年修改后的《俄罗斯联邦教育法》中再次得到明确的认定。从此，除了国家、地方政府外，俄罗斯的任何社会组织与个人只要按《俄罗斯联邦教育法》规定的程序呈送报批手续，并通过鉴定，获得了办学许可证后，都可以成为实际的高校举办者。这反映了俄罗斯高等教育举办者从唯一的国家主体向多位主体的转变，结束了俄罗斯高等教育长期以来只有国家而无社会的局面。所以，无论是国立的、地方的、还是私立的高校，都以社会为生存土壤。俄罗斯新的办学体制就是将俄罗斯高等教育"放置在社会中"，使其主动适应市场经济的要求并培养出其所需和为其服务的人才。

多位举办主体一方面使俄罗斯高校的办学形式多样化，产生了国际上普遍具有的国立的、地方的、非国立的三种类型，从而打破了苏联（俄罗斯）约70年来无一所非国立高等教育或私立高等教育的局面。据统计，1997年俄罗斯有国立高等院校578所和非国立高等院校302所。1998年俄罗斯的非国立高校已达334所。[②] 另一方面使俄罗斯高校的办学方式呈现多样化，如独立办学、联合办学等。尤其是联合办学，这种多方甚至跨国集资联合办大学或学院的方式在俄罗斯十分兴盛。例如，圣彼得堡市的学者联盟联合创办圣彼得堡高级宗教哲学学院，俄罗斯和意大利联合创办莫斯科商学院，俄罗斯和美国联合创办莫斯科和圣彼得堡两所城市的俄美大学，俄罗斯和美国联合创办莫斯科大学的国际学院等。

1996年10月5日公布的《俄罗斯联邦国民教育要义》就将"鼓励教育系统的非国有投入，其中包括通过给予税收优惠的办法鼓励法人和自然人参与教育机构的发展"，列为国家在教育领域的30项基本任务之一。2000年10月4日俄罗斯政府发布的《俄罗斯联邦国家教育论纲》又把"鼓励非国立机构投资教育系统，包括为参与教育机构发展的法人和自然人提供税务和其他方面的优惠条件"作为教育领域内国家的主要任务。1992年9月俄罗斯各地成立了非国立学校许可证颁发和验收中心；并且根据俄罗斯教育部"关于建立非国立教育发展基地"的命令，还成立了7个非国立教育发展基地：莫斯科有三个，其余四个分别分布在阿布宁斯克、南萨哈林斯克、萨拉托夫和叶卡捷琳堡。所以，非国立高等教育作为教育领域中的非意识形态产物，自受到法律和政策的庇护后就开始了飞速的发展：俄罗斯的非国立高校1991年只有45所，1992年就有了92所，一年间便增长了2倍。其后非国立高校的发展更是迅速（如表11-3所示）。

[①] Федеральный закон от 10 июля 1992 г. N 3266-1 г. Москва "Об образовании"(Дата подписания 10 июля 1992 г. Опубликован 31 июля 1992 г.) *Российская газета* 31-07-1992 г.

[②] БОЛОТИН, А. МИХАЙЛОВН И, "Негосударственное высшее образование в России: состояние и перспективы," *Высшее образование* 6 (2007): 71-76.

表 11-3　1994 年至 1998 年俄罗斯非国立高等学校的发展

	1994—1995	1995—1996	1996—1997	1997—1998
非国立高校（所）	157	193	244	302
在校生（千人）	110.5	135.5	162.5	201.8
入学生（千人）	58.8	52.4	54.9	66.3
毕业生（千人）	3.4	7.7	13.1	21.5

资料来源：Госкомстат России, *Россия в цифрах 1998* (Москва: Официальное издание, 1998), C. 95.

从表 11-3 中可见，1997—1998 年度比 1994—1995 年度多了 145 所非国立高校，为 302 所，而 1997 年俄罗斯所公布的国立高校数为 578 所，非国立高校已发展到国立高校的一半多。只不过非国立高校的在校生人数大约只占国立高校的 7% 左右，个中原因有：非国立高校刚刚起步，办学条件、专业设置尚不完备，学校品牌影响力小，社会对非国立高校的信任度不足等，但总的来说，人们在意识形态上对非国立高校还是认可的。非国立高校不仅可以由私人、集团等真正的"私立机构"来创办，而且还可以由国立大学来创办。因受资金、专业基础和实验设备等方面的限制，非国立大学的专业主要集中于人文和经济领域，如商贸、语言、文学、社会、旅游、生态、法律、国际经济、新闻、财政金融等；同时比照国外的一些做法举办，如采用百分制、使用国外高等学校的教材等。为了保证非国立高校的质量，一是由国家颁发非国立高校的办学许可证；二是 1997 年专门成立非国立高校认可委员会，由教育部五位副部长领导组成，通过认可评价，高校可获得和国立大学一样具有吸引力、印有国徽标志的正规高等学校文凭。

3. 层次结构

俄罗斯高等教育的层次结构变化在于实行了多级高等教育人才培养体制，即改变传统的单一人才培养体制，与国际通行做法接轨，以便参与国际教育和劳务市场的竞争，并适应国内推行私有化和实行市场经济后对各种不同类型人才的需求。1992 年 3 月 13 日俄罗斯公布了《俄罗斯联邦关于建立高等教育多级结构的暂行决议》，将俄罗斯高等教育划分为三级，并且在 1996 年的《俄罗斯联邦高等职业和大学后职业教育法》也以法律的形式明确规定了这几级。[①]

第一级水平为"不完全高等教育"，是高等教育的初级阶段，由高等院校或高等专科学校按照基础专业教育大纲实施，学制 2 年。完成 2 年学习任务的学生领取不完全高等教育证书；然后，根据个人意愿可以继续接受 2 年的第二级高等教育；也可以再接受

---

① Федеральный закон от 22 августа 1996 г. N 125-ФЗ г. Москва "О высшем и послевузовском профессиональном образовании," *Российская газета* 29-08-1996 г.

1.5年的职业培训，此后获得不完全高等教育文凭，并获得相应的初级专门人才职业资格。

第二级水平为"基础高等教育"，由高等院校按照基础专业教育大纲在第一级不完全高等教育或完全中等教育基础上实施，主要为学生提供掌握关于人、社会、历史、文化和科学知识体系的可能性，同时提供获得基本自然科学素养和相关职业基础知识的可能性。对那些接受了不完全高等教育的人来说，获得这级教育文凭只需花2年时间，对那些只接受了普通中等教育的人来说就需要4年，所以其学制为2年或4年，毕业生将获得基础高等教育毕业文凭和学士学位。然后，根据个人意愿可以继续接受第三级高等教育，也可以经过1~3年的专业资格培训，成为具有专业资格的高等教育文凭专家。

第三级水平为"完全高等教育"，即专门化教育，主要实行硕士学位教育，并以培养能独立从事创造性职业活动的人才为目的。这一级高等教育由高等院校按照基础专业教育大纲实施。硕士学位教育是在学士学位教育的基础上再接受的专业培养（包括科研或教学实习），学制为2年，加学士学位教育的4年，共6年。学校向按规定修完全部硕士学位课程并通过考试、答辩的学生颁发高等教育毕业证书，同时授予其相应专业的硕士学位。

获得了硕士学位的高等院校毕业生可进入由高等学校或科研机构等部门设立的研究生院，攻读副博士学位。[①]副博士学位的学制为3年（不脱产学习的修业4年）。基本课程考试合格、撰写完论文并通过答辩的学生可获得相应学科的副博士学位。目前，培养研究生的机构约有900所，其中高等学校300多所，研究生总人数约7万人，其中不脱产学习的约60%。需要特别注意的是，研究生院不包括硕士生，硕士生已经被纳入一般高等教育第三级水平的培养中。获得副博士学位的人还可以继续进入由高等院校或科研机构等部门设立的博士生院，学习3年以后获得科学博士学位。[②]但目前俄罗斯的博士教育不属于高等教育的范畴。取得博士学位的人必须在工作中卓有成绩，对专业知识有深入的研究并通过博士论文答辩，由国家最高学位评定委员会授予学位。完全高等教育后的教育通常被称为"大学后教育"。

与新人才培养体制并行的是原有的旧体制，其培养路线为：以完全中等教育为基础，

---

① 1934年，苏联人民委员会通过了《关于科学和教育工作者的培养》和《关于学位和学衔》的决议，开始在高校和科研机构设立研究生院，作为培养副博士的基本组织形式。在以后的发展中，研究生院形成了四种类型：第一种是脱产面授研究生院，学制3年；第二种是不脱产的函授研究生院，学制4年；第三种是特设研究生院，学制3年，主要为单位定向培养人才；第四种是一年制研究生院，学制1年，主要招收在实践工作中就某一科研题目已取得大量研究成果的人。参见符娟明：《比较高等教育》，北京师范大学出版社，1988，第376页。

② 1988年前，苏联无博士生院，科学博士学位不是经过在校学习获得，而是提交已发表的在实际工作中作出的、对科学和实践有重大贡献的研究成果进行答辩后批准授予。但1987年9月15日高等和中等专业教育部与最高学位评定委员会联合颁布了《关于在统一的继续教育体系内培养科学教育干部和科学干部条例》，规定从1988年9月1日起，在重点高校和科研机构中设立博士生院，招收40岁以下的副博士，脱产学习年限不超过3年。参见郭玉贵：《美国和苏联学位制度比较研究——兼论中国学位制度》，复旦大学出版社，1991，第45页。

经过5年或6年的高等教育后获毕业证,成为专家,而无学位;之后可以在研究生院继续修业3年成为副博士;然后经过博士生院3年的学习成为博士。

完全中等教育 → (5年)授予高等教育文凭 专家称号 → (3年)授予副博士学位 → (3年)授予博士学位

总体来看,可用图11-1来表示目前俄罗斯高等教育的人才培养体制。

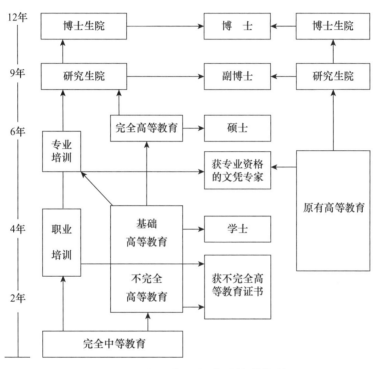

图11-1 俄罗斯现行人才培养体制

资料来源:Федеральный закон от 10 июля 1992 г. N 3266-1 г. Москва "Об образовании" (Дата подписания 10 июля 1992 г. Опубликован 31 июля 1992 г.) *Российская газета* 31-07-1992 г.

政府对高校全部实施、部分实施和不实施新体制不做硬性规定,接受新体制和使用旧体制的取舍权留给每一所高校,允许其自主地在新旧两种高等教育人才培养体制间做出选择。凡是要实行新体制的高校或专业,需由校学术委员会表决通过,并上报当时的俄罗斯科学、高等学校和技术政策部的高等学校委员会批准。大部分高校,如俄罗斯国家高等教育委员会所属高等院校和部属高等院校,以及许多非国立高校已经按新的多级高等教育人才培养体制运作,但也有相当一部分高校仍保留旧体制。据2000年莫斯科大学社会研究中心的调查表明,莫斯科大学的学生对多级高等教育体制的看法仍是不一致的，三分之一的被调查者赞同恢复传统体制，44%的学生赞同新旧两种体制并行，而且希望获得传统教育的大学生数量越来越多。①

三、高等教育的组织形式与管理体制

（一）高等教育的宏观组织形式及其管理体制

1988年3月8日苏联最高苏维埃主席团撤销了苏联高等和中等专业教育部、苏联国家职业技术教育委员会、教育部等中央教育主管部门，成立了苏联国家国民教育委员会，对全苏教育实施统一领导管理。各共和国、州、市和区也相应成立了教育委员会负责管理当地的教育，但中央教育委员会仍设有24个管理部门。这种管理体制是按照计划经济模式来管理高等教育，采用的方式是行政命令。这种管理方式在市场经济环境下往往难以切实实现功效。为此，俄罗斯首先弱化行业的部门管理方式，然后将高等教育管理机构进行分层并确定各自的权限。

1. 弱化行业部门管理方式

1994年俄罗斯有国立高校535所，一半为国家高等教育委员会管理，一半分别为教育部、农业部、文化部、卫生部等部门管理，属于中央直属管理模式。

随着中央高度集权的计划经济的瓦解，国家已不能在个人和社会需求之间做硬性的人才培养规定。高等教育体制变革要求地方政府必须参与培养为本地区经济建设服务的专门人才，而且无论是在总体的培养、培训方向和方式上，还是在所需经费的筹措上，都应有自觉的意识。为此必须弱化归口部门管理。1993年俄罗斯财政部和国家高等教育委员会就明确反对将俄罗斯国立高等院校归由中央和为其提供财政的21个部门来掌管，并要求大多数高等师范院校转出俄罗斯教育部，以及其他大多数高校也从众多联邦部门转归地方政府。

部门管理的削弱涉及高校的性质问题。由于没有了部门体制的限制，许多学校都冲破原来的部门任务限制，改变单一的培养方向和培养层次。如高等师范院校不再归教育部主管后，便一方面进一步改进教师的培养内容，另一方面开始扩大专业目录，以培养科技信息人才、经济师、律师和管理人员等非师范人才。相应地，其他工科高校也启动了普通学校师资的培养。但俄罗斯教育部长的发言人对将高等师范院校转出教育部表示担忧，因为那样会逐渐破坏教师培训的质量及其与学校改革的协调，同时又会对整个教育系统产生不利的影响。许多师范院校的院长也认为，一旦师范院校不再归教育部主管，它们中的许多学校就会转变为综合性大学，而教师教育在其中就会被忽视。他们指出，超过一半的高等师范院校是教师培训学院，而地方又需要大批不同专业的特殊人才，将

---

① Крузмалева О.В., "Студент МГУ: вектор перемен," *Вестник высшего образования* 3 (2000).

教师培训学院转换成综合大学的倾向就更为明显。此外，寄生于综合大学的教师教育系在争取经费方面更容易输给其他系科，从而也就更加不利于教师教育的发展。事实上，俄罗斯大部分综合性大学在积极培养普通学校的师资，且培养质量不差。但师范学院变为综合性大学，其自身却存在高水平专业师资缺乏的问题。

2. 确立多层管理机构及其权限

俄罗斯将中央集中统一的管理和部门条块分割的管理变为"三层"管理，[①]即联邦、联邦主体和地方自治机构三层。因此，国立高校有归俄罗斯联邦管辖的和俄罗斯联邦主体管辖的两种；地方高校归地方自治机构管辖。各管理层都有自己的管理权限。

根据《俄罗斯联邦教育法》和《俄罗斯联邦高等和大学后职业教育法》的规定，俄罗斯联邦在高等教育领域内的权限主要包括：制定和实施联邦的高等教育政策，制定高等教育的国家标准和标准条例，组建、领导联邦和各部门管辖的国家高等教育管理机构并任命其负责人，制定高等教育机构创建、改建和撤销的程序，制定高等教育的专业目录，建立高等教育评估和监测系统对高校进行检查、评估、鉴定、验收和颁发许可证，制定高等教育的经费预算并确定拨款方式，解决高等教育证书的相互对等和承认的问题，确定高等教育工作者的教育资格，负责高等教育干部的培养和再培训，建立联邦统一的教育信息系统等。

1996年《俄罗斯联邦高等和大学后职业教育法》明确地将俄罗斯联邦的高等教育管理部门及其权限做了详细的规定。[②]

联邦会议，权限主要是提出和通过高等教育有关法律、批准高等教育的发展计划、批准高等教育的联邦预算并监督实施、确定高等教育的分级、批准高等教育有关的国际条约。

联邦政府，权限主要是参与制定与执行有关政策、拟订高等教育发展计划并监督实施、实施高等教育的财政预算、提出和通过有关的法律文件、管理高校的办学（规定颁发办学许可证的程序，设置、改组和撤销俄联邦管辖的国立高校等）、签订和实施高等教育的政府间条约、决定从起草到实施高等教育国家标准的有关程序、决定高等教育培养方向（专业）目录和办法。

联邦高等教育管理机关，权限主要是确定具体的高等教育办学情况，包括落实办学权力、批准相应的联邦部分的国家高等教育标准、规定高等教育的国家统一式样的证书形式并承认学衔、参与预测专门人才的培养、编制相应的财政预算、协调高校和部门及

[①] 在涉及俄罗斯高等教育管理体制的时候，国内的一些杂志通常认为是"三级"，如认为是联邦、部门、联邦主体三级或认为是联邦、共和国、地方（或地区）三级。但本书认为，在俄罗斯，联邦和部门、联邦和联邦主体之间并不构成上下隶属的等级关系。所以，在此选择"层"来表达管理机构的分划。

[②] Федеральный закон от 22 августа 1996 г. N 125-ФЗ г. Москва "О высшем и послевузовском профессиональном образовании," *Российская газета* 29-08-1996 г.

地区间的合作、签订跨部门性质的国际条约等。

国家评审局,权限主要是监督高校遵守国家教育标准情况、对每级每一阶段的高等教育机构毕业生质量进行评审与监督、组建国家评审局的地区机关、界定中央联邦教育管理机关与其他联邦教育管理机关的权限。

俄罗斯联邦政府成立了两个联邦教育管理机构:一个是俄罗斯联邦教育部,主管学前教育、普通教育、师范教育、校外教育、初等教育和中等教育;另一个是科学、高等学校和技术政策部,其下设立了一个具体管理机构——高等学校委员会(1993年后又称为俄罗斯高等教育委员会),主管大学和除师范学院外的其他高校。1996年8月,俄罗斯总统叶利钦批准了切尔诺梅尔金总理提出的新政府组成方案,其中包括将原俄罗斯联邦教育部和俄罗斯国家高等教育委员会合并而成为新的管理机构——俄罗斯联邦普通和职业教育部,该部设一位部长和九位副部长。合并的原因一是迫于教育连续性的需要,只有将两个教育机构合并才能保证不同层次教育之间的衔接性和完整性,保证教学和专家培养质量符合国家教育标准,保证普通教育大纲和职业教育大纲存在联系与区别等;二是迫于在教育领域中开展并管理国际联系、发展信息技术和电视通讯的需要。可见,两部合并是教育系统内部发展的结果,是俄罗斯建立统一教育空间的手段。

俄罗斯89个联邦主体(49个州,21个民族共和国,6个边疆区,10个自治区,1个犹太自治州和2个直辖市)在高等教育领域内的权限包括:制定和实施不与俄联邦政策相违背的高等教育政策,制定各联邦主体自己的教育法和高等教育法,制定相应民族、区域的高等教育标准,编制各联邦主体的高等教育经费预算和拨款限额等。

俄罗斯地方自治机构在高等教育领域内的权限包括:实施国家教育政策,编制地方教育预算,管理和评估辖区内的高等教育机构,任命地方教育管理机构的负责人,为地方教育机构在房屋建造上提供服务,发表教育机构实施条件的平均统计报告等。

对高等教育管理权限的重新分配,适当地赋予了各联邦主体和地方自治机构一定的教育管理权力。但可以看出,联邦中央的管理权力仍是主要的。

(二)高等教育的微观组织形式及其管理体制

俄罗斯高校内部管理的原则是民主性、国家-社会性、自主性,但因高校性质的不同而又有所不同。这里以国立(含市立)高等学校的管理体制为阐述对象。俄罗斯联邦《高等专业教育机构条例》规定,学校有"确定自己的结构、人员编制……等权力"。因此,俄罗斯高等院校没有统一的机构设置规定。但是,由于所处的时代相同,面临的社会形势一样,所承担的任务相近,所以高校管理机构设置大同小异。国立高校和市立高校仍实行校、系、教研室三级管理。

《俄罗斯联邦高等和大学后职业教育法》规定,[①] 俄罗斯高等学校在一长制与集体领导相结合的原则基础上实施管理;对国立、市立高等学校的一般领导权,由选举产生的代表机关——学术委员会行使;学术委员会中包括校长、副校长,其他委员由高等学校的全体会议以无记名投票方式选举产生,而校长是学术委员会的代表;校长对高等学校实施直接管理;国立或市立高等学校校长由全体会议以无记名投票方式选举产生,并报经该校隶属的教育管理机关批准,任期不超过5年。而《俄罗斯联邦教育法》规定,校长既可由高校集体选举产生,也可由政府任命。非国立高校则由创办人直接领导,或由创办人组建、委托的管理委员会领导。值得注意的一点是,由于《俄罗斯联邦教育法》明确规定,"在国立和地方教育机构及教育管理机关中不得建立政党、社会政治运动和团体,以及宗教运动和团体的组织机构,且不允许它们在上述机构中进行活动",因此,俄罗斯国立和地方高校中没有任何政治组织、宗教团体的代表参与管理,非国立高校则另当别论。

高校内部的教学和科研工作一般由各系和教研室自己管理。系主任通过无记名投票民主选举产生,任期4年,系主任同时还兼任系学术委员会主席。教研室则是高等学校组织教学和科研的具体部门,教研室主任要参加系学术委员会,并与教研室副主任一起负责具体教学计划的落实和实施,定期组织召开教学和科研讨论会,负责研究生和本科毕业生的毕业专业课考试等。[②]

四、高等教育机构的课程与教学活动

秉持经济思维,要适应市场,俄罗斯高等学校在专业、课程设置和教学形式等方面都与前一个时期有所不同。

(一)市场需求的专业、课程设置取向

俄罗斯高校改变过细、过窄的专业划分,以适应市场经济。表11-4显示的是1987年苏联高等教育专业设置改革时批准公布的专业类别及其所含专业数,而表11-5显示的是1994年俄罗斯高等职业教育国家教育标准中专业类别及其所含专业数。将两表相比较,能清晰地看出专业设置的变化状况。

[①] Федеральный закон от 22 августа 1996 г. N 125-ФЗ г. Москва "О высшем и послевузовском профессиональном образовании," *Российская газета* 29-08-1996 г.

[②] 栾景河:《俄罗斯高校管理体制情况简介》,《俄罗斯研究》1999年第2期。

表 11-4　1987年苏联高等教育专业设置改革时批准公布的专业类别及其所含专业数

专业类别名称	自然科学	人文教育	劳体美的教学及教育	卫生保健	文化与艺术	普通经济	工程经济	矿物地质及勘探	矿物开采	动力工程	冶金	机械制造与金属加工	航空技术	船舶制造	汽车与拖拉机	动力机械制造
所含专业数（个）	22	22	10	5	27	10	16	6	10	10	10	11	3	4	4	3
专业类别名称	工程机械及设备	电工技术	仪器制造	电子技术	自动化与控制	计算技术与自动化技术	无线电技术与通信	运输管理	化学工艺	森林采伐与木材加工	食品工艺	日用品工艺	建筑与建筑学	测量学与绘图学	农业与林业	总计
所含专业数（个）	10	9	7	6	6	5	7	5	13	3	12	11	12	4	16	299

资料来源：李家宝：《俄罗斯高等工科教育及其改革》，哈尔滨工业大学出版社，1996，第73页。

表 11-5　1994年俄罗斯高等职业教育国家教育标准中专业类别及其所含专业数

专业类别名称	自然科学	人文与社会经济	教育	保健	文化与艺术	经济学与管理	跨学科的自然技术	地质学与矿藏	矿藏开采	动力与动力机械制造	冶金	机器制造与材料加工	航空与宇宙火箭技术	海洋技术	地面运输工具	军用专业	工艺的机器与设备
所含专业数（个）	31	24	20	6	31	18	21	8	9	15	8	12	19	12	9		15
专业类别名称	电工技术	仪器仪表	电子技术、无线电技术通讯	自动化与控制	信息与计算技术	维护	运输经营	化学工艺	森林资源再生产与再加工	食品产品工艺	广泛需要的商品工艺	土木与建筑	大地测量与地图绘制	农业与渔业	生态学与自然利用	生活机能保安	总计
所含专业数（个）	13	9	17	8	6	6	5	18	5	12	14	13	5	18	8	5	420

资料来源：李家宝：《俄罗斯高等工科教育及其改革》，哈尔滨工业大学出版社，1996，第71页。

从表 11-4 和表 11-5 中可以看出，1994 年的专业设置改革一方面保留了重视工科的传统，工科专业所占比例达 52.5%；另一方面增加了"跨学科的自然、技术""维护""生态学与自然利用"和"生活机能保安"四个大类组，同时将原来的"普通经济"和"工程经济"合为"经济学与管理"，将原来的"动力机械制造"与"动力工程"合为"动力与动力机械制造"，将原来的"电子技术"与"无线电技术与通信"合为"电子技术、无线电技术通迅"。很明显，专业设置改革突出了科技、生活服务、环境保护方面的新兴的、跨学科的专业。而这些专业与市场经济密切相关。如，"维护专业"类组中的专业设置包括：日用无线电电子器具的维护，日用机器与其设计与维护，日常生活与服务领域的工件设计与工艺，社会-文化的服务与旅游，家政学等。

俄罗斯原国家高等教育委员会在 1994 年 3 月 5 日"第 180 号令"批准的 89 个培养方向分类目录，共分为技术科学类组、人文科学与社会经济科学类组、教育学类组、自然科学类组和经济与管理类组五大类组 420 个方向。其中，所含方向数最多的是技术科学类组，有 36 个方向，占总数的 40.5%；其次是人文科学与社会经济科学类组，有 23 个方向，占总数的 25.8%；最少的是教育学类组，只有 6 个方向，占总数的 6.7%。但是，技术科学类的方向虽占总数的 40.5%，却在原来的数量上被减少了 20%，而其余类组的专业方向都是不同程度的增长，即使是最少的教育学类的专业方向也增加了 2%。这样，一方面新设置的培养方向大大压缩了技术科学类方向（或工科与工科相近的方向），而突出扩大了人文科学与社会经济科学以及自然科学与数学两大类方向；另一方面技术科学类所含的每个方向覆盖面也被大大地拓宽了，从而相对克服了专业，尤其是与工科相近专业划分过细和面向过窄的问题。

1987 年至 1993 年，苏共党史、科学社会主义、社会政治关系理论、政治经济学、价格学等专业停止招生，而政治学、社会学、社会人类学、公共关系学、宗教学、国家和市场管理、管理学、商学、市场营销学等专业则另外招生。① 据统计表明，在俄罗斯高校新的课程计划中，出现了四类课程：人文-社会经济类课程、自然科学类课程、专业基础课程、专业课程。② 前两类属于基础课程。增设了新的专业与科目，如经营（管理）学、商业活动学、政治学、公共关系学、文化学、社会学、社会人类学、心理学等。

（二）教学与社会服务相联系

1993 年俄罗斯政府-部长会议批准的《俄罗斯联邦高等职业教育机关（高等学校）的典型条例》明确规定，高等学校，包括它的分部及附属于高等学校的具有法人地位的

---

① 顾明远：《民族文化传统与教育现代化》，北京师范大学出版社，1998，第 330 页。
② осударственный образовательный стандарт высшего профессионального образования (утв. постановлением Правительства РФ от 12 августа 1994 г. N 940) .https://base.garant.ru/181094/.[2019-09-10]

企业、机关、组织,是统一的教学、科研、生产综合体。高等学校的教学形式有讲课、答疑、实践课、实验课、期中检查、提问、独立作业、实习、课程设计、毕业设计,以及其他形式的教学。①

在国内政治、经济体制改革的背景下,在国际高等教育发展趋势的影响下,俄罗斯也意识到了,21世纪的大学必须擅长社会服务而不仅仅是传统的学术研究,还要从事那些有社会需求的研究,并使教学计划适应外界的需求。这种教学与社会服务的联系,使高等学校的教学不再只与生产联系,而且还与生活联系,即,高等学校的教学不仅关注国民经济的发展,还要关注学生职业的寻求与发展。

宏观而言,俄罗斯高等学校教学与社会服务的联系表现在以下几个方面:一是高等学校开展有偿教育、教学服务。(《俄罗斯联邦教育法》第45条)学校利用自身的知识优势为企业、机关、团体、居民举办各种培训班、补习班或其他方式的教育服务。对此项服务活动,国家免予征税。如作为高校分支机构的教学法联合会,它开展的有偿教育服务就包括:教学法问题咨询,有关教学法联合会工作问题的文件鉴定,提供教学法材料,按有关补充教育大纲进行教学,教授专门的课程和学科,补充教学工作,给学生开设加深程度的学习课程和其他服务等。二是高等学校努力提高大学科研对社会的适应程度。目前,俄罗斯也在改组博士和副博士论文答辩委员会,要求新成立的委员会照顾到州、边疆地区和国家各个级别的不同水平,同时要考虑经济联合会的需求和意见,特别强调要以地区的科学生产专门化作为论文答辩委员会成立的基础。这就要求各大学在加强院校自身合作的同时,积极与工业部门、行政部门和法律部门建立联系,从而提高大学的科研水平和社会适应能力。

市场体制引入高等教育,打破了俄罗斯国家对社会高等教育资源全面垄断的局面,国家对高等教育的控制力逐渐减弱,原来属于国家的权力越来越多地转向社会,社会拥有的权力不断加强,从而导致国家与社会关系发生根本性变化,这充分体现在中央权威的式微和地区与高校力量的增强上。尽管如此,随着国家在整个社会改革中的地位增强,国家在高等教育领域的作用也日渐增大。所以,目前的俄罗斯虽然是建立在分权基础上的联邦制,但国家政府仍然在高等教育领域发挥着统一,甚至相当程度的控制作用,体现在国立高校招收自费生的比例,高校招生的统一标准乃至统一考试,专业设置的取向和定额,高校财政预算的管理,联邦政府对地方政府管理高等教育的介入等方面。

同时,这一时期的高等教育变革采取的是"非单一化"路向,体现在两个方面:一

---

① ПОСТАНОВЛЕНИЕ от 26 июня 1993 года N 597 Об утверждении Типового положения об образовательном учреждении высшего профессионального образования (высшем учебном заведении) Российской Федерации. https://docs.cntd.ru/document/9005935.[2019-09-10]

是消解单一的国家意识形态色彩，而对多样性的意识形态进行选择，直接影响着对人才的培养以及由此带来的专业设置和课程安排变化等；二是变革实行"多元化"策略，从办学主体、管理机构、经费投入、人才培养到招生与就业都以"多"代替了原来的"一"。

第二节 美 国

20世纪80年代以来，美国高等教育不断进行改革与调整。这些改革既有与以往的或他国的高等教育改革的共性，又有由于美国国情和社会背景的独特性而显示出的个性。

一、当代高等教育发展与改革的社会背景

进入20世纪80年代，美国社会各界出现了较为广泛的进行高等教育改革的呼声，提出了众多的教育改革建议，包括不同层次、不同范围、不同方面的教育改革。这些改革的产生，具有深刻的现实背景。

（一）经济状况变数增加，新经济迎面而来

第二次世界大战以后，美国经济经历了持续的空前繁荣时期，特别是在20世纪60年代GNP连年大幅度增长。但是，美国经济从20世纪70年代中期开始滑坡，1980年GNP出现负增长。此后，经济不景气与好转局面交替出现。人们将经济不景气部分地归咎于教育，诉诸教育改革，也将经济成功或好转部分地归功于教育，要求教育的进一步改进和发展。

进入20世纪90年代，美国经济一度出现了二十多年来前所未有的好局面：经济持续增长，失业率和通货膨胀率降低。众多专家学者将20世纪90年代中后期美国经济的成功归于"新经济"（也称知识经济、信息经济、服务经济）。新经济的核心是知识和信息，即在经济生活中，知识、信息与掌握了知识信息的高素质人才取代资本和劳动力，成为经济发展最关键的要素。新经济要求加强政府和社会对教育、科学技术的支持力度，产出高素质的劳动力和高水平的科学成果。

（二）社会问题重重，危机隐伏

美国经济的繁荣并不能掩盖其社会中的问题和矛盾。美国社会贫富悬殊，如1989年全美贫困人口占13%，达3200万人，比前些年有增无减。少数族裔的贫困状况更为严重，1989年32%的黑人和27%的西班牙裔生活在贫困线以下。大量的贫困人口带来了许多社会问题，如犯罪、暴力、吸毒、离婚率居高不下、无家可归者增多，等等。即使

在大学校园内,也存在诸多问题,学生道德水准降低,不少学生生活茫然,暴力、吸毒、性混乱等现象一度多发,因故不能完成学业者为数甚众。20世纪80年代对美国大学新生的一项调查表明,学生上大学的首要目标是为了毕业后有更高的金钱收益,大学生的精神追求、责任感明显较弱,道德状况堪忧。如克尔所言:"高等教育和美国社会总存在种种难题。危机与变革一直占统治地位,没有例外。"[①]美国素有依靠学校来解决社会问题的传统,在出现社会危机时,更是希望通过教育改革来克服危机。

(三)新科技革命兴起

20世纪70年代以来,以微电子技术、生物工程、空间科学、新能源和新材料开发为代表的第三次科技革命在美国等发达国家率先兴起。科学技术日益成为促进美国经济发展的重要因素。首先,科技革命使得美国的产业结构发生了巨大的变化。根据世界银行的报告,1983年美国农业生产总值只占GNP的3%,工业生产总值占34%,而服务业生产总值已经占到63%。其次,科技革命使得生产方式发生了重大变化。在生产过程中,自动化、电脑化、"机器人化"程度越来越高,日益取代几十年前的机械化。新的工作领域需要更多高度熟练劳动者,因此要求美国高等教育对此做出回应。

20世纪80年代后,特别是进入20世纪90年代以来,以信息通信技术(ICTs)为代表的高科技渗入到高等教育的几乎每一个领域,导致了一些新兴学科和专业的迅猛发展,以信息和通信技术为基础建立了新的教学模式和支持系统,基于计算机、网络和通信技术建立了一系列新型中学后教育机构和培训机构,进而影响到整个高等教育的面貌。

(四)教育质量持续下降

据调查,20世纪80年代前后美国大学入学委员会的学术性向测试(AST)成绩曾逐年下降,如1963年至1980年语文平均成绩下降50多分,数学平均成绩下降近40分,物理等其他学科的成绩也在不断下降;学术性向测试中,成绩优秀学生的人数和比例都明显下降了;许多公立四年制院校不得不开设数学、科学、写作、阅读等方面的补习课程,20世纪80年代初数学补习课程占全部数学课程的四分之一。[②]美国有研究人员指出,在现代科技革命的背景下,"正在培养的新一代美国人是科学盲和技术盲"。原美国国家科学基金会(NSF)主任斯劳特(J. Slaughter)警告道:"少数科学技术精英与一般对科学问题所知甚微或根本不知道的公民之间的鸿沟越来越大。"美国高等教育质量下降的主要原因在于入学标准的降低,质量问题在新科技革命的背景下愈发凸显出来。

---

① See Philip G. Altbach, *Higher Education in American Society* (Buffalo: Promtheus Books, 1987), p.129.
② 瞿葆奎、马骥雄:《教育学文集·美国教育改革》,人民教育出版社,1990,第592—593页。

二、当代高等教育的发展与改革的主要表现

概括起来，20世纪80年代以来，美国高等教育发展与改革主要体现在以下八个方面。

（一）高等教育与产业界以及整个社会生活的关系越来越密切，高等教育在经济社会发展中的地位和作用变得越来越重要

从殖民地时代到19世纪上半叶，美国教会与高校关系密切，当时的许多高校都由教会主办，培养教士和牧师是主要功能之一。进入20世纪，美国政府与高等教育的关系越来越密切，政府对高等教育施加强有力的影响，成为高等教育发展的主要推动力量。进入20世纪80年代以来，美国产业界乃至整个社会与高等教育的关系越来越密切，尤其是产业界对高等教育的影响越来越强，市场需求日益成为高等教育发展的强大动力，主要原因在于高等教育在社会和经济发展中的地位和作用越来越重要，高等教育已经从社会的边缘逐步走向了社会的中心。相应地，高等学校越来越成为高深知识传播、生产、存储和应用的组织，成为社会的一种核心机构。有人把这种现象上升为理论，提出"高等教育轴心论"，其理论基础主要有两点：一是知识产业论，二是后工业社会论，诸如信息社会论、知识社会论。这两种理论都强调了教育作为最大的知识产业集团在经济、社会生活中的重要性。

知识产业论、知识经济论、信息社会论，以及后工业社会论等，都包含着下述几个与高等教育有关的重要思想：第一，知识已经成为现代社会的"轴心"。社会的进步、经济的发展、人们生活质量的提高，关键在于知识的掌握、创造、传播和应用。第二，知识阶层越来越成为起引导作用的社会集团。知识阶层主要指那些专门从事知识的生产、加工、传播和应用的知识分子集团。第三，促进社会进步的关键是扩大高等教育机会，使尽可能多的人接受尽可能多的教育。第四，高等学校成为社会的"轴心机构"。这在美国已经不仅仅是一种思想，而是一种实实在在的现实。根据美国国家教育统计中心（NCES）的数据，2007年度美国中学后院校的在校生达2070万人，是美国规模最大的行业；全国18岁及18岁以上人口中有1824万人具有副学士学位，有5831万人具有学士学位或更高学历；美国基础研究的50%以上由高等学校承担；美国高校各学科流派纷呈，在社会科学、人文科学、自然科学和工程技术各领域不断产生新的理论。在美国，高等学校已经成为引导和推动社会前进的一种轴心机构。

1991年，美国加州大学伯克利分校社会学教授卡斯特（Manuel Castells）在一次讨论世界高等教育发展的国际会议上系统地论证了高等教育在人类社会现代化中的作用，明确地把大学称作是信息时代经济、社会发展的"发动机"或"引擎"。

（二）高等教育进一步向普及化的方向发展

如前所述，1941年美国适龄青年高等教育入学率已达18%。如果参照美国学者特罗于20世纪70年代初提出的指标，在第二次世界大战前夕，美国高等教育就已经进入了高等教育大众化阶段。战后，美国高等教育在稳固大众化成果的同时，进一步向普及化方向发展。根据世界银行和联合国教科文组织的报告，1995年美国高等教育毛入学率达81%，21岁以上人口的高等教育完成率则为49%。[①] 美国高等教育走向普及化的原因主要在于以下几点：①人们对社会公平的追求，教育民主化浪潮兴起；②人力资本理论改变了人们的投资观念，有力地促进了政府、企业和家庭的教育投入，使高等教育规模不断扩大；③技术更新和发展对高等教育和培训提出的要求；④把高等教育和培训作为医治结构性失业的根本性措施；⑤中等教育普及为高等教育走向普及化提供了生源基础；⑥经济发展的支撑，为高等教育走向普及化提供了财政支持。目前，美国正处于面向21世纪的新一轮高等教育改革运动之中。这次高等教育改革的核心是使所有年满18岁的美国青年都享有接受高等教育的机会。为了使美国率先在全球普及高等教育，美国政府采取两大战略步骤来实现这一目标。第一步是国家采取措施帮助本土学生和家庭解决高等教育费用，特别是为来自低收入家庭的学生提供补助和贷款。第二步是全力推动高等教育的普及，使高等教育走进美国每一个家庭，使大学与广大美国青年和家庭发生联系。为支持所有年满18岁的美国青年都能接受高等教育，政府采取支持政策和有效措施，为适龄青年接受高等教育做各种准备，并努力使这一目标得到所有教师、家长、学校和各种社会团体的支持。为了改变高等教育机会不均等，少数族裔、低收入家庭子女入学比例低的状况，美国政府计划增加教育投入，以解决低收入家庭与高收入家庭学生在接受高等教育上存在的巨大差距。

（三）高等学校更加注重学生的选择，注重人文及广博知识的教育，培养具有创新能力和合作精神的人才

如前所述，20世纪70年代美国高等学校出现了注重学术价值到注重学生作为消费者的重大方向上的转变，形成了"学生消费者至上"观念。进入20世纪80年代，这种观念进一步发展。"学生消费者至上"还意味着为"顾客"提供更高质量的服务。与之相应，美国高等教育在改进质量、提高人才培养水平方面还做出了以下努力。

1. 努力提高教育质量

科技革命兴起、国际竞争力下降使得美国在20世纪80年代把提高教育质量作为主

---

① The Task on Higher Education and Society, *Higher Education in Developing Countries: Peril and Promise* (the World Bank, 2000), p.107, 115.

要的改革目标。1981年8月美国教育部成立了国家高质量教育委员会以调查教育（包括高等教育）质量，并于1983年完成了题为《国家处在危机之中：教育改革势在必行》（*A Nation at Risk: The Imperative for Educational Reform*）的报告。随后，教育部又组织对本科生教育进行评估。经过一年的调查研究，1984年10月推出了题为《投身学习：发挥美国高等教育的潜力》的报告，提出了改进本科生教育的27条建议。20世纪80年代以来，美国政府和民间还提供了其他一系列提高高等教育质量的文献。近年来，美国各州普遍增加了对本科生的质量要求，包括许多实行开放招生的社区学院也制定或提高了质量标准；不少州对公立大学中准备由大学二年级升入三年级的学生增加了一次中间考试。高等教育质量在很大程度上取决于初中等教育质量。为此，20世纪80年代以来美国加强高校与中学的衔接和合作，学院和大学积极帮助促进基础教育质量的提高。美国面向21世纪的高等教育改革框架更是把优先改革初等和中等教育作为战略选择，其依据是"没有良好的高中教育作为基础，就不能使高等教育改革效果和质量发生本质性的改变"。根据预测，美国高等学校与中小学的合作将会进一步加强。

2. 更加重视通识教育

由于学校普遍注重"消费者"的选择，以及劳动力市场不景气等原因，20世纪七八十年代"职业至上论"主导着美国大学校园。这导致"人人只关心满足个人的需要，而缺少共同的责任感"，进而影响到整个社会的精神道德水平。特别是20世纪90年代以来，学生在大学仅仅学会某一职业或专业技能，显然已经不能适应未来社会发展的需要。因此，美国重新注重加强人文教育和通识教育，努力培养更为全面发展的人才。1998年3月哈佛大学校长陆登廷（Neil L. Rudenstine）在北京大学百年校庆中外大学校长论坛的演讲中指出："大学开展研究以推动经济的发展是无可厚非的，同样，大学帮助学生寻求实用和令人满意的职业也是必要的。然而，更重要的是，大学要提供无法用金钱衡量的最佳的教育。这种教育不仅赋予我们较强的专业技能，而且使我们善于观察、勤于思考、勇于探索，塑造健全完善的人格……正是这样，尽管在复杂的条件下，无论是哈佛大学还是美国其他大学都在竭尽全力为更好地传承文理融合的'通识教育'而努力。在本科生四年的学习中，除主修像化学、经济学、政治学或文学等专业外，还要跨越不同学科，从道德哲学、伦理到数学、逻辑，从自然科学到人文学科，从历史到其他文化研究广泛涉猎……相对来说，我们的学生直到完成四年的人文和自然科学的自由教育后，才真正地进入他们的专业训练。"[①]

3. 注重创新能力和合作精神的培养

自进步主义运动以来，美国教育注重个人兴趣和创新能力的培养。美国高校各门课

---

① 陆登廷：《21世纪高等教育面临的挑战》，载魏新等编《21世纪的大学》，北京大学出版社，1999，第18页。

程的教学，注重培养学生的批判性思维，鼓励学生提出挑战性问题。美国高校学生的各类论文都要求必须有文献综述和引文注释，以便在前人已有成果的基础上有新的进展。近年来，美国有大批关于培养独创性的论文和专著问世。高等教育的基本职能之一就是实现人的社会化。个人要在社会上成功和愉快地生活，就要学会与人共处。美国大学生中有80%~90%把学会与人相处作为上大学的主要目的之一。学生们在课外活动、参与活动上花费了大量的时间，如向社区公民提供咨询服务，为报纸杂志撰稿，参加各种文艺演出和公益劳动等。

（四）高等教育日益信息化

如前所述，20世纪80年代，特别是进入20世纪90年代以来，以信息通信技术为代表的高科技渗入到高等教育的几乎每一个领域，进而影响到整个高等教育的面貌。高等教育的日益信息化主要体现在以下两个方面：其一，以信息和通信技术为基础建立了新的教学模式和支持系统。目前在美国各高等学校，普遍建立了管理信息系统，更为重要的是信息技术在教学科研中得到了广泛的运用。美国"信息化校园计划"（the Campus Computing Project）在1999—2000年度对六百余所学院和大学的调查表明，越来越多的院校开始把信息和通信技术的教学应用纳入整个学校教学改革的长远发展规划之中。其二，基于计算机、网络和通信技术，建立了一系列新型中学后教育和培训机构。如1976年成立的菲尼克斯大学（University of Phoenix，也译为凤凰城大学）是一所主要通过网络和信息技术进行教学的远程高等教育机构，它为成人提供在职教育计划，开发"使他们实现职业目标，提高所在组织的生产率，提供领导和服务所在社区的知识和技能"。该校已经通过了认证。据2002年7月统计，其116个校区分布于22个州和加拿大、波多黎各，注册的学生达116300人，其中本科生、硕士生、博士生37600人，截至1999年已有370000名毕业生获得了学位和证书。① 琼斯国际大学（Jones International University）是另一所通过认证的营利性远程教育机构，它为高中毕业生提供远程高等教育，培养对象主要是在家学生（homeschooled students）。②

（五）高等教育进一步多样化

多样化是美国高等教育的重要特征，但是传统上承担高等教育任务的主要是正规高等学校系统。在美国高等教育走向普及化的时代，仅靠这一系统早已不能满足社会对高

---

① Patricia J. Gumport and Marc Chun, "Technology and Higher Education: Opportunities and Challenges for the New Era", in Philip G. Altbach, Robert O. Berbahl, and Patricia J. Gumport (eds.), *Higher Education in the Twenty-first Century: Social, Political, and Economic Challenges* (Baltimore: Johns Hopkins University Press, 1999), p.384. Also see: http://www.phoenix.edu/corporate.

② http://www.jonesinternational.edu/eprise/main. [2019-05-03].

等教育的广泛需求。因此,美国尝试设立了许多新的高等教育机构,如远程教育、成人继续教育、虚拟大学、公司大学等,以便向更多的人提供高等教育机会。为了把新的高等教育系统涵盖在内,美国联邦政府在教育统计和政府文献中就已经把高等教育改称为中学后教育。目前,美国的中学后教育包括五大系统。

第一系统是非营利性(non-for-profit)的正规公私立学院和大学,是美国中学后教育系统的主体。根据1994年的数据,这些院校共有3600余所,其中博士授予大学236所(包括125所研究型大学)、硕士授予大学532所,学士授予大学633所,两年制学院1480所。美国院校结构呈金字塔型,与劳动力市场对人才的需求大体是一致的。这些院校也提供成人继续教育等多种形式的非正规教育。第二系统是业主所有的、营利性的专科院校。这类院校招收高中毕业生,主要进行专门的职业和技能培训,如汽车维修、护理、食品卫生等。目前这类专科院校总数多达七千余所,在校学生相当于第一系统按全时折算学生总数的5%。第三系统包括由产业界、工会和军队等主要职能不是教育的组织提供的教育和培训项目,每年注册学生超过800万人,经费支出400余亿美元,接近第一系统所有四年制学院和大学财政支出的总和。第四系统即电子教育系统,包括卫星电视教育、广播视频教育、网络教育等。目前教育领域的"技术革命",即电子教育正在迅猛发展,如菲尼克斯大学、国家技术大学、西部州长大学等远程教育机构异军突起。第五系统是非正规的在职培训。雇员工作中实际使用的技能,约一半以上是通过这种培训获得的。目前美国的大公司,如IBM、摩托罗拉等公司在员工培训上做出了很大的努力。由于第一系统的学院和大学不能满足劳动力市场多种多样的复杂需要,或者说不能提供个人所期望的其他教育需求,因而其他类型的教育系统还会进一步发展。

在美国,传统的高等教育及其观念已经发生了根本性变化,高等教育已绝不仅仅是指正规的大学教育,而是一个高中毕业后持续不断的学习过程,这既包括正规的学校教育,也包括各种非正规教育,还包括各种无形的日常学习和教育。

(六)高等教育的成本更多地由社会和受教育者个人承担

历史上,美国高等教育原本是民间的事业,全由民间自筹经费办理。但随着高等教育作用的扩大,政府介入不断加强。在私立高等学校势力强大的美国,政府拨款曾一度占高等教育经费的60%以上。然而,进入20世纪70年代,由于世界性的经济危机的沉重打击,以及美国国内政治经济变化等因素的影响,这种情况发生了逆转。美国政府降低公共教育经费在总教育经费中的比例,鼓励和促使高等教育资源的多样化,尤其是把更多的经费负担转移到受教育者及家长的身上。在美国,1975年至1985年的10年间,公立高校学费年均增长达14%,私立高校的学费年均增长则达到了15%以上,远远超过了同期GNP和国民收入的增长,以及通货膨胀率。据预测,这种趋势在未来相当长的时期内会继续发展。一些专家把这种日益明显的现象称作高等教育的民营化(privatization)。

政府缩减公共高等教育经费比例,这就迫使高等学校,包括那些资金最雄厚、最有声誉的大学,努力加强与产业界的合作。在美国,1972年至1989年,产业界赞助大学科学与工程的研究经费增加了两倍多,与产业界的合作项目占大学研究经费的10%。高等教育私营化还迫使高等学校提高学费标准,削减预算和人员,调整系科设置,同时想方设法增加向社会和校友募捐的份额,这是美国高校扩大财源的一种重要方式。

(七)高等教育组织自身变得更加复杂,更加注重自身及战略规划的研究

1963年美国著名教育家克尔在哈佛大学发表了题为《多元化巨型大学》(*Multiversity*)的经典演讲。他非常形象地概括了大学组织和模式的发展,指出当代大学"是一座充满无穷变化的都市"。他还指出,当代大学是一种矛盾重重的机构,由多种社群组成,它有多种目标、多种灵魂,是一种非常复杂的社会组织。

高等教育组织本身及这种组织与环境之间的关系变得日益复杂,学者们从不同角度来研究高等教育组织现象,探讨其独特的基本特征。什么是高等教育组织的本质特征呢?美国学者伯顿·克拉克(Burton R. Clark)给出的答案是"专门知识操作"。他指出:"专门知识是学院和大学占支配地位的特征,学院和大学的组织和权力围绕在专门知识的周围","在教授和教师的许多特殊活动中,我们可以找到的共同内容就是知识操作"。[1]高等教育的其他组织特征也是以此为基础而产生的。

维克多·鲍得里奇(J. Victor Baldridge)教授曾主持了对美国高等教育组织与管理的长期研究。他认为学院和大学是一种独特的专业组织,拥有不同于工商业组织、政府机构及其他组织的六点特征:①学术组织的目标众多且模糊;②学术组织是为"顾客"服务的机构;③院校需要错综复杂的技术;④高度的专业性支配着学术工作;⑤学院和大学专业人员队伍趋于离散、割裂;⑥大学组织变得越来越易受环境的影响。[2]科恩和马奇则将美国学院和大学描述为"有组织的无政府状态"(organized anarchy)。美国学院和大学在管理上的基本特点是权力分散,并形成了四条基本管理原则,即"四A"原则:院校自治(academic autonomy);学术自由(academic freedom);学术中立(academic neutrality);问责(accountability)。

近年来,美国高等学校面临着越来越激烈的竞争环境,为了在市场中求生存求发展,必然要求高等学校加强对自身的研究,以及对处于同一层次的竞争伙伴的研究和对市场环境的研究。在此背景下,美国的院校研究(institutional research)发展起来。20世纪80年代以来,美国高等学校还引入了工商企业的战略规划研究。这种院校研究和院校战略规划研究,已经成为美国许多高校决策的基础。

---

[1] 伯顿·R.克拉克:《高等教育系统——学术组织的跨国研究》,王承绪等译,杭州大学出版社,1994,第11—13页。
[2] 陈学飞:《面向21世纪国际高等教育发展的基本趋势》,《辽宁高等教育研究》1998年第6期。

(八)高等教育日益国际化

高等教育国际化是指高等教育面向国际方向发展的趋势和过程,是把国际的、跨文化的、全球的观念融合到高等学校教学、科研和服务等诸项功能中的过程。

美国是高等教育国际化发展最迅速、国际化程度最高的国家之一。美国高等教育国际化主要包括四个方面的内容或要素。

1. 学生国际交流

大学生的国际交流是高等教育国际化的一个重要因素,始于殖民地学院时期。第二次世界大战以后,美国成为重要的国际学生中心,来美国留学的学生数量逐年上升。1990—1991学年,外国学生总数达407529人,占当年美国在校生的2.9%左右,占同年世界留学生总数的35%左右。大批国外学生到美国的学院和大学学习,不仅有助于美国学生与其他国家学生之间的相互学习,扩展课程内容的国际广度,开展跨文化的研究与讨论,招聘更多的具有国际经验的专家等,还关系到美国社会种种现实的和长远的重大利益,给美国带来了巨大的经济利益,有助于美国高校学术的发展,有助于美国与留学生派遣国未来政治及其他关系的发展,有助于为美国培育英才、节省培养成本。

2. 学者国际交流

近年来,随着高等教育国际化的发展,美国高校与国外的学者交流变得日益广泛和多样,形成了五种主要的交流形式:①政府资助的国家计划;②民间资助的交流计划;③各州的大学系统与其他国家大学系统之间的交流计划;④美国高校与国外高校之间的校际学者交流,乃至各种各样的系与系、研究所与研究所之间的交流;⑤围绕专门项目(如科研课题)进行的有关学者之间的交流。据统计,1993—1994年度,美国大学共接受了近六千名国外的访问学者。国际教育研究所所长理查德·克拉斯(Richard M. Class)指出,这表明美国大学的质量以及知识上的活跃对国外学者具有很强的吸引力。美国学者与国外学者相互影响,并且一起解决一些跨国界的问题。

3. 课程国际化

大多数的美国教育工作者都赞同,学生和教师作为负责任的美国公民,需要获得关于世界其他国家和地区的知识。学校应当开设更多的关于其他国家和国际问题的课程,而且所有课程都应当体现国际观点。在上述思想的影响下,近年来美国高等学校课程的国际化有了明显进展,呈现出多种形式。如增加教授世界文明、世界史和外国语的要求,增设和加强地区研究和国际研究方面的主修、辅修和专攻计划,开展跨学科和跨专业的外语教学,在工程、工商管理、教育等专门领域的教学中增加国际方面的内容,把到国外参观学习与课程联系起来,开展跨文化研究,开展如何运用高新技术进行国际学习和研究的课程,等等。

4. 国际研究与外语培训

在大学中开展国际研究至关重要，不仅对于加强和促进学术发展必不可少，同时对国家利益也极为重要。开展国际研究和地区研究，离不开外语技能。进入20世纪80年代以后，美国高校中修习外语课程的人数明显增加，尤其是那些修习非普遍教授语种的人数增加更为迅速，如修习日语的人数在1984年至1986年间增加了45%，总数达到16891人。从1986年至1990年，高校中修习外语的学生增加了18%，其中45.1%的学生修习西班牙语，其他依次为法语的23%，德语的11%，意大利语的4.2%，俄语的3.8%，汉语的1.6%，希伯来语的1.1%。总的来看，外语教学中的欧洲中心主义没有明显变化。1986年至1990年学习阿拉伯语的学生只占0.3%，而学习非洲语言的学生总计不到1%。

值得注意的是，受国内保守主义、民粹主义、贸易保护主义等因素的影响，近年来美国高等教育国际化有所收缩和撤退。

三、当代高等教育发展与改革中的矛盾

在20世纪80年代以来美国高等教育的发展与改革中，成就与问题并存。目前乃至未来一段时期内，美国高等教育发展至少面临着以下四对突出的矛盾。

（一）自治与问责的矛盾

自治指高等学校对内部事务进行自主管理，不受来自政府、教会、工商企业，以及其他社会组织和个人的干预。自治是美国高等教育的一个重要传统。问责是指责任制或问责制，即高等学校要向政府和公众负责，要高质量地履行其职能，有效地使用社会提供的资源，在法律许可的范围内运作。责任制是在20世纪七八十年代高等学校财政紧张时期产生的一种新要求，政府和公众要求高等学校对自身的成就和绩效做出说明，以使政府的投入合理、物有所值。从理论上说，自治与问责并不构成一对矛盾。但在实际的院校运行中，自治与问责有时候是相互冲突的：高等学校所负的责任越多，办学自主权就会受到一定的限制；要获得更多的自主权，就意味着要减少来自学校外部的问责要求。近年来，美国联邦政府在高等教育发展中的作用在削弱，但是州政府和产业界对高校的影响在逐渐上升，这些外部影响正是高等教育界的一部分人士所担心的。

（二）公平与效率的矛盾

美国高等教育发展与改革中一直面对着公平与效率的矛盾冲突。当代美国高等教育改革把教育机会均等、高等教育普及当作重要的目标。一方面，高等教育普及需要大量的资源作为支撑，高等教育必须与初等和中等教育竞争资源；普及高等教育需要大力发展公立大学系统、发展社区学院，在科技革命日新月异的时代，重点扶植一些研究型大

学的重大研究计划有其合理性。另一方面，普及高等教育意味着降低入学标准，尽可能地实现"开放入学"；但是，低标准入学必然带来质量下降、教育教学和管理难度增大的问题。为避免教育质量下降的局面，美国许多州和高等学校又不得不提高录取要求和标准。20世纪50年代末以来，美国一直关注高禀赋大学生的培养，认为这一点关系到国家竞争力的增强，同时民众的呼声又使得政府不得不努力实现高等教育机会均等，关注来自弱势群体家庭的学生。在不同时期和不同政府的任期内，美国高等教育政策取向一直在公平与效率之间摇摆。

（三）公益与私益的矛盾

在美国历史上，人们认为高等教育是一种典型的"公共产品"（public good）。到了当代，对高等教育经济社会属性的主流认识发生了变化，认为高等教育是一种"准公共产品"（quasi-public good），介于"公共产品"与"私人产品"（private good）之间。高等教育既使社会受益，也使个人受益，并且个人的收益率高于社会的收益率，这成为高等教育成本分担（cost share）的理论基础。问题在于，如果认为高等教育主要是一种私人产品，就意味着个人或家庭必须加大教育支出力度；而如果认为高等教育具有重大的公益性，则为政府增加公共高等教育经费、强化对高等教育的管理提供了理论基础。此外，近年来美国一些私立性院校、营利性院校发展迅速，这些中学后教育机构一般开设热门的或短期的应用型教育计划和课程，通过降低成本、大量招生、主要进行远程教育等方式营利，其中一些院校还获得了学位授予权。它们对其他院校造成了一定的冲击，并且使人们重新思考高等教育的社会经济属性。

（四）标准与多元的矛盾

多样性（diversity）是美国高等教育最基本的特征之一。一方面，在美国历史上，许多机构和个人曾经为高等教育标准化作出了很大的努力，从而促成了认证制度的建立和逐步完善，不同层次、类型的院校均有各自相应的办学标准。进入20世纪80年代，美国非传统类高等教育机构崛起，工商企业办的中学后教育机构、远程高等教育机构等发展十分迅速。这些中学后教育机构招收大量学生，其中一些机构如菲尼克斯大学等自称"大学"，并被授权颁发学位或文凭的权力。如何看待这类新的院校机构？它们是否属于高等教育机构之列？如何制定新的标准或修改原来的标准以应对这些新的变化？成为美国高等教育发展中迫切需要解决的问题。另一方面，随着高等学校学生构成越来越复杂，高等教育的办学形式、教学计划更加多元化，教学管理更加灵活，从而也就相应地对教育教学、管理提出了新的要求，并带来一个难题，即标准过于严格会使一部分学生失去接受高等教育的机会，标准过宽则必然影响到教育质量。因此，标准化与多元化构成了美国高等教育的另一对矛盾。

四、当代高等教育思想

在一个国家的特定时期，高等教育思想既有延续，也有新的发展。20 世纪 80 年代以来，美国出现了以下一些新的高等教育思潮和观念。

（一）新保守主义

20 世纪 80 年代开始，里根、布什政府全力实施新自由主义经济社会政策和新保守主义文化教育政策，并以此推动美国高等教育改革，保守主义势力重新主导美国高等教育思想界。新保守主义高等教育的核心内容是，主张恢复新人文主义的传统。一些代表人物如沃尔特·贝特（Walter J. Bate）1982 年在《哈佛评论》上撰文批评"美国的人文教育不仅进入而且陷入了自一百年以前现代大学建立以来的最糟糕的危机时代"①。1984 年，威廉·贝内特（William Bennett）在《华尔街杂志》先后发表了题为《人文学科的破坏》《挽救文化遗产》；林恩·切尼（Lynne Cheney）发表《美国的记忆》和《学者与社会》等文章，他们的作品在当时都产生较大的影响。1987 年，新保守主义高等教育思想最具有代表性的人物阿兰·布卢姆发表《走向封闭的美国精神》一书，进一步扩大了新保守主义在美国高等教育界的影响。

（二）高等教育质量观念

1983 年美国高质量教育委员会提出题为"国家处于危机之中"的报告，之后各界相继提出了一系列的改革报告，这些报告所阐述的思想和改革建议反映了 20 世纪 80 年代美国高等教育改革的取向。

教育思想家对高等教育质量的质疑主要集中在四个问题上：其一，认为本科教育缺乏目的性。如斯凯菲尔在《无妥协之教育》（1990）中写道："美国高等学校在教育目的上正处于一种混乱的状态，而目的的混乱又导致高等学校对教育目标、教育使命、教育任务的误解和对课程安排、教学内容组织上的无序杂乱。"② 其二，高等院校课程设置存在严重问题。如道格拉斯在其著作《无碰撞之教育》中指出，美国大学课程和专业设置方面存在明显的缺陷，如人文学科内容严重匮乏，课程内容混乱庞杂，知识内容交叉性差的缺陷最为明显。③ 其三，大学社会意识的丧失（loss of a sense of community）。如道格拉斯批评道："美国一直要求其高等院校从事一种'错误'的工作"，"大学始终没能提供一种使真正值得称之为'教育'的事物繁盛的人文环境……相反，它们几乎变成了生产专业人员和传播信息的工厂。"④ 其四，美国大学的专业与专业、学科与学科之间割裂。1987

---

① Nancy Warehime, *To Be One of Us* (New York: State University of New York Press, 1993), p.9.
② W. D. Schaefer, *Education without Compromise* (San Francisco: Inc.Pulisher, 1990), pp.23−25.
③ G. H. Douglas, *The Education with Impact* (Secaucu: Birch Lane Press, 1992), p.118.
④ Chrislopher J. lucas, *American Higher Education* (London: St. Martin's Press, 1994), p.30.

年,卡内基教学促进基金会主席波伊尔在其著作《学院:美国本科教育经验》中指出:"我们最主要的敌人是'割裂':在社会中我们失去了文化的内聚力和共性,在大学内部是系科制、严重的职业主义和知识的分裂。"①

(三)高等教育国际化思想

伴随着高等教育国际化的迅速发展,有关高等教育国际化的思想有了较大的发展,涌现出许多从事国际教育研究的学者,如 D. S. 胡普斯(D. S. Hoopes)、P. W. 琼斯(P. W. Jones)、W. H. 阿勒威(W. H. Allaway)、A. H. 威尔逊(A. H. Wilson)、C. 布罗克(C. Brock)、T. M. 韦斯特(T. M. Vestal)、J. 柯勒加(J. Calleja)、M. D. 史第芬斯(M. D. Stephens)、P. L. 乔利兹(P. L. Jonietz)、G. 派克(G. Pike)、B. B. 泰尔(B. B. Tye)、C. C. 古德曼(C. C. Goldman)、科尔、D. 博克、R. F. 阿诺夫(R. F. Arnove)、P. G. 阿特巴赫等,他们出版了大量的国际教育方面的著作,如《高等教育的国际维度》《国际经验对学校的意义》《国际教育与大学》《全球社会中的美国教育:师范教育国际化》《国际教育研究》等。除此之外,美国政府还出版了许多政策性的法案和报告,其中规定了一些关于大学国际化的内容。专门学者的出现和大批著作的出版,表明高等教育国际化思想业已受到学术界的普遍关注。1992年,美国资助高等教育联合委员会召开"美国高等教育面临的国际挑战"专题研讨会。在会上,麻省理工学院校长查尔斯·韦斯特(C. West)和斯坦福大学荣誉校长理查德·莱曼(R. Lyman)指出,在大学战略规划中,国际化已经成为一个关键性问题。人们甚至把创办"全球性大学"作为适应变化着的国际环境的有效战略和未来发展的基本目标。②总之,许多美国学者和大学校长已经清楚地意识到国际化时代的到来,为此学院和大学必须做好准备,以迎接高等教育国际化的挑战。

第三节 日 本

一、高等教育发展的社会背景

1980年,日本通产省提出了"技术立国"的方针。不过,就在这时,政府面临着巨额的财政赤字。当时中曾根首相颇为赞赏美国总统里根、英国首相撒切尔夫人等人提倡的新保守主义或新自由主义思潮,并喊出"战后政治总决算"的口号。1985年,日本电信电话公司与日本香烟产业公司被民营化。紧接着,1987年国营铁路公司也被民营化。直到20世纪80年代末,日本的经济似乎还有很强的国际竞争力。这段时期日本的经济指标,呈现出非常显著的现象:巨额的贸易顺差,低失业率,安定的消费者物价指数等。

---

① 厄内斯特·波伊尔:《大学:美国大学生的就读经验》,徐芃等译,北京师范大学出版社,1993。
② 陈学飞:《当代美国高等教育思想研究》,辽宁师范大学出版社,1996,第92页。

以美元汇率换算的人均国民生产总值，日本也超过了美国。日本人的生活方式开始改变，过去被西方人讥为"经济动物"的日本人，也开始学会了"享受"生活。

到20世纪80年代末，民间消费及一般企业的设备投资大量增加，日本的股价和地价继续疯狂地不断上升。然而好景不长，不久泡沫就破灭了，20世纪90年代初后股票、土地、建筑物等的价格持续暴跌或阴跌，经济长期处于低迷状态，虽然政府提出要进行结构改革，但直到21世纪初仍未能走出经济不景气的"隧道口"。2002年11月14日日经平均股价指数甚至还不及19年前，只有高峰时的22%不到；2001年日本GDP名义值跌破500万亿日元，缩水到1995年的规模；1990年，日本的财政状况在西方七国中是最好的，进入21世纪却成为最差的，累计债务余额已达到GDP的140%。截至2001年3月底，日本政府债务余额已达921.42万亿日元，而总资产仅为736.6万亿日元，资不抵债情况严重，财政十分空虚；截至2002年3月底，日本全国金融机构的不良债权余额高达52.44万亿日元，超过GDP的十分之一，金融危机随时可能爆发。2001年破产企业总数超过1.9万家，为战后第二个最糟年份；2001年12月，失业率高达5.6%，创历史最糟纪录。在20世纪90年代，世界以IT产业为代表的"知识经济"发展，而在此方面，日本也明显不如美国及欧洲一些国家。

日本战后实行所谓"政党政治"，但1955年以后形成自民党长期执政的政治局面。1989年自民党受到利库路特股票行贿丑闻及反对征收消费税的冲击，在参议院选举中失败，几位自民党总裁担任的首相都成了"短命首相"，终于导致自民党内讧以致分裂，国民对自民党的支持江河日下。1993年8月，自民党在选举中惨败，不得不首度拱手让出政权。随后新党领袖细川护熙出任首相，组成联合政权，结束了自民党长达38年一党执政的局面。尽管1996年后日本又建立起由自民党主导的联合政权，但国民对各政党的信任度都很低。近年日本还实施了规制缓和和中央官厅的行政改革等力度较大的改革。另一方面，由于各种国内和国际因素的影响，日本极右思潮再次有了市场，"和平宪法"面临严峻考验，引起了世界人民，特别是曾经遭受日本侵略的东亚和东南亚各国人民的警惕。

此外，日本社会已进入高龄、少子化时代，传统意义上的接受高等教育适龄人口逐年减少，18岁人口在1992年达到250万人的顶峰，而后逐年下降，2000年为150万人，2010年或将只有120万人。这必然加剧各大学间业已存在的争夺生源的竞争。这种人口变动趋势已对日本的私立高等教育体系带来了很大的冲击，目前60%左右的私立短期大学、30%左右的私立大学处于定员不足的状态。

二、高等教育的政策

20世纪80年代和90年代，在日本高等教育政策形成和展开的过程中，临时教育审议会和大学审议会这两个政府咨询机构发挥了重要作用。

1984年8月，经中曾根内阁提议、国会通过，日本成立了一个为期三年的有关教育改革的总理咨询机构——临时教育审议会。1987年8月，临时教育审议会提出最后一份带总结性的有关教育改革的咨询报告，以终身教育的观点对战后教育体制提出了总体性的反思和批评，提出了教育改革的三个基本视点：重视个性、向终身学习体系过渡和适应社会变化，并强调："当前教育改革最为重要的，是克服长期以来存在的划一性、僵硬性、闭锁性的积弊，确立个人尊严，尊重个性、自由、自律、自我负责，即重视个性的原则。根据这一原则，必须对教育内容、方法、制度和政策等展开全面的、彻底的改革。"①

在"高等教育多样化与改革"部分，报告从高等教育的个性化、高度化，大学入学考试与招生制度的改革，大学入学资格的自由化、弹性化，积极开展学术研究，大学审议会的创设，高等教育财政，大学的组织运营，大学的设置形态等八个方面全面论述了高等教育发展与改革的问题。"为了充实大学教育和发挥各个大学的特色，应该认真研究一般教育与专门教育的内容，并在教育研究组织的构成方面使突破现有框架、进行个性设计成为可能。此外，还应该重新研究学分制度，发挥学分制的长处，使学期、学年规定弹性化，并增加中途入学、转校、转学部的可能性。为了实现上述改革，必须对大学设置基准做根本性的修改，使其大纲化、简略化。"②充实与改革研究生教育是提高高等教育水平、实现高等教育高度化的根本措施。要使各个大学建立起适合于自身特点的入学考试与招生制度，并使现行的国立大学、公立大学统一将第一次入学考试改为国立、公立、私立大学都可以利用的"统一测验"。在加强公共财政支出的同时，也促进高等教育经费投入的多元化。"在大学的组织运营中最基本的是确立自主、自律体制。国立大学应确立自主管理、运营的责任体制，发挥校长、学部长的指导作用；私立大学应明确以校长为中心的教育管理运营组织和教授会的责任，协调好教师与理事会的关系，实现应有的社会责任；公立大学应面向社会开展教育与研究活动，为地区发展做出贡献。"③

根据上述报告中的建议，1987年大学审议会成立。根据1987年9月国会通过的《学校教育法》修正案，在制定大学设置基准、有关学位的规定及审议有关大学（包括高等专门学校）的基本事项时，文部大臣必须向大学审议会咨询。④大学审议会委员成员中大学校长和教授、文化教育研究机构的代表与企业界人士大约各占三分之一。大学审议会在成立之后的十余年中，就高等教育改革的方方面面向文部省提出了22份咨询报告。20世纪90年代日本出台的有关高等教育改革的政策和措施都是在大学审议会咨询报告的基础上形成的。大学审议会的报告，按照文部大臣提出的咨询要求，主要围绕大学的高度

---

① 细谷俊夫等：『新教育学大事典（7）』，第一法规出版株式会社，1990，第434页。
② 同上书，第438页。
③ 细谷俊夫等：『新教育学大事典（7）』，第一法规出版株式会社，1990，第440页。
④ 大崎仁：『大学改革1945—1999』，有斐閣株式会社，1999，第307页。

化、个性化与活性化等展开。①

"高度化"主要是指加强研究生教育的发展与提高研究生教育的质量。大学审议会的咨询报告从研究生教育的组织、形式、目的、内容、数量、学位制度等方面全面讨论了研究生教育问题,指出了研究生教育与改革的基本方向。要实现研究生入学资格的弹性化,使那些具有优秀研究潜能的学生尽早进入研究生教育阶段,如对那些在大学学习3年以上、并修足接受研究生教育所必需的本科课程学分的大学生,应给予他们参加研究生入学考试的资格,对那些虽然没有硕士学位、但本科毕业以后从事过2年以上研究工作且取得了一定研究成果的人,应允许他们参加博士研究生的入学考试。对硕士研究生教育的年限采取灵活的规定,可在1年内取得硕士学位(原规定为刚性的一律2年)。除了全日制外,也可以建立夜间和函授性质的研究生院(课程)。除了以往的研究科设在学部之内的研究生教育组织体制外,还可以在学部之外设立研究科和建立没有本科教育的研究生大学。1998年,日本已有"大学院大学"(即只设研究生院、不设本科的大学)6所,46所大学开设了81个独立研究科。要彻底贯彻课程制研究生教育及学位制度的基本精神,促进学位授予尤其是在文科学位授予的正常化。对东京大学、京都大学、东北大学、九州大学、北海道大学、大阪大学、名古屋大学、一桥大学、东京工业大学、东京医科齿科大学、神户大学、广岛大学12所国立大学实行"研究生院重点化"政策,②将它们的办学重点由本科阶段转向研究生阶段,增加研究生院的教员数和学生入学人数,增加经费。今后还将建立强调实践教育的以高度培养专门职业人(例如主要设置"经营管理""法律实务""国际开发合作"等专业)为目标的研究生院。由于日本与其他发达国家相比,研究生教育的规模过小,要大力推进研究生教育的数量发展,到2010年,在校研究生数已发展到271454人,此后几年研究生数量有所减少,2020年有研究生254529人。

"个性化"是指大学如何办出各自的特色。"每所大学应该根据各自的教育理念和目的,并且适应学术、社会发展的要求,制定并实施具有特色的课程,充实大学教育,为社会培养各种优秀人才。"③"为了促进各短期大学的教育改革,必须尽可能地使规定短期大学教育框架的短期大学设置基准大纲化,以便各短期大学能够根据各自的理念和目的实施自由的、多样的教育。"④1991年以后,文部省对《大学设置基准》《研究生院设置基准》《短期大学设置基准》《大学函授教育设置基准》《学位规则》等法规进行了大幅度修改,揭开了20世纪90年代以来日本高等教育改革的序幕。此次修改的主要特征是"大纲化、简要化"——删繁就简,"改细为粗",将一些非常刚性、刻板的规定改为富有弹

---

① 大崎仁:『大学改革 1945—1999』,有斐閣株式会社,1999,第308頁。
② 参见"国公私'トップ30'とは……?"http://www.obunsha.co.jp/information/month/m0110/m01102.htm [2020-09-15]。
③ 高等教育研究会:『大学の多様な発展を目指して(Ⅰ)』,ぎょうせい株式会社,1991,第11頁。
④ 同上书,第71頁。

性的原则。例如第二章的名称由原来的"学部"改为"教育研究的基本组织",相应的原条文所列大学各学部的名称全部被删去,使大学在设置内部机构时能够具有更大的灵活性。又如,原规定一般课程的上课人数为50人左右,人文、社会科学及保健体育课程人数可以超过50人,但最多不能超过200人,新规定只是原则上规定上课人数依据教学方法与教育条件,以取得最佳教育效果。最引人注目的修改是有关大学课程设置的规定,原来具体规定了大学的课程由哪几部分组成、各需多少学分等,修改后成为一条大原则:"大学为了实现学校、学部及学科或课程的教育目的,开设必要的课程,并使之体系化。在编制课程时,在向学生传授所在学部的专门知识的同时,必须考虑培养他们具有广泛的教养、综合的判断能力和丰富的个性。"[1]这样,各大学就可以按照自己的办学思想和办学目标制定各学部的课程,为课程设置的自由化,以及随之而来的大学办学的个性化开辟了道路。

"活性化"是指在大学管理运营改变过去僵硬的模式,采取比较灵活的方式。"从总体上讲,大学必须在批判闭锁、僵硬、不积极回应社会要求的现状上,认真响应当今学术研究与社会发展的要求,而不是把自己封闭在传统的大学自治之中。在学部自治之名下,不应产生阻碍适应学术进步和社会变化之改革的不利因素,而必须形成一种超越学部范围的自由议论空间,以圆满达成意见的统一。"[2]要实施大学教师任期制,促进教师流动。为了达到大学管理运营的顺畅化,大学审议会就大学校长的职责、校长的选任和任期、教师人事、评议会的作用、学部长的职责、教授会的权限,以及大学面向社会等方面,提出了许多具体建议。在大学设置基准大纲化的同时,应建立对大学的评价,首先是自我评价的制度。在大学设置基准修改后,导入大学自我评价制度被正式写进《大学设置基准》。

在修改后的《大学设置基准》中,还增加了一些条款,对各种非正规高等教育形式做了更加灵活、更富有弹性的规定,以适应终身教育的发展。例如,各类进修生(包括单科进修生)只要学习成绩符合规定,就可以获得与正规学生等同的学分。大学实行夜间开课制,给社会人士提供更多的接受高等教育的机会。在大学之外的机构获得的学分,只要符合大学的有关要求,均可以得到承认。学生在毕业时,四分之一的学分可用这类学分替代。学生进入大学之前,在其他大学或短期大学修得的学分,入大学后在其他大学(包括国外留学)修得的学分,只要符合学校要求,也可以得到认可。[3]在招生方式改革方面,从2000年4月起,四年制大学招收推荐生的比例被扩大到50%,短期大学招收推荐生的比例则不予限制。

---

[1] 高等教育研究会:『大学の多様な発展を目指して(Ⅲ)』,ぎょうせい株式会社,1992,第22—23頁。
[2] 高等教育研究会:『大学審議会答申・報告総覧:高等教育の多様な発展を目指して』,ぎょうせい株式会社,1998,第5頁。
[3] 大崎仁:『大学改革1945—1999』,有斐閣株式会社,1999,第332—333頁。

根据大学审议会的建议，1991年7月，文部省修订了以《大学设置基准》为首的一系列高等教育法令法规。同年，创立学位授予机构，修订《学位规则》，在学士、硕士、博士三级学位之外，设定"准学士"称号，称号的对象是在短期大学和高等专门学校毕业者。对他们再经过一定的课程审查和考试还可授予学士学位。从1995年起，对在专修学校修读专门课程2年以上者可授予"专门士"称号。根据1998年6月修改的《学校教育法》，从1999年起，专门学校的毕业生可以插班进入大学三年级学习。

2001年6月，日本文部科学省提出了三项"大学（国立大学）结构改革方针"：一是推进国立大学的重组合并，战后初期提出的"一县一大学"的原则将被废除；二是将企业或民间经营手法引入国立大学，也就是要建立国立大学法人制度；三是在大学中引入政府和大学之外的第三方评价机制，通过竞争，将国、公、私立大学排名前30名的大学建成世界一流大学。[①] 此次大学结构改革，主要是以国立大学法人化改革为核心环节，试图达到三个目标：第一，努力建成具有世界一流教育研究水平、个性丰富的大学；第二，建立重视国民需要或社会责任，并且引入竞争机制的国立大学；第三，通过大学经营责任明确化，实现灵活和富有战略性的大学经营。[②] 目前，这三项改革都已取得明显进展。

三、高等教育的数量与结构变化

关于这一时期日本高等教育的数量与结构变化，请参见表11-6至表11-15。[③]

表11-6　1980年至2001年日本大学数

年份	合计（所）	国立（所）	公立（所）	私立（所）	私立占比（%）
1980	446	93	34	319	71.5
1985	460	95	34	331	72.0
1990	507	96	39	372	73.4
1991	514	97	39	378	73.5
1992	523	98	41	384	73.4
1993	534	98	46	390	73.0
1994	552	98	48	406	73.6
1995	565	98	52	415	73.5

---

① 文部科学省：『大学（国立大学）の構造改革の方針』2001年6月，http://www.mext.go.jp/a_menu/koutou/houdou/index.htm [2019-05-04].

② 国立大学等の独立行政法人化に関する調査検討会議：『新しい「国立大学法人」像について（中間報告）』2001年9月27日，http://www.mext.go.jp/b_menu/houdou/14/01/f_020199.htm [2019-05-04].

③ 本节表格及相关数据，除特别注明者外，都来自日本文部科学省网站"统计情报"栏目的相关表格，http://www.mext.go.jp/b_menu/toukei/index.htm [2019-05-04]，如文部科学省：《文部科学统计要览（令和3年版）》等，但部分数据系笔者根据原始数据计算所得。

（续表）

年份	合计（所）	国立（所）	公立（所）	私立（所）	私立占比（%）
1996	576	98	53	425	73.8
1997	586	98	57	431	73.5
1998	604	99	61	444	73.5
1999	622	99	66	457	73.5
2000	649	99	72	478	73.7
2001	669	99	74	496	74.1

表 11-7　1980 年至 2001 年日本大学本科生人数

年份	合计（人）	国立（人）	公立（人）	私立（人）	私立占比（%）
1980	1781320	373916	49696	1357708	76.2
1985	1779010	406324	51938	1320748	74.2
1990	2043124	460724	60250	1522150	74.5
1991	2106866	465465	62514	1578887	74.9
1992	2184161	473332	65010	1645819	75.4
1993	2267288	483444	69136	1714708	75.6
1994	2343053	494213	73002	1775838	75.8
1995	2393226	501019	77257	1814950	75.8
1996	2432317	505198	80832	1846287	75.9
1997	2462243	505203	84142	1872898	76.1
1998	2489185	503734	87922	1897529	76.2
1999	2509979	500479	92280	1917220	76.4
2000	2471755	471631	93062	1907062	77.2
2001	2487133	466341	97453	1923339	77.3

表 11-8　1980 年至 2001 年日本研究生人数

年份	合计（人）	国立（人）	公立（人）	私立（人）	私立占比（%）
1980	53992	32728	2386	18878	35.0
1985	69688	43049	3006	23633	33.9
1990	90238	57885	3890	28463	31.5
1991	98650	63222	4180	31248	31.7
1992	109108	69866	4512	34730	31.8
1993	122360	78378	5046	38936	31.8
1994	138752	88388	5795	44569	32.1
1995	153423	97704	6555	49164	32.0
1996	164350	105021	7046	52283	31.8
1997	171547	109466	7500	54581	31.8
1998	178901	113614	8054	57233	32.0
1999	191125	120647	8782	61696	32.3
2000	205311	128624	9719	66968	32.6
2001	216322	134093	10755	71474	33.0

1980年，日本共有大学446所，其中国立93所，公立34所，私立319所，私立大学占71.5%；共有大学本科生1781320人，其中国立大学373916人，公立大学49696人，私立大学1357708人，私立大学本科生占76.2%；共有研究生53992人，其中国立大学32728人，公立大学2386人，私立大学18878人，私立大学研究生占35%。2001年，共有大学669所，其中国立99所，公立74所，私立496所，私立大学占74.1%；共有大学本科生2487133人，其中国立大学466341人，公立大学97453人，私立大学1923339人，私立大学本科生占77.3%；共有研究生216322人，其中国立大学134093人，公立大学10755人，私立大学71474人，私立大学研究生占33%。2001年大学学校数是1980年的1.5倍，本科生数是1980年的1.4倍，研究生数是1980年的4倍。显然，学校平均规模略有缩小，研究生人数要比本科生人数增长得快很多。另外，国立大学在工科、教育学科等学科拥有较多的学生，而私立大学和公立大学则在社会科学、人文学科等学科拥有较多的学生。本科生是私立大学占多数，研究生则是国立大学占多数。本科和专科教育偏重人文社会学科，研究生教育偏重理工医农学科。

表11-9　1980年至2001年日本短期大学数

年份	合计（所）	国立（所）	公立（所）	私立（所）	私立占比（%）
1980	517	35	50	432	83.6
1985	543	37	51	455	83.8
1990	593	41	54	498	84.0
1991	592	41	54	497	84.0
1992	591	39	53	499	84.4
1993	595	37	56	502	84.4
1994	593	36	56	501	84.5
1995	596	36	60	500	83.9
1996	598	33	63	502	83.9
1997	595	29	62	504	84.7
1998	588	25	60	503	85.5
1999	585	23	59	503	86.0
2000	572	20	55	497	86.9
2001	559	19	51	489	87.5

表11-10　1980年至2001年日本短期大学学生数

年份	合计（人）	国立（人）	公立（人）	私立（人）	私立占比（%）
1980	371124	14685	19002	337437	90.9
1985	371095	17530	20767	332798	89.7
1990	479389	18510	22647	438232	91.4
1991	504087	18018	22651	463418	91.9

（续表）

年份	合计	国立	公立	私立	私立占%
1992	524538	17482	22518	484538	92.4
1993	530294	16705	22802	490787	92.5
1994	520638	15271	23548	481819	92.5
1995	498516	13735	24134	460647	92.4
1996	473279	11982	24091	437206	92.4
1997	446750	10754	23957	412039	92.2
1998	416825	9648	23254	383923	92.1
1999	377852	8710	22465	346677	91.7
2000	327680	7772	21061	298847	91.2
2001	289198	6808	19941	262449	90.8

1980年，日本共有短期大学517所，其中国立35所，公立50所，私立432所，私立短期大学占83.6%；共有短期大学学生371124人（是1955年的4.77倍），其中国立14685人，公立19002人，私立337437人，私立短期大学学生占90.9%。2001年，共有短期大学559所，其中国立19所，公立51所，私立489所，私立短期大学占87.5%；共有短期大学学生289198人，其中国立6808人，公立19941人，私立262449人，私立短期大学学生占90.8%。2001年短期大学学校数是1980年的1.1倍，学生数是1980年的78%，不仅平均每所学校的规模减少很多，而且学生总数也呈减少趋势，1993年是所有短期大学学生数的高峰，以后学生数就逐渐下降了，近年国立、公立和私立短期大学学校数也呈现出减少的趋势。

表11-11 1980年至1999年日本大学开设本科通信（函授等）教育的学校数与学生数

年份	学校数合计（所）	放送大学（所）	私立大学（所）	学生数（人）
1980	12	—	12	101812
1985	13	1	12	112635
1990	13	1	12	135176
1991	13	1	12	150070
1992	13	1	12	169328
1993	13	1	12	184425
1994	14	1	13	199471
1995	15	1	14	212134
1996	16	1	15	218432
1997	16	1	15	222007
1998	17	1	16	217969
1999	18	1	17	216687

表 11-12　1980 年至 1999 年日本短期大学开设通信（函授等）教育的学校数与学生数

年份	私立短期大学（所）	学生数（人）
1980	9	86706
1985	10	64495
1990	9	32463
1991	9	37416
1992	9	41131
1993	9	42341
1994	10	43019
1995	10	41915
1996	10	41733
1997	10	38817
1998	10	34974
1999	10	31868

在包括函授在内的通信教育方面，值得一提的是 1981 年放送大学的成立，标志着日本的非传统高等教育发展到一个新阶段。其余实施通信（函授等）教育的大学和短期大学都是私立学校。1980 年至 1999 年，日本通信教育的本科学生数增长了一倍多，从 101812 人增加到 216687 人，但是短期大学的学生数减少了一半多，从 86706 人减少到 31868 人。1999 年，日本还开始开设通信（函授等）研究生院（课程），到 2002 年开设此类研究生院（课程）的全为私立大学，1999 年共有 4 所学校（2001 年发展到 7 所）、6 个专攻领域、368 名学生（其中女生 172 名）。

高等专门学校的学校数比较稳定，1980 年至 1990 年一直是 62 所学校，其中国立 54 所，公立 4 所，私立 4 所；1991 年增加了 1 所公立学校，总数为 63 所，但 1992 年又减少了 1 所私立学校，故总数又恢复到 62 所，此一格局一直保持到 2001 年。

表 11-13　1980 年至 2001 年日本高等专门学校学生数

年份	合计（人）	女生占比（%）	国立（人）	公立（人）	私立（人）
1980	46348	2.0	39211	4018	3119
1985	48288	3.6	40739	4148	3401
1990	52930	8.8	45627	4126	3177
1991	53698	10.9	46436	4190	3072
1992	54786	12.9	47401	4280	3105
1993	55453	14.8	48053	4364	3036
1994	55938	16.4	48603	4430	2905
1995	56234	17.7	48927	4517	2790
1996	56396	18.3	49171	4521	2704
1997	56294	18.7	49203	4511	2580

（续表）

年份	合计（人）	女生占比（%）	国立（人）	公立（人）	私立（人）
1998	56214	18.9	49326	4497	2391
1999	56436	18.8	49565	4511	2360
2000	56714	18.7	49897	4556	2261
2001	57017	18.4	50177	4604	2236

高等专门学校的学生数呈现出稳定增长的态势，从1980年的46348人增加到2001年的57017人。最大的变化是女生的比重得到了较大的提高，从1980年的只占全体高等专门学校学生的2%上升到2001年的18.4%。不过需要说明的是，高等专门学校共有5个年级，前三个年级的学生所接受的教育只能算中等教育，后两个年级的学生所接受的教育才能算高等教育，2001年后两个年级学生的人数合计为21169人。

表 11-14　1980年至2001年日本专修学校数

年份	合计（所）	国立（所）	公立（所）	私立（所）	私立占比（%）
1980	2520	187	146	2187	86.8
1985	3015	178	173	2664	88.4
1990	3300	166	182	2952	89.5
1991	3370	163	185	3022	89.7
1992	3409	161	190	3058	89.7
1993	3431	161	198	3072	89.5
1994	3437	155	206	3076	89.5
1995	3476	152	219	3105	89.3
1996	3512	148	223	3141	89.4
1997	3546	147	220	3179	89.7
1998	3573	144	220	3209	89.8
1999	3565	141	218	3206	89.9
2000	3551	139	217	3195	90.0
2001	3495	116	216	3163	90.5

表 11-15　1980年至2001年日本专修学校学生人数

年份	合计（人）	国立（人）	公立（人）	私立（人）	私立占比（%）
1980	432914	15843	20628	396443	91.6
1985	538175	18070	24069	496036	92.2
1990	791431	17433	27805	746193	94.3
1991	834713	17453	28599	788661	94.5
1992	861903	17822	30103	813978	94.4
1993	859173	18323	32230	808620	94.1
1994	837102	18169	33845	785088	93.8
1995	813347	18288	35471	759588	93.4

（续表）

年份	合计（人）	国立（人）	公立（人）	私立（人）	私立占比（%）
1996	799551	18241	36278	745032	93.2
1997	788996	18398	36017	734581	93.1
1998	761049	17394	35229	708426	93.1
1999	753740	16368	33874	703498	93.3
2000	750824	15410	33137	702277	93.5
2001	752420	13681	32541	706198	93.9

专修学校数和其学生数都有较大的增长，学校数从1980年的2520所增加到2001年的3495所；学生数从1980年的432914人增加到2001年的752420人（高峰在1992年，为861903人）。专修学校数和其学生数的变化趋势与短期大学类似，和高等教育适龄人口的变化有关。专修学校数和其学生数按设置者区分的结构状况也和短期大学类似，一直是以私立学校为主，这与高等专门学校的情况恰成鲜明对照。

需要说明的是，专修学校有三类课程：高等课程、专门课程和一般课程，只有专门课程的学生才能归到高等教育范畴。2001年，2980所专修学校开设专门课程，共有642893名学生就读于专门课程，其中国立13268名学生，公立30891名学生，私立598734名学生，私立学生占93%。

在各类机构接受高等教育的学生总人数，1980年约为2778975人（其中专修学校专门课程的学生数为按一定比例系数估算），2001年为3656715人，是1980年的1.32倍。

高等教育三个层次学生——专科生（包括短期大学及函授短期大学、高等专门学校和专修学校学习专门课程的学生）、本科生和研究生的比例，1980年分别为30.29%、67.77%和1.94%，2001年分别为26.07%、68.02%和5.92%。其中专科生的比例下降了4.22个百分点，本科生的比例提高了0.25个百分点，研究生的比例提高了3.98个百分点。显然，日本高等教育自进入普及阶段后就开始往提高的方向发展。

四、高等教育的组织形式与管理体制

20世纪90年代日本大学管理制度的改革在深度和广度上超过了前两次的大学改革，采取了许多具有突破性的改革措施。其中大学自我评价制度的建立与大学教师任期制的实施影响面较大，也颇为引人关注。21世纪初建立的国立大学法人制度，影响将更为深远。

1. 大学自我评价制度

大学审议会1991年2月8日提出的《关于改善大学教育》的报告中详细列举了两大改革内容：一是大学设置基准的大纲化、简要化；二是大学的自我评价。咨询报告具体讨论了自我评价的必要性和制度化，自我评价的实施方法，自我评价的实施体制，自我评价结果的利用，自我评价项目五个方面的内容。大学审议会提出了一套较为详细的评价项目体系，具体内容包括：教育理念和目标、教育活动、研究活动、教师组织、校舍设备、国际交流、面向社会、管理运营与财政、自我评价体制，共9大项，64小项。

在大学审议会这样详细的建议之下，文部省于1991年7月对《大学设置基准》做了较大幅度的修订。有关建立大学自我评价制度的内容被列入设置基准，即"为了提高教育和研究水平，实现大学的办学目的和社会使命，大学必须就学校的教育、研究状况实行自我检查和自我评价。为了开展自我检查和自我评价，大学应该制定相应的评价项目，建立必要的评价体制。"[①]

《大学设置基准》修订之后，实施自我评价、建立自我评价制度成为各大学管理运营改革方面的重要内容。各大学在建立自我评价制度的过程中，首先考虑的是成立指导与实施自我评价的组织机构。

据广岛大学的大学教育研究中心1993年初的调查，在回答调查问卷的434所大学中，75.8%成立了自我评价机构，其中国立大学的比例最高，达到95.8%，私立大学则还不到70%。在回答问卷的国立大学299个学部中，94%设立了自我评价机构，而私立大学354个学部设立自我评价机构的只有47.5%。[②] 在设立的自我评价机构中，国立大学中的89.9%、私立大学中的53%为长久性机构，国立大学中的10.1%和私立大学中的33.5%为临时性机构。[③] 各大学设立的自我评价机构在人数上差别很大，少则不足5人，多则超过51人。多数学校（79.6%）的自我评价机构人数在6~20人之间。[④] 大约60%的校长和学部长、部局长是大学自我评价机构的成员，说明校长等行政领导者在大学自我评价中发挥着重要的作用。1998年初，广岛大学的大学教育研究中心又进行了一次全国性调查。从调查结果看，大学自我评价实施7年后，基本上所有的大学（97.8%）都建立了自我评价机构。而且还有60%左右的大学成立了准备、分析、整理评价资料和数据的事务性组织。[⑤] 到1997年，全国88%的大学（包括全部国立大学）实施了自我评价，有的学校还已经实施了2轮或3轮自我评价。[⑥] 86.5%的大学将自我评价报告向本校教师、职员公布，69.9%向其他大学和政府主管部门公布。

在广泛开展自我评价的基础上，1995年少数大学开始实施校外评价，即请校外专家、学者评价学校的办学情况。据文部省高等教育局的统计，1995年东京大学、东北大

---

① 高等教育研究会：『大学の多樣な発展を目指して（Ⅲ）』，ぎょうせい株式会社，1992，第20頁。
② 広島大学大学教育センター：『大学自己評価への模索』，広島大学大学教育研究センター，1993，第6頁。
③ 同上书，第11頁。
④ 同上书，第12頁。
⑤ 広島大学大学教育研究センター：『大学の評価システムに関する全国調査』1998年4月，http://www.kagoshima-u.ac.jp/univ/president/hyouka/default.html [2019-05-04].
⑥ 大崎仁：『大学改革 1945—1999』，有斐閣株式会社，1999，第320頁。

学、名古屋大学、京都大学等8所大学的13个学部实施了校外评价。① 到1997年，15.1%的大学实施了校外评价。实施校外评价聘请的校外人士包括外校的大学教师、大学行政管理者、产业界人士和行政官员等。大学自我评价结果，85.8%的大学交给校长及其直属机构讨论，77.6%的大学交给教授会讨论。其中，对大学改革起到了最大作用的领域据称是课程与教学方法（80.1%的大学这样认为）。通过自我评价，72.9%的大学认为改善了教育状况，46.9%认为改善了研究状况，32.7%认为加强了大学与社会、产业界的联系。目前自我评价制度存在的最大问题是各大学缺少评价专家，以及评价结果难以在各大学之间比较。②

2.大学教师任期制

1987年9月，大学审议会成立后，教师人事制度问题被正式提上了改革的议事日程。经过多年的调查研究、分析讨论，1996年大学审议会提出了《关于大学教师的任期制》的咨询报告，认为："提高大学教师的流动性是很有必要的，而导入大学教师任期制是提高大学教师流动性的一项重要措施。导入大学教师任期制将进一步促进大学、研究机构之间（包括国外）的人才交流，在提高教师自身能力和实现大学教育、研究的活性化方面具有极其重要的意义。"③

以大学审议会的咨询报告为基础，1997年4月政府制定了《关于大学教师等的任期制的法案》，并提交国会讨论。众议院和参议院分别在同年5月和6月通过了法案。

这一法律所规定的大学教师的任期制是所谓的"选择任期制"，即法律并不要求所有的大学从某年某月某日开始统一实行教师任期制，而是将实行教师任期制的决定权授予了各大学，各大学自主决定是否实行教师任期制，哪些部门、哪些岗位实行任期制，以及任期的时间长短。法律还规定，各大学在实施教师任期制之前必须制定有关教师任期的规则，而且规则必须公开。

第一所全面实施教师任期制改革的是1990年成立的北陆尖端科学技术研究生院大学。该校在法律生效的1997年11月制定了有关规则，分别规定了各研究科教授、副教授和助手的任期等，并规定对1998年4月以后录用的教师实行任期制。而东京外国语大学则在1997年10月开始在部分学科实施教师任期制。截至2002年11月，有58所国立大学、11所公立大学、2所私立大学、1所短期大学、9个大学共同利用机构制定了关于教师任期的规则，开始实施教师任期制。其中包括东京大学、京都大学、东北大学、名古屋大学、大阪大学、筑波大学、广岛大学、东京工业大学、东京医科齿科大学等，其

---

① 高等教育研究会：『大学の多様な発展を目指して（Ⅳ）』，ぎょうせい株式会社，1995，第294頁。
② 同上。
③ 高等教育研究会：『大学審議会答申・報告総覧：高等教育の多様な発展を目指して』，ぎょうせい株式会社，1998，第249頁。

中一些大学目前还只是在少数学科（基本上为研究生教育和研究机构）实施教师任期制，而并没有在全校范围内推行。① 关于实施教师任期制单位的教师任期，各校规定不一，长则 10 年左右，短则 1～2 年。大多数学校将任期规定在 5 年左右。虽然不少大学规定任期届满时可以再任，但是再任次数大多被限制为 1 次。

不过，对于大学教师任期制，日本高等教育界有一些批评。例如，岩手大学评议会为讨论教师任期制问题成立了"大学教师任期制专门委员会"，该委员会 1997 年 7 月提出一份研究报告，认为实施教师任期制存在以下几方面的问题：①学问自由、大学自治的基础使大学教师的身份得到法律保障，而任期制使得大学教师的身份处于一种不安定状态，动摇了学问自由、大学自治的基础。②任期制与大学研究的发展、活性化没有联系。由于任期有限，将迫使教师选择那些可以在短时期内出成果、出论文的研究，而远离长期的、具有独创性的研究。长此以往，将带来学术研究的不平衡发展。③由于任期有限，教师为了再任将会把大量时间和精力用于出成果、出论文，这当然就减少了对教育、教学的时间和精力的投入。再者，教师任期届满离开学校时，必然对正在指导的学生的学习产生不利的影响。④在决定是否再聘时，如何评价教师的研究，特别是教育成效，是一个还没有很好解决的课题。如果评价标准模糊不清，就很可能掺进许多主观判断，甚至产生由"资深教授"独断的局面。⑤任期制可能成为大学教师的解雇制度，使许多教师失业，从而使大学教师职位失去对青年人的吸引力，并使大学人才外流，教学科研水平降低。②

3. 国立大学法人制度

国立大学法人化的问题，早在 1971 年中央教育审议会的报告中就已提出来，并在 1987 年 4 月临时教育审议会的报告中被再次强调，但直到 1997 年日本开始实施国家行政改革，它才被政府作为亟须解决的政策课题正式提出来，但遇到国立大学方面的强烈反对。1999 年 7 月日本国会通过《独立行政法人通则法》，2000 年 5 月文部省提出《根据特例法实施法人化》，并于 7 月成立了由现任国公私立大学校长、财界和大众媒体有关人士，共 53 人参加的"关于国立大学等的独立行政法人化调查讨论会议"。该会议经过 1 年 8 个月的努力，于 2002 年 3 月 26 日发表了《关于新的"国立大学法人"形象》的最终报告。③ 这一报告指出，按现行法律，目前的国立大学作为国家行政组织的一部分，在预算、组织、人事等方面都受到各种各样的限制，对于自由灵活开展教育研究活动也有一定的限制。因此，国立大学法人化，并不仅仅是从行政改革的角度提出来的，并不仅仅

---

① 『教員の任期に関する規則一覧』，http://jrecin.jst.go.jp/．[2020-09-15]．
② 岩手大学評議会："教員の任期制に関する検討専門委員会"，『"大学教員等の任期に関する法律"の検討（中間報告）』，全大教時報 Vol.21，No.6，1998 年 2 月，http://zendaikyo.or.jp/．[2019-05-04]．
③ 国立大学等の独立行政法人化に関する調査検討会議：「新しい『国立大学法人』像について」，2002 年 3 月 26 日，http://www.mext.go.jp/a_menu/koutou/houdou/index.htm．[2019-05-04]．

是为了提高管理效率，而且也是为了推动大学改革，要求大学加强自律性，重视创造性，提高教育研究水平，富有个性、活力和国际竞争力。报告对国立大学法人的组织、人事、目标与评价、财务会计等制度进行了详尽的研究，提出了配套的相关政策。文部科学省表示将按照这一报告的精神，抓紧制定《国立大学法人法》法案，并提交给2003年3月内阁会议通过，然后提交2003年度的国会例会审议、通过，制定了相关的各种法令法规，指名任命各国立大学法人首任校长，从2004年4月开始全面实施国立大学法人化。日本的国立大学法人制度具有如下一些特点。

一是确保国立大学自律性运营。各大学要制定中期目标和计划，报文部科学大臣，并得到认可，将其作为法令公布。一般来说，文部科学大臣会尊重各大学有关目标和计划的原案。国立大学法人运营的必要经费，由各校自己收取的学费等收入和国家下拨的运营费交付金等组成。政府下拨的经费包括标准运营费交付金和特定运营费交付金，都可由大学自主决定如何使用。校内机构原则上也由各校自行决定设废。校长以下的学校各级负责人（包括大学事务局长）将由校长任命。产、学、官合作等各种事业，由大学自行判断并富有弹性地开展。

二是引进民间的经营方式。国立大学将引进"董事会"制度，建立和完善最高决策机构。国立大学校长为国立大学法人的首长，另设副校长、监事等。校内分别成立主要负责审议经营事务的"运营协议会"和主要负责审议教学事务的"评议会"。最大限度地利用全校资源进行战略性经营。对于各校的"创收"努力实行激励政策，制定类似于企业会计准则的"国立大学法人会计准则"，从法律上放宽对于来自地方自治体捐赠等的限制，并将对各大学法人的专利问题等做出法律规定，还可从附属学校和商学院等开始试行独立核算制。关于学费，国家将指定一定的范围，各大学可在此范围内确定具体金额。

三是在大学管理层引进校外专业人才。从法律上规定各大学的董事会、运营协议会及"校长选考委员会"等的构成中必须有校外人士。

四是教职员的身份向非公务员型过渡。教师的聘用将采用公开招聘制和任期制，并放宽对教师兼职、兼业的限制。各大学还可自行制定基于能力和业绩的工资体系，并可聘用外国人担任校长。

五是采用第三方评价。将请"大学评价和学位授予机构"来对大学教育和研究方面进行评价，对于评价结果，最后由文部科学省设立的由第三方有识之士组成的"国立大学评价委员会"进行认可并综合。这种评价结果将和政府拨款直接挂钩。

国立大学法人化是日本"大学结构改革"中人们争论最大，同时也是经过了最广泛、深入研讨的一项举措。它不仅直接影响到国立大学，也必将影响到公立大学和私立大学，目前一些地方政府也提出了"公立大学法人化"，将使私立大学面临更激烈的市场竞争。

五、高等教育机构的课程与教学活动

直到 20 世纪 90 年代初，日本的大学，特别是国立大学，其本科教育的课程模式就是此前提到过的一般教育与专门教育"二·二分段"模式。据调查，1991 年，在 95 所国立大学中，除 17 所外，其余绝大多数都采取此课程模式进行教学。

从 1992 年开始，日本各大学广泛开展了本科课程及教学的改革。据统计，到 1997 年，94 所国立大学、37 所公立大学、364 所私立大学，共 495 所大学实施了课程改革。1997 年日本有 586 所大学，如果除去 5 所研究生院大学和 70 所 1992 年以后设置的新大学（因为研究生院大学没有本科教育，新大学则是按照 1991 年修改后的设置基准设立的），那么已实施课程改革的大学占总数（511 所）的 97% 左右。大学课程改革的主要内容，包括修改课程分类，重新确定必修课与选修课，修改学分计算方法和修改毕业所需学分规定等。

到 1999 年，约有 92.9% 的国立大学改变了"二·二分段"模式的做法。例如名古屋大学建立起"四年一贯"的课程体系，包括专业课程、主题课程、开放课程、语言文化课程四大类。其中专业课程中的基础课堂讨论向全校一年级学生开放，所有学生都必须选修。这种课程采用小班授课，每班人数一般在 25 人以内，主要是为了引导学生学习专业的兴趣。主题课程是全校公共课程，分为基本主题课程与综合课程两类。基本主题课程的主题有三个，即世界与日本、科学与信息、健康与体育，显然是为了适应日本社会国际化、信息化、高龄化的趋势，使学生掌握相关学科的知识，并培养他们深入认识与研究这些基本课题的能力。综合课程的综合性不仅体现在课程内容上，而且体现在任课教师上，即由不同学科专业的教师从跨学科的角度出发共同承担某一课程的教学工作，授课对象为二年级到四年级的学生。开放课程是指各个学部开设的专业课程中允许其他学部学生选修的部分，开设的目的在于满足学生自主、多样的学习需求。1994 年列为开放课程的有 7 个学部的 46 门课。各个学部规定的开放课程学分一般为 2 学分。

各大学在实施教养教育与专业教育一体化的过程中，形成了多种课程模式：第一种是课程结构基本呈"楔"型，从第一学年至第四学年，教养课程与专业课程同时开设，教养课程逐渐减少，专业课程逐渐增多，相互交叉进行，贯穿整个本科阶段；第二种是对应组合型，本科课程仍然分为两大类，但名称、内容与以往不同，而且教养课程与专业课程同步开设，在引入新学科的同时，将原有的人文、社会、自然科学科目，以及外语、保健等一般教育科目重新组合，编制成不同类型和层次的教养科目，各专业学部可以根据本专业特点，选择某一类或某一组合科目，与本学部开设的专业课程进行组合；第三种是主修、辅修型，如 1993 年成立的京都大学人间学部的本科教学目标是培养文理两用型人才，学部下设四个学科，每个学科按照学科专业依次分别开设多种讲座、领域和辅修专业。

随着各大学教养课程逐步取代一般课程，原先负责一般课程教学的组织机构也逐渐发生了变化，具体表现为：取消教养部，大学成立校一级专门委员会或中心负责策划、协调、指导和实施全校教养课程教学，具体教养科目教学由全校各个学部的教师承担，各个学部开设的教养科目尽可能面向全校学生开放，即全校各个学部共同负责制逐渐取代原先主要由教养部承担教学的单一教学机构负责制。例如名古屋大学的"四年一贯全校公共课教师会议"是全校所有公共课任课教师参加的会议组织，每年召开两次会议，讨论公共课的教学计划，统一各类公共课教学的指导思想。1994—1995学年名古屋大学担任公共课的教师有442人，占全校教师总数的43.5%。此外，在学校的行政管理机构学生部内还设立了"公共教育室"，负责全校公共课教学的具体事务，如编写面向全校学生的公共课教学要览，安排公共课的教学与考试，管理学生的公共课学习成绩等。

东京大学仍坚持其教养部的体制不变，但教养部的课程做了改革，分为基础课程、综合课程、主题课程三大类。基础课程是研究学问必须掌握的基础知识、技能和方法，全部为必修课。综合课程是为了让学生从多种角度、多种观点学习现代社会的基本知识，设"思想和艺术""国际和地域""社会和制度""人和环境""物质和生命""数理和信息"6个系列，要求理科类学生从前4个系列中至少选修2个系列，共8学分，文科类学生从后3个系列中至少选修2个系列，共8学分，其余为任选课。主题课程由"主题讲义"和"全校自由研究讲座"两种形式组成，全部为选修课。所谓"主题讲义"是围绕主题采取系列讲座的方式，由两个以上教师承担教学任务。

综上所述，20世纪90年代以来日本大学课程改革的普遍趋势是建立"四年一贯"的本科教育课程体系。这种课程体系仍然十分重视普通教育，不过这种普通教育的形式和内容已有较大的改变，其中最突出的是注重课程的综合化，这不仅体现在设置综合课程、开放课程、主题课程等方面，而且体现在课程的组织上，例如由不同学科专业的教师共同任教某一门课程，由不同学科专业的教师共同组成各类公共课教学委员会，等等。

长期以来，日本各大学的惯例是按学年安排课程，大多数课程均为学年课程，即课程的时间长度为一学年。20世纪90年代初以来的课程改革中，缩短每门课程的时间长度、在一学期内完成课程教学被认为是提高教学效果的一种方法，因此许多大学开始在课程安排上采用学期制。据统计，1995年时采用学期制的大学为238所，1997年增加到404所。此外，还有一些学校采用3学期制，包括筑波大学、东京医科齿科大学、大正大学等。

据调查，在这一轮课程改革浪潮中，99%的国立大学、84%的公立大学和91%的私立大学制作了教学大纲，具体内容一般包括：课程名称，担任教师，课程目的、概要，课程的主要内容，成绩评价方法，教科书与参考文献名称，学习该门课程所必要的条件等。许多大学将教学大纲编印成册，发给学生，这是以前很少见的。

许多大学积极推行外语课、实验课、课堂研讨这类特殊课程的小班（一般在20人以内）教育形式。1988年时，实施小班外语课、实验课、课堂研讨的大学还分别只有59所、167所、161所，到了1997年，则增加到239所、263所、441所，有四分之三的大学都实施了小班课堂研讨。

许多大学课程还加强了外语教育，按教学目的、学生能力实施分班教学，并广泛运用语言实验室等现代化视听教学设备。1997年采用语言实验室进行外语教育的大学占总数的90%以上。适应信息化社会的需要开设信息处理课程，也是课程改革的主要内容之一。有大约60%的日本大学将信息处理课程列为必修课，而大约96%的大学都设立了信息处理教育的专用教室。

1996年，280所大学任用了31636名研究生担任助教。1997年，40%以上的大学让学生对教师授课进行评价，193所大学实施了帮助教师改进教学法的"教员发展计划"。

日本其他高等教育机构也都进行了与大学类似的改革。

表11-16 1997年日本本科大学课程及教学改革开展状况

课程及教学改革开展项目	学校数（所）			
	国立大学	公立大学	私立大学	合计
当年学校总数	98	57	431	586
已经实施课程改革	94	37	364	495
采用学期制	87	41	276	404
课程改革的具体内容				
修改课程分类	89	34	342	465
重新确定必修课与选修课	89	36	333	458
修改学分计算方法	82	21	239	342
修改毕业所需学分规定	84	23	252	359
制定教学大纲	97	48	393	538
小班教育实施				
外语课	62	20	157	239
实验、实习	81	23	159	263
课堂研讨	83	36	322	441
外语教学改革				
按目的分班教学	82	36	283	401
按能力分班教学	39	9	165	213
运用语言实验室等视听教学手段	90	51	388	529
信息处理教育改革				
信息处理教育列为必修课	71	34	251	356
开设信息处理教育专用教室	95	53	416	564
开展学生评课活动	76	12	184	272

资料来源：大学審議会：『21世紀の大学像と今後の改革方策について』，1998，第182—190頁。

1990年，日本就业人口中受过高等教育的比例，从1960年的7%上升到42%，在各高等教育机构（大学、短期大学、高等专门学校和开设专门课程的专修学校）中就读的学生很多，高等教育入学率超过了50%，标志着日本高等教育进入了普及阶段。同时，1990年以来日本的经济长期低迷，以IT产业为代表的新经济发展、中央和地方的行政体制改革等外部因素对于高等教育的改革也提出了迫切的要求。随着1991年以《大学设置基准》的大纲化为代表的高等教育规制缓和，日本各高等教育机构先是在课程、教学领域，紧接着又在管理、体制方面开始了前所未有的大改革。这场改革目前仍在进行之中，无疑将改变日本整个高等教育的面貌，并进而对日本经济、社会的发展做出新的贡献。

后 记

在成书之际,我特别要感谢其他执笔者的大力协助。各章节具体的撰稿人分别为:黄福涛(第一章、第二章、第三章、第四章,以及第五章第一节,第五章第二节标题一、二、四,第五章第三节,第六章第一节),陈学飞、施晓光、蒋凯(第六章第二节、第七章第五节、第九章第二节和第十一章第二节),李兴业(第七章第一节、第八章第一节和第十章第一节),朱镜人(第五章第二节标题三、第七章第二节、第八章第二节和第十章第二节),张晓鹏(第六章第三节、第七章第六节、第九章第三节和第十一章第三节),张男星(第七章第四节、第九章第一节和第十一章第一节),叶林(第七章第三节、第八章第三节和第十章第三节)。上述来自北京大学、武汉大学、合肥师范学院、复旦大学、中国教育科学研究院和杭州师范大学同仁们的辛勤工作,让本书得以问世。

值得一提的是,自2001年,本书的写作自始至终没有得到任何经费资助,也从未被纳入任何重大科研课题之内。全体执笔者都是本着无私奉献的精神,出于对国内"外国高等教育史"学科建设的关心,在各自长年潜心研究的基础上,完成了本书的写作。在今天日益"商品化"、崇尚"效率"和追求回报的社会,并非每一位研究人员都能够做到这一点。

笔者的恩师潘懋元先生在2003年本书第一稿完成阶段通览了全书,并在百忙之中为本书第一版作序。北京大学出版社相关编辑人员认真编校全书,同时提出了许多宝贵的修订意见。值此,请允许我代表全体执笔者,深表谢意。

本书虽已经过几次修订,但难免仍有不妥之处,恳请读者们提出中肯的批评和建议,使其再版时得以完善。

黄福涛
2021年8月于日本广岛大学